国学经典
与圣贤对话 与经典同行

原著◎〔明代〕程登吉
主编◎陈才俊 注译◎安 睿

内容广博色罗万象的中华百科全书

凝聚数代文人心血的儿童启蒙读物

幼学琼林

全集

海潮出版社
HaiChao Press

图书在版编目（CIP）数据

幼学琼林全集 / 陈才俊主编. —北京：海潮出版
社，2012.7
ISBN 978-7-5157-0133-2

Ⅰ. ①幼… Ⅱ. ①陈… Ⅲ. ①汉语-古代-启蒙读物
Ⅳ. ①H194.1

中国版本图书馆CIP数据核字 (2012) 第054227号

幼学琼林全集

主　　编：陈才俊
注　　译：安　睿
责任编辑：陈开仁
封面设计：天之赋
责任校对：徐云霞
出版发行：海潮出版社
社　　址：北京市西三环中路19号
邮　　编：100841
电　　话：(010) 66969738（发行）　　66954039（编辑）　　66969746（邮购）
经　　销：全国新华书店
印刷装订：北京富达印务有限公司
开　　本：710mm×1000mm　1/16
印　　张：17.375
字　　数：300千字
版　　次：2012年7月第1版
印　　次：2016年8月第2次印刷
ISBN　978-7-5157-0133-2
定　　价：32.00元

（如有印刷、装订错误，请寄本社发行部调换）

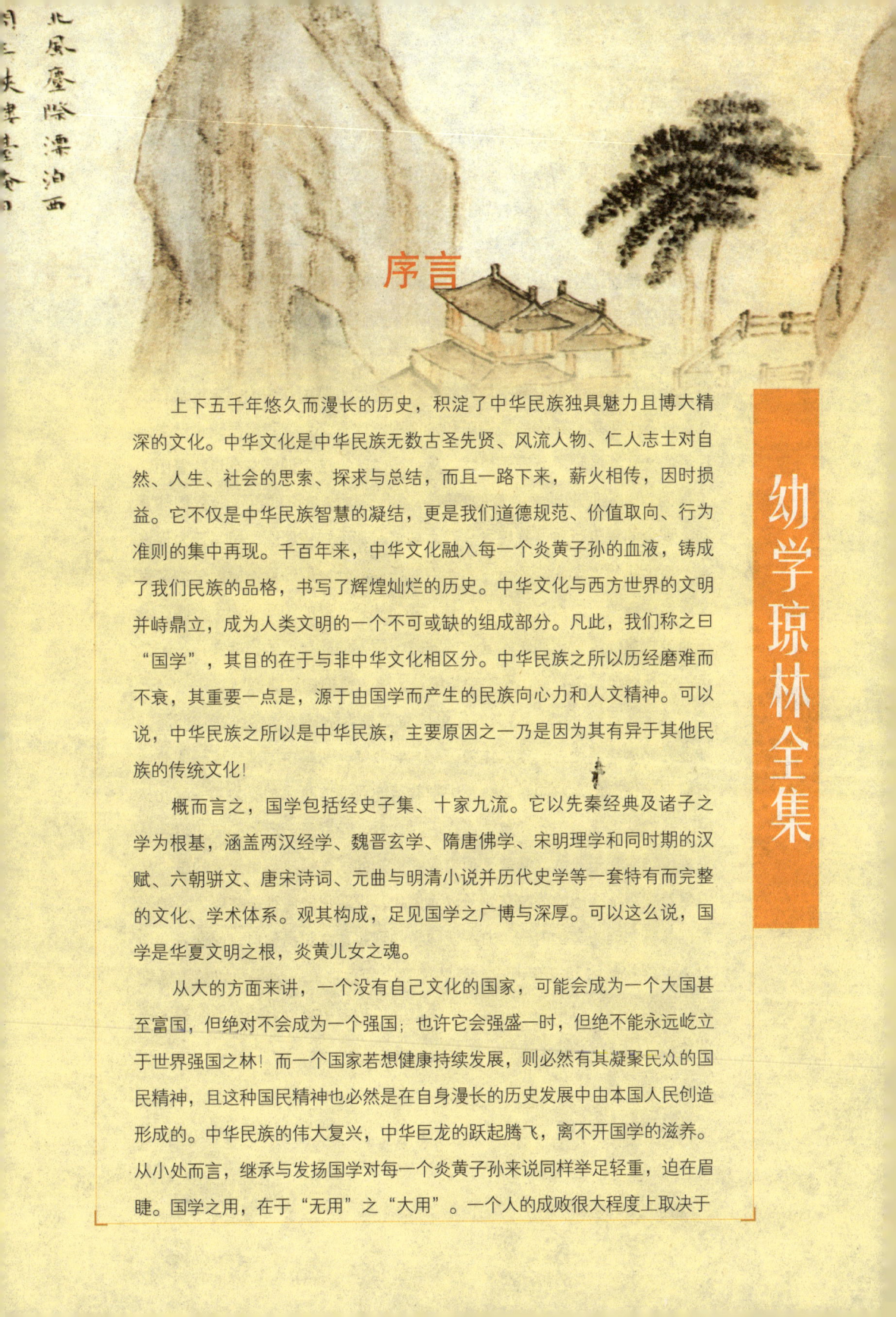

序言

上下五千年悠久而漫长的历史，积淀了中华民族独具魅力且博大精深的文化。中华文化是中华民族无数古圣先贤、风流人物、仁人志士对自然、人生、社会的思索、探求与总结，而且一路下来，薪火相传，因时损益。它不仅是中华民族智慧的凝结，更是我们道德规范、价值取向、行为准则的集中再现。千百年来，中华文化融入每一个炎黄子孙的血液，铸成了我们民族的品格，书写了辉煌灿烂的历史。中华文化与西方世界的文明并峙鼎立，成为人类文明的一个不可或缺的组成部分。凡此，我们称之曰"国学"，其目的在于与非中华文化相区分。中华民族之所以历经磨难而不衰，其重要一点是，源于由国学而产生的民族向心力和人文精神。可以说，中华民族之所以是中华民族，主要原因之一乃是因为其有异于其他民族的传统文化！

概而言之，国学包括经史子集、十家九流。它以先秦经典及诸子之学为根基，涵盖两汉经学、魏晋玄学、隋唐佛学、宋明理学和同时期的汉赋、六朝骈文、唐宋诗词、元曲与明清小说并历代史学等一套特有而完整的文化、学术体系。观其构成，足见国学之广博与深厚。可以这么说，国学是华夏文明之根，炎黄儿女之魂。

从大的方面来讲，一个没有自己文化的国家，可能会成为一个大国甚至富国，但绝对不会成为一个强国；也许它会强盛一时，但绝不能永远屹立于世界强国之林！而一个国家若想健康持续发展，则必然有其凝聚民众的国民精神，且这种国民精神也必然是在自身漫长的历史发展中由本国人民创造形成的。中华民族的伟大复兴，中华巨龙的跃起腾飞，离不开国学的滋养。从小处而言，继承与发扬国学对每一个炎黄子孙来说同样举足轻重，迫在眉睫。国学之用，在于"无用"之"大用"。一个人的成败很大程度上取决于他的思维方式，而一个人的思维能力的成熟亦决非先天注定，它是在一定的文化氛围中形成的。国学作为涵盖经、史、子、集的庞大知识思想体系，恰好能为我们提供一种氛围、一个平台。潜心于国学的学习，人们就会发现其蕴含的无法穷尽的智慧，并从中领略到恒久的治世之道与管理之智，也可以体悟到超脱的人生哲学与立身之术。在现今社会，崇尚国学，学习国学，更是提高个人道德水准和建构正确价值观念的重要途径。

近年来，国学热正在我们身边悄然兴起，令人欣慰。更可喜的是，很多家长开始对孩子进行国学启蒙教育，希望孩子奠定扎实的国学根基，以此帮助青少年树立正确的道德观和价值观。欣喜之余，我们同时也对中国现今的文化断层现象充满了担忧。从"国学热"这个词汇本身也能看出，正是因为一定时期国学教育的缺失，才会有国学热潮的再现。我们注意到，现今的青少年对好莱坞大片趋之若鹜时却不知道屈原、司马迁为何许人；新世纪的大学生能考出令人咋舌的托福高分，但却看不懂简单的文言文。这些现象一再折射出一个信号：我们社会人群的国学知识十分匮乏。在西方大搞强势文化和学术壁垒的同时，国人偏离自己的民族文化越来越远。弘扬经典国学教育，重拾中华传统文化，已迫在眉睫。

本套"国学经典"丛书的问世，也正是为弘扬国学传统文化而添砖加瓦并略尽绵薄之力。本人作为一名大学教师，从事中国文化史籍的教学与研究工作有年，对国学文化及国学教育亦可谓体晤深刻。为了完成此丛书，我们从搜集整理到评点注译，历时数载，花费了一定的心血。这套丛书集传统文化于一体，涵盖了读者应知必知的国学经典。更重要的是，丛书尽量把艰难晦涩的传统文化予以通俗化、现实化的演绎，并以大量精彩案例解析深刻的文化内核，力图使国学的现实意义更易彰显，使读者阅读起来能轻松愉悦和饶有趣味。虽然整套书尚存瑕疵，但仍可以负责任地说，我们是怀着对祖国传统文化的深情厚谊和治学者应有的严谨态度来完成该丛书的。希望读者能感受到我们的良苦用心。

暨南大学中国文化
史籍研究所　　　陈才俊博士

前言

　　《幼学琼林》，最初叫《幼学须知》，又称《成语考》、《故事寻源》、《幼学故事琼林》等。一般认为原著者是程登吉，字允升，明朝末年西昌人（今江西新建）；清朝嘉庆年间，邹圣脉作了一些增补注释，并且更名为《幼学琼林》，也叫《幼学故事琼林》。后来，民国时期费有容、叶浦荪和蔡东藩等又进行了增补。全书共分四卷。另外，清代广州聚贤堂版《幼学须知成语考》标明作者为"内阁邱文庄公"，邱文庄即明代的学者邱濬（1419-1495）。在目前无法作进一步考证的情况下，我们采用通行的说法，即认为程登吉为原著者。

　　《幼学琼林》是一本启蒙读物，其内容是综合性的，集天文地理、历史人物、典籍制度、生老病死、婚丧嫁娶、鸟兽花木、朝廷体制、文事科第等与人息息相关的日常生活知识于一体，几乎囊括了明代以前有名的历史典故、趣闻轶事、名人警句和成语故事。作者广泛地吸收了前代的成果，更直接取材于宋元以来《事类赋注》、《古今事文类聚》、《事类捷录》、《故事黄眉》等赋体或包含赋体的类书，内容广博，包罗万象，堪称中国古代的百科全书！作者在信手拈来这些知识时，不忘对人们日常生活中的礼节、谈吐、伦理道德作出规范，对于每一个社会角色应遵守的行为准则作出了具体规定。

　　《幼学琼林》采用骈体文写成，全文句式整齐，通篇对偶，错落有致，节奏明快，朗朗上口。细细读之，不仅能获得百科知识，更能从中训练掌握对偶技巧，可谓事半功倍。此书篇幅不长，却得以跻身《传世名著百部》，足见其影响深远。

《幼学琼林》堪称中国古代蒙学读物中的独领风骚者，是中国古代蒙学读物中编得最好、影响最大的读本。在清代，《幼学琼林》是流行最广的蒙学读本之一。由于它内容丰富，熟读后可以引经据典，用于口头交际、书信往来、写诗属文、撰写楹联，因此，深得人们喜爱。在民间一直流传一句话："读了《增广》会说话，读了《幼学》走天下。"毛泽东同志读私塾时对"四书"和"五经"不感兴趣，却觉得《幼学琼林》很有趣味，几十年后还能熟背出来，并常常摘引其中句子和人谈论。足见《幼学琼林》的影响力之大。中国近现代一批文化巨匠，也无不受其滋润。

随着时代的进步，我们现在有足够的胸襟与眼光来接纳、审视各种文化遗产，为我所用。阅读《幼学琼林》有助于我们了解历史，同时对我们阅读古典文学和旧体诗词写作，大有裨益。而且，书中的一些行为规范对于现代人仍有参考价值。

《幼学琼林全集》包括原文、注释、译文、解读四部分。编写此书的过程中，我们参考权威版本，做了较多的考辨工作，力求精确、简洁。同时，在原著的基础上，注入了些许自己的认知和感悟，但更多的还是参考了他人的一些著作，在这里，向这些著作的作者和编著者表示衷心的感谢。由于学识水平有限，可能存在这样或那样的缺点和不足，敬请广大读者批评指正。

幼学琼林全集

卷一

天 文

【原文】

混沌初开，乾坤始奠①。气之轻清上浮者为天，气之重浊下凝者为地②。日月五星，谓之七政；天地与人，谓之三才③。日为众阳之宗，月乃太阴之象④。虹名蝃蝀，乃天地之淫气；月里蟾蜍，是月魄之精光⑤。风欲起而石燕飞，天将雨而商羊舞⑥。旋风名为羊角，闪电号曰雷鞭⑦。青女乃霜之神，素娥即月之号⑧。

【注释】

①混沌：混混沌沌的元气。乾坤：天和地。奠：定，形成。②气：元气。轻清：轻薄清朗。重浊：厚重浑浊。

③五星：指金、木、水、火、土五星。七政：古代人们以为日、月、五星的运行变异，是天在告诉人们政治的好坏，帝王因而以此作为施政的参考，所以称为七政。三才：指天、地、人，生生不息，各具才能，故合称三才。

④宗：根本。象：形象。

⑤蝃蝀（dì dōng）：虹。淫（yín）气：指阴阳之气不和。蟾蜍（chán chú）：俗称癞蛤蟆，传说嫦娥偷吃了不死之药，奔向月宫，化为蟾蜍。月魄：月初生或始缺时不明亮的部分。

⑥石燕：形似燕子的石头。传说零陵山有这样的石头，风雨来时会迎风飞翔，风雨停止又恢复原状。商羊：一只足的鸟。齐国的宫殿前曾出现这种鸟跳舞，孔子解释说，商羊舞是天将大雨为灾的征兆。

⑦羊角：指羊角风，旋转似羊角。雷鞭：指神话中赶雷车的鞭子。

⑧青女：神话中掌管降落霜雪的神女。素娥：即嫦娥。

【译文】

模糊一团的宇宙一经开辟，天地从此奠定。轻清的元气向上浮升而形成了天，厚重混浊的部分凝结在下面便形成了地。太阳、月亮和金、木、水、火、土五大星系并称为"七政"；天可覆盖万物，地能承载万物，人能创造万物，因此，天、地、人被合称为"三才"。太阳是阳性事物的源泉，月亮是阴性事物的象征。虹，又可以叫做"蝃蝀"，

古人认为虹的出现多与现实中的灾害、邪祟、生育、男女等事相关，因而被认为是天地间的"淫气"；月宫里的蟾蜍，是月魄的精华所在。将要起风的时候，石燕就群起而满天飞翔；即将下雨的时候，被称作商羊的独足鸟就展翅起舞。旋风因屈曲盘旋像羊的角，被称之为"羊角"；闪电过后是雷鸣，故闪电又被称之为"雷鞭"。青女是古时候神话传说中天神青霄望的女儿，掌管霜雪；素娥即古代传说奔月中的嫦娥，故古人常常用嫦娥代称月亮。

【解读】

《幼学琼林》开始就说："混沌初开，乾坤始奠，气之轻清上浮者为天，气之重浊下凝者为地。"常言"天能覆我，地能载我"，中国人也有天为父、地为母的观念。依佛教的观点，孕育一切生命的天地，如同佛的真如法身遍满虚空，具有无量功德，无限妙用。以下分别说明涵盖四大元素的山河大地、日月风雷之结构、作用，以及他们如何展现法身的体、相、用。古人认为的天地来源，相传是盘古开天地，打开了混沌。盘古是如何打开混沌的呢？古书上描写的很多。大概说来就是这样的："某日，盘古生在混沌中，没有人知道他是怎么来的，也没有人知道他从何而来，反正就是某天就在那里了。盘古在天地之中，不知道过了多少年，天地慢慢分离，天每日增加一丈，地每日增厚一丈，盘古每日长一丈，这样，万八千岁后，天地相距九万里。这样，天地就分离了。利用神话来解释天地的由来，把深奥的天地形成之谜，形象生动地展现给人们。

【原文】

雷部至捷之鬼曰律令，雷部推车之女曰阿香①。云师系是丰隆，雪神乃是滕六②。焱火、谢仙，俱掌雷火；飞廉、箕伯，悉是风神③。列缺乃电之神，望舒是月之御④。甘霖、甘澍，俱指时雨；玄穹、彼苍，悉称上天⑤。

【注释】

①律令：周穆王时候的人。因他最会跑，所以死后就在雷部里做小鬼。阿香：一女子名。传说有个姓周的人，出城，日暮，见路边有一座新茅屋，里面一个女子接待周氏进去借住。二更时分，听见外面有人喊："阿香，官家叫你去推车。"这个女子便出去了。她走后，忽然雷雨大作。早上，周氏起来一看住的地方，原来是一座新坟。

②云师：管云的法师。丰隆：神话中掌管云的神灵。滕六：神话中掌管雪的神灵。

③焱(xū)火、谢仙：雷部两个鬼的名字，掌管施放雷火。飞廉：神话中掌管风的官，是一种能起风的神鸟。箕伯：月亮行经箕星就多风，故神话中称司风之神为箕伯。

④列缺：古称闪电为列缺，后来就附会为管电之神。望舒：神话中为月亮驾车的神。

⑤甘霖、甘澍(shù)：久旱之后的雨叫甘霖，应时而下的及时雨为甘澍。玄穹(qióng)：玄，黑中带赤的颜色。穹，高，借指天空。彼苍：那青青的天。

【译文】

雷部里有一个行动敏捷的鬼叫"律令"；雷部里有一位负责推雷车的女鬼叫"阿香"。行云神的别名叫"丰隆"；掌管降雪神的别名称"滕六"。火和谢仙是主管雷火的神；飞廉和箕伯都是风神。列缺是掌管电的神，望舒是为月亮驾车的神。"甘霖"、"甘澍"都是指有益农作的及时雨；"玄穹"、"彼苍"都可用来称呼上天。

【解读】

"久旱逢甘霖，他乡遇故知；洞房花烛夜，金榜题名时。"此为古人所说的"人生四喜"，其中"久旱逢甘霖"排第一，可见人们对久旱的及时雨的渴求之心多么强烈。关于甘霖、甘澍般的及时雨，"诗圣"杜甫，写过一首千古绝唱的诗《春夜喜雨》：好雨知时节，当春乃发生。随风潜入夜，润物细无声。描绘春夜雨景，表现喜悦心情。

【原文】

雪花飞六出，先兆丰年；日上已三竿，乃云时晏①。蜀犬吠日，比人所见甚稀；吴牛喘月，笑人畏惧过甚②。望切者，若云霓之望；恩深者，如雨露之恩③。参商二星，其出没不相见；牛女两宿，惟七夕一相逢④。后羿妻，奔月宫而为嫦娥；傅说死，其精神托于箕尾⑤。

【注释】

①六出：花开六瓣叫六出。三竿：古人用竹竿测日影，日出高三竿，指时候快到午时了。晏：迟晚。

②吠(fèi)日：吠，狗叫。传说蜀国因日照少，狗一见到日出，就冲着太阳叫。喘月：吴国天气特别炎热，牛见到月亮，以为是太阳，所以害怕得直喘气。

③望切：深切盼望。云霓之望：指大旱的时候盼望云霓出现。雨露：古人认为夜气之露是上天降下的祥瑞。

④参商：指西方参星和东方商星。牛女：指牛郎星和织女星。七夕：农历七月初七晚上。

⑤后羿(yì)：夏代东夷族首领，他的长生不老药被妻子偷吃，妻子奔逃到月宫。傅说(yuè)：商朝高宗的宰相。箕尾：箕星和尾星。

【译文】

满天飞舞着六朵花瓣的雪花，这样的瑞雪预兆着明年将有一个丰收的年景；太阳已经升上三根竹竿那么高了，就说明时间已经很晚了。蜀地的狗对着太阳狂吠，来比喻世人少见多怪；吴地的水牛见到月亮就气喘吁吁，是在嘲笑世人因疑心而过分恐惧，分不清事物的真假，见到表面相似的东西都害怕。形容人急切盼望的心情，可以说像久旱盼望雨一样；形容得到人的恩惠很深，可以说像万物得到了雨露的滋润一样。参星、商星分别位于西方、东方，一个升起，一个降落，永远不得相见；牛郎星、织女星被隔离在银河的两岸，他们只有在每年的七月初七才相会一次。后羿的妻子私自吃了长生不老的药，飞到月宫变为传说中美丽动人的嫦娥；商朝的宰相傅说死后，他的灵魂寄托在箕、尾两个星宿之间。

【解读】

民间广泛流传一句谚语：瑞雪兆丰年。说明充沛的冬雪能预兆来年的丰收。还有一句更形象的谚语：冬天麦盖三层被，来年枕着馒头睡。说明及时的冬雪，可以保证来年衣食无忧。"蜀犬吠日"原意是四川多雨，那里的狗不常见太阳，出太阳就要叫。四川盆地空气潮湿，天空多云。四周群山环绕，中间平原的水汽不易散开，那里的狗不常见太阳，看到太阳后就觉得奇怪，就会狂叫。因此蜀中有"天无三日晴"和"蜀犬吠日"之说。"蜀犬吠日"常比喻少见多怪。"吴牛喘月"，吴牛指江淮一带的水牛，吴地天气多炎暑，水牛怕热，见到月亮以为是太阳，故卧地望月而喘。比喻因疑心而害怕，也比喻人遇事过分惧怕，而失去了判断的能力。牛郎织女是千古流传的美丽爱情故事，人人皆知，牛郎织女这对相爱的夫妻，由于王母娘娘的反对被迫分隔在广袤的银河两岸，一年只能相会一次。相传每年农历七月七日，有百鸟到银河搭鹊桥，牛郎织女才得以相会。所以，这一天被称为七夕、七夕节、乞巧节、少女节或女儿节。

【原文】

披星戴月，谓早夜之奔驰；沐雨栉风，谓风尘之劳苦①。事非有意，譬如云出无心；恩可遍施，乃曰阳春有脚②。馈物致敬，曰敢效献曝之忱；托人转移，曰全赖回天之力③。感救死之恩，曰再造；诵再生之德，曰二天④。势易尽者若冰山，事相悬者如天壤⑤。晨星谓贤人寥落，雷同谓言语相符⑥。心多过虑，何异杞人忧天；事不量力，不殊夸父追日⑦。如夏日之可畏，是谓赵盾；如冬日之可爱，是谓赵衰⑧。齐妇

含冤，三年不雨；邹衍下狱，六月飞霜⑨。父仇不共戴天，子道须当爱日⑩。

【译文】

天空的星星还没有降落，人就早起动身，黑夜的月亮还高悬在天上，人才返回家中，形容人起早贪黑的操劳；用雨来洗头，用风来梳头，比喻一个人在外奔波，历尽世间的劳苦。事情并非故意做的，就好比浮云无意中从山峰间飘出来；遍施自己的恩惠，称为"阳春有脚"，即所到之处，像春天的骄阳一样温暖万物。向他人赠送礼物表达敬意，可以说像"献曝"那样真心实意；托他人帮助自己周旋一件事，一定要说全都依靠您的"回天之力"。感激他人的救命之恩，就说如同再次赋予我生命；歌颂他人再次赋予自己生命的恩德，就说如同我有两个老天在保佑。权势达到极限就如冰山一般，经不起阳光的照射；事物之间的差距太大，根本不能到一起，就如天与地之间的差别一般。人们常用"寥若晨星"，形容贤能的人稀少，就好像早晨的星星一样罕见；人们常用"彼此雷同"，形容不同的人讲的话意思相同，就好像雷声一样很少有区别。一个人心中装有过多的忧虑，与"杞人忧天"没什么区别；做事情自己不估量自己的能力，就像"夸父追日"一样徒劳。如同夏天的烈日般酷热，是说战国时晋国的大夫赵盾的执政令人感到畏惧；像冬天的太阳一样温暖，是说赵盾的父亲赵衰的品德让人感到舒服。汉朝封国齐地有一孝妇被冤枉而死，那个地方三年没有下过一滴雨；战国哲学家邹衍被

诬告下狱，竟然出现了"六月飞霜"的怪事。杀父是不共戴天之仇，不能与他生存在同一天底下，做子女的尽孝心应该珍爱父母在世的每一天。

【解读】

"势易尽者若冰山"，告诉我们一个哲理，容易消亡的权势，就像冰山，经不起灿烂的阳光照射，遇到阳光便会融化，甚至消失殆尽。所以，为官从政掌握权势时，一定要心悬警钟，时刻警惕自己，做一个光明磊落，清廉正直，执法守法的好官。自古以来，黎民百姓渴求好官、清官，因为好官视百姓为子民，体恤、爱护百姓。

【原文】

盛世黎民，嬉游于光天化日之下①；太平天子，上召夫景星庆云之祥②。夏时大禹在位，上天雨金③；《春秋》《孝经》既成，赤虹化玉④。箕好风，毕好雨，比庶人愿欲不同⑤；风从虎，云从龙，比君臣会合不偶⑥。雨旸时若，累是休证⑦；天地交泰，斯称盛世⑧。

【注释】

①光天化日：指太平盛世。

②景星：瑞星，状如半月。庆云：一种五彩祥云，象征喜气。

③雨金：天上落下黄金。传说大禹治水有功，上天降落黄金达三日之久。

④赤虹化玉：传说孔子修成《春秋》、《孝经》两部书之后，忽然有赤虹自上而下化为黄玉。

⑤箕、毕：指箕星和毕星。庶人：众人。

⑥偶：偶然。

⑦旸（yáng）：天晴，日出。若：顺。休证：吉祥的征兆。⑧泰：卦名。《易经》上说泰卦是天地相交，大通之卦。

【译文】

生在盛世，百姓能在朗朗晴空下自由自在地游乐；国泰民安时的杰出皇帝，可感召上天出现景星、庆云的这样的吉祥景象。夏代的大禹统治期间，治水有功，上天连续下了三天的黄金雨；春秋的孔子编著《春秋》、《孝经》后，一道彩虹从天而降化为黄玉。箕星和毕星分别喜好风和雨，比喻众人的愿望各不相同；山风伴随虎啸而生，青云伴随龙腾而现，比喻君臣能在一起不是偶然。下雨、天晴都顺应时节，这是吉祥的先兆；天地融合、世间万物通泰，这就可以称为太平盛世。

孔子曾颂扬大禹治水的功德说：我简直找不到他的一点缺点，他的宫室简陋却没有想到改善，而是尽全力平治水土，开沟渠，发展农耕，鼓励人民从事劳动。大禹治水的功劳流传千古，大禹治水是造福子子孙孙的千秋功业。大禹是古代一位具有雄才大略的政治家、伟人。他治水是与治国养民结合进行的。在治水害的同时，还指导人们恢复和发展农业生产，大兴水上运输，重建家园。每治理一个地方，都主动团结氏族部落酋长，完善政权建设，使百姓安居乐业。大禹治水成功，为他建立了极高的威望。舜召集各氏族部落酋长开庆功大会，赐给他用美玉琢磨而成的玄圭，以示其丰功伟绩。当舜年老时，众人一致推举禹为部落联盟的首领。

地　舆

【原文】

黄帝画野,始分都邑;夏禹治水,初奠山川①。宇宙之江山不改,古今之称谓各殊②。北京原属幽燕,金台是其异号;南京原为建业,金陵又是别名③。浙江是武林之区,原为越国;江西是豫章之郡,又曰吴皋④。福建省属闽中,湖广地名三楚⑤。东鲁西鲁,即山东山西之分;东粤西粤,乃广东广西之域⑥。河南地处华夏之中,故曰中州;陕西即长安之地,原为秦境⑦。四川为西蜀,云南为古滇⑧。贵州省近蛮方,自古名为黔地⑨。

【注释】

①黄帝画野:传说中的黄帝时代,由于天下很大,百姓又多,难以管理,皇帝就画野分州,有百里之国万余。野,边界、范围。都邑:上古时期的行政区划名称与庶民编制单位。

②宇宙:天地。

③幽燕:今河北、北京及辽宁一带,唐以前属幽州,战国时属燕国。金台:又称燕台,黄金台。相传战国时期,燕昭王为了招贤纳士,筑建土台,上置黄金千两,礼聘天下名士。建业:三国时东吴曾把都城迁至南京,当时称"建业"。金陵:南京有钟山,古代叫"金陵山"。战国时期的楚威王曾在南京设"金陵邑"。

④武林:杭州的别称,杭州西有武林山(又名灵隐山)。豫章:楚汉之际曾设置豫章郡,首府在今天的南昌。郡:古代的行政区域,秦以前比县小,从秦代起比县大。吴皋(gāo):春秋战国时江西是吴、越两国边界。皋,指水边的高地。

⑤闽中:战国时期秦王嬴政设闽中郡,首府在现在的福州。湖广:元朝设置湖广行省,管辖范围大约为今天的湖南、湖北两省。三楚:秦汉时把战国时期的楚国分为西楚、东楚和南楚,总称"三楚"。

⑥鲁:现在山东泰山以南的汶、泗、沂、沭水流域,春秋时为鲁国所有,秦汉以后称这一地区为"鲁"。粤(Yuè):古代西南地区的少数民族泛称"百越",越、粤通用。

⑦华夏之中:河南正好位于古代九州的中心地带。华夏,中国的古称。长安:汉高祖曾在西安设长安县,汉、唐两代都定都于此,称"长安"。秦:周代的诸侯国。秦始皇统一中国后,建立秦朝。

⑧西蜀:三国时刘备建立蜀汉政权,因地处中原以西,所以称"西蜀"。滇(diān):云南曾有古滇国,所以简称"滇"。

⑨蛮方:中国古代对南方各少数民族的泛称。黔地:秦时曾在贵州一带设置黔中郡,因此贵州又称黔地。

【译文】

黄帝按照天上的星宿划分了中国的疆域,才有了都、邑这些行政区域;夏禹平治了

泛滥的洪水，才初步奠定了山川的走向和位置。天地间的山川河脉虽然不曾更改，但古今对它们的称呼却有所不同。北京古时候属于幽州、燕国的地域，别名又叫金台；南京古时候称作建业，别名又叫金陵。浙江杭州有武林山，因此把浙江称为"武林之区"，古时候属于越王的故土；江西南昌曾经设置豫章郡，因此把江西成为"豫章之郡"，古时候是吴国的边境故又称作"吴皋"。福建省秦代属于闽中郡的地域，湖南、湖北春秋战国时期属于楚国，因此叫做"三楚"。"东鲁"、"西鲁"分别是山东、山西的别名；"东粤"、"西粤"就是今天广东、广西所在的地方。河南地处华夏大地的中心，所以被称作中州；陕西是长安所在的地方，古时候归秦国管辖。四川就是当年的西蜀，云南汉朝时是滇国。贵州地处古代南方少数民族，从古至今一直被称作黔地。

【解读】

大禹是我国古代伟人中最受人们崇敬的一个。尧、舜相继掌权的传说时代，浑水滔天，百姓生活在洪水之灾中，于是舜任命鲧治理水患，鲧治水九年无功。后来舜见鲧治水束手无策，就将鲧流放到羽山，并命令鲧的儿子禹继续治理洪水。禹跋山涉水不辞辛苦，身先士卒，相传他治水三次经过家门而不入，最终他采用疏导的办法，凿山导河，开辟沟渠，引导洪水流向大海。原来，黄河水系有主流、支流之分，如果把主流加深加宽，把支流疏通，与主流相接，这样就可使所有支流的水，都归主流。同时，他们把原来的高处培修使它更高，把原来的低地疏浚使它更深，便自然形成了陆地和湖泽。他把这些大小湖泽与大小支流联结起来，洪水就能畅通无阻地流向大海了。解决了多年的洪水之患。大禹为民造福，永远受到华夏子孙称颂，大禹刻苦耐劳的精神，永远为炎黄子孙怀念。

【原文】

东岳①泰山，西岳华山，南岳衡山，北岳恒山，中岳嵩山，此为天下之五岳；饶州②之鄱阳，岳州之青草③，润州之丹阳④，鄂州⑤之洞庭，苏州⑥之太湖，此为天下之五湖。

【注释】

①岳：高大的山。

②饶州：隋朝时设饶州，首府在今江西省波阳县。

③岳州：隋朝时改巴州为岳州，首府在今湖南省岳阳市。青草：洞庭湖和青草湖相通，自古并称。另说南边叫青草湖，北边叫洞庭湖，实际上是同一个湖两个不同的名字。

④润州：隋朝时设润州，首府在今江苏省镇江市。丹阳：在现在安徽省当涂县东南部，古代是水天相连的大湖，现在已经名存实亡了。

⑤鄂州：隋朝时改郑州为鄂州，首府在今湖北省武汉市。

⑥苏州：隋朝时改吴州为苏州，以姑苏山得名，首府在今江苏省苏州市。

【译文】

东岳泰山、西岳华山、南岳衡山、北岳恒山、中岳嵩山，这是天下闻名的五大高山，并称"五岳"；饶州的鄱阳湖、岳州的青草湖、润州的丹阳湖、鄂州的洞庭湖、苏州的太湖，这是天下闻名的五大淡水湖，并称"五湖"。

【解读】

"五岳"是五大名山的总称。在我国通常指东岳泰山（位于山东）、西岳华山（位于陕西）、南岳衡山（位于湖南）、北岳恒山（位于山西）和中岳嵩山（位于河南）。有些研究认为，"五岳"一词来源于中国的五行思想与对山岳、山神的崇拜，传说盘古死后，头和四肢化为五岳。五岳是远古山神崇拜、五行观念和帝王巡猎封禅相结合的产物，后为道教所继承，被视为道教名山。其中东岳泰山古称岱山，又称岱宗，是"五岳之首"。因地处东部，故称东岳。五岳又各具特色：泰山雄、衡山秀、华山险，恒山奇，嵩山奥。东岳泰山巍峨陡峻，气势磅礴，被尊为五岳之首。孔子曾有"登泰山而小天下"之叹，而唐代诗人杜甫则写下了"会当凌绝顶，一览众山小"的豪言壮语。南岳衡山地临湘水之滨，林木苍郁，景色幽秀，享有"五岳独秀"的美名。西岳华山，险居五岳之首。"自古华山一条路"，登临犹比上天难，不吃豹子胆，只能望峰叹。北岳恒山则山势陡峭，沟谷深邃。交通不便，偏是深山藏宝，"悬空寺"便隐匿其中。中岳嵩山雄险有之，奇秀有之，似乎突出在一个"奥"字上：在嵩山留下了覆盖经济、文化、艺术、宗教、科技全方位博奥精深的历史文化遗产，"佛、道、儒"三教荟萃，"天、地、人"竞相生辉，"山、寺、貌"互补争艳。东岳泰山之雄，西岳华山之险，南岳衡山之秀，北岳恒山之幽，中岳嵩山之峻，泰山如坐，华山如立，衡山如飞，恒山如行，嵩山如卧。早已闻名于世界。"五岳"被誉为中国的五大奇观。

【原文】

金城汤池，谓城池之巩固；砺山带河，乃封建之誓盟①。帝都曰京师，故乡曰梓里②。蓬莱弱水，惟飞仙可渡；方壶员峤，乃仙子所居③。沧海桑田，谓世事之多变；河清海晏，兆天下之升平④。水神曰冯夷，又曰阳侯；火神曰祝融，又曰回禄⑤。海神曰海若，海眼曰尾闾⑥。望人包容，曰海涵；谢人恩泽，曰河润⑦。无系累者，曰江湖散人；负豪气者，曰湖海之士⑧。问舍求田，原无大志；掀天揭地，方是奇才⑨。

【注释】

①金城汤池：城墙像金属铸造的一样坚固，护城河像热开水一样无法接近。比喻坚固无比、防守严密的城市或工事。城，城墙。汤，热水、开水。池，护城河。砺山带河：泰山小得像块磨刀石，黄河细得像条衣带。比喻时间久远，任凭动荡也绝不变心。砺，磨刀石。山，泰山。河，黄河。封建：封邦建国。誓盟：誓言，盟词。

②梓（zǐ）里：即"桑梓"，古人常在房前屋后种植桑树或梓树，后来就用桑梓来代称故乡。

③蓬莱：蓬莱山，古代传说中的仙山。弱水：古水名。方壶：传说中的神山，又名"方丈"。员峤：神话中的仙山名。

④沧海桑田：大海变成桑田，桑田又变成大海。河清海晏：黄河的水变清了，大海也平静了。河，指黄河。晏，平静。兆，预兆。升平：太平。

⑤冯夷：传说是轩辕之子，生前为水官，死后为水神。阳侯：传说中的波涛神，生前曾被封为陵阳侯。祝融：神话传说中的古帝，以火施化，号赤帝，被后人尊为火神。回禄：传说中火神，后用做火灾的代称。

⑥海若：传说中海神的名字。海眼：即象眼，古人认为井泉的水，潜流地下，通江海，随潮涨落，故称"海眼"。尾闾：古代传说中泄海水的地方。尾，指百川之下。闾，指水聚之处。

⑦海涵：指气量大，能包容，就像大海能容纳百川一样。涵，包含、包容。河润：像河水滋润土地那样帮助别人。

⑧系累：牵累。江湖散人：闲散不拘束、毫无牵挂的人。唐朝文学家陆龟年举进士不中，居松江甫里，经营茶园，常泛舟于太湖，自称江湖散人。负：具有，享有。湖海之士：形容气概豪放之人。湖海，水面宽广，气势雄浑，用来形容性格爽朗豪放。

⑨问舍求田：即"求田问舍"，谋求买田置屋。舍，房屋。掀天揭地：把天掀起，把地揭开，形容力量或声势非常浩大。

【译文】

城墙像黄金铸就的一样，护城河像沸腾滚烫的开水，用来说明城池坚固、牢不可破；泰山变得如砺石般坚固，黄河变得如衣带般细长，是封建帝王分封功臣为侯王时的誓盟之辞。皇帝所在地为都城，又叫做京师；漂泊在外的人，把自己的故乡又叫做梓里。蓬莱和弱水地势险要，只有会飞的神仙可以渡过，到达那里；员峤和方壶山高路远，只有修养深厚的神仙才能居住在那里。沧海桑田，比喻人世间的事物变化很大；河清海晏，预兆天下太平盛世。管理河水的神叫冯夷，又称为阳侯；掌管火的神叫祝融，又称为回禄。海神称作海若，海眼称作尾闾。希望得到别人的多多包容，说如同大海能涵容得下一切江河；感谢别人的恩惠照顾，就说像受到河水对泥土滋润一样。无牵无挂的人被称作江湖散人；具有豪放气概的人被称作湖海之士。光知道买田置房的人，

这种人原本就胸无大志；能够掀天揭地做大事业的人，才能称得上有奇特才能的人。

【解读】

古代的城墙、护城河多是用于防御敌人侵犯，往往城墙高大坚不可摧，护城河宽而深，难于跨越，在这样的双层防御之下，城池牢不可破。著名的古城墙之一，湖北省荆州市古城墙，相传为三国时关羽守荆州时所筑。原为土城墙，南宋改建为砖墙。现城墙为清顺治三年（1646）重建的。城墙整体形状呈不规则椭圆形，城墙高8.83米，底部宽10米，周长11.3公里，城内东西直径3.75公里，南北直径1.2公里，总面积4.6平方公里。底部为大条石、糯米石灰浆灌缝堆砌而成，城墙、城门、蝶垛等，现在都保存较好，古色古香，呈游龙之势。荆州护城河，又称水域，是古城的第一道防御线，护城河全长10500米，宽30米，水深4米。历史上，关羽失荆州，不是城池不坚，而是他自身骄傲自大造成的，骄兵必败呀！

【原文】

凭空起事，谓之平地风波；独立不移，谓之中流砥柱①。黑子弹丸，极言至小之邑；咽喉右臂，皆言要害之区②。独立难持，曰一木焉能支大厦；英雄自恃，曰丸泥亦可封函关③。事先败而后成，曰失之东隅，收之桑榆；事将成而终止，曰为山九仞，功亏一篑④。以蠡测海，喻人之见小；精卫衔石，比人之徒劳⑤。跋涉谓行路艰难，康庄谓道路平坦⑥。硗地曰不毛之地，美田曰膏腴之田⑦。得物无所用，曰如获石田；为学已大成，曰诞登道岸⑧。

【注释】

①平地风波：平地上起风浪。比喻突然发生意料不到的纠纷或事故。中流砥柱：就像屹立在黄河急流中的砥柱山一样。比喻坚强独立的人能在动荡艰难的环境中起支柱作用。砥柱，原为河南省三门峡东的一个石岛，屹立于黄河激流之中。

②黑子：黑痣。弹丸：弹弓所用的泥丸。右臂：人习惯用右手做事，所以用右手比喻事物的重要部分。

③自恃：自以为有所依靠、倚仗。丸泥亦可封函关：用泥丸封住函谷关，就可以阻挡来犯的敌人。丸泥，揉成圆球形的泥团。函关，即函谷关，战国时秦国设置，因在山谷中，深险如函（盛物的匣子）而得名。

④失之东隅，收之桑榆：比喻开始在这一方面失败了，最后在另一方面取得胜利。东隅，东方日出处，指早晨。桑、榆，指日落处，也指日暮。为山九仞，功亏一篑（kuì）：堆九仞高的山，只缺一筐土而不能完成。比喻做事情只差最后一点没能完成。九仞，极言其高。亏，欠缺。篑，盛土的

筐子。

　　⑤以蠡（lǐ）测海：用贝壳来量海。比喻观察和了解很狭窄很片面。蠡，贝壳做的瓢。精卫衔石：相传远古时候，炎帝的女儿在东海游玩时淹死在海里，她的灵魂化作一只精卫鸟，到西山去衔木石，决心填平东海。后来比喻意志坚决，不畏艰难。

　　⑥跋涉：登山涉水。形容旅途艰苦。

　　⑦硗（qiāo）地：贫瘠多石不生长草木之地。硗，坚硬的石头。不毛之地：不生长草木庄稼的荒地。形容荒凉、贫瘠。膏腴（yú）：形容土地非常肥沃。膏，肥肉，油脂。腴，肥沃。

　　⑧石田：布满石头的田地，借指没有什么用处的东西。诞登道岸：登上道德知识的彼岸。比喻做学问大有成就。诞，句首助词，无义。道，道德，这里指品德学问。

【译文】

　　凭空挑起争端，好像平地起了风波；有自己的主张能独当一面，好像屹立在激流中的砥柱一样。黑子和弹丸都是形容极小的城市；咽喉和右臂都是形容极其重要的地区。形容一个人势单力孤难以挑起重任，就说用一根大木不能撑得住一座大房屋；形容英雄好汉依仗自己的胆识本领，就说一块泥巴可以封得住险要的函谷关。形容做事先经历失败，最后取得成功，就说"失之东隅，收之桑榆"；形容事情即将成功时却放弃而终止，就说"为山九仞，功亏一篑"。用瓢来测量海水，比喻人的见识短浅；精卫衔石填海，比喻人做事徒劳无功。"跋涉"形容道路十分艰难，"康庄"形容道路极为平坦宽广。贫瘠多石头的土地，叫做"不毛之地"；肥沃富饶的田地，叫做"膏腴之田"。得到的东西却没有一点用处，就如同获得石头田地，无法耕种；做学问而有了很大成就，就说达到了知识的彼岸。

【解读】

　　函谷关是中国古代历史上的著名军事要塞之一，因关在谷中，深险如函，故称函谷关。这里曾是战马嘶鸣的古战场，易守难攻，素有"一夫当关，万夫莫开"之称。函谷关位于河南省灵宝市北15公里处的王垛村，西据高原，东临绝涧，南接秦岭，北塞黄河，是我国建置最早的雄关要塞之一。始建于春秋战国之中，是东去洛阳，西达长安的咽喉，素有"天开函谷壮关中，万谷惊尘向北空"、"双峰高耸大河旁，自古函谷一战场"之说，自古为兵家必争之地。函谷关不仅是一处军事重地，而且是古代中原腹地与西北地区文化、经济交流的要点。围绕着这座重关名城流传着"紫气东来"、"老子过关"、"鸡鸣狗盗"、"公孙白马"、"唐玄宗改元"等历史故事和传说，唐太宗、唐玄宗、司马迁、李白、杜甫、白居易、司马光等历史名人志士临关吟诗作赋，流传至今的有100余篇。

【原文】

淄渑之滋味可辨，泾渭之清浊当分①。泌水乐饥，隐居不仕；东山高卧，谢职求安②。圣人出则黄河清，太守廉则越石见③。美俗曰仁里，恶俗曰互乡④。里名胜母，曾子不入；邑号朝歌，墨翟回车⑤。击壤而歌，尧帝黎民之自得；让畔而耕，文王百姓之相推⑥。费长房有缩地之方，秦始皇有鞭石之法⑦。尧有九年之水患，汤有七年之旱灾⑧。商鞅不仁而阡陌开，夏桀无道而伊洛竭⑨。道不拾遗，由在上有善政；海不扬波，知中国有圣人⑩。

【注释】

①淄渑（zī miǎn）：淄水和渑水的并称，均在山东省境内。传说淄水味道甘甜，而渑水味道苦涩，若将二水掺和，则甘苦难辨。滋味可辨：传说春秋时期齐桓公的宠臣易牙善烹调，能够尝一口就分辨出淄水和渑水的滋味。泾渭：指泾水和渭水。泾河和渭河在古城西安北郊交汇时，由于含沙量不同，一清一浊，泾河水清，渭河水浑，泾河的水流入渭河时，清浊不混。比喻界限清楚或是非分明。

②泌（bì）水乐饥：泉水可以使人快乐而忘掉饥饿。泌，泉水涌出的样子。仕：做官。东山：山名，在浙江省上虞市西南。谢：谢绝。

③黄河清：黄河变清。黄河水色浑黄，古人认为，黄河一旦变清，就会有圣人出现。越石见：越石显现。传说福州城东有越王石，平常隐没在云雾里，只有清廉的太守来了，它才会显现出来。见，通"现"。

④仁里：原指仁者居住之地，后来指风俗淳朴的地方。里，古代居民聚居的地方。互乡：互相为恶的乡名。

⑤曾子：即曾参，字子舆，孔子的学生，以孝著称。朝歌：古代都邑名，在今河南省淇县。商代曾做过别都。墨翟：即墨子，春秋战国之际的思想家，墨家的代表人物。他认为早晨唱歌不是时候，都邑用此命名不妥，因此当车驾临近朝歌时，便掉转车头走了。

⑥击壤而歌：打击土堆而唱歌。比喻太平盛世，人人丰衣足食。击壤：古代的一种游戏。让畔而耕：种田人互相谦让，在田界处让对方多占有土地。畔，田地的界限。文王：周文王。相推：互相推让。

⑦费长房：东汉人。传说他学得一种仙术，想到什么地方一下子就到了，一天之内，人们在千里之外的好几个地方都看到他。鞭石之法：鞭打石头的方法。传说秦始皇造石桥，想渡海去看日出。当时有个神人，驱赶着石头下海，石头走得慢，神人就用鞭子抽，石头都流血了。

⑧汤：即商汤，商朝的开国君主。

⑨商鞅：战国时卫国人，他入秦国辅佐秦孝公变法，最终使秦国富强起来。不仁：不讲仁德。阡陌开：把原来土地划分的标志去掉，实行土地私有制，这是商鞅变法的重要内容。阡陌，田地之间的道路或地界。夏桀：夏朝的亡国之君，暴虐荒淫。无道：不行正道，做坏事。多指暴君或权贵者的恶行。伊洛竭：伊河和洛河枯竭。传说夏桀昏庸无道，倒行逆施，上天使伊洛二水干枯以警告他。

⑩道不拾遗：路上没有人把别人丢失的东西拾走。形容社会风气好。遗，失物。在上：在上位。对长辈或上司的敬语。海不扬波：海上不起惊涛骇浪，比喻天下太平。中国：上古时代，华夏各族建国于黄河流域一带，以为居天下之中，故称"中国"，而把周其他地区称为四方。后泛指中原地区。

【译文】

淄水和渑水的味道不同，放在一起也可以分辨得出来；泾水清澈而渭水浑浊，即使二水合流后，依然可以分辨出来。山泉的甘美使人快乐而忘记饥饿，所以隐居山林的人不愿意出山当官；情愿在自由恬静的东山高枕无忧，所以东晋的谢安多次谢绝朝廷的诏令，以求轻松悠闲。圣人出现在世间时，黄河的水也会变得清澈；太守为官廉洁清正，越王石就会显现于世。民俗淳朴的地方称为"仁里"，民俗恶劣的地方叫做"互乡"。到了"胜母里"这个地方，曾子说什么也不肯进去；到朝歌这个城市附近时，墨子就驾车而返。在田地里拍着土壤高歌，这是尧帝百姓自得其乐的盛世景象；在田地里耕地互相推让地界，这是周文王时百姓中盛行礼让之风。东汉的费长房有缩短两地距离之术；秦始皇让仙人作法，挥鞭驱赶石头造桥。尧帝在位的时候，有长达九年的洪水泛滥之患；商汤在位的时候，有长达七年的大旱之灾。商鞅不施仁义，让百姓把原来土地划分的标志去掉，实行土地私有；夏桀惨无人道，上天就让伊、洛二水同时枯竭。在路上看见他人的失物，也不会把它捡起来拿走，这是因为统治者治理有方的缘故；大海不起惊涛骇浪，国泰民安，由此可知中国境内有圣明的人治理。

【解读】

在古代动荡年代，贤士们往往选择退隐，在山水田野里享受大自然的乐趣。谢安是其中的代表人物。谢安（320-385），字安石，号东山，东晋政治家，军事家，浙江绍兴人，祖籍陈郡阳夏（今河南省太康）。历任吴兴太守、侍中兼吏部尚书等职，死后追封太傅兼庐陵郡公。世称谢太傅、谢安石、谢相、谢公。他初与权臣周旋时，从不卑躬屈膝，不违背自己的准则却能拒权臣而扶社稷；等他自己当政的时候，又处处以大局为重，不结党营私，不仅调和了东晋内部矛盾，还于淝水之战击败前秦并北伐夺回了大片领土；而到他北伐胜利、正是功成名就之时，能急流勇退，不恋权位；因此被后世人视为良相的代表，"高洁"的典范。

岁　时

【原文】

爆竹一声除旧，桃符万户更新①。履端，是初一元旦；人日，是初七灵辰②。元日献君以《椒花颂》，为祝遐龄③；元日饮人以屠苏酒，可除疠疫④。新岁曰王春，去年曰客岁⑤。火树银花合，谓元霄灯火之辉煌；星桥铁锁开，谓元夕金吾之不禁⑥。

【注释】

①除：去，指光阴过去。桃符：据说桃木有压邪驱鬼的作用。相传东海度朔山有大桃树，其下有神荼、郁垒二神，能食百鬼。于是人们用桃木板画二神或写二神的名字，悬挂门旁，以为能驱鬼压邪。

②履端：一年的开始。元旦：也叫元日，农历一年的第一天。人日：传说天地初开时，第一日为鸡日之后依次为狗日、猪日、羊日、牛日、马日，第七日为人日，第八日为谷日。灵辰：吉祥的时刻。

③君：既指君主，也是对人的敬称。遐龄：高龄，长寿。《椒花颂》：晋朝刘臻的妻子陈氏曾在正月初一献给君王一篇《椒花颂》，后人以此代称新年祝词。

④屠苏酒：古代习俗，农历正月初一，家人先幼后长，饮屠苏酒，以此来辟除瘟疫。

⑤王春：《春秋》用"春，王正月"表示新的一年的一月份（"王"指周文王，也就是周文王制定的周历），后来人们就用"王春"指新的一年。

⑥火树银花合：火树和银花聚集在一起，形容灯光烟火绚丽灿烂，特指元宵节的灯景。火树，唐睿宗时元宵制作一种灯树，高二十丈，燃灯五万，号为"火树"。银花，燃灯时就像开出的银白色的花朵。元霄：农历正月十五日叫上元节，这天晚上叫"元宵"，唐代以来有观灯习俗。星桥：指灯影照耀下护城河上的桥。金吾：汉代官名，掌管京城安全，平时禁止人们夜行，只有正月十五及其前后各一日才特许人们自由往来，观赏灯火。

【译文】

一声爆竹辞去旧岁，迎接新年的到来；千家万户换上了新桃符，以迎接新的一年。一年的开端是正月初一日，称为元旦；一年的吉日良辰是正月初七日，称为人日。元旦的时候，晋代刘臻的妻子陈氏向君王敬献一篇《椒花颂》，借此祝他健康长寿；请乡邻朋友喝屠苏酒，可以驱除瘟疫百病。称新的一年为"王春"，称过去的一年为"客岁"。"火树银花合"是形容元宵节时灯火灿烂辉煌；"星桥铁锁开"指的是元宵节京城开禁，放下吊桥听任城内外游人自由往来观赏灯火。

【解读】

过春节，也叫过年，是中国的传统节日，少不了放鞭炮。相传放鞭炮是为了驱赶年兽。《荆楚岁时记》曾经这样记载，正月初一，鸡叫头一遍时，大家就纷纷起床，在自家院子里放爆竹，来逐退瘟神恶鬼。当时没有火药，没有纸张，人们便用火烧竹子，使之爆裂发声，以驱逐瘟神，这当然是迷信，但却反映了古代劳动人民渴求安泰的美好愿望。

【原文】

二月朔为中和节，三月三为上巳辰①。冬至百六是清明，立春五戊为春社②。寒食节是清明前一日，初伏日是夏至第三庚③。四月乃是麦秋，端午却为蒲节④。六月六日，节名天贶⑤；五月五日，序号天中⑥。

【注释】

①朔：农历每月初一日。中和节：唐代以二月初一为中和节，取春天之中气候和暖的意思。这天，百姓用青囊盛百谷瓜果互相慰问，酿春酒祭神以祈丰年。上巳：旧时节日名。汉以前以农历三月上旬巳日为"上巳"。这一天官民都到水边嬉游洗涤，一驱邪避怪。魏晋以后固定为三月初三日。

②百六：一百零六天。五戊：指立春后第五个干支带"戊"的日子。春社：古代祭祀土神，以祈求丰年的活动。社，土地神。

③三庚：农历夏至后第三个庚日起为初伏，第四个庚日起为中伏，立秋后第一个庚日起为末伏。

④麦秋：小麦收割的季节。端午：农历五月初五，民间节日。本名"端五"，亦名"端阳"。蒲节：民间在端午节常将菖蒲叶与艾叶结扎成束，悬挂于门上，以避邪驱鬼，或用菖蒲酒以避毒。菖蒲，一种多年生水生草本植物，有香气，可入药。

⑤天贶（kuàng）：上天的恩赐。贶，赐。宋真宗曾下诏将农历六月初六定为天贶节。

⑥序：依次序排列。天中：天的中间，端午节的别称。

【译文】

二月初一是中和节，三月初三为上巳节。冬至后第一百零六天是清明节，立春之后的第五个戊日叫做春社日。清明节的前一天是寒食节；夏至日后的第三个庚日就是初伏日。四月是麦熟收割的季节所以称为麦秋；五月初五端午节这一天饮菖蒲酒所以又称为蒲节。六月初六是天贶节；五月初五午时称为天中节。

【解读】

清明节是传统节日，丰富有趣，除了讲究禁火、扫墓，还有踏青、荡秋千、蹴鞠、打马球、插柳等一系列风俗体育活动。相传这是因为清明节要寒食禁火，为了防止寒食冷餐伤身，所以大家来参加一些体育活动，以锻炼身体。

因此，这个节日中既有祭扫新坟生别死离的悲酸泪，又有踏青游玩的欢笑声，是一个富有特色的节日。清明节是农历二十四节气之一，在仲春与暮春之交，也就是冬至后的106天。中国传统的清明节大约始于周代，距今已有二千五百多年的历史。《历书》："春分后十五日，斗指丁，为清明，时万物皆洁齐而清明，盖时当气清景明，万物皆显，因此得名。"清明一到，气温升高，正是春耕春种的大好时节，故有"清明前后，种瓜种豆"之说。清明节是一个祭祀祖先的节日，传统活动为扫墓。2006年5月20日，该民俗节日经国务院批准列入第一批国家级非物质文化遗产名录。清明节是我国传统节日，也是最重要的祭祀节日，是祭祖和扫墓的日子。扫墓俗称上坟，祭祀死者的一种活动。汉族和一些少数民族大多都是在清明节扫墓。

【原文】

端阳竞渡，吊屈原之溺水；重九登高，效桓景之避灾①。五戊鸡豚宴社，处处饮治聋之酒；七夕牛女渡河，家家穿乞巧之针②。中秋月朗，明皇亲游于月殿；九日风高，孟嘉帽落于龙山③。秦人岁终祭神曰腊，故至今以十二月为腊；始皇当年御讳曰政，故至今读正月为证④。

【注释】

①竞渡：划船比赛。吊：祭奠死者。屈原：战国楚国贵族，伟大的爱国诗人，因谗言被楚怀王流放，后秦国军队攻陷楚国都城，屈原悲愤交加，于当年农历五月初五投汨罗江而死。重九：农历九月初九日。又叫"重阳"。桓景：东汉人，传说曾跟着费长房学仙。
②鸡豚宴社：杀鸡宰猪宴请土地神。豚，猪。宴，宴请。治聋之酒：传说社日饮酒可以治耳聋。七夕：农历七月初七夜。乞巧：七夕的传统活动，"妇女"在"七夕"向织女乞求智巧。
③明皇：即唐玄宗李隆基。月殿：月宫。孟嘉：东晋江夏人，陶渊明的外祖父。
④腊：古时农历十二月举行的祭祀名，始于周代。始皇：秦始皇，姓嬴名政。御讳：帝王名字的忌讳。御，与帝王有关的事物。正(zhēng)月：农历一月份。

【译文】

端午节人们赛龙舟，是为了凭吊溺水身死的屈原；九月九重阳节人们纷纷登高山插茱萸饮茱萸酒，是效法桓景登高避灾的方法。在春社秋社二日，家家户户杀鸡宰猪祭祀土地神，大家争饮可治耳聋的酒；七月初七是牛郎织女渡银河相会的日子，家家户户的妇女在月下穿针引线，向织女乞求织布绣花的巧艺。中秋之夜月光分外明朗，唐明皇曾在这天到月宫一游；九月九重阳节秋风渐起，孟嘉登龙山，他的帽子被山风吹落在龙山上。秦朝的人们把年终祭祀众神灵叫做"腊"，所以到现在仍然把阴历十二月叫"腊

月"；秦始皇的名字叫嬴政，为了避讳读正为征，所以直到现在仍然读正月为征月。

【解读】

中秋节，农历八月十五，我国的传统节日之一。中秋祭月，在我国是一种十分古老的习俗。据史书记载，早在周朝，古代帝王就有春分祭日、夏至祭地、秋分祭月、冬至祭天的习俗。其祭祀的场所称为日坛、地坛、月坛、天坛。分设在东南西北四个方向。北京的月坛就是明清皇帝祭月的地方。《礼记》载："天子春朝日，秋夕月。朝日之朝，夕月之夕。"这里的夕月之夕，指的正是夜晚祭祀月亮。这种风俗不仅为宫廷及上层贵族所奉行，随着社会的发展，也逐渐影响到民间。中秋节与春节、清明节、端午节并称为汉族的四大传统节日。为传承民族文化，增强民族凝聚力，中秋节从2008年起被国务院列为国家法定节假日。国家非常重视非物质文化遗产的保护，2006年5月20日，该节日经国务院批准列入第一批国家级非物质文化遗产名录。

【原文】

东方之神曰太皞①，乘震而司春②，甲乙属木③，木则旺④于春，其色青，故春帝曰青帝；南方之神曰祝融，居离而司夏，丙丁属火，火则旺于夏，其色赤，故夏帝曰赤帝；西方之神曰蓐收，当兑而司秋，庚辛属金，金则旺于秋，其色白，故秋帝曰白帝；北方之神曰玄冥，乘坎而司冬，壬癸属水，水则旺于冬，其色黑，故冬帝曰黑帝；中央戊己属土，其色黄，故中央帝曰黄帝。

【注释】

①太皞（hào）：亦称"太皓"，即伏羲氏。传说中古代东夷族首领，继燧人氏为帝。
②乘震：居于震位。震，八卦之一。后面的"离、兑、坎"也是八卦中的卦象。司春：主管春天之事。司，主管，操作。
③甲乙：天干的第一位和第二位。天干依次是"甲、乙、丙、丁、戊、己、庚、辛、壬、癸"。木：五行之一。五行是金、木、水、火、土。
④旺：盛，兴盛。

【译文】

东方的神灵称做太皞，处在震卦的方位而主管春天，春天在天干所代表的时间里属甲乙，春天在五行中属木，木在春天生长旺盛，对应的颜色为青，所以春帝又称为青帝。南方的神灵称做祝融，处在离卦的方位而主管夏天，夏天在天干所代表的时间里属丙丁，夏天在五行中属火，火在夏天燃烧旺盛，对应的颜色为赤，所以夏帝又称为赤帝。

西方的神灵称做蓐收，处在兑卦的方位而主管秋天，秋天在天干所代表的时间里属庚辛，秋天在五行中属金，金在秋天比较旺盛，对应的颜色为白，所以秋帝又称为白帝。北方的神灵称做玄冥，处在坎卦的方位而主管冬天，冬天在天干所代表的时间里属壬癸，冬天在五行中属水，水在冬天比较旺盛，对应的颜色为黑，所以冬帝又称为黑帝。中央在天干所代表的时间里属戊己，中央在五行中属土，对应的颜色为黄，所以主管中央的神灵称做黄帝。

【解读】

八卦，我国古代的一套有象征意义的符号。用"—"代表阳，用"--"代表阴，用三个这样的符号，组成八种形式，叫做八卦。每一卦形代表一定的事物。乾代表天，坤代表地，坎代表水，离代表火，震代表雷，艮代表山，巽代表风，兑代表泽。八卦互相搭配又得到六十四卦，用来象征各种自然现象和人事现象。在中医中，八卦指围绕掌心周围八个穴位的总称。八卦源于我国古代对基本的宇宙生成、相应日月的地球自转（阴阳）关系、农业社会和人生哲学互相结合的观念。最原始资料来源为西周的易经，内容有六十四卦，但没有图像。《易经》记录"易有太极，始生两仪。两仪生四象，四象生八卦。"两仪即阴阳，可在不同时候引申为天地、昼夜、男女等等。四象，即少阴、少阳、太阴、太阳。在不同时候，可分别对应四方、四季、四象。青龙居东，春之气，少阳主之；朱雀居南，夏之气，太阳主之；白虎居西，秋之气，少阴主之；玄武居北，冬之气，太阴主之。四季养生也分别对应为：生、长、收、藏。八卦，即乾、坤、巽、兑、艮、震、离、坎。

【原文】

夏至一阴生，是以天时渐短；冬至一阳生，是以日晷初长[1]。冬至到而葭灰飞[2]，立秋至而梧叶落。上弦谓月圆其半，系初八、九；下弦谓月缺其半，系廿二、三[3]。月光都尽谓之晦，三十日之名；月光复苏谓之朔，初一日之号；月与日对谓之望，十五日之称[4]。

【注释】

①夏至：与下面的冬至、立秋都是二十四节气之一。一阴生：阴气初步发动生长。日晷：又称"日规"，是我国古代利用日影测得时刻的一种计时仪器，通常由铜制的指针和石制的圆盘组成。这里指白天。

②葭（jiā）灰：葭莩之灰。古人烧苇膜成灰，置于律管中，放密室内，以占气候。某一节候到，某

律管中葭灰即飞出，示该节候已到。葭，初生的芦苇。

③上弦：一种月相，以月相如弓而得名。下弦：一种月相，与上弦正好相反。廿（niàn）：二十的合写。

④晦：农历每月最后的那一天。朔：初，始。

【译文】

夏至节气一过，阴气就逐渐生长，所以白天的时间渐渐缩短了；冬至节气一过，阳气就逐渐生长，所以白天的时间渐渐变长了。到了冬至的时候，装在相应律管中的葭灰便会飞出来；到了立秋的时候，树上的梧桐叶子便会纷纷落下来。上弦月是说月亮圆了一半，是每月的初八、初九的时候；下弦月是说月亮缺了一半，是每月的二十二、二十三的时候。月光完全消失的时候叫做晦，是每月三十日的别名；月光逐渐恢复的时候叫做朔，是每月初一日的别名；太阳在东方升起，月亮在西方落下，两者遥遥相对的时候叫做望，是每月十五日的别称。

【解读】

夏至是我国二十四节气之一，在每年公历6月21日或22日。这一天北半球白昼最长，以后白昼渐短。夏至这天，太阳直射地面的位置到达一年的最北端，南方各地从日出到日没大多为十四小时左右。夏至这天虽然白昼最长，太阳角度最高，但并不是一年中天气最热的时候。因为，接近地表的热量，这时还在继续积蓄，并没有达到最多的时候。过了夏至，我国南方大部分地区农业生产因农作物生长旺盛，杂草、病虫迅速滋长蔓延而进入田间管理时期，高原牧区则开始了草肥畜旺的黄金季节。这时，华南西部雨水量显著增加，使入春以来华南雨量东多西少的分布形势，逐渐转变为西多东少。如有夏旱，一般这时可望解除。夏至以后地面受热强烈，空气对流旺盛，午后至傍晚常易形成雷阵雨。这种热雷雨骤来疾去，降雨范围小，人们称"夏雨隔田坎"。唐代诗人刘禹锡在南方，曾巧妙地借喻这种天气，写出"东边日出西边雨，道是无晴却有晴"的著名诗句。夏至日是我国最早的节日。清代之前的夏至日全国放假一天，回家与亲人团聚畅饮。《礼记》中也记载了自然界有关夏至节气的明显现象："夏至到，鹿角解，蝉始鸣，半夏生，木槿荣。"说明这一时节可以开始割鹿角，蝉儿开始鸣叫，半夏、木槿两种植物逐渐繁盛开花。中医理论讲，夏至是阳气最旺的时节，养生要顺应夏季阳盛于外的特点，注意保护阳气，着眼于一个"长"字。

【原文】

初一是死魄, 初二旁死魄, 初三哉生明, 十六始生魄①。翌日、诘朝, 皆言明日; 穀旦、吉旦, 悉是良辰②。片晌即谓片时, 日曛乃云日暮③。畴昔、曩者, 俱前日之谓④; 黎明、昧爽, 皆将曙之时⑤。

【注释】

①死魄: 指月亮无光。古人称月亮有光的部分为"明", 无光的部分为"魄"。旁死魄: 指月亮大部分无光。旁, 近、接近。哉生明: 指月亮开始有光。哉, 始。

②诘朝: 明天早晨。穀(gǔ)旦: 晴朗美好的日子。

③片晌: 指极短的时间。日曛: 日色昏黄, 指天色已晚。曛, 日落时的余光。

④畴昔: 往昔, 从前。曩(nǎng)者: 以往, 过去的日子。

⑤昧爽: 天色由暗到明的时候。昧, 昏暗不明。爽, 明亮。曙: 破晓, 天刚亮的时候。

【译文】

每月初一的时候, 月亮无光, 称为死魄; 初二的时候, 月亮的绝大部分仍然无光, 称为旁死魄; 初三的时候, 月亮逐渐变得明亮, 称为哉生明; 十六的时候, 月亮中的阴影才能开始看到, 称为始生魄。"翌日"、"诘朝", 都说的是明天; "穀旦"、"吉旦", 都指的是吉祥的日子。"片晌"就说的是一小会时间, "日曛"就说的是天色已晚。"畴昔"、"曩者", 都是对过去时光的称呼; "黎明"、"昧爽", 都是指天快亮的时候。

【解读】

"人有悲欢离合, 月有阴晴圆缺", 这里的圆缺就是指"月相变化"。在地球上所看到的月球被日光照亮部分的不同形象。由于月球本身不发光, 在太阳光照射下, 向着太阳的半个球面是亮区, 另半个球面是暗区。随着月亮相对于地球和太阳的位置变化, 就使它被太阳照亮的一面有时对向地球, 有时背向地球; 有时对向地球的月亮部分大一些, 有时小一些, 这样就出现了不同的月相。每当月球运行到太阳与地球之间, 被太阳照亮的半球背对着地球时, 人们在地球上就看不到月球, 这一天称为"新月", 也叫"朔日", 这时是农历初一。过了新月, 月球顺着地球自转方向运行, 亮区逐渐转向地球, 在地球上就可看到露出一丝纤细银钩似的月球, 出现在西方天空, 弓背朝向夕阳, 这一月相叫"蛾眉月", 这时是农历初三、四。随后, 月球在天空里逐日远离太阳, 到了农历初七、八, 半个亮区对着地球, 人们可以看到半个月亮(凸面向西), 这一月相叫"上弦月"。当月球运行到地球的背日方向, 即农历十五、十六、十七, 月球的亮区全部对着地球, 我们能看到一轮圆月, 这一月相称

为"满月"，也叫"望"。满月过后，亮区西侧开始亏缺，到农历二十二、二十三，又能看到半个月亮（凸面向东），这一月相叫做"下弦月"。在这一期间月球日渐向太阳靠拢，半夜时分才能从东方升起。又过四五天，月球又变成一个蛾眉形月牙，弓背朝向旭日，这一月相叫"残月"。当月球再次运行到日地之间，月亮又回到"朔"。月相就是这样周而复始地变化着。如果用月相变化的周期（即一次月相变化的全部过程）来计算，从新月到下一个新月，或从满月到下一个满月，就是一个"朔望月"，时间间隔约29.53天，中国农历的一个月长度，就是根据"朔望月"确定的。

【原文】

月有三浣①：初旬十日为上浣，中旬十日为中浣，下旬十日为下浣；学足三余②：夜者日之余，冬者岁之余，雨者晴之余。以术愚人，曰朝三暮四；为学求益，曰日就月将③。焚膏继晷，日夜辛勤；俾昼作夜，晨昏颠倒④。自愧无成，曰虚延岁月；与人共语，曰少叙寒暄⑤。

【注释】

①浣：洗衣服。唐代规定，官吏十天休息、沐浴一次，每月分上浣、中浣、下浣。

②三余：泛指空闲时间。

③术：方法，策略。朝三暮四：早晨三个晚上四个，原指玩弄手法欺骗人。后用来比喻常常变卦，反复无常。益：进益，长进。日就月将：每天有成就，每月有进步。形容积少成多。就，成就。将，进步。

④焚膏继晷(guǐ)：点上油灯，接续日光。形容勤奋地工作或读书。膏，油脂，指灯烛。继，继续，接替。晷，日光。俾昼作夜：把白天当作黑夜一般利用。俾，使，把。

⑤虚延岁月：白白地拖延时间。虚，白白地、空。延，拖延。少叙寒暄：稍微叙谈一下起居冷暖。暄，暖。

【译文】

古代官员每月要洗濯三次，叫三浣：上旬十天称为上浣，中旬十天称为中浣，下旬十天称为下浣；治学者要充分利用三个空闲时间，叫三余：夜晚是白天的剩余时间，冬季是一年的剩余时间，下雨天是晴天的剩余时间。用权术愚弄别人，叫做"朝三暮四"；做学问每日都有进步，叫做"日就月将"。"焚膏继晷"，是形容人日夜辛劳；"俾昼作夜"，是形容人把早晨和黄昏都颠倒着过。一事无成而自觉惭愧，可以说是"虚延岁月"；要与他人交谈，可以说是"少叙寒暄"。

【解读】

中国唐代定制，官员每十天发一次俸禄，休息一次，洗衣洗澡，称为一浣，一月有三次，叫三浣。上旬十天叫上浣，中旬十天称中浣，下旬十天称下浣。汉末董遇为人朴实敦厚，从小喜欢学习。附近的读书人请他讲学，他不肯教，并说："读书百遍，其义自见。"请教的人说："您说得很有道理，只是苦于没有时间。"董遇说："应该利用'三余'时间。"接着说："治学的人要抓紧利用三段空闲时间，叫三余。冬天，没有多少农活，这是一年的空余时间；夜间，不便下地劳动，这是一天里的空余时间；雨天，不好出门干活，也是一种空余时间。"

【原文】

可憎者，人情冷暖；可厌者，世态炎凉①。周末无寒年，因东周之懦弱；秦亡无燠岁，由嬴氏之凶残②。泰阶星平曰泰平，时序调和曰玉烛③。岁歉曰饥馑之岁，年丰曰大有之年④。唐德宗之饥年，醉人为瑞；梁惠王之凶岁，野莩堪怜⑤。

【注释】

①人情冷暖：人与人之间的情义随着地位高低的变化而有冷淡与亲热的差别。世态炎凉：指一些人在别人得势时百般奉承，别人失势时就十分冷淡。世态，人情世故。炎，热，亲热。凉，冷淡。

②寒年：寒冷的年份。懦弱：软弱无能。柔弱。燠（yù）岁：暖热的年份。按照古人天人相应的观念，寒年、燠岁都不是正常的年份。嬴氏：指秦朝皇室。

③泰阶：星座名，即三台星，上台、中台、下台共六星两两并排而斜上，形如阶梯。泰平：即太平，时世安宁和平。时序：指大自然的节候，四季时节。玉烛：指四时之气和畅，如美玉温润明照。烛，照亮。

④岁：年景，一年的农业收获。歉：少，不足。饥馑：灾荒，庄稼收成很差或颗粒无收。饥，五谷收成不好。馑，蔬菜和野菜也吃不上。大有：丰收。大，多。

⑤醉人为瑞：喝醉的人被认为是一种祥瑞。唐德宗时，因连年战乱和灾荒，民不聊生，没有米酿酒。有一次，市井上偶然出现一位醉汉，大家都拢来观看，认为这是一种吉祥的兆头。凶岁：凶年，荒年。野莩：野外有饿死的人。"莩"通"殍"，饿死的人。

【译文】

可憎恨的是人情有冷暖；可厌恶的是世态常炎凉。东周末年没有寒冷年份，因为东周政权虚弱，人民感觉不到寒冷的年代；秦朝灭亡的时候没有炎热的季节，由于秦朝嬴氏的凶残统治，人民感觉不到温暖的岁月。泰阶星宿平正的时候天下就太平，称为泰平；四时节气调和顺畅的时候就风调雨顺，称为玉烛。粮食歉收的年份称为"饥馑之岁"，粮食丰收的年份称为"大有之年"。唐德宗时期闹饥荒的年间，路上偶尔遇见醉汉，人们便认为是吉祥的兆头；梁惠王时期遇大荒年，野外到处都是饿死的人，实在很可怜。

【解读】

西周被秦昭王消灭。周王东迁，天子地位一落千丈，常被诸侯侵凌。战国末年，周王室分裂，弱小的周政权又分为东西两部分，分别由东周君、西周君治理，名义上的最高统治者周赧王居西周。就国力而言，任何一诸侯国均有灭周的绝对力量，就地理位置而言，韩、魏灭周易如反掌，但他们都无此胆量向周发难。其原因在于投鼠忌器，畏惧灭周之举招致以下犯上的罪名，陷入道义上的孤立，甚至遭到各国共同讨伐，成为众矢之的。环顾当时天下列国，有胆略和实力敢冒天下之大不韪风险的只有秦国一家。灭周在军事上是轻而易举的，后果却是危险的，必须有压倒各大国的军事实力。公元前256年，秦连续伐韩击赵，两国丧师失地节节败退，西周恐秦图己，"赧王恐，背秦，与诸侯约纵，将天下锐师出伊阙攻秦，令无得通阳城。秦王使将军摎攻西周，赧王入秦，顿首受罪，尽献其邑三十六，口三万，秦受其献，归赧王于周"（《资治通鉴》卷五，赧王五十九年）。这一年，周赧王和西周君均死，名义上的最高宗主国便被秦灭掉（《史记·周本纪·索隐》）。灭周不仅表明秦统一天下的决心和意志，更显示了秦已具备击败东方各国联合进攻的雄厚实力。

【原文】

丰年玉，荒年谷，言人品之可珍；薪如桂，食如玉，言薪米之腾贵①。春祈秋报，农夫之常规；夜寐夙兴，吾人之勤事②。韶华不再，吾辈须当惜阴③；日月其除，志士正宜待旦④。

【注释】

①丰年玉，荒年谷：晋代的庾亮、庾翼都很有才能，人们称赞庾亮是"丰年玉"，庾翼是"荒年谷"。因为太平年的玉很珍贵，饥荒时的谷是宝。薪如桂，食如玉：柴草的价格跟桂树一样，米价和玉价相同。薪，柴草。桂，桂树。腾贵：物价上涨。腾，上升。贵，价格高。

②春祈秋报：春耕时祭神，以祈求农作物丰收；秋收后祭神，以报答神明的保佑。夙兴：意思是天不亮就起来做事。夙，早。兴，起来。

③韶华：美好的时光，这里指美好的青春年华。

④日月其除：岁月流逝，光阴不等人。待旦：等待天明。

【译文】

像丰收年份里的玉，像饥荒年份里的谷，都是用来比喻一个人品格的珍贵；柴薪像桂树一样贵，食物像白玉一样贵，都是用来形容物价飞涨而昂贵。春耕时祭祀神灵是祈求农作物能丰收，秋收后祭祀神灵是报答神明的庇佑，这是农民常年必做之事；夜深了才去睡觉，天不亮就起床，告诉我们做事情应当勤勉。青春年华一去不再回头，我们理当珍惜光阴；日月时光容易流逝，有志之士应该抓紧时间有所作为。

【解读】

我国桂树栽培历史悠久。文献中最早提到桂树是战国时期（前475－前221）的《山海经·南山经》，谓"招摇之山多桂"。自汉代至魏晋南北朝时期，桂树已成为名贵花木与上等贡品。在汉初引种于帝王宫苑，获得成功。唐、宋以来，桂花栽培开始盛行。唐代文人植桂十分普遍，吟桂蔚然成风。宋金桂之问的《灵隐寺》诗中有"桂子月中落，天香云外飘"的著名诗句，故后人亦称桂花为"天香"。桂树，木犀科木犀属，又名"月桂"、"木犀"，俗称"桂花树"。常绿灌木或小乔木，为温带树种。叶对生，多呈椭圆或长椭圆形，树叶叶面光滑，革质，叶边缘有锯齿。花簇生，花冠分裂至基乳有乳白、黄、橙红等色。我国有包括衢州市、汉中市在内的二十多个城市以桂花为市花或市树。桂花以其淡然贞定品格为世称许。《载敬堂集·江南靖士诗稿》中有《桂花》

诗："瑶树静当严序来，千花杀后有花开。清贞更造清芬境，大地萧条赖挽回。"桂树的果实入药有化痰、生津、暖胃、平肝的功效。枝叶及根煎汁敷患处，可活筋骨止疼痛，治风湿麻木等症。桂树的木材材质致密，纹理美观，不易炸裂，刨面光洁，是良好的雕刻用材。

朝　廷

三皇为皇，五帝为帝①。以德行仁者王，以力假仁者霸②。天子天下之主，诸侯一国之君③。官天下，乃以位让贤；家天下，是以位传子④。

【注释】

①三皇：传说中的远古帝王。一般认为燧人氏、伏羲氏、神农氏为三皇。五帝：传说中的上古帝王。一般认为黄帝、颛顼、帝喾、唐尧、虞舜为五帝。

②以德行仁：以道德推行仁政。王：王道，讲究以德服人。以力假仁：用武力称雄代替仁义。力，威力，权势。假，借用，代替。霸：霸道，凭借威势压服别人。

③天子：古代认为君主代表上天治理人民，是上天的儿子，故称天子。诸侯：古代对中央政权所分封各国国君的统称。

④官天下：以天下为公有。家天下：以天下为一家所私有。

【译文】

远古时的三皇通称为"皇"，上古时的五帝通称为"帝"。凭借道德来推行仁政的人被称为王，凭借武力来代替仁义的人被称为霸。天子是天下的主人，诸侯是天子分封的诸侯国的君主。认为天下是公有的，就会把王位传给有德行有才能的人；认为天下是自家的，因此把王位传给自己的儿子。

【解读】

三皇五帝，是夏朝以前出现在传说中的"帝王"。现在看来，他们都是部落首领，由于实力强大而成为部落联盟的领导者。从三皇时代到五帝时代，历年无确数，最少当不下数千年。三皇五帝是中华上古杰出首领的代表。具体三皇是谁，五帝是谁，不同史家对"三皇五帝"都有不同的定义，故存在多种说法。基本上，无论是按照史书的记载，还是神话传说，都认为三皇所处的年代早于五帝的年代。大致上，三皇时代距今久远，或在四五千年至七八千年以前乃至更为久远，时间跨度亦可能很大；而五帝时代则距夏朝不远，在四千多年前。"皇"的原意是"大"和"美"，不作名词用。战国末，因上帝的"帝"字被作为人主的称呼，遂用"皇"字来称上帝，如《楚辞》中的西皇、东皇、上皇等。时又有天皇、地皇、泰皇之名，称为"三皇"。在《周礼》、《吕氏春秋》与《庄子》中也始有指人主的"三皇五帝"，《管子》并对皇、帝、王、霸四者的不同意义作了解释，但都未实定其人名。

【原文】

陛下，尊称天子；殿下，尊重宗藩①。皇帝即位曰龙飞，人臣觐君曰虎拜②。皇帝之言，谓之纶音；皇后之命，乃称懿旨③。

【注释】

①宗藩：指受天子分封的宗室诸侯，如太子、亲王等。因其拱卫王室，犹如藩篱，所以称为宗藩。

②觐：朝见君主或朝拜圣地。

③纶音：帝王的诏令旨意。懿：美好，美德。

【译文】

陛下，是对天子的尊称；殿下，是对皇室宗亲的尊称。皇帝即位登基叫做"龙飞"，臣子朝见君主称为"虎拜"。皇帝说的话叫做"纶音"；皇后的命令称为"懿旨"。

【解读】

陛下是臣下对君主的尊称，秦朝以后只用以称皇帝。陛为宫殿台阶。据东汉蔡邕《独断》，谓群臣与天子言，因距离远，先呼立陛下。侧近臣与之言，由彼上达。陛下之称，即由此而来。秦始皇创建了皇帝制度，皇帝自称"朕"，其他人当面直接称皇帝为"陛下"、"圣上"、"万岁"等，私下敬称皇帝为"圣人"、"官家"、"至尊"等。殿下，原指殿阶之下，殿下和陛下是一个意思。原来也是对天子的敬称。但称谓对象随着历史的发展而有所变化。后来成为我国对皇族成员的尊称，次于代表君主的陛下。汉朝开始称呼太子、诸王为殿下，三国开始皇太后、皇后也称殿下。唐代以后，唯太子、皇太后、皇后称"殿下"。

【原文】

椒房是皇后所居，枫宸乃人君所莅①。天子尊崇，故称元首；臣邻辅翼，故曰股肱②。龙之种、麟之角，俱誉宗藩；君之储、国之贰，皆称太子③。帝子爰立青宫，帝印乃是玉玺④。

【注释】

①椒房：汉代有椒房殿，为皇后居住的地方。枫宸：汉代宫殿中多种枫树。宸，屋宇。莅：到，

来。

②崇：高。臣邻：指君与臣像邻居那样亲近。辅翼：辅佐，辅助。股肱：大腿和胳膊，均为身体的重要部分。

③誉：称扬，赞美。君之储：即储君，已确定为继承皇位的人。国之贰：即国贰，国之副君。太子：封建时代君主的儿子中被预定继承君位的人。

④爰：于是。立青宫：立为太子。古代太子居住的宫殿称为青宫，又称东宫。玺：印章。

【译文】

椒房是皇后所居住的宫殿，枫宸指君主居住的屋宇。天子的地位崇高尊贵，所以叫做"元首"；近臣辅佐帝王，所以叫做"股肱"。"麟之角"、"龙之种"都是赞誉皇族宗室之语；"君之储"、"国之贰"都是太子的别称。皇帝的儿子做了太子之后居住在青宫；皇帝所用的印章称为玉玺，世称为传国的国宝。

【解读】

椒房殿是西汉未央宫皇后所居殿名，椒房殿亦称椒室。因以椒和泥涂墙壁，取温暖、芳香、多子之义，故名。后亦用为后妃的代称。《汉书·车千秋传》颜师古注："椒房殿名，皇后所居也，以椒和泥涂壁，取其温而芳也。"值得注意的是椒房殿有两处所在，一在长乐宫，班固《西都赋》："后宫则有掖庭椒房。"李善引《三辅黄图》注："长乐宫有椒房殿。"此殿在汉高帝时为皇后的殿室。另一处在未央宫。《三辅黄图》卷三："椒房殿，在未央宫，以椒和泥涂，取其温而芬芳也。"位于前殿之北。《汉书·董贤传》："又召贤女弟以为昭仪，位次皇后，更名其舍为椒风，以配椒房云。"颜师古注："皇后殿称椒房。欲配其名，故云椒风。"

【原文】

宗室之派，演于天潢①；帝胄之谱，名为玉牒②。前星耀彩，共祝太子以千秋③；嵩岳效灵，三呼天子以万岁④。

【注释】

①宗室：君王或皇帝的宗族。派：分支。演：通"衍"，推演。天潢：皇族，皇帝的后裔。

②帝胄：皇帝的后代。玉牒：记载帝王的谱系、历数及政令因革之书。至宋代，每十年一修。牒，古代的文书、证件。

③前星：指代太子。千秋：千年。

④嵩岳：嵩山，五岳之中岳。效灵：显灵。公元前110年的春季正月，汉武帝登上嵩山，据说身边

的官员和卫兵，都曾听到三次高呼万岁的声音。

【译文】

皇族的支派，可以从"天潢"中推演出来；帝王子孙后代的族谱称为"玉牒"。三星中的前星闪耀光彩，是共同祝愿太子千岁；中岳嵩山山神显灵，曾三呼天子"万岁"。

【解读】

历代皇族族谱称为玉牒，记载帝王谱系、历数及政令因革之书，宫廷文献，皇帝家族之谱册。唐代已有，至宋代，每十年一修，沿及明清。可惜清代以前各王朝玉牒，均未流传于世。清代玉牒是唯一完整系统保存至今的皇族族谱。清代玉牒分满、汉两种文本，自顺治十三年（1656）题准，每十年续修一次，以帝系为统，长幼为序，存者朱书，死者墨书。宗室记于黄册，觉罗记于红册。男女分记，各记有宗支、房次、封职、名字、生卒年月日时、母族姓氏、婚嫁时间、配偶姓氏，宗室、觉罗中人口变动情况，按上述项目每年造册送宗人府，以便续修时载入玉牒。自顺治十八年（1661）至清亡后的1921年，在清代共编26次，民国后到1921年又修两次，共纂修28次。清代玉牒现存1070册，是中国唯一完整系统保存至今的皇族族谱，是世界上最庞大的家谱。

【原文】

神器大宝，皆言帝位；妃嫔媵嫱，总是宫娥①。姜后脱簪而待罪，世称哲后；马后练服以鸣俭，共仰贤妃②。唐放勋德配昊天，遂动华封之三祝③；汉太子恩覃少海，乃兴乐府之四歌④。

【注释】

①神器：代表国家政权的实物，如玉玺、宝鼎之类。大宝：皇帝之位。妃嫔媵嫱：妃，指帝王的妾，或指太子、王侯之妻。嫔、嫱，古代宫中的女官。媵，指随从皇后嫁过来的婢女。娥：女子。

②姜后：周宣王的王后。簪：一种首饰。哲：明智。马后：东汉明帝的皇后。练：白绢。鸣：呼吁。仰：敬仰。

③唐放勋：即尧，传说中的圣王，号，放勋，因封于唐，也称"唐尧"。昊天：苍天。昊，元气博大的样子。华封之三祝：相传尧游于华地，华地守封疆的人祝他寿、富、多儿子。

④汉太子：指汉明帝做太子的时候。覃：深广。少海：渤海，这里泛指大海。乐府：原指汉武帝时开始设立的音乐机关，职责是搜集、整理民间诗歌，后来就称这一类诗歌为"乐府"或"乐府诗"。四歌：即《日重光》《月重轮》《星重辉》和《海重润》四首乐府歌。

"神器"、"大宝"都说的是帝位；妃、嫔、媵、嫱，全是宫里的女子。周宣王时姜皇后摘下头簪等候处罚，世人称颂她为明智的皇后；东汉的马皇后穿着粗布衣服宣扬节俭，人们都敬仰这位贤德的皇妃。唐尧的功德可以与苍天相比，于是化州的守疆人祝福他长寿、富贵、多男儿；汉明帝刘庄当太子的时候，广施恩德，乐人作了四首乐府诗歌赞美他。

【解读】

提起封建时代的后妃、许多人都对她们没有好印象。确实，我国历史上后妃凭借自己的特殊身份，营私结党，扰乱朝纲，甚至祸国殃民的事情，时有发生。然而，也有一些后妃，贤惠有德，深明大义，为清明政治、稳定社会起了积极作用。诗曰：周室姜后，秩秩德音，宣王晏起，待罪脱簪。西周时期，周宣王的皇后姜氏，是齐侯的女儿，生性贤德，平常"非礼勿言、非礼勿动"。有一次，周宣王早晨起来很迟，姜后就脱去了头上的簪子，摘下耳环，在长巷里站着等周宣王办她的罪，差了宫女去对周宣王说："因为我不好以致使大王失了礼，到朝堂里去迟了，还请大王治我的罪。"周宣王说："这是我的失德，并不是王后的罪。"从此以后，周宣王对于政事非常勤力去做，上朝上得很早，退朝退得很迟，重修文王、武王遗下的大基业，成了一位中兴的君主。

文 臣

【原文】

帝王有出震向离之象,大臣有补天浴日之功①。三公上应三台,郎官上应列宿②。宰相位居台铉③,吏部职掌铨衡④。吏部天官大冢宰,户部地官大司徒,礼部春官大宗伯,兵部夏官大司马,刑部秋官大司寇,工部冬官大司空⑤。司宪中丞,都御史之号;内翰学士,翰林院之称⑥。天使称誉行人⑦;司成尊称祭酒⑧。称都堂曰大抚台,称巡按曰大柱史⑨。

【注释】

①出震向离:太阳从东方升起,在南方普照万物。震、离是《易经》中的卦象,分别代表东方和南方。补天浴日:神话中女娲炼五色石补天,羲和给太阳洗澡。后用来比喻力挽世运,功勋卓著。

②三公:古代官职系统。各朝具体设置不同,明清以太师、太傅和太保为三公。三台:星座名。郎官:帝王侍从官的通称。列宿:指二十八宿。

③宰相:我国封建时代对君主负责、总揽政务的人。但历代所用官名和职权大小不同。台铉(xuàn):犹台鼎。铉,鼎耳,以代鼎。鼎三足,有三公之象,故以喻宰辅重臣。

④吏部:官署名,主管全国官吏任免、考课、升降、调动等事务。铨(quán)衡:本指衡量轻重的器具,引申为评量、选拔人才的职位。铨,衡量轻重。

⑤天官:礼部总理百官,有如苍天笼罩世间万物。地官:户部掌管土地和人口,有如大地滋养万物。春官:吏部主管国家的典章制度、祭祀、学校、科举和接待四方宾客等,像春天生长万物。夏官:兵部主管全国武官选用和兵籍、军械、军令等,兵威震慑,像炎热的夏天般刚烈。秋官:刑部掌管刑罚、监狱诉讼,像肃杀的秋天一样。冬官:工部掌管各项工程、屯田、水利、交通等,像冬天一样为以后打基础。

⑥都御史:明代都察院的长官为左右都御史,下设副都御史、佥都御史。翰林院:我国古代以文学供奉宫廷的官署。

⑦天使:天子的使者,即皇帝派遣的使臣。行人:官名,在周代负责朝廷的觐见聘问。明代设行人司,掌管传旨、册封等事。

⑧司成:原为古代掌管贵族子弟教育的官职。祭酒:隋唐以后设国子监祭酒,主管国子监。

⑨都堂:明代都察院的长官和带有都察院御史衔的官员。巡按:巡行按察。明代有巡按御史赴各地巡视,考核吏治,审理大案,简称"巡按"。柱史:原为周、秦时期的官名,柱下史的简称。

【译文】

帝王应当有如从东边升起的太阳转向南边普照万物的博大气象;大臣应该有为天

补缺，为太阳洗澡的功劳。三公上面对应的是天上的三台星，各部郎官对应的是天上的众星宿。宰相在朝中的位置像举鼎的铉那样重要，吏部在朝中像铨衡衡量轻重一样选拔、任免、考察官员。吏部的最高长官天官，又称为大冢宰；户部的最高长官地官，又称为大司徒；礼部的最高长官春官，又称为大宗伯；兵部的最高长官夏官，又称为大司马；刑部的最高长官秋官，又称为大司寇；工部的最高长官冬官，又称为大司空。"司宪"和"中丞"，都是都御史的称号；"内翰"和"学士"，都是翰林院官员的别称。"天使"是对传达皇帝诏令的官员的美称；"司成"是对国子监祭酒的尊称。人们把"都堂"称为"大抚台"，把"巡按"称为"大柱史"。

【解读】

文臣，作为中国历史上重要的政治势力，在数千年的文明长河中书写了绚丽多彩的篇章。文臣身份有：当朝宗室、将帅、宰辅、外戚乃至宦官。封建社会里政权（或皇权）的主要威胁有边帅大将、文臣藩王、游牧民族、农民起义等，其中文臣的威胁最大。历来一个国家要发动战争，多是武将们摩拳擦掌、主动请缨，而文臣们则沉稳持重、瞻前顾后。所以三国时曹魏来犯，江东群臣大多主和，才会成就诸葛亮"舌战群儒"的千古佳话。西汉以来，及至赵宋，几乎所有的改朝换代（十六国也有类似例子）都是由文臣、武将来完成的。比如王莽篡汉、曹丕立魏、司马晋代魏、刘裕登极、宋齐相迭、杨坚代周、五代相替、"黄袍加身"等等。

【原文】

方伯、藩侯①，左右布政之号；宪台、廉宪，提刑按察之称②。宗师称为大文衡，副使称为大宪副③。郡侯、邦伯，知府名称；郡丞、贰侯，同知誉美④。郡宰、别驾，乃称通判⑤；司理、廌史，赞美推官⑥。刺史、州牧，乃知州之两号；廌史、合谏，即知县之尊称⑦。乡宦曰乡绅，农官曰田畯⑧。钧座、合座，皆称仕宦；帐下、麾下，并美武官⑨。秩官即分九品，命妇亦有七阶⑩。一品曰夫人，二品亦夫人，三品曰淑人，四品曰恭人，五品曰宜人，六品曰安人，七品曰孺人。妇人受封曰金花诰，状元报捷曰紫泥封⑪。

【注释】

①方伯：原为古代诸侯中的领袖称号，谓一方之长。藩侯：原指古代诸侯。布政：布政使的简称。明代左右布政使为一省最高行政长官。

②提刑按察：主管一省司法的官员。

③宗师：官名。掌管宗室子弟的训导。大文衡：宗师是师道的宗主，而评论文章就像用秤称物，所以被称为大文衡。副使：重要使节、官员的副手。宪：对上司的尊称。

④郡侯：古代爵位名。邦伯：古代对一方诸侯首领的称呼。知府：府一级的行政长官。知，主持。郡丞：郡守的辅佐。贰侯：郡侯的副职。同知：知府的佐官，分别掌管督粮、缉捕、水利等。

⑤郡宰：一郡的主宰。别驾：原指汉代州刺史出巡时另乘一车。通判：知府之下掌管粮运、农田、水利和诉讼的官员。

⑥廌(zhì)：古同"獬豸"，古代传说中的异兽，能辨是非曲直。推官：主管司法事务的官员。

⑦刺史、州牧：汉代至唐代对州一级最高长官的称呼。知州：掌管一州的军政事务的官员。台谏：唐宋时对御史等言官的合称。

⑧乡官：有过官职又回乡的人。宦，官，官职。乡绅：乡间有权势的人。田畯：古代原指农神，后指掌管田地的官员。

⑨钧座、台座：对尊者或上级的敬词。钧、台都为敬辞。座，座位，代指座位上的人。仕宦：做官，这里指做官的人。帐下、麾下：泛指军事指挥官。帐，指军帐。古代行军作战，大将都住在军帐里。麾，古代用来指挥军队的旗帜，即帅旗。

⑩秩官：常设之官。秩，常。九品：我国古代官吏的等级。始于魏晋，从上上到下下，共分九等。品，等级。命妇：古时被赐予封号的妇女，一般为官员的母亲、妻子。七阶：元明以来，命妇的封号从夫爵的高低分为七个等级。封官员的母亲时，要在"夫人"等前面冠以"太"字。

⑪金花诰：命妇接受册封时，诰命写在绘有金花罗纹的纸上。诰，诰命，皇帝赐爵或授官的诏令。紫泥封：古代皇帝的诏书用锦囊装着，用紫泥封口，在泥上加盖印章。

【译文】

"方伯"和"藩侯"是左右布政使的别号；"宪台"和"廉宪"是提刑按察使的别称。掌管宗室子弟教育的宗师称为"大文衡"，上级的副使称为"大宪副"。"郡侯"和"邦伯"都是对知府的称呼；"郡丞"和"贰侯"都是对同知的美称。"郡宰"和"别驾"，用来称呼通判的；"司理"和"廌史"，用来赞美推官的。"刺史"和"州牧"，是知州的两个别号；"廌史"和"台谏"，是对知县的尊称。居住在乡间的卸职官员叫做"乡绅"，主管农田耕种的官员叫做"田畯"。"钧座"和"台座"，都是对高官的尊称；"帐下"和"麾下"，都是对军中将帅的美称。官吏的职位和品级分为九等，官员的母亲和妻子得到皇帝的封号也有七个等级。一品的称号叫夫人，二品的称号也叫夫人，三品的称号叫淑人，四品的称号叫恭人，五品的称号叫宜人，六品的称号叫安人，七品的称号叫孺人。妇女受皇帝赐封的诏书叫做"金花诰"，给新科状元报捷的文书叫做"紫泥封"。

【解读】

我国古代文官制度是以君主为轴心，以中央集权为主线的政治体制中形成和发展起来的。秦始皇统一中国后，建立了以皇帝为国家元首的行政管理体

制。皇帝拥有至高无上的权力，皇帝之下设立丞相，作为百官之长，"掌丞天子，助理万机"，朝内朝外，各类职官均以品序为基础形成层阶隶属关系，共同效忠皇帝。这种以皇帝为轴心的宝塔式的文官组织结构，具有很强的内聚性。与此同时，为了适应封建国家机器的正常运转，古代文官制度还形成了从中央到地方的一整套等级森严的权责隶属结构。秦统一之前，官与爵是相分离的，所谓"官"定职位的大小，"爵"定位次的尊卑。秦统一后，则把官爵合而为一，建立了从公士到彻侯的20等爵，从而使文官等级结构逐渐严密化和法律化。魏晋南北朝时期，实行九品中正制，以九品定官阶。从此，品位便成为官职高下尊卑的重要标志。从唐朝开始，九品之中又分正、从，共18级，并由官品等级决定服饰、房舍、车马、坟茔，各个品级之间迥然有别，不可逾越。在以等级结构为基础的文官系统中，上与下各自统属，内与外相互节制，名分与职责严明，权力与义务相称，既不可逾越，也不可专擅。这种结构严密、权责固定、等级森严、运转协调的文官制度，正是在历代政府通过不断制订各种文官法规的基础上逐步强化的。必须指出的是，这种金字塔式的文官等级权责结构，尽管有利于加强中央集权统治，保证国家政令的统一推行，但却造成了各级文官的惰气和暮气。既然下级官员只服从上级官员，既然整个文官群体只服从于皇帝，那就谈不上发挥各级文官自身的创造性和主动性，一切依赖于上，仰上司鼻息是从，这种现象在历代政府的晚期表现得尤为突出。

【原文】

唐玄宗以金瓯覆宰相之名，宋真宗以美珠箝谏臣之口[1]。金马玉堂，羡翰林之声价；朱幡皂盖，仰郡守之威仪[2]。台辅曰紫阁名公，知府曰黄堂太守[3]。府尹之禄二千石，太守之马五花骢[4]。代天巡狩，赞称巡按；指日高升，预贺官僚。初到任曰下车，告致仕曰解组[5]。藩垣屏翰，方伯犹古诸侯之国；墨绶铜章，令尹即古子男之邦[6]。太监掌阃门之禁令，故曰阃宦；朝臣皆搢笏于绅间，故曰搢绅[7]。萧曹相汉高，曾为刀笔吏；汲黯相汉武，真是社稷臣[8]。召伯布文王之政，尝舍甘棠之下，后人思其遗爱，不忍伐其树；孔明有王佐之才，尝隐草庐之中，先主慕其令名，乃三顾其庐[9]。

【注释】

①金瓯(ōu)：金碗。瓯，盆、盅之类的器皿。谏臣：直言规劝的臣子。

②金马：汉代的金马门，是学士待诏的地方。玉堂：汉代的玉堂殿，待诏学士议事的地方。声价：名声和社会地位。朱幡皂盖：汉代郡守春天出行时车骑的颜色。朱幡，红色的旗帜。皂盖，黑色的车盖。威仪：帝王或大臣的仪仗、扈从。

③台辅：宰相。紫阁：唐代曾改中书省为紫微省，中书令为紫微令。因称宰相府第为紫阁。黄堂：古代太守办公的厅堂。明、清时的知府类似汉代太守，所以也称知府为黄堂。

④府尹：官名。一般为京畿地区的行政长官。禄：俸禄。石：容量单位，十斗为一石。五花骢（cōng）：即五花马。汉代太守外出时，一车五马，故以"五马"称太守。骢，青白杂色的马。

⑤代天巡狩：代替天子出巡。古代皇帝五年一出巡，视察各地方。指日高升：很快就可升官。指日，为期不远。告：表示，请求。致仕：辞去官职。解组：解下印绶。组，古人佩玉或佩印的丝带子，这里指印绶。

⑥藩垣：藩篱和垣墙。泛指屏障。屏翰：屏障辅翼。方伯：殷、周时代一方诸侯之长。后泛称地方长官。墨绶铜章：代指县令。绶，古代系帷幕或印纽的丝带。铜章，铜铸的官印。令尹：秦汉以来，一县之长叫县令，元代叫县尹，因而合成令尹。子男：即子爵、男爵，古代比较小的爵位。

⑦太监：宦官。在皇宫内侍奉皇帝及其家族的官。阍门：即宫门。搢笏（jìn hù）：插笏。古代君臣朝见时均执笏，用以记事备忘，不用时插于腰带上。

⑧萧曹：萧何和曹参。汉高：汉高祖刘邦。刀笔吏：文书小官。古人在竹简、木板上书写，写错了就用小刀刮去重写。汲黯：汉武帝时大臣，治民有方，而且经常直言进谏。汉武：汉武帝刘彻。社稷臣：能捍卫国家的重臣。社稷，国家的代称。

⑨召伯：周文王的庶子，又称为"召公"，曾辅佐周武王灭商。甘棠：即棠梨树。遗爱：留下的恩惠恩泽。孔明：诸葛亮的字，三国蜀汉政治家、军事家。草庐：简陋的草屋。先主：古称开国君主，这里指刘备，三国时蜀汉的建立者。令名：美好的名声。

【译文】

　　唐玄宗任命宰相，先写好他的名字，用金碗盖住宰相的名字，以试太子之才；宋真宗想要封禅泰山，曾经用美珠堵住了谏臣的口。"金马"和"玉堂"，都是称羡翰林的声望和社会地位；"朱幡"和"皂盖"，都是仰慕太守出行时的仪仗威风。宰相称为"紫阁名公"，知府称为"黄堂太守"。府尹的俸禄为两千石粮食，太守出巡有五匹花骢马拉车。代替天子巡守四方视察民情，被人称成为"巡按"；预贺官吏升职，可以美言为"指日高升"。官员刚刚上任叫"下车"，请求辞职叫"解组"。"藩垣"和"屏翰"称镇守一方的长官，如同方伯犹如古代诸侯国的长官一样；"墨绶"和"铜铸"是县令一级所用的绶带、官印，借指县令，所管辖的地方类似古代子爵、男爵的小邦。太监掌管着出入宫门的禁令，所以叫做"阍宦"；朝廷的大臣都把记事的笏板插在衣带上，所以叫做"搢绅"。萧何、曹参是汉高祖的功勋卓著的丞相，他们曾经担任过文书小吏；汲黯是汉武帝的丞相，是真正的治国安邦的"社稷臣"。召伯继续执行周文王的政令，曾在甘棠树下住宿过，后人怀念他的恩德，不忍心砍伐那棵甘棠树；诸葛亮有辅佐帝王的才能，曾经隐居在简陋的草屋中，蜀汉先主刘备敬慕他的美好名声，三次到的茅庐里拜访他。

【解读】

　　古代文官的选拔任用。战国时代，许多诸侯国为了适应封建兼并和发展社会经济的需要，创立了以军功、力田等作为选官标准的做法。此外，还出现了游说、上书、选荐贤能等任用官吏的新途径。秦汉时期，为了加强中央集权，以皇帝为首的朝廷强化了对文官队伍的管理。通过建立客卿，实行察举、征辟等制度，广开才路，多方选贤。汉武帝曾经告诫大臣们，"在位上，而不能进贤者；不举孝，当以不敬者论；不察廉，不胜也，当免。"正因为汉政府选官途径广泛、措施得力，所以文官队伍阵容庞大，人才济济。与此同时，为了培养人才，储官待用，汉政府还在长安建立太学，设"五经博士"，"以养天下之士"。综观秦汉时期的文官选任制度，其突出特点是任用方式已经趋向制度化和规范化。隋唐时期，文官选任制度历经重大变革，任官权力收归中央。在选任官吏上唯才是用，不避亲疏，士庶并重。特别是建立了分科考试、择优录用的科举制度，向社会开放了取士的大门。科举制度比起秦汉时期的察举、征辟，自然更加规范得多了。这里需要指出的是，唐朝的科举及第只是取得做官的资格，而并不立即授职，只有经过吏部的考察，方可授职任事。这对保证文官的素质，减少"高分低能"现象具有一定的积极作用。宋朝对科举制度进行了改造，考试科目不断增加，录取名额一度放宽，结果造成了官员冗滥、官职紊乱的局面。明清两代的选任文官，以强化专制主义统治为目的，尤其是清代中叶，捐官泛滥，对传统的任官之法造成极大的冲击。尽管科举选官制度仍在沿用，但却实行八股取士，不仅不能延揽人才，反而禁锢了知识分子的思想，使广大士人完全陷入功名利禄的旋涡之中。

【原文】

　　鱼头参政，鲁宗道秉牲骨鲠；伴食宰相，卢怀慎居位无能①。王德用，人称黑王相公；赵清献，世号铁面御史②。汉刘宽责民，蒲鞭示辱；项仲山洁己，饮马投钱③。李善感直言不讳，竟称鸣凤朝阳；汉张纲弹劾无私，直斥豺狼当道④。民爱邓侯之政，挽之不留；人言谢令之贪，推之不去⑤。廉范守蜀郡，民歌五袴；张堪守渔阳，麦穗两歧⑥。鲁恭为中牟令，桑下有驯雉之异；郭伋为并州宇，儿童有竹马之迎⑦。鲜于子骏，宁非一路福星；司马温公，真是万家生佛⑧。鸾凤不栖枳棘，羡仇香之为主簿；河阳遍种桃花，乃潘岳之为县官⑨。刘昆宰江陵，昔日反风灭火；龚遂守渤海，令民卖刀买牛⑩。此皆德政可歌，是以令名攸著⑪。

①参政：官名，参知政事的省称。在宋代为副相。鲁宗道：宋真宗时任参知政事，被权贵讥为"鱼头参政"。因为他生性耿直，立朝刚正，嫉恶敢言，难于对付，而且"鲁"姓也是鱼字头。骨鲠：鱼骨头、鱼刺。这里比喻性情耿直，如骨鲠在喉，不吐不快。伴食：陪同吃饭。卢怀慎：唐玄宗时宰相，自知才能不如另一宰相姚崇，因此凡事推让，当时人称他为"伴食宰相"。

②王德用：北宋名将，英勇善战，屡立战功，又宽厚仁慈，爱护士兵，深得百姓爱戴。因为身材魁伟，面色较黑，当时人都亲昵地称他"黑王相公"。赵清献：宋仁宗时名臣赵抃，死后谥号"清献"。曾任殿中侍御史，不畏强权弹劾权贵，京师人给他起外号叫"铁面御史"。

③蒲鞭示辱：东汉人刘宽性情温和，对待属下十分宽厚，对有过错的人用蒲做的鞭子抽打，只是为了使他感到羞耻，并不使他皮肉受苦。饮马投钱：汉代人项仲山，每次在渭河饮马，必投三文钱在河里，表示不占便宜。比喻为人廉洁，不损公肥私。

④李善感：唐高宗时任监察御史，以直言进谏著称。鸣凤朝阳：凤凰在太阳初升时鸣叫。唐高宗想要封禅五岳，李善感上书直谏。当时已有二十年无人敢直言进谏了，因此人们认为这是天下少有的吉祥之兆，竟相用"鸣凤朝阳"来夸赞。弹劾：国家对政府官吏的违法失职行为进行检举并追究其法律责任的行动。豺狼当道：东汉顺帝时选取八使，巡行都邑，纠察贪官污吏。侍御史张纲年少，官阶也最低，其他七人都受命上路，只有张纲把车轮埋在洛阳都亭，愤然说："豺狼当道，安问狐狸！"于是返回朝廷，上书弹劾专权不法的梁冀等人。豺狼，指把持国政的外戚、权贵等。

⑤邓侯：即邓攸，字伯道，东晋时任吴郡太守。挽之不留：邓攸为官清廉，百姓都很爱戴他。后来邓攸因病辞官，数千百姓牵住他的船不让走。推之不去：邓攸之前的吴郡太守谢谢，是个贪官，吴人因此作歌四句："统如打五鼓，鸡鸣天欲曙。邓侯挽不留，谢令推不去。""统如"是击鼓的声音。

⑥蜀郡：秦朝灭蜀国，设置蜀郡，辖境包有今四川省中部大部分，首府在成都。民歌五袴（kù）：东汉人廉范，字叔度，曾任蜀郡太守。当地以前的制度是禁止百姓晚上劳动和工作，以防火灾，民众于是偷偷干，结果火灾更多。廉范废除前任的法令，只严格要求家家储水。百姓觉得很方便，于是歌唱道："廉叔度，来何暮，不禁火，民安作。平生无襦今五袴。"襦，短衣。袴，通"裤"。渔阳：地名。唐玄宗天宝元年改蓟州为渔阳郡，首府在今天津市蓟县。麦穗两歧：即一麦两穗，是丰收吉祥的兆头。歧，又开。东汉人张堪，字君游，任渔阳太守时，开稻田八千余顷，劝民耕作。百姓富足，于是作歌："桑无复枝，麦穗两歧，张君为政，乐不可支。"

⑦鲁恭：东汉人，字仲康。汉章帝时为中牟令，以仁德治理地方，不滥用刑罚。中牟：位于河南省中部，今属郑州市。驯雉之异：有一年，河南闹蝗灾，蝗虫却不进入中牟境内。河南尹袁安派手下肥亲前去察看原因，鲁恭陪同。他们在一棵桑树下休息时，有雉鸟停在树旁，儿童也不去捉它。肥亲十分敬佩地说："蝗虫不侵入中牟境内，这是第一个奇特之处；鸟兽如此驯服，这是第二个奇特之处；小孩子也有仁慈之心，这是第三个奇特之处。"回去后报告给袁安，袁安于是举荐鲁恭为大司徒。郭伋（jí）：东汉人，字细侯，王莽时为并州太守，光武帝时再次调任并州太守。竹马之迎：骑着竹马在路旁欢迎。竹马，儿童玩具，竹竿一端有马头模型，有时另一端装轮子，孩子跨立上面，假装骑马。

⑧鲜于子骏：宋代鲜于侁，字子骏。鲜于，复姓。一路福星：宋哲宗时鲜于侁任京东路转运使，临行前，司马光对人说："鲜于侁贤能，不可能一直在地方任职，但是齐鲁之地的民众，需要他前去

救援。他是一路的福星。"路，宋代行政大区名称。福星，岁星，旧时术士说岁星照临能降福于民。
司马温公：即司马光，字君实，北宋名臣，死后追封温国公。万家生佛：司马光以清廉正直著称，被人称为"万家生佛"，即搭救民众的活佛。

⑨鸾凤：鸾鸟与凤凰，比喻心有大志的俊贤之士。枳棘：枳木与棘木，因多刺而称恶木。比喻艰难险恶的环境。仇香：即仇览，字季智，东汉人。他在当蒲亭长的时候，以德感化别人，百姓称颂。县令王涣仰慕他的贤名，召为主簿，又不忍心让他一直当个小官，说："枳棘非鸾凤所栖。"于是拿出自己一个月的俸禄资助仇香入太学深造。主簿：官名，主管文书，办理事务。河阳：古地名，在今河南省孟县西。潘岳：字安仁，西晋文学家。他任河阳县令时，百姓有拖欠税赋的，便令植桃树一株，其赋税由官府交纳。离任时，河阳遍地皆桃花，因此人称"花县"。

⑩江陵：今荆州城，秦朝设江陵县，隶属南郡。反风灭火：东汉人刘昆任江陵县令时，县内经常发生火灾。每有火灾，刘昆便向火叩头，求助神灵，多能降雨或反风灭火。"反风"，风向倒转。渤海：郡名。汉代设置，因为濒临渤海而得名。卖刀买牛：汉宣帝时，渤海和附近各郡闹饥荒，饥民纷起造反。龚遂任太守时，开仓借粮，奖励农桑，叫民众卖去刀剑，买进耕牛，农民又都开始耕种。

⑪攸著：著名，出名。攸，文言语助词，无义。

【译文】

"鱼头参政"说的是宋朝鲁宗道生性刚正不阿、嫉恶敢言；"伴食宰相"说的是唐朝的宰相卢怀慎身居高位却不处理政务。北宋名将王德用善于治军，因面黑，被人称为"黑王相公"；北宋赵清献为官清正，敢于弹劾权贵，被世人称为"铁面御史"。汉朝刘宽责罚百姓，仅用蒲鞭象征性地责罚，让人感到羞耻罢了；项仲山洁身清廉，每次到渭河饮一次马，便投钱三枚，以示不敢妄取。李善感力谏皇帝直言不讳，不怕犯忌，人们竞相称赞，誉为鸣凤朝阳；东汉张纲弹劾不法权贵，直斥其为豺狼当道。百姓爱戴郑侯办理政事清廉，数千人苦苦挽留却留不住；人们都说谢令当官太贪婪，不愿意他治理当地但是推他走他也不肯离去。廉范担任蜀郡太守，勤政为民，百姓摆脱贫穷富起来了，于是百姓作歌而唱："平生无襦今五裤"；张堪担任渔阳太守劝农耕稼，百姓富足，喜悦地歌唱："桑树上没有多余的枝条，麦子都长了两束麦穗。"鲁恭担任中牟县县令时，推行仁政，有桑树下的雉鸟都很驯服的异征；郭伋担任并州太守时，体恤百姓，深受百姓爱戴，于是几百名儿童骑着竹马在路旁欢迎他。鲜于子骏担任京东转运使去赈灾，人们称赞他为"一路福星"；温国公司马光恩德遍布，人们称赞他"真是万家的活菩萨"。鸾凤是吉祥鸟，不应该只栖息在枳棘树上，都羡慕仇香担任主簿时，遇上好上司推荐进入太学；河阳县遍地种桃树遍地桃花开，这是潘岳担任县令时的政绩。刘昆担任江陵县宰时，起火灾，他叩头拜神就使风转向而灭了火；龚遂担任渤海太守时，教导盗贼卖掉屠刀鼓励他们买牛，从事耕作。以上这些官吏都勤政为民，推行德政，是值得颂扬的，因此他们的名声卓著，流芳百世。

仇香是位幸运有才能的官吏，曾担任过主簿，所以人们习惯以主簿相称。仇香，别名仇览，东汉人，年少的时候默默无闻，但是颇有才能，后来被考城县县令王涣慧眼所发现，说："鸾凤不应落在枳棘丛中"，于是提拔他担任主簿，后来又推荐他进入太学深造。于是人们都羡慕有才华的仇香遇到了好上司，从此青云直上。潘岳是体恤百姓的好官，他担任河阳尹，百姓有负债还不上的，就命令种一株桃树，由官府代他还债。当潘岳离任时，县里遍地生长着桃树，开满了桃花，被誉为花县。

武　职

【原文】

韩柳欧苏，固文人之最著[1]；起翦颇牧，乃武将之多奇[2]。

【注释】

[1]韩柳欧苏：指唐代的韩愈、柳宗元和宋代文学家欧阳修、苏轼。固：确实。
[2]起翦颇牧：指战国时期秦国的大将白起、王翦和赵国的大将廉颇、李牧。乃：是，就是。

【译文】

唐代的韩愈、柳宗元，宋代的欧阳修、苏轼，确实是文人中最著名的几个；战国时代的白起、王翦、廉颇、李牧，都是武将之中多智谋的奇才。

【解读】

"战国四大名将"是白起、王翦、廉颇、李牧，在战乱连年，硝烟滚滚的时代，他们不是死在敌人的刀剑之下，就是把敌人杀死在自己的刀剑之下。他们驰骋疆场，威猛勇敢，为国家立下了汗马功劳，成为世代敬仰的勇士。

【原文】

范仲淹胸中具数万甲兵[1]，楚项羽江东有八千子弟[2]。

【注释】

[1]范仲淹：字希文，汉族，苏州吴县（今属江苏）人。唐宰相范履冰之后。北宋著名的政治家、思想家、军事家和文学家。胸中具数万甲兵：北宋宰相范仲淹能文能武，在镇守延州抗拒西夏时，被西夏人称为"腹中自有数万甲兵"。具，备有。甲兵，铠甲和兵器，引申为全副武装的兵士。
[2]项羽：名籍，字羽，通常被称作项羽，古代杰出军事家及著名政治人物。我国军事思想"勇战"派代表人物，秦末起义军领袖。江东有八千子弟：秦二世元年（前209），项羽跟随叔父项梁杀死了会稽郡守殷通起义，收吴中子弟八千人，率领他们在巨鹿战役中一举摧毁了秦军的主力。江东：古时候指长江下游的芜湖、南京以下的南岸地区。

【译文】

北宋宰相范仲淹能文能武，在镇守延州抗拒西夏时，西夏人称他"胸中具有数万甲兵"，不敢进犯；西楚霸王项羽领着江东八千子弟起兵反秦。

项羽是中华数千年历史上最为勇猛的将领，"霸王"一词，专属项羽。秦末时，项羽跟从项梁发动会稽起义，公元前207年在重要的战役巨鹿之战中大破秦军主力。秦朝灭亡之后，自立为西楚霸王，统治黄河及长江下游的梁、楚九郡。后来在楚汉战争中被汉王刘邦击败，在乌江（今安徽和县）自刎而死。项羽的勇武古今无双，古人对其有"羽之神勇，千古无二"的赞誉。项羽在战场上所向无敌，在政治上却是幼稚的，甚至是愚蠢。坑杀战俘，放弃关中，怀念楚国，放逐义帝，自立为王等等，失尽人心。然而政治上的失败，却无法遮掩项羽在军事上的才华。24岁起兵反秦，27岁成为分封十八路诸侯的西楚霸王，30岁自刎乌江。他是一位当之无愧的英雄豪杰。

【原文】

孙膑吴起，将略堪夸①；穰苴尉缭，兵机莫测②。姜太公有《六韬》③，黄石公有《三略》④。

【注释】

①孙膑：战国时代齐国著名的军事家，著有《孙膑兵法》。吴起：战国时代魏国著名的军事家，著有《吴子兵法》。将略：用兵的策略。将，指挥、用兵。

②穰苴：即田穰苴，春秋齐景公时担任大司马，齐国著名军事家，著有《司马穰苴兵法》。尉缭：战国时期魏国著名的军事理论家，著有《尉缭子》。

③姜太公：商末周初人（生卒不可确考），本名吕尚，姜姓，吕氏，字子牙，一名望，被尊称为太公望，后人多称其为姜子牙、姜太公。武王尊之号为"师尚父"，辅佐周武王灭掉了商，后封于齐。我国历史上最享盛名的政治家、军事家和谋略家。《六韬》：著名兵书，相传为周朝姜子牙所著，但一般认为是有人托名姜子牙所著，作者已经不可考证，大约成书于战国时期。内容有文韬、武韬、龙韬、虎韬、豹韬、犬韬。

④黄石公：（前292-前195），齐国人（今山东淄博），姓崔名广，字少通，因避秦时苟政暴虐，曾隐居湖北谷城黄石山，世称黄石公，后又在太湖夏黄修道，故曰夏黄公，简称"黄公"。《三略》：即《黄石公三略》，是古代的一部著名兵书，与《六韬》齐名。最早提及此书的是司马迁。《三略》分上略、中略、下略。

【译文】

孙膑和吴起都具有将才，带兵和打仗都值得夸奖；穰苴和尉缭都是很有奇才的军事家，他们用兵的计谋变化莫测。姜太公编著了治理天下的书《六韬》；黄石公编著了传世的兵书《三略》。

【解读】

《三略》是中国古代第一部专讲战略的兵书，以论述政治战略为主，兼及军事战略。该书问世以来，受到历代政治家、兵家和学者的重视。南宋晁公武称其："论用兵机之妙、严明之决，军可以死易生，国可以存易亡。"该书还先后传入日本和朝鲜，并产生了相当大的影响。《三略》一书杂采儒家的仁、义、礼；法家的权、术、势；墨家的尚贤；道家的重柔；甚至还有谶纬之说。全书讲政治策略手段较多，而直接讲军事的反而较少。《六韬》通过周文王、武王与吕望对话的形式，论述治国、治军和指导战争的理论、原则，是一部具有重要价值的兵书，对后世产生了重大影响，受到历代兵家名将的重视，司马迁《史记·齐太公世家》称："后世之言兵及周之阴权，皆宗太公为本谋。"北宋神宗元丰年间，《六韬》被列为《武经七书》之一，为武学必读之书。《六韬》在国外也有深远影响，16世纪传入日本，18世纪传入欧洲，现今已翻译成日、法、朝、越、英、俄等多种文字。今本《六韬》共分六卷。文韬——论治国用人的韬略；武韬——讲用兵的韬略；龙韬——论军事组织；虎韬——论战争环境以及武器与布阵；豹韬——论战术；犬韬——论军队的指挥训练。

【原文】

韩信将兵[①]，多多益善[②]；毛遂讥众[③]，碌碌无奇[④]。

【注释】

①韩信：刘邦手下的一名军事指挥家，善于带兵打仗，为刘邦战胜项羽立过大功。将兵：率兵，带兵。

②多多益善：兵越多越好。益，越，更加。

③毛遂：战国时代赵国公子平原君的门客。秦军包围了赵国的都城邯郸，赵国派平原君去楚国求救。临行，平原君要从门客中选二十名文武兼备的随从，毛遂自告奋勇，推荐自己。到了楚国，平原君与楚王谈判，开始谈得并不顺利。毛遂按剑上前，列举秦国欺负楚国的往事，终于使楚王答应出兵解除邯郸之围。讥众：讽刺众人。毛遂劝说楚王与赵国订立盟约之后，招手让平原君的十九位随从上殿，当面讽刺他们碌碌无为，不能替平原君出力。

④碌碌无奇：平凡，无特殊才能。

【译文】

韩信率兵打仗，兵越多越好；毛遂讥讽一同去的众门客，都平凡，没有特殊的才能。

韩信是西汉功臣，（前231-前196），淮阴（今江苏淮安）人，中国历史上杰出的军事家，"汉初三杰"之一。留下许多著名战例和策略，据传为尉缭高徒。韩信为汉朝立下汗马功劳，历任大将军、左丞相、相国，封齐王、楚王。汉高祖刘邦战胜主要对手项羽后，韩信被一再削弱，贬为淮阴侯；最后被安上谋反的罪名，被吕雉（即吕后）及萧何骗入宫内，处死于长乐宫钟室。韩信是我国军事思想"谋战"派代表人物，被后人奉为"兵仙"、"战神"。"王侯将相"韩信一人全任。"国士无双"、"功高无二，略不世出"是楚汉之时人们对他的评价。

【原文】

大将曰干城①，武士曰武弁②。都督称为大镇国③，总兵称为大总戎④。都阃即是都司⑤，参戎即是参将⑥。千户有户侯之仰⑦，百户有百宰之称⑧。以车为户曰辕门⑨，显揭战功曰露布⑩。

【注释】

①干城：盾牌和城墙。干指盾牌，城指城墙，都是用来抵御外敌的，因此用作大将的代称。

②武弁（biàn）：古代武士所戴的帽子，代指武士。弁，皮弁，用来制作帽子。

③都督：古代的军事长官。

④总兵：总兵官的简称，负责掌管一镇的军务。总戎：统帅。戎，军队，士兵。

⑤阃（kǔn）：借指领兵在外的将帅或外任的大臣。都司：官名。隋大业三年（607），置尚书左、右司郎于尚书都省，辅助尚书左、右丞处理省内各司事务，简称都司。唐宋的尚书省亦称尚书都省，其左右司为尚书省各司的总汇，因称都司。明代都指挥使司为一省掌兵的最高机构，简称都司。又清代绿营军官职位次于游击，称为都司，秩四品，位次游击，分领营兵。

⑥参将：明代镇守边区的统兵官，无定员，位次于总兵、副总兵，分守各路，掌理本营军务。

⑦千户：宋、元、明时千名士兵编为千户所，千户是千户所的长官。户侯：享有食邑千户所的侯爵。仰：泛指对上，这里指上者之威。

⑧百户：元、明时百名士兵编为百户所，千百户是百户所的长官。百宰：主持管理一百户人家。

⑨以车为户：以战车卫门。车，兵车，战车。户，门。辕门：古代帝王巡狩、田猎的止宿处，以车为藩；出入之处，仰起两车，车辕相向以表示门，称辕门。辕，车前驾牲畜的两根直木。

⑩显揭：公开发布。露布：不封口的文书，后多指捷报、檄文等。

【译文】

掌握重大兵权的大将，担负保卫国家的重任，称为干城；头戴武冠的士兵，称为武

弁。古代的军事长官又称为大镇国，负责掌管一镇军务的官称为大总戎。都阃是都司的俗称，参戎指参将；千户有户侯的仰望，百户有百牢的称号。以战车卫门称为辕门；公开发布战争的功绩，称为露布。

户、侯都是古代官职爵位，如千户侯、万户侯。汉代谚语："陈夏千亩漆，与千户侯等。"千户侯，古代的封号，意为食邑千户的侯爵，有向一千户以上的人家征税的权力。食邑万户以上，号称"万户侯"，汉代侯爵最高的一层，简单说就是大官。万户侯在封建社会作为一个特殊阶层，拥有很高的社会地位，掌握着大量的社会资源（包括人力、物力、财力、关税及自然资源），万户侯后泛指高官贵爵。毛泽东《沁园春·长沙》词："指点江山，激扬文字，粪土当年万户侯。"

【原文】

下杀上谓之弑，上伐下谓之证①。交锋为对垒，求和曰求成②。战胜而回，谓之凯旋；战败而走，谓之奔北③。为君泄恨，曰敌忾；为国救难，曰勤王④。胆破心寒，比敌人慑服之状；风声鹤唳，惊士卒败北之魂⑤。汉冯异当论功，独立大树下，不夸己绩⑥；汉文帝尝劳军，亲幸细柳营，按辔涂行⑦。

【注释】

①弑：封建时代称臣杀君、子杀父母。证：君上对臣下的讨伐。

②对垒：两军相持，交战。垒，营垒。求成：求和。成，平定，讲和。

③凯旋：战争获胜，军队奏着得胜乐曲归来。亦泛指获胜归来。凯，军队得胜所奏的乐曲。旋，返回。走，跑，这里指逃跑。奔北：临阵逃脱。亦说"败北"。北，败逃，败走。

④泄恨：发泄内心的愤恨。敌忾(kài)：对敌人的愤恨。勤王：原指尽力于王事，后多指君主受到了危险时，臣子起兵救援。

⑤胆破心寒：胆吓破了，心脏变得寒冷。形容由于恐惧而伏帖的样子。慑服：因恐惧而屈服。风声鹤唳：风声和鹤叫。形容惊慌失措，或自相惊扰。东晋时，前秦皇帝符坚率兵百万，攻打东晋，却在淝水大败。在溃逃时，秦兵听到风声鹤叫，都以为是东晋的军队追过来了。唳，鹤叫声。败北：战败逃跑。北，败逃，败走。

⑥冯异：(?-34)，字公孙，汉族，颍川父城(今河南宝丰东)人。东汉开国名将，"云台二十八将"之一。在刘秀统一天下的过程中，任征西大将军，为刘秀平定关中立有大功，封应侯。为人谦逊，不夸自己的功劳。诸将并坐论功，他常常避避树下，军中誉为"大树将军"。

⑦汉文帝：名刘恒，西汉皇帝。劳军：慰劳部队官兵。幸：指帝王驾临。细柳营：文帝后元六年(前158)，匈奴大举入侵，汉文帝任命河内郡守周亚夫为将军。军队驻扎在细柳(古地名，在

第 肆拾陆 页

46

幼学琼林全集

今陕西咸阳市西南渭河北岸），军纪严明。按辔（pèi）徐行：轻轻按着缰绳，让马慢慢地走。辔，马缰绳。

【译文】

封建时代称臣杀君、子杀父母叫做弑；君主上属对臣子下属的讨伐叫做征。两军交战相持不下叫对垒，失败向交战的对方请求停战叫求成。打了胜仗高唱凯歌归来称作凯旋，战败逃跑称作奔北。帮助君主攻打敌人发泄愤恨叫做敌忾，拯救危难中的国君称为勤王。胆破心寒，比喻敌人畏惧屈服的样子；风声鹤唳，形容士兵战败逃跑时的惊慌失措。东汉开国名将冯异，当诸将并坐论说功劳时，他常常独自退避大树下，从不夸耀自己的功劳；汉文帝曾慰劳将士，亲自驾临周亚夫的细柳营，细柳营军纪严明，汉文帝轻轻按着缰绳，让马慢慢地走。

【解读】

我国历史上从来不乏有特色的将领，他们往往都有自己的绰号，比如"常胜将军"、"威武将军"、"飞将军"……可是有一位却被叫做"大树将军"。他就是东汉光武帝刘秀麾下、"云台二十八将"之一的冯异。原来，当年跟随刘秀的开国名将有二十八位，号称"云台二十八将"。征战间隙，诸将常常聚在一起聊天，话题无非是自述战功，胡吹乱侃。每当众将争功论能之时，冯异总是一个人默默地躲到大树下面。于是，士兵们便给他起了个"大树将军"的雅号。冯异字公孙，颍川父城（今河南宝丰东）人，生年不详。史载他好读书，精通《左氏春秋》、《孙子兵法》。在"云台二十八将"中，冯异与刘秀是认识比较早的。俗话说"每逢大事有静气"，在刘秀诸将中，冯异总是能够保持头脑的冷静，深得刘秀赏识。而冯异也不负刘秀厚望，在刘秀创业过程中，最重要的三步棋全都是在冯异的帮助下完成的。第一步，韬光养晦。第二步，巡行河北。第三步，黄袍加身。冯异与众将一起，推戴刘秀在鄗（今河北柏乡）即皇帝位，改元建武，是为汉世祖光武皇帝。冯异是东汉佐命虎臣，他作战勇敢，常为先驱，善用谋略，料敌决胜，治军严明，关心民瘼，东汉创业，其功至巨。同时他为人谦退，从不居功自傲，不愧为一代良将。

【原文】

苻坚自夸将广[1]，投鞭可以断流[2]；毛遂自荐才奇[3]，处囊便当脱颖[4]。羞与哙等伍[5]，韩信降作淮阴[6]；无面见江东[7]，项羽羞归故里[8]。韩信受胯下之辱[9]，张良有进履之谦[10]。

【注释】

①符坚：(338-385)，字永固，又字文玉，小名坚头，十六国时期前秦世祖宣昭皇帝，357年-385年在位。符坚在位前期励精图治，使前秦基本统一北方；但后来在伐晋的"淝水之战"中大败，从此一蹶不振，又遭到之前投降的鲜卑、羌人的背叛而出逃，最后被羌人姚苌所杀，终年48岁。

②投鞭可以断流：建元十九年(383)，符坚征调九十万大军攻打东晋王朗说："以吾之众旅，投鞭于江，足断其流。"意思是，把所有的马鞭投进长江里，能够截断水流。后来就用投鞭断流比喻人马众多，兵力强大。

③毛遂：战国时薛国人(今山东省枣庄市人)，年轻时游赵国，身为赵公子平原君赵胜的门客，居平原君处三年未得崭露锋芒。然而，公元前257年，也就是赵孝成王九年，他自荐出使楚国，促成楚、赵合纵，声威大振，并获得了"三寸之舌，强于百万之师"的美誉。

④处囊便当脱颖：锥子放在口袋里便会穿透布袋露出锥尖。脱颖，亦作"颖脱"，比喻有才能的人得到机会，即能显示出来。颖，原指禾穗的芒尖，这里指锥子尖。

⑤羞与哙等伍：和樊哙处于同等的地位而感到羞耻。伍，同列，等辈。汉朝建立之后，刘邦收回了韩信的兵权，并封他为楚王。后来怀疑韩信谋反，刘邦利用陈平的计谋把他抓回朝中，降为淮阴侯。韩信从此经常装病不参加朝见和侍行。韩信曾经拜见以前的部属樊哙，樊哙用跪拜的礼节迎送，口称臣子。韩信出了门，苦笑着说："我这一生竟然与樊哙这类人处于同等地位！"。

⑥韩信：(约前231-前196)，汉族，古淮阴(今江苏省淮安市)人。军事家，是西汉开国名将，汉初三杰之一，留下许多著名战例和策略。韩信为汉朝立下汗马功劳，历任大将军、左丞相、相国，封齐王、楚王、淮阴侯等，却也因其军事才能引起猜忌，被吕雉(即吕后)及萧何合谋所杀。

⑦无面见江东：没有脸见江东父老。楚汉战争中项羽被刘邦击败，从垓下突围到乌江(今安徽和县东北)，乌江亭长停船靠岸等他过江。项羽说："籍与江东子弟八千人渡江而西，今无一人还，纵江东父老怜我而王我，我何面目见之？"就自刎而死。

⑧项羽：(前232-前202)名籍，字羽，通常被称作项羽，下相(今江苏宿迁)人，古代杰出军事家及著名政治人物。军事思想"勇战"派代表人物，秦末起义军领袖。秦亡后自立为西楚霸王，统治黄河及长江下游的梁、楚九郡。后在楚汉战争中为汉王刘邦所败，在乌江(今安徽和县)自刎而死。故里：家乡。

⑨胯下之辱：韩信当年在淮阴的时候，有一个年轻的屠夫，侮辱韩信，说道："你的个子比我高大，又喜欢带剑，但内心却是很懦弱的啊。"并靠他们的人多势众，侮辱韩信说："假如你不怕死，那就刺死我；不然，就从我的胯下爬过去。"韩信仔细打量了那屠夫，就弯着身子从屠夫的胯下爬过去。集市上的人都讥笑韩信，以为韩信的胆子真的很小。后来韩信被封为王，回到楚都，召见那个曾经侮辱自己的人，任命他做了楚国的中尉。

⑩张良：(前250-前186)，字子房，汉族，传为汉初城父(今河南宝丰)人，也有说为阳翟(今河南禹州市)人。汉高祖刘邦的谋臣，秦末汉初时期杰出的政治家、军事家，汉王朝的开国元勋之一，封留侯。"汉初三杰"(张良、韩信、萧何)之一。进履之谦：给人穿鞋子的谦逊。张良早年在博浪沙(今河南原阳东南)刺杀秦始皇，没有成功。逃到下邳。有一天，在下邳桥上遇到一位老人。老人故意让鞋子掉到桥下，对张良说："孺子下取履！"张良强忍着心中的不快，把鞋子捡上来。老人又说："履我！"张良又强忍着，给他穿好鞋子。这位老人就是黄石公，后来送给张良

一部《太公兵法》。

【译文】

前秦世祖宣昭皇帝苻坚征调九十万大军攻打东晋，夸耀自己兵多将广时说，把所有的马鞭投进长江里，能够截断水流；毛遂推荐自己有旷世奇才时说，锥子放在口袋里便会穿透布袋露出锥尖，只要有机会，自己就会像布袋里的锥子一样显露出来。韩信被降作淮阴侯时，因和樊哙处于同等的地位而感到羞耻；楚汉战争中西楚霸王项羽兵败后，羞于回归故里时说，没有脸见江东父老。韩信年少的时候，曾忍受从屠夫胯下爬过去的耻辱；张良在下邳桥上，有为老人拾鞋、穿鞋的谦恭。

【解读】

韩信是"汉初三杰"（张良、韩信、萧何）之一，更是一位能屈能伸的大丈夫。年轻时，淮阴有一个年轻的屠夫，他侮辱韩信，说道："你的个子比我高大，又喜欢带剑，但内心却是很懦弱的啊。"并靠他们的人多势众，侮辱他说："假如你不怕死，那就刺死我；不然，就从我的胯下爬过去。"韩信注视他一会，俯下身子从对方的胯下爬过去。集市上的人都讥笑韩信，以为韩信的胆子真的很小。之后，韩信找到刘邦，把萧何给他的推荐信呈上去，最后当上了大将军；如果韩信当初杀死那个小混混，杀人偿命，韩信也不会当上大将军，更不会帮助刘邦攻打项羽，一统天下。大丈夫就是能屈能伸，真英雄是不会逞一时之勇，而是忍字当头，高瞻远瞩，胸襟博大。

【原文】

卫青为牧猪之奴①，樊哙为屠狗之辈②。求士莫求全③，毋以二卵弃干城之将④；用人如用木，毋以寸朽弃连抱之材⑤。总之，君子之身，可大可小；丈夫之志，能屈能伸⑥。自古英雄，难以枚举⑦；欲详将略⑧，须读《武经》⑨。

【注释】

①卫青：（？－前106），字仲卿，汉族，河东平阳（今山西临汾市）人，西汉军事家。生年不详，卒年于公元前106年（西汉武帝元封五年）。他是西汉时期能征惯战，为汉朝北部疆域的开拓做出过重大贡献的将领，也是中国历史上为人熟知的常胜将军。率军与匈奴作战，屡立战功，但从不结党干预政事。他对士卒体恤较多，威信很高。牧猪之奴：放猪的奴仆。卫青年少时家境贫寒，曾经以给人放羊为生。按《史记》，"牧猪之奴"应为"牧羊之奴"。

②樊哙：（前242－前189），汉族，沛县（今江苏省沛县）人。西汉开国元勋，大将军，左丞相，著名军事统帅。为吕后妹夫，深得汉高祖刘邦和吕后信任。后随刘邦平定臧荼、卢绾、陈豨、韩信

等，为大汉开国皇帝汉高祖刘邦第一心腹，楚汉时期仅次于项羽的第二猛将，是一位大汉名将。封舞阳侯，谥武侯。屠狗之辈：杀狗的人。樊哙曾经以杀狗为业，后随刘邦起义，任左丞相，封舞阳侯。

③求士莫求全：战国时期，子思曾经向卫侯推荐苟变为将，说他可以指挥五百两战车。卫侯认为苟变为吏的时候曾经吃过百姓两枚鸡蛋，不可重用。子思说："圣人官人，如大匠之用木，取所长，弃其短。君以二卵弃干城之将乎？"卫侯采纳了子思的建议，任苟变为将。

④二卵弃干城之将：因两枚鸡蛋而放弃捍卫国家的大将。

⑤连抱：两人合抱。

⑥能屈能伸：能弯曲也能伸直。指人在不得志时能忍耐，在得志时能施展其抱负。

⑦枚举：一一列举。

⑧将略：将士的谋略。

⑨《武经》：即《武经七书》，北宋朝廷官方颁行的兵法丛书，是我国古代第一部军事教科书。它由《孙子兵法》、《吴子兵法》、《六韬》、《司马法》、《三略》、《尉缭子》、《李卫公问对》七部著名兵书汇编而成。

【译文】

西汉军事家卫青年少时家境贫寒曾给别人当牧羊的奴仆，舞阳侯樊哙少时家贫曾当过杀狗的屠夫。求才不必苛求十全十美，不要因两枚鸡蛋而放弃捍卫国家的大将；用人好比使用木头，切勿因寸许朽木而抛弃掉两人合抱的好木材。总而言之，品德高尚的君子，可大用，也可小用；有雄心大志的大丈夫，在不得志时能忍耐，在得志时能施展其抱负。自古以来的英雄辈出，很难一个个列举；如要详细了解将士的谋略，就一定要诵读《武经七书》这样的兵书。

【解读】

清朝的官制是我国古代最为完备的，比较有代表性。官员品级分九品，每品有正、从之分，共十八级。文武官员都是如此。但同一品级的文官要比武官更受重视，权力范围也更广泛些，所以总的来说武官地位是不如文官的。具体清代武官品级如下：正一品——领侍卫内大臣。用现在的话说就是首都卫戍司令。清代只有满族将领才能担任这个职务。从一品——将军、都统、提督。大致相当于现在的中央军委委员、陆军各军

区司令、海空军司令的级别。正二品——副都统，总兵。从二品——副将。相当现在的各集团军首长。正三品——参将。从三品——游击。大致相当现在的师级领导。正四品——都司。从四品——城门领。也许相当于团级吧，以下就不一一对比了。这只是大致的比较，不能与现在的级别一一对应。正五品——守备。从五品——守御所千总。正六品——门千总、营千总。从六品——部千总。正七品——把总。从七品——盛京游牧副尉。正八品——外委千总。从八品——委署骁骑尉。正九品——外委把总。从九品——额外外委。这些武官都有自己设在军营内的住所，但三品以上才能称为"府"。这些武官的出身大致分为三种：第一种是世袭的军职，如贵族子弟或父亲因公殉职，都可以被直接授予官职品级。第二种是科举夺魁而得官。科举分文武两种，参加武科举，考上进士以上级别者，可以授予武职。第三种是从士兵中选拔有才能的立功者，授予武官品级，也就是"行伍出身"。清代早期的官场是很清廉的，武官都凭才能和战功来获得升职。即使贵族子弟，也绝没有无功受禄的事。但后期官场腐败，贿赂成风，武官升职的"渠道"也就很复杂了。

卷二

祖孙父子

【原文】

何谓五伦①？君臣、父子、兄弟、朋友、夫妇；何谓九族②？高、曾、祖、考、己身、子、孙、曾、玄③。始祖曰鼻祖，远孙曰耳孙④。

【注释】

①五伦：又称"五常"，即封建宗法社会的君臣、父子、夫妇、兄弟、朋友这五种关系。伦，即人伦，指人与人之间的关系和应遵守的行为准则。即"父子有亲，君臣有义，夫妇有别，长幼有叙，朋友有信"。

②九族：指本身以上的父、祖、曾祖、高祖和本身以下的子、孙、曾孙、玄孙。也有包括异性亲属而言的，如以父族四、母族三、妻族二为九族。族，有血缘关系的亲属。

③考：对已故父亲的尊称。

④始祖：最初得姓的祖先。鼻：创始，开端。耳孙：古人称"八世孙"。也作"仍孙"，后来泛指远代孙。

【译文】

什么叫做五伦？五伦就是指君臣、父子、夫妇、兄弟、朋友之间的五种人伦关系。什么叫做九族？九族就是指高祖、曾祖、祖父、父亲、自己、儿子、孙子、曾孙、玄孙九辈具有血缘关系的直系亲属。最早的祖先称为"鼻祖"，隔了好几代的孙子称为"耳孙"。

【解读】

五伦是封建宗法社会里维护人们关系的准则。"五伦"是传统社会基本的五种人伦关系，即父子、君臣、夫妇、兄弟、朋友五种关系，是狭义的"人伦"。人伦一词，最早见于《孟子·滕文公上》。书中载，上古时候，人们"逸居而无教，则近于禽兽"。圣人"使契为司徒，教以人伦"。在《尚

书·尧典》中，已有"慎徽五典"的说法，即要以五种美德教导自己的臣民。据《左传》解释，"五典"就是"父义、母慈、兄友、弟恭、子孝"。后来，孔子提出"君君、臣臣、父父、子子"，增加了君臣关系。最后由孟子在整理和总结我国以往道德关系和道德规范的基础上，全面地概括了封建社会里人们之间的这五种基本的道德关系，并提出相应的道德规范。孟子认为：父子之间有骨肉之亲，君臣之间有礼义之道，夫妻之间挚爱而又内外有别，老少之间有尊卑之序，朋友之间有诚信之德，这是处理人与人之间关系的道德和行为准则。《孟子·滕文公上》："使契为司徒，教以人伦：父子有亲，君臣有义，夫妇有别，长幼有序，朋友有信。"人伦中的双方都是要遵守一定的"规矩"。为臣的，要忠于职守，为君的，要以礼给他们相应的待遇；为父的，要慈祥，为子的，要孝顺；为夫的，要主外，为妇的，要主内；为兄的，要照顾兄弟，为弟的，要敬重兄长；为友的，要讲信义。我国古代许多思想家，特别是儒家最重视人伦。据孟子说，古代设立庠、序、学校，"皆所以明人伦也"。一旦"人伦明于上，小民亲于下"就能实现国治天下平的理想社会。2000多年来封建统治者一直强调用它处理人们之间的关系，以维护和加强封建的宗法等级制度。

【原文】

父子创造，曰肯构肯堂①；父子俱贤，曰是父是子②。祖称王父，父曰严君③。父母俱存，谓之椿萱并茂④；子孙发达，谓之兰桂腾芳⑤。乔木高而仰，似父之道；梓木低而俯，如子之卑⑥。

【注释】

①创：发明，开创。造：制作，建立。肯构肯堂：原意是儿子连房屋的地基都不肯做，哪里还谈得上肯盖房子。后反其意而用之，比喻儿子能继承父亲的事业。肯，肯于、乐意。堂，立堂基。构，盖屋。

②是父是子：有这样的父亲就有这样的儿子。形容父子都很贤能。

③王父：祖父。严君：《易·家人》："家人有严君焉，父母之谓也。"后专以称父。严，敬重。

④椿萱并茂：指父母都健在。古代人称父亲为"椿庭"，称母亲为"萱堂"。《庄子》中说有一种椿树以八千岁为春，八千岁为秋，故称父椿庭。萱草称为忘忧草，古代妇女又常佩戴萱草以生男孩，故称母萱堂。因此"椿萱"代称父母。

⑤兰桂腾芳：兰花和桂花都发出芳香。兰花和桂花都有异香，常用来比喻君子贤人。晋朝谢玄以芝兰喻子侄，五代后周窦禹钧的五个儿子相继登科，誉为窦氏五龙或五桂，俗传"五子登科"。后来因此以"兰桂腾芳"比喻子孙发达。兰，比作兰孙；桂，比作桂子。

⑥乔梓：二木名。乔木，枝叶高大挺拔，比喻父亲。梓木：是一种落叶乔木，枝叶低俯，比喻儿子。"乔梓"比喻父子。《尚书大传》中说，周公的儿子伯禽三次见周公，三次遭笞打。他不明白原因，商子让他去观察乔树和梓树生长的样子，然后说：乔树体现了为父之道，梓树体现了为子之道。伯禽再见周公时毕恭毕敬，父亲果然慈爱有加。

【译文】

父子创业有成，叫做"肯构肯堂"；父子都很贤能，就叫做有这样的父亲就有这样的儿子。祖父称为"王父"，父亲叫做"严君"。父母都健在，称之为"椿萱并茂"；子孙都发达，称之为"兰桂腾芳"。乔木枝叶高大挺拔，如同做父亲的威严；梓木枝叶低俯，如同做儿子的谦恭。

【解读】

古代的官职，尤其是高官厚禄的官，大多是世袭制，也就是子承父业。然而，古代分封，封到最后就是平民了。举个周朝的例子：天子的长子继承的是天子，其他儿子是诸侯；诸侯的长子继承的是诸侯，其他儿子继承的是卿大夫；卿大夫的长子继承的是卿大夫，其他儿子继承的是士；士的后面就是平民了。现在的社会里，也不乏子承父业的，尤其是企业家，往往希望子承父业，继续把家族的事业发展壮大，但是子承父业，有些是把家族的事业发展壮大了，有些是把家族的事业搞垮了、毁了。其实人人都想把家族的事业发展壮大，但是，人世间的事并不是事事都能遂人心愿的。

【原文】

不痴不聋，不作阿家阿翁①；得亲顺亲，方可为人为子②。盖父愆，名为干蛊③；育义子，乃曰螟蛉④。生子当如孙仲谋，曹操羡孙权之语⑤；生子须如李亚子，朱温叹存勖之词⑥。

【注释】

①不痴不聋：不故作痴呆，不装聋作哑。阿家阿翁：即阿婆阿公。家，读音为姑。

②得亲顺亲：讨父母的欢心，孝顺父母。

③盖父愆(qiān)：矫正父亲的过错。愆，过失。干蛊(gǔ)：指能矫正父母之过而处事有能力。蛊，惑乱，惑乱则必生事，故也以蛊称事。

④义子：干儿子。螟蛉(míng líng)：《诗经·小雅·小宛》："螟蛉有子，蜾蠃负之。"螟蛉是一种绿色小虫，蜾蠃是一种寄生蜂。蜾蠃常捕捉螟蛉存放在窝里，产卵在它们身体里，卵孵化后就拿螟蛉作食物。古人误认为蜾蠃不产子，喂养螟蛉为子，因此用"螟蛉"比喻义子。

⑤孙仲谋：即孙权，名权，字仲谋，吴郡富春（今浙江富阳）人，三国时期吴国的建立者，吴大帝。曹操称赞孙权说："生子当如孙仲谋，像刘表的那些儿子，都是猪狗。"曹操：字孟德，小字阿瞒，汉族，沛国谯（今安徽亳州）人。东汉末年著名的军事家、政治家和诗人，三国时代魏国的奠基人和主要缔造者，后为魏王。其子曹丕称帝后，追尊他为魏武帝。

⑥李亚子：即李存勖，小名亚子，五代后唐的开国皇帝。朱温：梁太祖，五代后梁的建立者，曾与李克用长期征战。叹存勖：李存勖英勇善战，率兵攻破梁军。朱温听到消息后，感叹说："生儿子就应当像李亚子，李家是不会灭亡的！"

【译文】

不会装聋作哑，就不能当公公婆婆；讨父母的欢心，孝顺父母，才能在社会上做人，在家里做儿子。儿子能矫正父亲的过错，称为"干蛊"；被养育的义子，称为"螟蛉"。"生子当如孙仲谋"，这是曹操称赞孙权才能的话；"生于须如李亚子"，这是朱温赞叹李存勖英勇善战的话。

【解读】

曹操作为一位叱咤风云的政治人物，从古至今，人们对他的贬斥多褒扬少。人们往往会说，曹操乃乱世之奸雄。作为现代人，要客观看待历史，客观评价历史人物的功过是非。和曹操处于同时代的吴国君王孙权评价曹操说："其惟杀伐小为过差，离间人骨肉以为酷耳，御将自古少有。"《后汉书·许劭传》中评价曹操"明略最优"、"清平之奸贼，乱世之英雄"。裴松之注引孙盛《异同杂语》中评价曹操"治世之能臣，乱世之奸雄"。陈寿在《三国志·武帝纪》中评价曹操说："汉末，天下大乱，雄豪并起，而袁绍虎视四州，强盛莫敌。太祖运筹演谋，鞭挞宇内，揽申、商之法术，该韩、白之奇策，官方授材，各因其器，矫情任算，不念旧恶，终能总御皇机，克成洪业者，惟其明略最优也。抑可谓非常之人，超世之杰矣。"尽管人们对曹操褒贬不一，但是曹操在朝数十年建立了不少功绩，他一生征战，为全国尽快统一，在北方广泛屯田，兴修水利，对当时的农业生产恢复有一定作用；其次，他用人唯才，打破世族门第观念，抑制豪强，所统治的地区社会经济得到恢复和发展。此外，他还精于兵法，著《孙子略解》、《兵书接要》、《孟德新书》等书。作为一代枭雄，他精通音律，善作诗歌，抒发政治抱负，并反映汉末人民苦难生活，慷慨悲凉。

【原文】

菽水承欢，贫士养亲之乐①；义方是训，父亲教子之严②。绍箕裘，子承父业③；

恢先绪，子振家声④。具庆下，父母俱存⑤；重庆下，祖父俱在⑥。

【注释】

①菽水承欢：吃着豆子喝着清水让父母欢乐。菽水，豆和水，都是普通的饮食。承欢：侍奉父母使父母高兴。孔子说："吃着豆子喝着清水让父母尽其欢乐，这就是孝。"贫士：穷儒生。

②义方是训：用规矩和法度来教训。义方，指行事应该遵守的规矩法度，后多指家教。

③绍箕裘：继承祖业。绍，继承。箕，原指簸箕。裘，原指用皮毛制成御寒的衣服。古人常用"箕裘"来比喻先人的事业。

④恢先绪：发扬祖先的功业。恢，发扬、扩大。绪，世业、遗业。家声：家族世世代代相传的声名美誉。

⑤具庆下：父母都健在，共同欢庆。如果母亡父在，称严侍下；父亡母在，称慈侍下；父母俱亡，称永感下。

⑥重庆下：祖父母、父母都健在。

【译文】

吃着豆子喝着清水让父母欢乐，这就是贫穷人家奉养父母的乐趣；用规矩和法度来教训，这就是告诫父亲教育子女要严格。"绍箕裘"是说儿子继承父亲的功业；"恢先绪"是说儿子能振兴家族的声名美誉。"具庆下"是父亲母亲都健在的代称；"重庆下"是祖父母及父母都健在的代称。

【解读】

教导子女是人生的大事，也是影响、改变子女前程、命运的重要因素。作为父母，一定要认真对待子女的教育。溺爱等于伤害，不仅伤害孩子而且还会伤害到自己，作为父母，一生最大的欣慰，莫过于子女贤能。对子女的教育宜松弛有度，然而严格的教育是对孩子负责的表现。教育的方法多种多样，但是"严格"二字，不能少。自古以来，严师出高徒，吃得苦中苦方为人上人。所以，父母教育子女应该严格，因为规矩很重要。

【原文】

燕翼贻谋，乃称裕后之祖①；克绳祖武，是称象贤之孙②。称人有令子，曰麟趾呈祥③；称宦有贤郎，曰凤毛济美④。

【注释】

①燕翼贻谋：像燕子用双翅覆养乳燕，给后人留下好谋划。翼，遮护。贻，遗留。裕后：使后代富裕。

②克绳祖武：能够继承祖先的事业。克，能。绳，继承。武，足迹。象贤：能效法先人的贤德。象，摹拟、效法。

③令子：佳儿，贤郎。多用于赞美别人的儿子。令，好、美。鳞趾呈祥：子孙贤能，前途祥瑞。

④宦：官吏。凤毛济美：凤凰的羽毛可以美上加美。比喻在以前的基础上使美好的东西发扬光大。凤毛，本意指凤凰的毛，这里指先人遗留下的风采。济美，在前人的基础上发扬光大。济，增加。

【译文】

像燕子用双翅覆养乳燕，给后人留下好谋划，这是称赞能够让后代富裕的祖先；能够继承祖先的事业，这是称赞能够效法先人贤德的子孙。夸奖别人有佳儿，就说子孙贤能，前途祥瑞；赞扬官宦人家有贤郎，就说先人遗留下的风采，子孙在前人的基础上发扬光大。

【解读】

贤，用于称平辈或晚辈，贤郎是对对方的儿子称呼。周瑜被孙权的母亲，称作周郎，也包含了对周瑜的文韬武略的赞美。历史上的周瑜风姿英发，心胸广阔。东吴老将程普，早年跟随孙坚，自以功高，瞧不起年轻的周瑜。但周瑜并不与程普计较，最后使程普自己折服，程普说道："与周公瑾交，如饮醇醪，不觉自醉。"到宋代时，世人还是很喜欢周瑜，这一点从苏轼的《念奴娇》一词中就可以看出——遥想公瑾当年，小乔初嫁了，雄姿英发。羽扇纶巾，谈笑间，樯橹灰飞烟灭。故垒西边，人道是，三国周郎赤壁。乱石穿空，惊涛拍岸，卷起千堆雪。周瑜是位值得称赞的人物。

【原文】

弑父自立，隋杨广之天性何存①？杀子媚君，齐易牙之人心何在②？

【注释】

①弑（shì）：臣杀君，子杀父母。杨广：即隋炀帝，隋文帝杨坚的儿子，当时人们认为隋文帝是杨广杀死的。

②媚君：逢迎取悦君主。易牙：战国时齐国大臣，善于烹饪，他把自己的儿子杀了烹给齐桓公吃，从而得到重用。

【译文】

杀死父亲自立为皇帝，隋朝隋炀帝杨广还有一点人的本性吗？烹杀自己的亲生儿子逢迎取悦君主，春秋时齐桓公的宠臣易牙还有一点人心吗？

【解读】

弑父自立的历史事件屡有发生。相传第一个弑父自立的制造者是南北朝时期宋朝的刘劭。刘劭是南北朝时期宋朝的第四位皇帝。字休远，刘义隆长子，母为皇后袁齐妫。元嘉三十年（453），因巫蛊之事，刘义隆欲废太子，刘劭知道之后，遂与其弟刘浚共谋，率兵夜闯皇宫，将其父杀害，自立为皇帝，改元"太初"。刘劭因弑父篡位而导致众叛亲离，在位仅三月，即被率兵讨逆的刘骏所击溃，刘劭被俘后遭处斩，并被刘骏称为元凶。为了权力，父子残杀，是古代宫廷斗争中司空见惯的事情。

【原文】

分甘以娱目，王羲之弄孙自乐①；问安惟点颔，郭子仪厥孙最多②。和丸教子，仲郢母之贤③；戏彩娱亲，老莱子之孝④。毛义捧檄，为亲之存⑤；伯俞泣杖，因母之老⑥。慈母望子，倚门倚闾⑦；游子思亲，陟岵陟屺⑧。

【注释】

①分甘：分食甜品。娱目：眼前愉悦好看。弄孙自乐：东晋书法家王羲之，带着儿孙游玩，一有甜品，就分给儿孙们，小孩子高兴的样子，让他感到非常愉悦好看。王羲之：生卒不详，字逸少，琅琊临沂（今山东）人，东晋书法家。官至右将军、会稽内史，人称王右军。弄孙：逗弄小孙子。

②问安：向长辈问好。惟：用来限定范围，相当于"只有"、"只是"。点颔：点头。郭子仪：（697-781），中唐名将，汉族，华州郑县（今陕西华县）人，祖籍山西汾阳。以武举高第入仕从军，累迁至九原太守、朔方节度右兵马使。厥孙最多：中唐名将郭子仪有七个儿子八个女婿，孙子有好几十个，他不能每个都认识，只是在孙子请安的时候点点头。厥，其。

③和丸教子：唐朝柳仲郢的母亲韩氏教导儿子非常严厉，常常将熊胆和成丸，供柳仲郢夜晚读书时咀嚼，用来提神。

④戏彩娱亲：穿彩色衣服演戏，让父母感到快乐。老莱子：春秋末年楚国隐士。相传隐居在蒙山之阳，自耕自食。有行孝，年七十，常穿五色彩衣为婴儿状态，以娱父母。楚王召其出仕，不就，偕妻迁居江南。后因此用"戏彩"指奉养父母。

⑤毛义捧檄：东汉时期庐江人毛义，家里很穷，以孝著称。一天府里送来文书，任命他为安阳

县令。毛义捧着文书，高高兴兴地前去上任。好友张奉因此看不起他。母亲去世后，毛义立即辞官，以后再有征召一概不接。张奉这才明白，毛义是为了母亲高兴才去做官的。檄，古代官府用以征召或声讨的文书。

⑥伯俞泣杖：相传汉朝时期梁人韩伯俞，很有孝心。有一次，母亲用手杖打他，他就痛哭起来。母问："以前打你，你从来不哭，今天哭是为什么呀？"伯俞说："以前我犯错您打我都很痛，今天不痛，才知道母亲老了，力气也衰弱了，所以才哭泣。"

⑦倚门倚闾(lǘ)：靠在大门旁或巷子口等待，表示慈母盼望子女归来的殷切心情。闾，古代里巷的大门。

⑧游子：离家远游的人。陟岵陟屺(zhì hù zhì qǐ)：《诗经·魏风·陟岵》："陟彼枯岵兮，瞻望父兮。……陟彼屺兮，瞻望母兮。"指久居在外的人想念父母。陟，登、升。岵，有草木的山。屺，无草木的山。

【译文】

分食甜品来欣赏儿孙们在自己眼前愉悦的模样，是说东晋书法家王羲之逗弄儿孙们的快乐；孙子前来问好，长辈只是点头应付，是说中唐名将郭子仪孙子多得他不能每个都认识，只好在孙子请安的时候点点头。唐朝柳仲郢的母亲韩氏教导儿子非常严厉，常常将熊胆和成丸，供柳仲郢夜晚读书时咀嚼，用来提神，表现了柳仲郢的母亲的贤德；七十多岁的老莱子穿彩色衣服演戏，让父母感到快乐，这显示了老莱子的孝心。毛义捧着文书，高高兴兴地前去上任，为的是使健在的母亲快乐；韩伯俞受了母亲的杖责竟然哭泣起来，这是因为他发现母亲年老体衰，打在身上不觉得痛。慈母靠在大门旁或巷子口等待子女归来，可以说"倚门倚闾"；离家远游的人思念父母亲，可以说"陟岵陟屺"。

【解读】

中华传统文化一直提倡和宣扬慈母孝子的精神。孝敬父母的儿子，有德行的孙子，是长辈们的最大的安慰。孝子贤孙指遵从封建礼教，绝对服从父母、祖宗的人。自古以来，不乏孝子贤孙。其中较著名之一是彩衣养亲。唐朝有个姓杨的人，家贫如洗，但十分孝敬，靠讨饭养其父母。故人们叫他杨乞。他所讨食物，都带回家中奉献双亲。父母没有尝过，他虽然饥饿也不敢先尝。如有酒时，就跪下捧给父母，等父母接过杯子即起来唱歌跳舞就像小孩子一样，使父母快乐。有人怜悯他穷困，劝他给人家打工，用所得收入养亲。杨乞答道："父母年迈，若为人家打工，离家太远，就不能及时侍奉他们。"听的人感到他真是个孝子。后来父母去世了，他又乞讨棺木安葬。每逢初一、十五，就拿着食物去墓前哭祭。有诗赞曰：乞酒奉亲尽礼仪，高歌跳舞学娇姿；娱亲精彩引欢笑，满室春风不断吹。

【原文】

爱无差等，曰兄子如邻子①；分有相同，曰吾翁即若翁②。长男为主器，令子可克家③。子光前曰充闾，子过父曰跨灶④。

【注释】

①兄子如邻子：兄长的儿子和邻居的儿子是一样的。孟子曾说：如果有个小孩爬到井旁，即将发生危险，不论是侄子还是邻居家的孩子，都应去救助。

②分：名分，辈分。吾翁即若翁：我的父亲就是你的父亲。楚汉战争中，项羽做了一张高几案，把汉王刘邦的父亲放在上面，威胁刘邦说："如果不赶快投降，我就把太公煮死。"汉王刘邦说："我与项王作为臣子接受了怀王的命令，相约结为兄弟。这样，我的老子就是你的老子，如果你一定要煮了你老子，希望你能分给我一杯肉汤。"结果项羽没有杀刘邦的父亲。

③主器：古代国君的长子主管宗庙的祭祀。令子：佳儿，贤郎。多用于称赞他人的儿子。这里指一般人家的好儿子。克家：本指能担当家事，后也称能继承祖先家业的子弟为"克家子"。

④光前：光耀前人。充闾：喜气充满门庭。跨灶：良马奔腾时，后蹄印越过前蹄印。"灶"即灶门，指马前蹄的空处。

【译文】

对晚辈的关爱应该没有差别，自己兄长的儿子和邻居的儿子要一样对待；对长辈的名分应当相同，所以刘邦对项羽说：我的父亲就是你的父亲。家中的长男才能主管祭祀的礼器，家中有佳儿能继承祖先家业。儿子能光耀前人事业称为"充闾"，儿子的成就胜过他的父亲称为"跨灶"。

【解读】

儒家提倡仁爱，博爱。孔子和孟子始终把普遍性的仁爱视为儒家的崇高理想。《孟子》中说："老吾老以及人之老，幼吾幼以及人之幼。"体现了博爱的思想，意思是在赡养孝敬自己的长辈时不应忘记其他与自己没有亲缘关系的老人。在抚养教育自己的小辈时不应忘记其他与自己没有血缘关系的小孩。孟子主张博爱，所以他在描述自己的理想社会时说："老吾老以及人之老，幼吾幼以及人之幼。"这与孔子对大同之世的理解："故人不独亲其亲，不独子其子，使老有所终，壮有所用，幼有所长，鳏寡孤独废疾者皆有所养。"的思想是一脉相承的。

宁馨英畏，皆是美人之儿①；国器掌珠，悉是称人之子②。可爱者子孙之多，若螽斯之蛰蛰③；堪羡者后人之盛，如瓜瓞之绵绵④。

【注释】

①宁馨：即宁馨儿，晋代宋朝时的俗语，原意为"这样的孩子"，后来多用于褒义，意思为美好的孩子、子弟。英畏：英俊可畏，即杰出的人物。

②国器：国家所需要的器材用具，即可以治理国家的人才。掌珠：掌上明珠，比喻极受疼爱的人。悉：尽，全。

③螽（zhōng）斯之蛰蛰：像螽斯一样众多。螽斯，一种小虫子。蛰蛰，众多的样子。

④如瓜瓞（dié）之绵绵：如同一根藤上结了许多大大小小的瓜一样。比喻子孙繁衍，相继不断。瓞，小瓜。绵绵，延续不断。

【译文】

"宁馨"和"英畏"，都是用来称羡别人家的儿子超凡脱俗；"国器"和"掌珠"，都是用来赞称别人的儿子才能卓著极受钟爱。最令人喜爱的是子孙众多，像螽斯一样成群结队地集聚在一起；最令人羡慕的是子孙昌盛繁衍，如同一根藤上结了许多大大小小的瓜一样延续不断。

【解读】

祖辈父辈都希望自己的子孙，孝顺贤能，能成长为家族的顶梁柱国家的栋梁之才，将来能继承家业，使家业繁荣昌盛，为国家的发展富强尽绵薄之力。每个家庭都希望儿孙能相互包容地和自己居住在一起，特别是长辈们，随着年龄的增长慢慢变老，害怕孤单，希望儿孙多陪伴。在古代的农耕社会里，这样的要求很容易满足，然而在现在的快节奏的都市里，这样的要求并不容易实现。

兄　弟

【原文】

天下无不是底父母①，世间最难得者兄弟。须贻同气之光，无伤手足之雅②。玉昆金友③，羡兄弟之俱贤；伯埙仲篪，谓声气之相应④。兄弟既翕，谓之花萼相辉⑤；兄弟联芳，谓之棠棣竞秀⑥。患难相顾，似鹡鸰之在原⑦；手足分离，如雁行之折翼⑧。

【注释】

①天下无不是底父母：宋代罗仲素论舜尽事亲之道说："只为天下无不是底父母。"意思是，不管父母怎样，做儿女的都要尽孝道。底，的。

②贻：遗留。同气之光：同胞的荣耀。同气，受同样的血气所生，即有血缘关系的亲属，多指同胞兄弟。光，光耀。手足之雅：兄弟的美好情谊。手足，比喻兄弟。雅，美好，这里指美好的情谊。

③玉昆金友：对他人兄弟的美称。昆、友：指兄弟。

④伯埙（xūn）仲篪（chí）：哥哥吹埙，弟弟吹篪，乐音和谐。旧时赞美兄弟和睦。伯、仲，兄弟排行的次第，伯是老大，仲是老二；埙，陶土烧制的乐器；篪，竹制的乐器。《诗经·小雅·何人斯》："伯氏吹埙，仲氏吹篪。"

⑤翕（xī）：聚、合，和睦融洽。花萼相辉：比喻兄弟友爱，手足情深。花萼：花朵与花萼相互辉映。花萼楼：唐明皇在兴庆宫建花萼楼，兄弟五人宴乐于其间。也叫"花萼相辉之楼"，后人以"花萼"代兄弟。

⑥联芳：接连的芬芳。比喻兄弟相继科举考中。棠棣（dì）竞秀：棠棣之花竞相开放。棠棣，一种木本植物，即郁李。

⑦似鹡鸰（jí líng）之在原：鹡鸰鸟在原野上互相救援。《诗经·小雅·棠棣》："脊鸰在原，兄弟急难"意思是鹡鸰鸟遇到危难，鸣叫同类前来救援。鹡鸰，也作"脊鸰"。后因此以"脊鸰"比喻兄弟友爱，急难相顾。

⑧雁行之折翼：飞行的大雁失去翅膀。《礼记·王制》："父之齿随行，兄之齿雁行，朋友不相逾。"意思是兄弟出行，弟弟在兄长后。后因此以"雁行"比喻兄弟。

【译文】

天下没有不值得儿女孝敬的父母，世间最难得的是兄弟。必须保持同胞的荣耀，切莫伤害兄弟的美好情谊。"玉昆金友"称羡兄弟都贤德；"伯埙仲篪"是说兄弟之间相处和睦。兄弟和睦融洽，称作"花萼相辉"；兄弟相继科举考中，称作"棠棣竞秀"。患难中的兄弟互相照顾，就像鹡鸰鸟在原野上互相救援；兄弟之间相互分离，如同飞行的大雁失去翅膀。

俗话说，天下没有不值得孝敬的父母，人世间最难得的是兄弟。在古时候兄弟姐妹众多，家族观念比较强，大多数兄弟情同手足；在现在的社会里，由于特殊的社会环境，普通人家，孩子少，多是一儿一女，同胞兄弟更少，很难理解"世间最难得的是兄弟"。其实这是告诉人们血浓于水的道理，有血缘关系的兄弟，即使吵嘴打架，也不会记仇，过一会儿气消了，又和睦相处；有血缘关系的兄弟，会在你危难的时候，挺身而出，把兄弟的事情当成自己的事情那样对待。所以，有个好兄弟，人生再大的惊涛骇浪也不畏惧，因为好兄弟会和你同舟共济。

【原文】

元方季方俱盛德，祖太丘称为难弟难兄①；宋郊宋祁俱中元，当时人号为大宋小宋②。荀氏兄弟，得八龙之佳誉③；河东伯仲，有三凤之美名④。东证破斧，周公大义灭亲⑤；遇贼争死，赵孝以身代弟⑥。

【注释】

①元方季方：东汉人陈纪和陈谌。陈纪，字元方；陈谌，字季方，陈纪的弟弟。盛德：品德高尚。太丘：陈纪和陈谌的父亲陈寔，曾经在河南太丘做过官，后人称他"陈太丘"。难弟难兄：元方之子长文和季方之子孝先争论各自父亲的功德，相争了很久都不能决断，就去问祖父陈寔，陈寔想了一下说："元方难为兄，季方难为弟。"意思是两个人的见识才德难分高下。

②宋郊宋祁：北宋时宋氏两兄弟。宋郊，字公序，后来改成庠；宋祁，字于京，是宋郊的弟弟。中元：考中状元。大宋小宋：宋仁宗时候，宋郊宋祁在科举考试中，都考中了，一时传为佳话，礼部奏宋祁第一，而后又擢宋郊第一，所以说他们兄弟都考中了状元。

③八龙：东汉荀淑有八个儿子，都很有才华，当时被人们称为"八龙"。

④河东：战国、秦、汉时称今山西西南部为河东，唐朝以后泛指今山西全境。伯仲：指兄弟。三凤：唐朝薛收是唐太宗的重要谋士，他和族兄薛德音、堂弟薛元敬都有文名，当时被人们称为"河东三凤"。

⑤东征破斧：《诗经》中有一篇《破斧》，赞美周公东征平定反叛的业绩。周公摄政时，他的弟弟管叔、蔡叔联合纣王之子武庚和东方夷族反叛。周公率兵东征，平定了叛乱，杀了武庚和

管叔，把蔡叔流放到偏远的地方去。大义灭亲：为了维护正义，对犯罪的亲属不徇私情，使受到应得的惩罚。大义，正义、正道。亲，亲属。

⑥遇贼争死：遇到盗贼争着去死。赵孝：字长平，东汉人。以身代弟：王莽末年，天下大乱，人吃人。赵孝的弟弟赵礼被饿贼抓住，要杀了吃肉。赵孝听到消息，便把自己绑着来见饿贼，说道："礼久饿羸瘦，不如孝肥饱。"求饿贼放了弟弟吃自己。饿贼大惊，便放了赵孝兄弟俩。后来常用"兄肥弟瘦"表示兄弟情义深厚。

【译文】

东汉人陈纪和陈谌都品德高尚，他的父亲陈寔称他们两个人的见识才德难分高下；北宋时宋氏两兄弟宋郊、宋祁都考中状元，当时人们用"大宋小宋"称呼他们。汉代荀淑有八个儿子，都很有才华，当时被人们称为"荀氏八龙"；河东薛收与族兄薛德音、堂弟薛元敬三兄弟，都很有才能，享有"河东三凤"的美名。周公东征三年平定叛乱，大义灭亲杀了叛乱的弟弟；汉代赵礼遇贼，兄长赵孝欲代弟而死，兄弟俩争着去死。

【解读】

俗话说，长兄如父，可见兄长对弟弟的情义和关爱之深厚。有个好兄长，就多了一重像泰山一般的爱，任凭人生中的风雨袭击，依然能保持岿然不动，顺利成长。兄弟相处，弟弟一般会把哥哥当成榜样，兄友弟恭，如果兄长对弟不友爱，弟弟也就无法对兄长尊敬，从古至今"兄弟阋于墙"的事举不胜举。众兄弟之中，长兄为大，长兄最早协助父母照顾诸位弟弟，最早协助父母主持家务，对诸位弟弟尽扶养、教育之责。诸位弟弟对兄长的尊敬仅次于父亲，所以，人们常常会说"长兄如父"。

【原文】

煮豆燃萁①，谓其相害；斗粟尺布，讥其不容②。兄弟阋墙，谓兄弟之斗狠③；天生羽翼，谓兄弟之相亲④。姜家大被以同眠⑤，宋君灼艾而分痛⑥。田氏分财，忽瘁庭前之荆树⑦；夷齐让国，共采首阳之薇蕨⑧。

【注释】

①煮豆燃萁(qí)：用豆萁作燃料煮豆子。比喻兄弟间自相残杀。燃：烧；萁：豆茎。魏文帝曹丕曾经让同母弟弟曹植七步作诗，写不出来就杀了他。曹植在七步内作了一首诗："煮豆燃豆萁，豆在釜中泣，本是同根生，相煎何太急？"

②斗粟尺布：汉文帝的弟弟淮南王刘长谋反失败，被押解去蜀郡严道县（今四川荥经），在

途中不吃不喝而死。民间作歌说："一尺布，尚可缝；一斗粟，尚可舂；兄弟二人不相容。"后常用"斗粟尺布"形容兄弟因利害冲突而不能相容。

③兄弟阋(xì)墙：《诗经·小雅·常棣》："兄弟阋于墙，外御其侮。"意思是，兄弟尽管在家里相争，但遇到外人来欺侮时就要共同合作，一致对外。兄弟阋墙，指兄弟之间的纠纷，后来比喻内部争斗。阋，争斗。

④天生羽翼：唐玄宗写信对他的兄弟们说，服用仙药生出的羽翼，哪里比得上我们兄弟是天生的羽翼呢！后常用"天生羽翼"比喻兄弟之间的相亲相助。

⑤姜家大被：东汉人姜肱，与弟弟仲海、季江都以孝顺闻名，兄弟三人非常友爱，常常盖着一床大被子一起睡觉。

⑥宋君：指宋太祖赵匡胤，宋朝的建立者。灼艾而分痛：有一次赵匡义病得很厉害，哥哥赵匡胤亲自给他烧艾火治疗。赵匡义觉得很疼，赵匡胤便用艾火灼烧自己，来表示替他分担痛苦。"灼艾而分痛"后来比喻兄弟友爱。

⑦田氏分财，忽瘁庭前之荆树：据《齐谐记》记载，隋朝有田真、田庆、田广兄弟三人，共议分家产，连庭前的一棵紫荆树都要分成三片。第二天紫荆树就枯死了。兄弟见状大惊，认为人不如树，因此决定不再分家，结果荆树重又长得枝繁叶茂。瘁(cuì)，劳累，这里指枯萎。

⑧夷齐让国：伯夷、叔齐都推让国君之位。《史记·伯夷列传》载，伯夷、叔齐本商末孤竹君的儿子。父亲想立次子叔齐为国君，叔齐欲将君位让给伯夷，伯夷不肯。于是兄弟两放弃君位，投奔西伯姬昌。恰逢周武王伐纣，二人叩马谏阻。武王灭商后，伯夷、叔齐坚持气节，不食周粟，隐于首阳山，采摘野菜充饥，后饿死。首阳：山名，今山西省永济县南。蕨薇(jué wēi)：两种草本植物，嫩芽可以食用，这里泛指野菜。

【译文】

"煮豆燃萁"，说的是兄弟间自相残杀；"斗粟尺布"，是讥讽兄弟因利害冲突而不能相容。"兄弟阋墙"，说的是兄弟之间纠纷争斗；"天生羽翼"说的是兄弟之间的相亲相助。姜家兄弟三人非常友爱，常常盖着一床大被子一起睡觉，宋太祖赵匡胤用艾火灼烧自己，来表示替生病的弟弟分担灼艾的痛苦。田氏兄弟共议分家产，连庭前的一棵紫荆树都要分成三片，庭前那棵紫荆树忽然就枯死了；伯夷、叔齐都推让国君之位，商朝亡后，耻食周粟，共同避居首阳山，采摘野菜充饥。

【解读】

纵观上下几千年历史，帝王子孙和睦相处，互忍互让，不争权夺利的实在少得可怜。春秋时期的齐国的公子纠与公子小白（齐桓公），秦朝的扶苏与胡亥（秦二世），唐朝的玄武门之变……这样兄弟相残的例子数不胜数。然而三国时期曹丕与众兄弟的争权夺利，传出一段佳话。曹丕想杀掉曹植，解除才华横溢的曹植对自己地位的威胁。有一次曹植酒后误事，犯了罪，曹丕乘机想杀掉曹植，二人的生母卞太后出来求情，痛哭流涕。曹丕妒忌弟弟曹植才华，就让曹植七步作成一首诗，方可免死罪。曹植果然在七步内作了一首诗：煮豆燃豆萁，豆在釜中泣。本是同根生，相煎何太急。暗含着对曹丕无情无义的讽刺。

【原文】

虽曰安宁之日，不如友生①；其实凡今之人，莫如兄弟。

【注释】

①友生：朋友。

【译文】

虽然说安宁的日子，兄弟不如朋友亲密；但实际上现在所有的人，都比不上兄弟之间的情谊深重。

【解读】

朋友主要是心灵精神方面的交流互助，物质方面的帮助一般比不上兄弟。朋友之间需要经常联系，否则就会变得生疏，老朋友之间很久不联系，也不会疏远，兄弟之间则是常常牵挂，总想着见见，有什么困难，都会挺身相助，倾囊相助。现在的社会里，在患难的时候，不离开自己的朋友，非常罕见，在患难的时候，平常很少联系的兄弟，却着急得像热锅上的蚂蚁，赴汤蹈火地帮助，倾家荡产地付出。之所以这样全力以赴，因为他们身上流着同样的血，他们是兄弟。

夫　妇

【原文】

孤阴则不生，独阳则不长，故天地配以阴阳①；男以女为室，女以男为家，故人生偶以夫妇②。阴阳和而后雨泽降，夫妇和而后家道成③。夫谓妻曰拙荆，又曰内子④；妻称夫曰藁砧，又曰良人⑤。贺人娶妻，曰荣谐伉俪⑥；留物与妻，曰归遗细君⑦。

【注释】

①阴阳：本来指物体对于阳光的背向，向日为阳，相背为阴。后来引申为气候的寒暖。我国古代哲学家看到一切现象的正反面称为阴阳。对于人来说，男为阳，女为阴。

②室：古代指妻子。家：共同生活的眷属。偶：配偶。

③雨泽：时雨的润泽。家道：成家之道。指家庭赖以成立与维持的规则和道理。

④拙荆：旧时对人称自己的妻子的谦词，有贫寒无能的意思。拙，笨拙。荆，以荆当钗。内子：本指卿大夫的嫡妻，后来专称自己的妻子。

⑤藁砧（gǎo zhēn）：亦作"稾砧"。古代处死刑，罪人席藁伏于砧上，用铁斩之。铁、"夫"谐音，后因以"藁砧"为妇女称丈夫的隐语。藁，同"稾"，秸秆。砧，砧板。良人：指丈夫。

⑥荣谐：荣贵和谐。伉俪（kàng lì）：夫妻，配偶。

⑦归遗（wèi）细君：回家送给妻子。遗，送。细君，指妻子。

【译文】

只有阴就不能创造生命，只有阳也就不能养育万物，所以天地万物都需要阴阳相配合而后才会降下雨露；男子娶了女子做妻子，女子嫁给了男子组合成家庭，所以人生是由男女相配合结成夫妇。阴阳两种力量互相调和然后才会降雨露；夫妇双方和睦然后家道才会兴旺发达。丈夫对人称自己的妻子叫"拙荆"，妻子对人称自己的丈夫叫"藁砧"。祝贺别人娶妻，说"荣谐伉俪"；把东西留给妻子，称为"归遗细君"。

【解读】

夫妻能白头偕老，大多有阴阳相合的性格、形体。生活中，一般找对象，都是性格刚烈的，期望找一个性格阴柔的；好动的，期望找一个文静的；个子矮的，期望找一个个子高的；身体肥胖的，期望找一个身材苗条的。现实中，也时常可见一个长得高高大大，一个娇娇滴滴，两夫妻走在一起如"电灯柱挂老鼠箱"，这种看似不相衬的组合，其实是相学上最佳的夫妻相，属于阴阳相配。顾名思义，阴阳相配的夫妻是体型、性格上各走极端，例如一个肥一个瘦；一个鼻梁低一个鼻梁高；一个喜欢说话，另一个则不喜欢开口；一阴一阳，正好凹凸相衬。也就是我们时常说的互补型的夫妻，这种夫妇感情维系最为持久。通常两人当中，一个脾气刚烈，另一个则性格阴柔，便能够互相迁就，婚姻自然可以白头到老。

【原文】

受室即是娶妻，纳宠谓人娶妾①。正妻谓之嫡，众妾谓之庶②。称人妻曰尊夫人，称人妾曰如夫人③。结发系是初婚，续弦乃是再娶④。妇人重婚曰再醮，男子无偶曰鳏居⑤。

【注释】

①受室：承受家室，即娶妻。纳宠：纳妾。宠，爱。妾：旧指小妻，即小老婆。

②嫡：正妻是正室，妾是侧室，所以宗法社会称正妻为"嫡"。庶：与"嫡"相对，宗法社会制度下指家庭的旁支。如庶出，指妾所生子女。

③尊夫人：本是对别人母亲的敬称，后也称别人的妻子。尊，尊贵。如夫人：妾的别称，多用于称他人的妾。如，如同一样。

④结发：古代结婚时要举行男女坐在一起束发的礼仪。因此"结发"指初成年结婚，也泛指第一次结婚，后称第一次结婚的夫妻为结发夫妻，也称元配之妻为结发。续弦：古时候用琴瑟比喻夫妻，因此"续弦"比喻妻死再娶。

⑤再醮（jiào）：指女子再嫁，或男子再娶。元明清之后，专指女子夫死再嫁。醮，古代婚娶时用酒祭神的礼。鳏居：男子无妻独居。鳏，原指一种鱼，据说喜欢独行。

【译文】

"受室"就是娶妻，"纳宠"是说别人纳妾。正室称为"嫡"，其他的小老婆称为"庶"。称呼别人的妻子说"尊夫人"，称呼别人的妾说"如夫人"。"结发"就是人生第一次结婚，"续弦"就是妻死再娶的别称。女子再次结婚叫"再醮"；男子没有妻子独居叫"鳏居"。

【解读】

家庭是社会的细胞，社会的安定是以家庭的安居乐业为基础的，夫妻是家庭的缔造者，所以要想使社会安定和谐，要从源头做起，宣扬一夫一妻制度、夫妻相亲相爱思想，打击危害一夫一妻的非法行为、破坏家庭的非法行为。美好的社会环境需要人人努力，人人维护，人人监督，每个家庭最起码要做到夫妻融洽，夫妻融洽是家庭幸福的基础，经营好自己的家庭，就是在为社会安定和谐做奉献，社会安定和谐更能使夫妻幸福，更能实现人们安居乐业的美好愿望。

【原文】

如鼓瑟琴,夫妻好合之谓①;琴瑟不调,夫妇反目之词②。牝鸡司晨,比妇人之主事③;河东狮吼,讥男子之畏妻④。杀妻求将,吴起何其忍心⑤;蒸梨出妻,曾子善全孝道⑥。张敞为妻画眉,媚态可哂⑦;董氏为夫封发,贞节堪夸⑧。

【注释】

①如鼓瑟琴:像演奏琴和瑟。因此比喻夫妻间感情和谐。瑟琴,两种乐器,一起演奏时声音和谐悦耳。鼓,演奏。

②反目:多指夫妻不和睦,后泛指关系破裂。

③牝(pìn)鸡司晨:母鸡报晓。旧时比喻妇女窃权乱政。牝,鸟兽中的雌性。司,掌管。

④河东狮吼:比喻悍妒的妻子对丈夫大吵大闹。河东,古代郡名。狮子吼,佛家比喻威严。

⑤杀妻求将:为人追求名利不惜做灭绝人性的事。春秋时,齐国攻打鲁国,鲁国国君想要任用吴起为将军。但是吴起的妻子是齐国人,鲁国国君有些怀疑吴起的忠心。吴起就杀死了自己的妻子,以表示自己和齐国没有关系。吴起:战国初期著名的政治改革家,卓越的军事家、统帅、军事改革家。

⑥蒸梨出妻:相传曾子对后母十分孝敬,因为妻子将没有蒸熟的梨给后母吃,他认为妻子不孝,便将她休了。出妻,休妻。曾子:曾参,字子舆,孔子的学生,以孝著名。

⑦张敞为妻画眉:西汉张敞担任京兆尹时,曾替妻子画眉,长安城里纷纷传说张敞画的眉毛样式很好看。画眉,用黛色描饰眉毛。后来就用"画眉"形容夫妻恩爱。媚态:谄媚、讨好的态度。哂(shěn):讥笑。

⑧董氏为夫封发:用绳布封住头发。唐朝贾直言被贬岭南,因此去生死未卜,所以临行前劝妻子董氏改嫁。董氏没有答应,用绳子系住头发,并用帛封好,叫丈夫在帛上盖印,说:"不是您的手就不会解开它。"贾直言被贬二十年后回来,董氏的封发依然没有半点改变。贞节:忠贞的节操,指女子不改嫁、不失身的道德行为。

【译文】

"如鼓瑟琴",是夫妇感情和谐的称谓;"琴瑟不调",是夫妇感情不和睦的言词。"牝鸡司晨",比喻妇人掌权管理大事;"河东狮吼",讥讽男子畏惧妻子。杀死妻子来求得将军之位,吴起怎么忍心下此毒手?因把没有蒸熟透的梨给后母吃而休掉妻子,曾子善于顾全孝道。张敞替妻子描画眉毛,谄媚、讨好的态度实在可笑;董氏当着丈夫的面,用绳布封住头发,她忠贞的节操足以令人赞叹。

【解读】

夫妻相处,是一门艺术,也是每个人的人生必修课。因为人一生当中,大部分时间是妻子，或丈夫陪伴度过的，要让自己的生命中注满幸福，一定要学会夫妻相处之道，一定要用心处理夫妻关系。牢记宽容、大度；遇事退一步，不要针尖对麦芒；事后冷静地解决问题。这样夫妻之间的一切争吵、矛盾都能化解，而且夫妻的融洽会与日俱增，达到水乳交融的境界。人们常说，夫妻一条心，黄土变成金。所以夫妻恩爱也是家庭兴旺发达的基础，希望天下的夫妻都相亲相爱，所有的家庭都富裕幸福。

【原文】

冀郤缺夫妻，相敬如宾①；陈仲子夫妇，灌园食力②。不弃糟糠，宋弘回光武之语③；举案齐眉，梁鸿配孟光之贤④。苏蕙织回文，乐昌分破镜，是夫妇之生离⑤；张瞻炊臼梦，庄子鼓盆歌，是夫妇之死别⑥。鲍宣之妻，提瓮出汲，雅得顺从之道⑦；齐御之妻，窥御激夫，可称内助之贤⑧。

【注释】

①冀郤(xì)缺：即郤成子，春秋时晋国上卿，因为食邑在冀，又称冀缺。相敬如宾：形容夫妻互相尊敬，像对待宾客一样。春秋时，鲁国的大夫白季出使他国时经过翼邑，看到郤缺在田里耕种，妻子给他送饭，两人相敬如宾。返回国都，白季向晋文公推荐郤缺做了下军大夫。

②陈仲子：战国时齐国人。他认为哥哥食禄万钟是不义的事情，便与妻子离开齐国到楚国的於陵，自号於陵仲子。灌园食力：浇灌田园，自食其力。楚王听说成仲子贤能，想让他担任相国，他不干，又与妻子逃走了，替人家灌园种菜，终身自食其力。灌园，从事田园劳动。

③不弃糟糠：不抛弃共患难的妻子。糟糠，本指酒渣、糠皮等粗劣食物，代指曾经与自己共患难的妻子。宋弘：东汉光武帝刘秀的大臣。东汉光武帝的姐姐湖阳公主新寡。刘秀想将她嫁给宋弘，先问宋弘："显贵了换朋友，富贵了换妻子，这不是人之常情吗？"宋弘回答说："臣听说贫贱时的朋友不能忘记，患难时的妻子不能抛弃。"很委婉地拒绝了光武帝。

④举案齐眉：送饭时把托盘举得跟眉毛一样高。后形容夫妻互相尊敬。案：古时有脚的托盘。梁鸿配孟光之贤：东汉隐士梁鸿博学多才，品德高尚，许多人都想把女儿嫁给他，梁鸿却娶了长得又黑又肥又丑的孟光。婚后两人过上了隐居生活，举案齐眉，相敬如宾。

⑤苏蕙织回文：前秦苻坚时，秦川刺史窦滔被放逐到流沙，妻子苏蕙思念他，便用五色彩丝织成回文诗图

寄去。回文诗图，又名璇玑图，长宽各八寸，共八百四十字，纵横反复都能诵读，文词凄婉。乐昌分破镜：指南朝陈国的乐昌公主与丈夫破镜重圆的故事。

⑥张瞻炊臼梦：唐代有一位王生，说自己会解梦。商人张瞻快要回家的时候，梦见在石臼中做饭，就去问王生。王生说："您回家见不到妻子了。石臼中做饭，喻示无釜（妇）也。"张瞻回家，妻子果然已死几个月了。庄子鼓盆歌：庄子的妻子死了，惠子去吊唁，看到庄子蹲在地上，正敲着盆子唱歌。庄子，名周，宋国蒙（今河南商丘东北）人，战国时哲学家。

⑦提瓮出汲：东汉鲍宣求学时，老师见他很有才华，就把女儿桓少君嫁给他，而且陪嫁丰厚。少君虽然出生富贵人家却穿着粗布短衣，与丈夫一起推车回家，拜见婆婆后，就提着瓦瓮出门打水。瓮，瓦罐，一种装水的器具。雅：很，甚。

⑧窥御激夫：春秋时，晏子担任齐国的相国。有一天晏子坐车外出，车夫的妻子在门缝里看见丈夫赶马时得意洋洋。车夫回家后，妻子请求离去，说："晏子身高不满六尺却身为齐国的相国，名闻诸侯而表情谦逊。你身高八尺，只是个车夫，却自以为了不起，有什么出息！"从此以后，车夫变得谦逊起来。晏子知道了事情的经过，便推荐他做了大夫。内助：妻子帮助丈夫处理家庭事务，因此称妻子为"内助"。

【译文】

冀邑郄成子在田里耕种，妻子给他送饭，夫妻互相尊敬，像对待宾客一样；陈仲子夫妇浇灌田园，自食其力，不仰赖其兄。不抛弃共患难的妻子，是宋弘回答光武帝刘秀的话；送饭时把托盘举得跟眉毛一样高，是说梁鸿配得上孟光的贤惠。苏惠思念丈夫秦川刺史窦滔便用五色彩丝织成回文诗图寄去，南朝陈国的乐昌公主与丈夫各持一半铜镜作为日后寻找的凭证，这些都是说夫妇生离的悲怆。商人张瞻快要回家的时候，梦见在石臼中做饭，庄子蹲在地上敲着盆子唱歌，这些都是说夫妇中一方死去而永别。鲍宣的妻子桓少君虽然出生富贵人家，却能穿着粗布短衣亲自提着瓦瓮出门打水，很懂得妻子顺从丈夫的道理。齐国晏子车夫的妻子，在门缝里偷看丈夫驾车的举止并用言语激励他谦逊向上，能真正称得上是丈夫的贤内助。

【解读】

白头偕老是每对恋爱中情侣的美好愿望，生活中看到一对满头银发的爷爷奶奶，互相搀扶着在公园散步，年轻人往往会投以无限的羡慕、致以崇高的敬意。是他们那种相濡以沫的关爱，触动了我们内心深处出渴望真情的心。虽然年轻人有些浮躁，但是任凭社会的繁缛复杂，潮流的不断更新，也淹没不了人们对真爱的渴求、幸福婚姻的追求。自古以来，忠贞的爱情、幸福的婚姻、美满的家庭，都是人们所颂扬、所追求的。夫妻相敬如宾、不弃糟糠之妻、夫妻举案齐眉等等，都是夫妻相处的准则和榜样。总之，夫妻相处要认真对待，要学会尊重、宽容，携手偕行，活出精彩幸福的人生。

可怪者买臣之妻，因贫求去，不思覆水难收[1]；可丑者相如之妻，霄夜私奔，但识丝桐有意[2]。要知身修而后家齐，夫义自然妇顺[3]。

【注释】

[1]买臣：即朱买臣，（？－前115），今苏州人。家贫好学，卖薪自给，其妻弃之另嫁。买臣穷困潦倒，随掌计簿的官吏为卒入长安。遇同乡严助，推荐入朝廷，说《春秋》、《楚辞》，汉武帝甚悦，拜为中大夫。任过会稽太守、主爵都尉、丞相长史等官职。覆水难收：倒在地上的水难以收回。比喻事情已成定局，无法挽回。相传东汉人朱买臣很穷，妻子无法忍受，请求离去。后来朱买臣做了大官，妻子又要求复婚。朱买臣端来一盆水泼到地上，说如果她能把地上的水收回来就和她复婚。后来用"覆水难收"表示夫妻关系已经断绝，不能复婚。

[2]可丑者：值得羞愧的。霄（yín）夜：深夜。霄，深。私奔：西汉辞赋家司马相如到临邛富户卓王孙家赴宴。宴席上，县令王吉请司马相如弹琴。当时卓王孙的女儿卓文君新寡，她既喜欢相如的才华，又爱他弹得一手好琴，于是深夜出逃私奔相如。丝桐有意：司马相如听说卓文君才貌双全，便借着琴声向她表达爱慕之意。古代琴多用桐木制成，张丝质琴弦，所以称琴为"丝桐"。

[3]身修而后家齐：自身的思想品德修养好了，然后才能治理好家庭。《礼记·大学》："古之欲明明德于天下者，先治其国；欲治其国者，先齐其家；欲齐其家者，先修其身。"夫义自然妇顺：做丈夫的懂得为"夫"之道，做妻子的就自然会顺从。

【译文】

令人觉得奇怪的是，东汉人朱买臣很穷，妻子请求离去，后来朱买臣做了大官，妻子又要求复婚，她也不想想，倒在地上的水是难以收回的；值得羞愧的是，司马相如的妻子竟在深夜出逃私奔相如，只因为听到司马相如借琴声向她表达爱慕之意。要知道自身的思想品德修养好了，然后才能治理好家庭；做丈夫的懂得为"夫"之道，做妻子的就自然会顺从。

【解读】

"夫妻一条心，黄土变成金"。夫妻不能共患难又怎么会分享甘甜？家庭生活是伴随人生左右的，人生要幸福，首要是保持家庭和睦，妥善安排和处理好家务事。家庭大事，共同商量，不宜一方"独裁"；经济要民主，花钱要公开，大账清楚，小账则不宜分文必查、斤斤计较；家务劳动应主动承担，互相配合，对正当社会交往要相互支持，不能捕风捉影，无端猜疑。成天在一个锅里吃饭，难免有"勺子碰锅沿"的地方。一旦有了矛盾，要冷静从事，互让互谅，及时化解。双方意见发生分歧时，要心平气和地讲道理，切莫意气用事，出口伤人，揭对方短处；有时还要做出一点牺牲，使家庭保持温馨与柔情，如此等等，所以夫妻间的平等当是家庭美满和幸福的前提与基础。或许有人会说，事业是伟大的，家庭是渺小的。然而你不晓得，哪一个从事伟大事业的人不是出自渺小的家庭？家庭是社会的细胞和基石，无论多么婆婆妈妈鸡毛蒜皮锅碗瓢盆油盐酱醋的琐事，都是不可小觑的。家庭是我们赖以生存和发展而休养生息的地方。一个再权势显赫的男人，进了家门也只是普通的儿子、丈夫和父亲。一个再名位炙热的女人，回到家里也只是平凡的女儿、妻子和母亲。所以，一定要好好经营婚姻，幸福的家庭需要夫妻共同经营、共同创造。

叔 侄

曰诸父、曰亚父，皆叔父之辈^①；曰犹子、曰比儿，俱侄儿之称^②。阿大中郎，道韫雅称叔父^③；吾家龙文，杨素比美侄儿^④。乌衣诸郎君，江东称王谢之子弟^⑤；吾家千里驹，苻坚羡苻朗为侄儿^⑥。竹林叔侄之称^⑦，兰玉子侄之誉^⑧。

【注释】

①诸父：伯父、叔父的统称。诸，众，许多，各个。亚父：仅次于父，表示尊敬的称呼。《史记·项羽本纪》："亚父向南坐。亚父者，范增也。"项羽尊敬范增，称他为"亚父"。亚，次，次于。

②犹子：《礼记·檀弓上》："兄弟之子，犹子也。"后因此称侄子为"犹子"。犹，如，同。比儿：类似儿子。后称侄子为"比儿"。比，比拟，类似。

③阿大中郎：东晋才女谢道韫嫁给王羲之的儿子王凝之，她到王家后，却很瞧不起王凝之。回到娘家，表示极不快乐。叔父谢安宽慰她，她却说："我一门之内，叔父有阿大（谢尚）、中郎（谢据）；兄弟有封（谢韶）、胡（谢朗）、遏（谢玄）、末（谢琰）。想不到天地之间，竟有王朗这样的人！"谢道韫，东晋诗人，陈郡阳夏（今河南太康）人，聪明有口才。

④龙文：骏马名。比喻才能出众的儿童。杨昱对别人提到自己的侄儿杨愔时说："此儿驹齿未落，已是我家龙文；更十岁以后，当求之千里外。"杨素：隋朝权臣。说"吾家龙文"的应该是杨昱（这里误作杨素）。

⑤乌衣诸郎君：乌衣巷的子弟。东晋王导、谢安两大家族都住在京城的乌衣巷（今南京市东南）。所以世称王、谢两家的子弟为乌衣郎。江东：古时候指长江下游的芜湖、南京以下的南岸地区。

⑥千里驹：少壮的良马。比喻英俊少年。后也称子侄中的优秀者。苻朗：字元达，前秦皇帝苻坚堂兄的儿子。

⑦竹林叔侄：魏晋时，嵇康、阮籍、山涛、向秀、刘伶、王戎及阮咸七人常聚在当时的山阳县（今河南辉县、修武一带）竹林之下，肆意酣畅，世谓竹林七贤。其中阮籍与阮咸是叔侄。所以"竹林"也用来比喻叔侄关系。

⑧兰玉："兰芝玉树"的省写。晋朝谢安问各位子侄："为什么我总想培养你们成为优秀子弟？"谢玄回答说："这就好比兰芝玉树，总想使它们生长在自家的庭院中啊！"后来用"兰玉"称誉别人优秀的子弟。

【译文】

说"诸父"，说"亚父"，都是对同宗伯父、叔父的称呼；说"犹子"，说"比儿"，都是称呼自己的侄儿。"阿大中郎"，是东晋才女谢道韫对叔父谢安的雅称；"吾家龙

文"，是杨昱对自己侄儿杨愔的赞美。"乌衣诸郎君"，是江东人称呼王、谢两家的子弟；"吾家千里驹"，是前秦皇帝苻坚赞美自己的侄儿苻朗。"竹林"是对叔侄关系的美称，"兰玉"是对子侄的赞美。

【解读】

　　叔侄感情深厚，血浓于水的亲属关系，令叔侄之间的亲情犹如父子之间的亲情。这样浓厚的叔侄之情，大概也只存在于家庭和睦的家族里。家庭和睦是大多数人们所期望的，可是家庭的琐碎事情、利益冲突，常常冲击家庭的和睦，为害家族的团结，破坏家人的融洽关系。俗话说清官难断家务事，可见家庭中的矛盾冲突的复杂，而且往往不宜外界插手，真想化解家族中的矛盾冲突，必须要每位家族成员都要付诸行动，互相包容，互相尊重，形成良好的家族风尚，实现人人友爱，大家和睦的融洽氛围。

【原文】

　　存侄弃儿，悲伯道之无后①；视叔犹父，羡公绰之居官②。卢迈无儿，以侄而主身之后③；张范遇贼，以子而代侄之生④。

【注释】

　　①存侄弃儿：永嘉末年，因石勒作乱，邓攸携家南逃，过泗水，途中遇贼，抢去车马，只得肩挑儿子和侄儿步行，考虑不能两全，因其弟早亡，所以弃儿存侄，后世传为美谈。元帝时为吴郡太守，累官至吏部尚书，后迁尚书右仆射。邓攸一直没有儿子，时人哀之曰："天道无知，使邓伯道无儿。"伯道，即邓攸，西晋人，伯道是他的字，平阳襄陵（今山西襄汾）人。

　　②视叔犹父：唐朝人柳公绰京兆华原（陕西耀县）人，唐文宗（李昂）时，任河东节度使，后官至兵部尚书。其弟柳公权为著名的书法家，官中书舍人，后为太子少师。柳公绰之子柳仲郢官刑部尚书。柳公绰视叔如父，做官时出遇叔父必定下马端立。他儿子柳仲郢对叔父柳公权也像对自己父亲一样，出遇公权，也一定端笏而立。

　　③卢迈：唐朝人，字子玄，官中书侍郎。主身之后：唐朝人卢迈再娶而没有生子，有人劝他纳妾，他说："兄弟之子就像儿子一样，也可以主后。"主后，父母死后由儿子主持祭礼。

　　④张范遇贼：北朝魏人张范，一次他的儿子张陵和侄儿张戬都被山东贼人抓去。张范亲自前

去说情，贼人交还了张陵。张范说："虽然说喜爱自己的儿子是人之常情，但是我更可怜侄儿年幼，请用张戬替张陵。"贼人为他的义气所感动，就把张陵、张戬都放了。

【译文】

保全侄子丢弃儿子，世人哀痛西晋吏部尚书邓伯道没有后人；对叔父也像对自己父亲一样，世人都称赞唐朝兵部尚书柳公绰身居高位还能如此谦逊。唐朝中书侍郎卢迈没有儿子，认为侄子同样能主持身后的事情；北朝魏人张范遇到贼人，宁愿用自己儿子之死代替侄儿之生。

【解读】

叔侄之情如同父子情深，这一切是血缘关系在起着主要作用，叔侄之间的相处之道起着重要作用。俗话说：人们对子女的爱远远超过了对父母的爱。基本上遵循长辈疼晚辈，强大的爱护幼小的生物生存规律。如果在侄儿幼小的时候，叔父给予成长的关爱，当叔父年迈需要照料的时候，成年的侄儿会不孝敬叔父吗？说到底，是人与人之间的相处之道，相亲相爱，自然会加深感情，营造出其乐融融的家族氛围，享受和睦的家族生活。

师　生

【原文】

马融设绛帐，前授生徒，后列女乐[1]；孔子居杏坛，贤人七十，弟子三千[2]。称教馆曰设帐，又曰振铎[3]；谦教馆曰糊口，又曰舌耕[4]。师曰西宾，师席曰函丈[5]；学曰家塾，学俸曰束脩[6]。桃李在公门，称人弟子之多[7]；苜蓿长阑干，奉师饮食之薄[8]。

【注释】

①马融：字季长，右扶风茂陵（今陕西兴平东北）人，东汉经学家、文学家，是当时有名的大儒。绛帐：红色的帷帐。马融常坐高堂，施绛纱帐，前授生徒，后列女乐，生徒常有千余人。生徒：学生，门徒。女乐：歌舞伎。

②孔子：（前551一前479），名丘，字仲尼，汉族人，春秋时期鲁国人。孔子是我国古代伟大的思想家和教育家，政治家，儒家学派创始人，世界最著名的文化名人之一。编撰了我国第一部编年体史书《春秋》。孔子的言行思想主要载于语录体散文集《论语》及先秦和秦汉保存下的《史记·孔子世家》。相传孔子有弟子三千人，其中著名的有七十余人。杏坛：相传为孔子讲学的地方。后也泛指聚众讲学处。

③教馆：执教的馆舍，这里指执教的人。帐：绛帐。振铎：古代宣布政教法令时，即鸣铎以警众。文事用木铎，武事用金铎。铎，有舌的大铃。后引申为从事执教工作的代称。

④糊口：本来是吃粥的意思，用来形容生活艰难，勉强度日。舌耕：授徒讲学的人以口舌谋生，正像农民靠耕种获得粮食一样，所以称讲学为"舌耕"。

⑤西宾：坐西面东的宾客。后来成为对家塾教师或幕僚的敬称。师席：教师的坐席。函丈：指讲学者与听讲者坐席之间相距一丈。常用作对老师或前辈长者的敬称，后专用为弟子对老师的敬称。

⑥学：学馆，指在家设馆教书。家塾：《礼记·学记》："古之教者，家有塾。"相传周代以二十五家为一闾，闾同有巷，巷前门边设家塾，用来教授居民子弟。塾，门东西两边的堂屋，后指民间教读的地方。学俸：从学的俸禄。束脩（xiū）：十条干肉为束脩。束脩原指古代诸侯大夫相赠送的礼物。后指致送教师的酬金。脩，干肉。

⑦桃李：本指桃树、李树，因为其果实多，所以常用来比喻培养的学生、所举荐的人才众多。

⑧苜蓿长阑干：薛令之，唐中宗（李显）神龙进士，唐玄宗开元初为左辅阙兼太子侍读，他写诗形容生活清苦，诗中有"盘中何所有？苜蓿长阑干"的句子。意思是经常拿苜蓿当菜吃。苜蓿，一种草本植物。阑干，纵横散乱的样子。薄：菲薄，粗劣。

【译文】

马融设红色的帷帐讲课，帐前是授业的学生，帐后有歌舞伎奏乐；孔子在杏坛讲学，从学的弟子有三千人，其中著名的有七十余人。称人设馆教学叫做"设帐"，又叫做

"振铎"；教师谦称执教说"糊口"，又说"舌耕"。家塾教师被尊称为"西宾"，教师的坐席叫做"函丈"；在家设馆教书叫做"家塾"，学生交给教师的酬金称做"束脩"。"桃李在公门"，是称道别人培养的学生、所举荐的人才众多；"苜蓿长阑干"，用来形容供给教师的饮食很粗劣。

【解读】

在古代，教师是一种很清苦的职业，社会地位、收入都很低微。但是人们对教师的评价很高，特别在百姓之中，教师很受人们的尊敬。古代的人们为了感激老师的教育之恩，往往是"一日为师，终身为父"，就是把老师当作父亲一样终生尊敬和爱戴。师如父母，老师和学生之间不仅有着"授"与"被授"的传承关系，也在某种程度上有了亲情关系。可见，古人在道德方面对老师评价是很高的，不仅如此，古人在礼仪方面也表现出了对老师的充分尊敬。比如，学生入学时先要行拜师礼，再要给老师送礼，然后和老师互换礼物。学生送给老师的礼，虽然在名义上是交纳的学费，但是这个礼是很菲薄的，主要体现的是一种礼节上的敬慕之情。在路上遇见老师要主动上前问候并站在路边向老师行礼，等待老师远去后方能离去。在家里或者学校拜见老师要行"四拜"的大礼，是仅次于对父母的"八拜"之礼的，这些专门为教师制定的礼仪说明人们对教师的敬仰。

【原文】

冰生于水而寒于水，比学生过于先生①；青出于蓝而胜于蓝，谓弟子优于师傅②。未涉及门，曰宫墙外望③；称得秘授，曰衣钵真传④。人称杨震为关西夫子⑤，世称贺涛为当世儒宗⑥。负笈千里，苏章从师之殷⑦；立雪程门，游杨敬师之至⑧。弟子称师之善教，曰如坐春风之中⑨；学业感师之造成，曰仰沾时雨之化⑩。

【注释】

①冰生于水而寒于水：冰是水凝固而成的，但比水要寒冷。比喻一代胜过一代。
②青出于蓝而胜于蓝：靛青是从蓝草中提炼出来，但是比蓝草颜色更深一些。青，靛青。一种染

『师生』

79

料。蓝，即蓼蓝，一种草名。

③宫墙外望：在师门外向里张望。宫墙，房屋的围墙、后世称师门为"宫墙"、"门墙"。④衣钵真传：禅宗师徒间道法的授受，常用衣钵作为信物，称为"衣钵相传"或"衣钵真传"。衣钵，佛教僧尼的袈裟和食器。

⑤关西夫子：杨震，东汉弘农华阴（今陕西华阴县）人，字伯起，从小好学，博览群经，在当时名气很大，被称为"关西夫子杨伯起"。华阴在函谷关以西，被称为关西。

⑥当世儒宗：贺循，晋代会稽山阴（浙江绍兴市）人，字彦先。他博学多才，尤其精通礼传。当时朝廷有什么难事都去询问他，他都能引经据典给予答复，所以人们尊称他为"当世儒宗"。

⑦负笈（jí）千里：苏章，西汉北海（今山东昌乐县境）人，字游卿。《文苑英华》上说，西汉的苏章曾"负笈求师，不远千里"。负笈，背负书箱。殷：深厚，恳切。

⑧立雪程门：宋朝程颐的门生游酢、杨时初次去拜访程颐，程颐正闭目而坐，二人便侍立一旁。待程颐醒来，游酢、杨时才辞别，这时门外雪深已有一尺。后遂以"立雪程门"或"程门立雪"为尊师重道的典故。程颐：北宋哲学家，教育家，洛阳（今河南洛阳市）人，与兄程颢同为北宋理学的奠基者，世称"二程"。游酢，北宋学者，字定夫，一字子通。建州建阳（今属福建）人，学者称廌山先生。与杨时、吕大临、谢良佐并称程（颢、颐）门四大弟子。元丰进士。杨时，北宋学者，字中立，南剑州将乐（今属福建）人，熙宁进士。晚年隐居龟山，学者称龟山先生，谥号文靖。至：极致，顶点。

⑨如坐春风：像坐在春风中间。比喻同品德高尚且有学识的人相处并受到熏陶。后比喻良师的教导。

⑩造成：造就。仰沾：抬头分润。沾，沾染，分得。时雨之化：像及时雨的雨露，滋润感化。比喻得到了老师的教育和栽培。

【译文】

冰是水凝固而成的，但比水要寒冷，来比喻学生学识超过了老师；靛青是从蓝草中提炼出来，但是比蓝草颜色更深一些，是说弟子的才能胜过师傅。还没有进入师门正式拜师求教叫做"宫墙外望"；得到老师学问的真谛秘诀，叫做"衣钵真传"。时人称赞东汉杨震为"关西夫子"；世人称赞晋代贺循为"当世儒宗"。背负书箱到千里之外，说的是西汉苏章拜师求学心情的恳切；门外雪深已有一尺，还仍然侍立在程颐的门边，说的是游酢、杨时敬重老师的诚心到了极致。学生称颂教师的良好教导，说"如坐春风之中"；感谢教师成就自己的学业，说"仰沾时雨之化"。

【解读】

古代教师很受人们尊敬。从教师的职业功能上看，教师的地位是很崇高的。唐代著名文学家韩愈对教师的作用作了精辟阐述，他说："师者，所以传道，授业，解惑也"。这句话里他表达了这样的意思：第一，老师的首要任务是"传道"。所谓传道，就是给学生讲做人的道理，让学生知道怎样做人，怎样做个成功的人。这其中包含做人的道德原则，人生的意义和人生价值。第二，就是"授业"。老师要教给学生怎样去做事，主要是让学生学得一技之长，足以让学生安身立命，养家糊口。当然，这一技能也包括文化知识，因为知识本身就是力量，这一点在现今社会中表现得尤为突出。第三，就是"解惑"。老师要教给学生发现问题和解决问题的方法，并帮助学生解决疑惑的问题，让学生懂得如何去学习知识，如何去做学问。

朋友宾主

【原文】

取善辅仁，皆资朋友；往来交际，迭为主宾①。尔我同心，曰金兰；朋友相资，曰丽泽②。东家曰东主，师傅曰西宾③。父所交游，尊为父执；己所共事，谓之同袍④。心志相孚为莫逆，老幼相交曰忘年⑤。刎颈交，相如与廉颇⑥；总角好，孙策与周瑜⑦。

【注释】

①取善辅仁：吸取朋友的长处，来培养自己的仁德。辅仁，培养仁德。资：凭借，依靠。迭为主宾：双方互为宾主。迭，更迭，轮流。主宾，即宾主，宾客和主人。

②尔：你。金兰：原指朋友间感情投合，后来指结拜为兄弟或姐妹。资：资助。丽泽：两个沼泽相连，滋润万物，后来比喻朋友互相切磋。这里指互相资助。

③东家：按照古礼，主人坐东面西，所以塾师、幕友或雇工等称主人为"东家"。西宾：坐西面东，是宾客，所以称被聘的教师为"西宾"。

④交游：往来的朋友。父执：父亲的朋友。执，执交，朋友。同袍：旧时在同一军队工作的人互称。后用来指极有交情或关系密切的人。

⑤心志相孚：心意相通，以诚相待。孚，信用。莫逆：没有抵触。形容思想感情一致，意气相投，交往密切。忘年：即忘年交。指两个人年纪辈分不相当而成为知心朋友。

⑥刎颈交：指同生死共患难的朋友。刎颈，割脖子；颈，脖子；交，交情，友谊。蔺相如是战国时赵国人，由于有功于国家而被任为上卿。大将廉颇不服气，屡次挑衅，蔺相如以国家为重，一直容忍谦让，终于使廉颇愧悟，两人成为刎颈之交。相如：即蔺相如，战国时赵国大臣，赵惠文王二十年（前279），随赵王到渑池（今河南渑池西）与秦王相会，使赵王不受屈辱，因功任上卿，位在廉颇之上。廉颇：战国时赵国名将。赵惠文王时任上卿，屡胜齐、魏等国。

⑦总角好：指童年时代就是很要好的朋友。总角，古时候儿童将头发梳成两个小髻，形状如角，因此以"总角"指童年时代。东汉末年，吴郡人孙策与周瑜从小就是好朋友，后来周瑜辅佐孙策在江东创立孙氏政权。孙策：东汉末吴郡富春（今浙江富阳）人。孙氏政权的建立者。其弟孙权称帝时，追尊为长沙桓王。周瑜：三国时吴国名将。字公瑾，庐江舒县（今安徽庐江西南）人。辅助孙策在江东创立孙氏政权。孙策死后，辅佐孙权，任前部大都督。

【译文】

吸取朋友的长处，来培养自己的仁德，这都要依靠朋友；朋友之间往来交际，双方应当互为宾主。你我同心的朋友，称作"金兰"；朋友之间互相资助，称作"丽泽"。自己的雇主称作"东主"；被聘的教师称作"西宾"。父亲交往的朋友，尊为"父执"；自己的同事称作"同袍"。心意相通，以诚相待的朋友，称为"莫逆"；老年人与幼年人交朋友，叫"忘年"。"刎颈交"，是说战国时蔺相如与廉颇生死共患难的朋友情谊；"总角好"，是说东汉末年孙策与周瑜从小就是好朋友。

【解读】

于丹教授在讲授《论语》心得时，谈到朋友，她说，人生有三种好朋友，所谓益者三友就是友直、友谅、友多闻，也就是这个朋友为人要正直，要坦荡要刚正不阿，一个人不能有谄媚之色，要有一种朗朗人格，在这个世界上顶天立地，这是一种好朋友。因为他的人格可以映校你的人格，他可以在你怯懦的时候给你勇气；他可以在你犹豫不前的时候给你果断；第二种是友谅，也就是宽容的朋友。其实宽容有的时候是一种美德，他是这个世界上最深沉的美德之一，我们会发现，当我们不小心犯了过错或者对他人造成伤害的时候，有时候过分的苛责、批评，都不如宽容的力量来得恒久。其实有时候最让我们内心受不了的是一个人在忏悔的时候没有得到他人的怨气反而得到淡淡的一种包容，所以有一个好朋友，他会给我们内心增加一种自省的力量；宽容的朋友不会使我们堕落或者更多的放纵自己反而会让我们从他人的内心包容上找到自己的弊病，找到自己的缺失。第三种叫做友多闻，在先秦那个时代，不像我们有电脑，有这么发达的资讯，有铺天盖地的媒体，那个时候人要想广视听怎么办呢，最简单的一个办法，交个好朋友，让你朋友所读的书，那些间接经验转化成你自己的直接经验。当你在这个社会上感到犹豫彷徨有所踌躇的时候，到朋友那里以他的广见博识为你做一个参考，来帮助自己做出选择。所以结交一个多闻的朋友就像翻开一本辞典一样，我们总能从他人的经验里面得到自己的一个借鉴系统，这就是孔夫子所说的三种好朋友。

【原文】

胶漆相投，陈重之与雷义①；鸡黍之约，元伯之与巨卿②。与善人交，如入芝兰之室，久而不闻其香③；与恶人交，如入鲍鱼之肆，久而不闻其臭④。肝胆相照，斯为腹心之友⑤；意气不孚，谓之口头之交⑥。彼此不合，谓之参商⑦；尔我相仇，如同冰炭⑧。

【注释】

①胶漆相投：比喻情义相投，犹如胶漆黏合在一起，亲密无间。东汉人雷义与陈重是同乡，年轻时就是好朋友，先是陈重举孝廉，要让给雷义，太守不同意。后来是雷义举茂才，要让与陈重，刺史不同意。最后二人同举茂才，同拜尚书郎。乡里人说："胶漆自谓坚，不如雷与陈。"陈重：东汉

人，字景公，豫章宜春（今江西宜春）人。雷义：字仲公，豫章鄱阳（今江西波阳）人。

②鸡黍之约：《后汉书·范式传》载，范式少时游太学，与张劭为友，后二人各归故里，范式约定两年后去拜见张母。至期，元伯杀鸡作黍以待。其母曰："二年之别，千里结言，而何相信之审邪？"元伯回答说："巨卿信士，必不乖违。"巨卿果然如期而至，升堂拜母，尽欢而别。鸡黍，杀鸡具黍为食，指招待客人情真意切。元伯：即张劭，字元伯，汝南（今河南上蔡县）人。巨卿：即范式，字巨卿，山阴金乡（今河南焦作市）人。

③芝兰之室：比喻良好的环境。芝兰，香草名。

④鲍鱼之肆：卖咸鱼的店铺，比喻恶人或小人聚集之地。鲍鱼，盐渍的鱼，其气腥臭。肆，店铺。《孔子家语·六本》："与善人居，如入芝兰之室，久而不闻其香，即与之化矣。与不善人居，如入鲍鱼之肆，久而不闻其臭，亦与之化矣。丹之所藏者赤，漆之所藏者黑，是以君子必慎其所处者焉。"意思是，和品行优良的人交往，就好像进入了摆满芳香的兰花的房间，久而久之闻不到兰花的香味了，这是因为自己和香味融为一体了。和品行不好的人交往，就像进入了卖臭咸鱼的店铺，久而久之就闻不到咸鱼的臭味了，这也是因为你与臭味融为一体了。藏丹的地方就有红色，有油漆的地方就有黑色，因此有道德修养的人必须谨慎选择相处的朋友和环境。后来形容环境对人有潜移默化的影响，接近好人可以使人变好，接近坏人可以使人变坏。

⑤肝胆相照：比喻以赤诚之心对待人。亦比喻以真心相见。肝胆，指内心深处，比喻真诚的心。相照，相互能照见。照，知晓。腹心：比喻要害的中心部分，引申为诚心真意，这里指推心置腹的朋友。

⑥意气不孚：志趣不同。孚，相应，符合。口头之交：表面亲密，其实并没有深厚情谊的朋友。

⑦参（shēn）商：指的是参星与商星，二者在星空中此出彼没，彼出此没，因此比喻彼此对立、不和睦；亲友隔绝，不能相见。

⑧尔：你。冰炭：冰块与炭火。比喻二者不能相容。

【译文】

"胶漆相投"，是指东汉人雷义与陈重之间、情义相投坚不可破的友情；"鸡黍之约"，是指张劭与朋友范式之间互相信任的约定。与好人交往，如同进入遍植香草的房子，时间久了就闻不出它的清香；与坏人交往，如同进入卖咸鱼的铺子，时间久了便闻不到它的腥臭。"肝胆相照"，这才称得上是推心置腹的朋友；"意气不孚"，说的是表面亲密，其实并没有深厚情谊的朋友。彼此之间不相契合，称之为"参商"；你我互相仇视，好比互不相容的"冰炭"。

【解读】

俗话，近朱者赤近墨者黑。现实生活中，和谁在一起相处很重要，这甚至能改变一个人的成长轨迹，决定一个人的一生成败。和什么样的人在一起，就会有什么样的人生。和勤奋的人在一起，就不会懒惰；和积极的人在一起，就不会消沉；与智者同行，会不同凡响；与高人为伍，就能登上巅峰。科学家研究发现"人是唯一能接受暗示的动物"。积极地暗示，会对人的惰性和心理状态产生最好的影响，激发人的内在潜能，发挥人的超常水平，使人进取，催人奋进。环境决定未来，有什么样的朋友就有什么样的自己！有人说人生有三大幸运，上学时遇见好老师，工作时遇见好师父，成家时遇见好伴侣。因为，他们一个甜美的笑容，一句温馨的问候，一条高智商的处事妙招，都能使你的人生与众不同，光彩照人。有句话说得好：你是谁并不重要，重要的是你和谁在一起。古代的孟母三迁，就足以说明和谁在一起的重要了。雄鹰在鸡窝里长大就会失去飞翔的本领，怎么能搏击长空，翱翔蓝天呢？野狼在羊群里长大，也会丧失狼性，又怎么能叱咤风云，驰骋大地？如果你想像雄鹰一样的翱翔天空，那你就要和群鹰一起飞翔，而不要与燕雀为伍；如果你想像野狼一样驰骋大地，那就要和野狼一样奔跑，而不是与鹿羊为伍。正所谓画眉麻雀不同嗓，金鸡乌鸦不同窝，这也是潜移默化的力量和耳濡目染的作用。

【原文】

民之失德，干糇以愆①；他山之石，可以攻玉②。落月屋梁，相思颜色③；暮云春树，想望丰仪④。王阳在位，贡禹弹冠以待荐⑤；杜伯非罪，左儒宁死不遁君⑥。分首判袂，叙别之辞⑦；拥彗扫门，迎迓之敬⑧。陆凯折梅逢驿使，聊寄江南一枝春⑨；王维折柳赠行人，遂唱阳关三叠曲⑩。

【注释】

①民之失德，干糇（hóu）以愆：《诗经·小雅·伐木》中的句子，意思是说，人们如果道德沦丧，朋友间连干糇这样的小事也可能酿成过失。干糇，粗劣的食品；糇，干粮。愆，过失，罪咎。

②他山之石，可以攻玉：语出《诗经·小雅·鹤鸣》："他山之石，可以攻玉。"本谓别国的贤才，可以为本国的辅佐，好像别的山上的石头可以作为砺石用来琢磨玉器。后用以比喻能帮助自己改正缺点的外力，一般多指朋友。攻玉，琢磨玉器。

③落月屋梁：唐肃宗乾元元年（758），李白被流放到夜郎（今贵州遵义附近）。杜甫忧思成梦，写成《梦李白二首》。其中有"落月满屋梁，犹疑照颜色"两句，意思是说大梦初醒，眼前明月照屋梁，梦中李白的音容犹在，表现了杜甫对李白深沉真挚的思念情怀。

④暮云春树：李白与杜甫分别之后，杜甫住在渭水北边的长安，李白在浙江会稽一代漫游，所以杜甫在《春日忆李白》有："渭北春天树，江东日暮云"的句子，意思是说，你思念的是渭北春天的树，我眺望的是江东日暮的云。丰仪：风采仪表。

⑤王阳在位：王阳在做官。王阳，即王吉，字子阳。贡禹弹冠：贡禹用手弹去帽上的灰尘，表示将要出仕。贡禹，字少翁，王吉的好朋友。贡禹知道，王吉做了官，必然会推荐自己。

⑥杜伯：周宣王大夫，无罪被杀。左儒宁死不循君：杜伯好友左儒在周宣王面前据理力争，殉友而死。相传杜伯被杀后三年，周宣王集合诸侯在圃田打猎。见杜伯乘白马素车，穿红衣、戴红帽

握红弓,挟红箭,将周宣王射死。循,曲从。

⑦分首:分开两人的头。判袂(mèi):分开衣袖。"衣袖分开",表示朋友离开。判,剖开。袂,衣袖。

⑧拥彗:拿着扫把。彗,扫帚。古人迎候贵客或长者,常拿着扫帚以表示敬意。扫门:清扫门厅。迎逆(yà):迎接。

⑨陆凯折梅逢驿使:晋代陆凯与范晔相善。当时陆凯在江南,范晔在长安。刚好有人乘驿车去长安送公文,陆凯便折梅一枝,托使者带给范晔,并写诗一首《赠范晔》,其中有"聊赠一枝春"的句子。驿使,古代驿站传送朝廷文书者。

⑩王维:字摩诘,汉族,祖籍山西祁县,唐朝诗人,外号"诗佛"。开元九年(721)中进士,任太乐丞。王维精通佛学,佛教有一部《维摩诘经》,是维摩诘问弟子们讲学的书,这是王维名和字的由来。折柳:由于"柳"与"留"谐音,所以古人在送别之时,往往折柳相送,以表达依依惜别的深情。阳关三叠:古代乐曲名。王维的《送元二使安西》:"渭城朝雨浥轻尘,客舍青青柳色新。劝君更尽一杯酒,西出阳关无故人。"这首诗被谱入乐府,称《渭城曲》,又名《阳关曲》,因全曲分为三段,原诗反复三次,故又称《阳关三叠》。

【译文】

人们如果道德沦丧,朋友间连干粮这样的小事也可能酿成过失,说明朋友之间应当以情义为重;别的山上的石头可以作为砺石用来琢磨玉器,说明借助朋友可以督促自己改正缺点。"落月屋梁",描绘梦中思念朋友的容颜;"暮云春树",指见物怀想友人的风采仪表。王阳做官了,贡禹用手弹去帽上的灰尘等待好友王阳的举荐;杜伯无罪被杀,好友左儒在周宣王面前据理力争,宁死不曲从周宣王。"分首"和"判袂",是表示朋友离开的词语;"拥彗"和"扫门",都是迎接客人表示敬意的词语。陆凯在江南,范晔在长安,刚好有人乘驿车去长安送公文,陆凯便折梅一枝,托使者带给朋友范晔,姑且报告江南早春的信息;王维折柳写诗赠给将远行的朋友,此诗就成了送别时人们所唱的《阳关三叠》这支曲子。

【解读】

俗话说,读好书和交好朋友,乃人生之两大幸事。一个人身份的高低,往往是由身边朋友的素质决定的,朋友的素质越高,即意味着你的人生价值越高,对事业的帮助也越大。朋友是你一生不可或缺的宝贵财富,有朋友的帮助和支持,你才会战无不胜,一往无前。人生的奥妙就在于与人相处,携手同行;生活的美好之处则在于送人玫瑰,手留余香。人生就是这样,和聪明人在一起,你就得聪明,和优秀的人在一起你就越优秀,善于发现别人的优点并转化为自己的长处你就是聪明人,善于把握别人的机遇转化为自己的机遇你就会成为优秀者。对朋友的成功,像对待自己成功一样充满热情,为朋友高兴。

频来无忌，乃云入幕之宾①；不请自来，谓之不速之客②。醴酒不设，楚王戊待士之意怠③；投辖于井，汉陈遵留客之心诚④。蔡邕倒屣以迎宾⑤，周公握发而待士⑥。陈蕃器重徐稺，下榻相延⑦；孔子道遇程生，倾盖而语⑧。

【注释】

①入幕之宾：关系亲密的人或参与机密的人。晋代谢安和王坦之曾到桓温处商议政事，桓温让郗超在帐后听。忽然一阵风吹开帐幕，谢安看见郗超，便取笑说："郗生可以说是入幕之宾呀。"幕，帐幕。宾，客人。

②不速之客：指没有邀请突然而来的客人。速，邀请。

③醴(lǐ)酒不设：置酒宴请宾客时不再为不嗜酒者准备甜酒。比喻待人礼貌渐衰。西汉楚元王刘交非常尊敬礼中大夫穆生等人，穆生不喜欢喝酒，元王每次特意为穆生设置甜酒。等到元王之子刘戊即位，开始也照样设置，后来就渐渐淡忘了。穆生说："可以走啦! 不再设置甜酒，说明大王对我们的敬意渐渐懈怠了，如果不走的话，楚人将对我不利。"醴酒，甜酒。怠：懒惰，松懈。

④投辖于井：把车辖扔在井中，比喻主人留客的殷勤。汉代陈遵喜爱喝酒，每次喝酒，宾客满堂，于是关门，把客人的车辖扔入井中，虽然有急事客人也走不了。辖，为了固定车轮与车轴的位置而插入轴端孔穴的销钉。取掉车辖，车子便不能行走。陈遵：字孟公，杜陵（今陕西西安市东南）人。西汉元帝时为京兆尹，官至廷尉。

⑤蔡邕：字伯喈，东汉文学家、书法家。倒屣以迎宾：古代人居家，脱鞋席地而坐。客人来了，急于出去迎接，把鞋子穿倒了。后来用"倒屣"形容热情迎客。屣，鞋子。

⑥握发而待士：正在洗头发，听说有贤士到，便急忙握着头发出迎。比喻为国事勤劳，求才殷切。

⑦陈蕃器重徐稺(zhì)：陈蕃做豫章太守时，不接待来访宾客，却只为郡中名士徐稺特意准备一张榻，徐稺离去时把榻吊起来不用。后来接待宾客称为"下榻"。器重，看重，重视。徐稺，字孺子，东汉著名的高士贤人，经学家。稺，同"稚"。榻：一种坐卧用具。相延：隆重接待。延，接待。⑧孔子道遇程生，倾盖而语：两个人在路上相遇，车盖稍微倾斜，便于交谈。常用来形容朋友相遇、亲切交谈的情景。盖，车盖，形状如伞。

【译文】

经常来往而没有顾忌的客人，就叫"入幕之宾"；没有邀请自己就到来的客人，称为"不速之客"。置酒宴请宾客时不再为不嗜酒者准备甜酒，可知楚元王对贤士的敬意渐渐懈怠了；把车辖扔在井中，可见汉代陈遵挽留客人之心的诚恳。东汉文学家蔡邕急于出去迎接客人，把鞋子都穿倒了；周公正在洗头发，听说有贤士到，便急忙握着头发出迎。陈蕃敬重高士徐稺，特意为他准备一张榻礼待；孔子与程生两人在路上相遇，把车盖稍微倾斜而交谈。

【解读】

交到好朋友，就能看到你的影子，如果结交的朋友有道德，那么你的心境就是坦然的。孔子的学生曾经问孔子：如何能交好朋友呢？孔子说，爱人，知人。孔子曰："益者三友，损者三友。友直，友谅，友多闻，益矣。友便辟，友善柔，友便佞，损矣。"

【原文】

伯牙绝弦失子期，更无知音之辈[1]；管宁割席拒华歆，谓非同志之人[2]。分金多与，鲍叔独知管仲之贫[3]；绨袍垂爱，须贾深怜范叔之窘[4]。要知主宾联以情，须尽东南之美[5]；朋友合以义，当展切偲之诚[6]。

【注释】

[1]伯牙绝弦：春秋时，俞伯牙擅长弹琴，钟子期擅长听琴。钟子期死后，伯牙认为世上再无知己，便弄断琴弦，终身不再弹琴。

[2]管宁割席：管宁和华歆少年时曾同坐在一张席子上读书，看见有人乘坐漂亮的车子从门前经过，管宁照旧读书，华歆却搁下书本出去观看。于是，管宁就将坐席割断，分开来坐，说："你不是我的朋友。"后来称朋友断交为"割席"。管宁，字幼安，管仲后人，三国魏高士，自幼好学，饱读经书，一生不慕名利。华歆，字子鱼，汉末三国时期名士，三国时期魏司徒。魏明帝即位，晋封博平侯。卒谥敬侯。同志：志趣相同的人。

[3]分金多与：春秋时，齐国管仲与鲍叔交情深厚。他们曾一同经商，到了分盈利时，管仲给自己多分，鲍叔知道管仲家里穷还有母亲，不认为他是贪财。后来齐桓公想任用鲍叔为相，他却推荐了管仲，将自己置于管仲之下。管仲辅助桓公成为春秋五霸。鲍叔：即鲍叔牙，（？-前644），姒姓，鲍氏，亦称"鲍叔"、"鲍子"，春秋时代齐国大夫，管仲的好朋友。管仲：（？-前645），名夷吾，谥曰"敬仲"，汉族，史称管子。春秋时期齐国著名的政治家、军事家，周穆王的后代。

[4]绨（tí）袍垂爱：战国时，范雎随魏中大夫须贾出使齐国，须贾误以为范雎背叛魏国，归告魏相，使范雎遭笞辱几死。后来范雎改名张禄，逃到秦国做了秦相。须贾出使到秦国，秦相范雎扮成穷人去拜见故人，须贾看他穷困，便送他一件绨袍。后来须贾发现范雎就是秦相，乃肉袒谢罪。范雎因须贾馈赠绨袍，恋恋有故人之意，便宽宥了他。后来以"绨袍"表示不忘旧情。绨袍，粗绨（古代丝织物）做的袍。垂爱，垂怜。范叔之窘：范雎的穷困。范叔，即范雎，字叔，故称范叔。窘，穷困。

[5]须尽东南之美：王勃《滕王阁序》："台隍枕夷夏之交，宾主尽东南之美。"意思是郡城矗立在华夏和蛮夷之间，宾主全是东南一方的精英。

[6]合以义：因为道义聚在一起。当展切偲之诚：表现出互相切磋、勉励的诚意。即以诚相待。切偲，是"切切偲偲"的省略语，即相互敬重切磋勉励的样子。切切，责勉；偲偲，相互切磋，相互

督促。

钟子期去世后，俞伯牙痛失知音，弄断琴弦终身不再弹琴，伯牙认为世上再无听得懂他琴声的知己了；管宁将同席读书的坐席割断拒绝与华歆为朋友，说华歆不是与自己志趣相同的人。齐国管仲与鲍叔交情深厚，曾一同经商，到了分盈利时，管仲给自己多分，只有鲍叔知道管仲家里穷，不认为他是贪财；须贾出使到秦国，秦相范雎扮成穷人去拜见故人，须贾看他穷困，便送他一件绨袍，以示不忘故人。要知道，主人与宾客之间要靠感情来联络，那么双方都应是东南一方的精英；朋友因为道义聚在一起，就该表现出互相切磋、勉励的诚意。

【解读】

俗话说，千金易得，知己难求。财富不是一生的朋友，而朋友却是一生的财富！有道是："一排篱笆三个桩，一个好汉三个帮。"一人之知识有限，天下之事理无穷。在科学发展突飞猛进，社会变革日新月异的今天，闭关自守，自以为是，很可能寸步难行，唯有放开手脚、扩大交往方能赶上时代前进的步伐。从这个意义上说，多一个朋友多一条道，少一个朋友少一门窍。人无友，好似树无枝、花无叶、鸟无翼、畜无足。作为新时代的公民，无论从事哪个行业，也无论做什么事情，都不可忘记"交友"二字。有道是"财富不是朋友，朋友才是财富。"但交友也要讲学问。自古有"人以群分，物以类聚"的说法，交友不能以贵贱分、不应以贫富论。交友贵在交心、交人品。酒肉朋友不交，势利小人不交，阳奉阴违不交，为富不仁不交，倚权仗势不交，欺小恶老不交，口是心非不交，无信无德不交，恃强凌弱不交。朋友交得好，可以在事业上得到支持，在精神上得到慰藉。交得不好，常常会惹上闲气，甚而引出数不清、想不到的遗憾。"狐朋狗友满街走，危难之时不伸手"，这确是经验之谈。当然，"金无足赤，人无完人。"有缺点的能人多，无毛病的挚友少。须知："水至清则无鱼，人至察则无徒。"清高者难以合群，苛求者不易交友。朋友对朋友，说喜也说

忧，既要鼓励支持，又要批评帮助；既要患难与共，又要自力更生；既要有求必应，又要是非分明；既要亲如手足，又要保持适当距离。只有这样，才会享受到被友情滋润的人生。

婚 姻

良缘由夙缔，佳偶自天成①。寒修与柯人，皆是媒妁之号②；冰人与掌判，悉是传言之人③。礼须六礼之周，好合二姓之好④。女嫁曰于归，男婚曰完娶⑤。婚姻论财，夷虏之道⑥；同姓不婚，周礼则然⑦。

【注释】

①良缘：美满的姻缘。夙缔：早就注定好的。夙，同"宿"，旧，平素。缔，结合，订立。偶：配偶，夫妻。天成：上天成就的。

②寒(jiǎn)修：传说是伏羲的儿子，制定了媒礼。柯人：拿斧头的人。《诗经·豳风·伐柯》："伐柯伐柯？匪斧不克。取妻如何，匪媒不得。"称媒人为"伐柯人"或"柯人"。柯，斧头柄。媒妁(shuò)：婚姻介绍人。媒，谓谋合二姓；妁，谓斟酌二姓。就是对两姓两家从中谋合、斟酌，促其合成"两姓之好"。

③冰人：即是媒人，古代男女缔结姻缘大多靠媒妁之言，所以冰人可是个吃香的职业。《晋书·索统》中有这么一段故事，孝廉令狐策有一天梦见自己站在冰上，和冰下人说话，索圆梦解释说，冰上为阳，冰下为阴，主阴阳之事，你在冰上和冰下人说话，人阳语阴，主为人说媒，因而你当为人做媒，冰河开了，婚姻也就成了。由此后人称媒人为冰人。掌判：即媒人。《周礼·地官·媒氏》中说："媒氏，掌万民之判。""判"在这里同"半"，意思是男女有了配偶结合成夫妇，才有了另一半。传言：传话。这里指传达男女两家的话，也是指媒人。

④六礼：旧时婚嫁的六道礼仪程序，即纳采（男家送礼求婚）、问名（询问女方姓名及生辰年月）、纳吉（向祖宗神灵占卜吉凶）、纳征（占卜得到吉兆便下聘礼）、请期（商定婚礼日期）、亲迎（新郎到女方家迎娶新娘）。二姓：男女两家。

⑤于归：出嫁。于，往，归，女子出嫁。完娶：结婚是婚嫁礼仪的最后一道程序，是完成娶亲的意思，所以称男婚为"完娶"。

⑥夷虏之道：落后民族野蛮、愚昧的做法。夷虏，春秋以后对中原以外各族的蔑称。《文中子》："婚姻而论财，夷虏之道也。"

⑦同姓不婚：同姓的人不能结婚。这一婚姻禁忌创自周代。《魏书·高祖纪》："夏殷不嫌一姓之婚，周制始绝同姓之娶。"《礼记·大传》认为同姓不婚是最根本的礼法，它可以起到维系人伦的作用。

美满的姻缘，由前世的缘分注定好的；美好的配偶，由上天所成就的。"寒修"和"执柯"，都是婚姻介绍人的别号；"冰人"和"掌判"，都是指传达男女两家话的媒

人。婚姻礼仪必须做到六礼都周备，这样才能使男女两家结成美满的婚姻。女子出嫁叫做"于归"，男子结婚叫做"完娶"。婚姻争论财礼，这是落后民族野蛮、愚昧的做法；同姓的人不能结婚，周代的礼法就做出了这样的规定。

【解读】

自古以来，婚姻就是人们的人生大事，婚姻的成败直接影响一个人一生的幸福，所以，适婚年龄的人们，一定要认真对待自己的婚姻，决不能游戏婚姻。认真对待婚姻，既是对自己负责，又是对另一半负责，一个有责任的人，才配成为婚礼的主人公。婚姻适合不适合，只有自己知道，就如同鞋子适合不适合，只有脚知道。祝福天下有情人能够终成眷属，更祝福成为眷属的都能是有情人！

【原文】

女家受聘礼，谓之许缨①；新妇谒祖先，谓之庙见②。文定纳采，皆为行聘之名③；女嫁男婚，谓了子平之愿④。聘仪曰雁币，卜妻曰凤占⑤。成婚之日曰星期，传命之人曰月老⑥。下采即是纳币，合卺系是交杯⑦。

【注释】

①聘礼：男方派人送礼品到女方家，表示愿意和女方家结亲。女方如果收下礼品，便表示同意。许缨：许婚。缨，彩带，古代女子许嫁时须佩上彩带。

②谒：进见，拜见。庙见：一种仪式。新婚第二天天亮，新娘就要拜见公公婆婆。如果公公婆婆已死，就在三个月后到家庙中参拜公公婆婆的神位。后再择日祭祀。

③文定：指定婚。男方确定婚期后，把日期写在帖子上，准备好礼物通知女方家里。行聘：下聘礼。④子平之愿：东汉人向长，字子平，河内朝歌（今河南淇县）人，隐居不去做官，等到儿女嫁娶的事情都完成之后，他就与好朋友一起游览名山大川去了。竟不知所终。后因称儿女婚嫁完毕为"子平愿了"。

⑤聘仪：行聘的礼物。雁币：雁和币。古代婚姻六礼中，除纳征用玄缠（玄纁币帛）外，其余都用雁作礼物，取雁随时南北，不失其节，行列有序，不可逾越的意义。雁难得就用鸡、鸭、鹅代替，不过仍称"雁币"。凤占：卜妻。春秋时，齐国大夫懿氏要把女儿嫁给陈敬仲而占吉凶。他的妻子占卜，说："吉。是谓凤凰于飞，和鸣锵锵。"后因称预定婚姻叫"凤占"。

⑥星期：指农历七月七日，民间传说牛郎、织女二星会合之期。后因称男女成婚之日为"星期"。月老："月下老人"的简称，也称"月下老"。民间传说中专司人间婚姻的神。袋中藏有"赤绳"，暗系在男女双方脚上，使他们成为夫妇。后来就把媒人称作"月老"。

⑦下采：采，采礼。即纳币、纳征。夫家在卜得吉兆后，向女家下聘礼。合卺（jǐn）：新人进入洞房，揭开新娘头盖，行合卺礼。"卺"是古时婚礼所用的酒器，由一瓠分割而成的两个瓢，以线连

柄。新人各用一瓢进酒，称"合卺"。瓠，苦不可食，所盛之酒当为苦酒。因此合卺不但象征夫妇合二为一，且有同甘共苦之意。交杯：宋代在合卺时用酒杯代替瓢，用红线连接，新人一同饮酒，称为"饮交杯酒"。

【译文】

女方家接受聘礼，称为"许缨"；新娘子拜见祖先，称为"庙见"。"问名"和"纳采"，都是男方家下聘礼的名称；女儿出嫁儿子娶妻，就说了却了"子平之愿"。行聘的礼物叫做"雁币"，占卜求妻，叫做"凤占"。男女成婚的日子叫做"星期"，替男女双方传话的人叫做"月老"。下采就是男方家向女方家下聘礼，合卺就是新娘新郎在洞房里喝交杯酒。

【解读】

古时候人们对婚姻很讲究，婚嫁须媒妁之言，婚姻须讲六礼。"六礼"依次包括纳采，问名，纳吉，纳征，请期和亲迎。纳采就是男家请媒人向女方提亲；问名就是女方答应议婚后男方请媒人问女子名字、生辰等，并卜于祖庙以定凶吉；纳吉就是卜得吉兆后即与女方订婚；纳征又称纳币，就是男方送聘礼到女方家；请期就是男方携礼至女方家商定婚期；亲迎就是婚期之日男方迎娶女子至家。现代婚姻，简化了婚姻的程序，一般包括纳吉，纳征，请期和亲迎，也就是现在我们常常所说的订婚，下聘礼，选吉日，举办婚宴。

【原文】

执巾栉，奉箕帚，皆女家自谦之词①；娴姆训，习内则，皆男家称女之说②。绿窗是贫女之室，红楼是富女之居③。桃夭谓婚姻之及时，摽梅谓婚期之已过④。御沟题叶，于祐始得宫娥⑤；绣幕牵丝，元振幸获美女⑥。

【注释】

①执巾栉：侍奉丈夫沐浴梳头。巾，手帕。栉，梳子。奉箕帚：拿着撮箕扫帚打扫门庭。

②娴姆训：熟悉女教师的训诫。姆，古代专门教导未出嫁女子妇道的女教师。娴，熟悉。习内则：熟悉《内则》。《内则》是《礼记》中的一篇，里面记载着古代贵族妇女侍奉父母、公婆的各种礼节。

③绿窗：绿色的窗户。指贫穷女子的居室。红楼：红色的绣楼。指富家女子的住室。白居易《秦中吟·议婚》："绿窗贫家女，衣上无珍珠。红楼富家女，金缕绣罗襦。"

④桃夭：桃花盛开。《诗经·周南·桃夭》篇用艳丽的桃花赞美出嫁的女子。后来用"桃夭"比喻女子出嫁及时，也泛指男女青年及时婚嫁。摽（biāo）梅：梅子熟透后落了下来。摽，

落。《诗经·召南·摽有梅》："摽有梅,顷筐塈之。求我庶士,迨其吉兮。"后因用"摽梅"比喻结婚年龄已过。

⑤御沟题叶:御沟,流入宫内的河道。唐僖宗(李儇)时,宫女韩翠苹在红叶上题诗一首,由御沟流出宫外,恰为书生于祐拾得。于祐也在红叶上题诗投入御沟,让它漂入宫内,被韩女拾得。十年后,宫中放宫女出嫁,丞相韩泳为于祐做媒,两人结为夫妻。

⑥绣幕牵丝:相传唐朝宰相张嘉贞有五个女儿,想纳郭元振为婿。于是叫五个女儿各执一根红线站在绣幕后,让郭于绣幕前任牵一根。结果郭牵得最有姿色的三女为妻。后因称促成缔结婚姻为牵丝或牵线。

【译文】

"执巾栉"和"奉箕帚",都是女方同意嫁女的自谦言词;"娴姆训"和"习内则",都是男方愿意迎娶女子的赞美说法。绿色的窗户是贫穷女子的居室,红色的绣楼是富家女子的闺房。"桃夭"是说女子出嫁及时,"摽梅"是说结婚年龄已过。通过御沟互相传递写诗句的红叶,于祐最终娶得宫女韩翠苹;站在绣幕前牵住一根红线,郭元振幸运地牵得宰相张嘉贞最美的女儿为妻。

【解读】

婚姻既是自己的终身大事,也是一个家族的宗族大事,自古以来,传宗接代就是婚姻的使命,虽然现在这种思想已经淡化了,但是结婚以后,人们常常希望早生贵子,增添人口,特别是婆婆公公们希望早点抱孙子。人生尚且短暂,何况婚恋、婚育年龄,婚育的黄金年龄在人生的长河中是相当短暂的,所以一定要珍惜,适婚年龄,抓住机会寻找伴侣,完成婚姻大事;婚后,不要错过最佳生育年龄,孕育一个健康的宝宝,享受的幸福人生。

【原文】

汉武与景帝论妇,欲将金屋贮娇①;韦固与月老论婚,始知赤绳系足②。朱陈一村而结好,秦晋两国以联姻③。蓝田种玉,雍伯之缘④;宝窗选婿,林甫之女⑤。架鹊桥以渡河,牛女相会⑥;射雀屏而中目,唐高得妻⑦。至若礼重亲迎,所以正人伦之始⑧;诗首好逑,所以崇王化之原⑨。

【注释】

①景帝:即汉景帝刘启,汉武帝之父。金屋贮娇:班固《汉武故事》载,汉武帝曾说:"好!若得阿娇作妇,当作金屋贮之也。"后以"金屋贮娇"指娶妻或纳妾。金屋,华丽的房屋。娇,阿娇,汉武帝刘彻姑母的长女,借指美丽的女子。

②韦固与月老论婚:一天深夜,韦固经过宋城,遇见一位老人在月光下翻书。老人告诉他,这

是天下的婚姻簿。又见老人有一囊，囊中装着红丝线。老人告诉他，只要将红丝线系在男女双方的脚上，即使是仇家异域，也得成为夫妻。

③朱陈：村名。在今江苏省丰县东南。白居易诗《朱陈村》："徐州古丰县，有村曰朱陈……一村唯两姓，世世为婚姻。"后来就用"朱陈"作为联姻的代称。秦晋：春秋时，秦、晋两国的国君好几代都互相通婚。后泛称两姓联姻为"秦晋之好"。

④蓝田种玉：杨伯雍居终南山，行孝好义，有人给他一颗石子，说种好可得美玉和佳妻。他在山上种下石子果然得美玉。后来听说右北平徐公有好女，他便前去求婚。徐公说如果你能拿出一双玉璧就答应你。伯雍回到蓝田取出五双玉璧，终于娶得徐公的娇女。蓝田，山名，在陕西蓝田县东南。

⑤宝窗选婿：李林甫有六个女儿。为了选婿，他便在堂壁上开了一扇窗户，上蒙红纱，让女儿站在窗后观察来访者，自行挑选中意的男子。林甫：即李林甫（？-752），唐玄宗时宰相。在职19年，排斥异己，政事败坏。对人表面友好，暗加陷害。被称为"口蜜腹剑"。

⑥鹊桥：神话传说，河东织女是天帝孙女，长年织造云锦，但自嫁给河西牛郎后，就中断了织锦。天帝因此大怒，责令她与牛郎分离，只准每年七夕（七月初七夜）相会一次。每到这一天，喜鹊鸟就衔接起来搭成桥，使他们渡过银河相会。

⑦射雀屏：隋朝定州总管窦毅，认为自己女儿相貌奇特，见识不凡，不能随便许人，便在屏风上画了两只孔雀，说谁能射中孔雀眼睛就将女儿许配给谁；李渊两箭连中两眼，娶了窦毅女儿为妻。李渊就是后来的唐高祖，唐朝的建立者。窦毅的女儿就是后来李渊的皇后窦氏。唐高：即唐高祖李渊，唐朝的开国皇帝。

⑧至若：至于。人伦之始：人伦的始基。人伦，中国古代指君臣、父子、夫妇、兄弟、朋友等之间的关系；夫妇关系被看作是整个人伦关系的起始。《礼记·昏义》："男女有别而后夫妇有义，夫妇有义而后父子有亲，父子有亲而后君臣有正。故曰，婚礼者礼之本也。"所以古代特别看重"亲迎"，因为它是匡正人伦的基础。

⑨诗首好（hǎo）逑（qiú）：《诗经》将抒发"窈窕淑女，君子好逑"情感的《关雎》放在第一篇，它表达了对理想配偶的向往之情。好逑，好的配偶。逑，通"仇"，配偶。王化之原：王道教化的本原。王化，天子的教化。

【译文】

汉武帝与汉景帝谈论娶妻的事，说如果能娶到阿娇，就建造一座金屋子给她住；韦固与月下老人谈论婚姻的事，才知道有红线系足、终成夫妻的姻缘。朱、陈一村只有两姓，世世代代结成好姻缘；秦和晋两国，国君好几代互相联姻。在蓝田山种玉，杨伯雍才有缘娶得徐公的娇女；设红窗选女婿，李林甫让女儿自己挑选丈夫。喜鹊鸟衔接起来搭成桥，牛郎和织女才能渡过银河相会；两箭连中屏风上孔雀的双眼，唐高祖李渊因此娶到窦毅女儿为妻。至于说婚姻的礼仪最重视新郎亲自迎接新娘，这是因为夫妇关系是人伦的起始，必须匡正；《诗经》将抒发"窈窕淑女，君子好逑"情感的《关雎》放在第一篇，这是因为理想的婚姻是天子教化的本原，必须尊崇。

【解读】

　　好的婚姻是人人向往的。秦晋之好，就是对美好婚姻的赞美。婚姻常常宴请亲朋好友，也表现了人们对婚姻礼仪的重视，对婚姻礼仪的宣扬。婚姻礼仪很重视新郎亲自去迎接新娘，因为夫妇关系是人伦的基础。现代婚礼，也是婚礼当天，新郎穿戴整洁，带领迎亲队伍，喜气洋洋地亲自登临女方家迎娶新娘，回来的时候，新郎要亲自把新娘抱上轿子或车，方可带领迎亲队伍返回，这些婚姻的礼节，都说明了，人们对待婚姻的慎重，对另一半的珍惜，希望天下人都能拥有幸福的婚姻。

妇　女

　　男子禀乾之刚，女子配坤之顺①。贤后称女中尧舜，烈女称女中丈夫②。曰闺秀，曰淑媛，皆称贤女③；曰闺范，曰懿德，并美佳人④。妇主中馈，烹治饮食之名⑤；女子归宁，回家省亲之谓⑥。何谓三从，从父从夫从子⑦；何谓四德，妇德妇言妇工妇容⑧。周家母仪，太王有周姜，王季有太妊，文王有太姒⑨；三代亡国，夏桀以妹喜，商纣以妲己，周幽以褒姒⑩。

【注释】

　　①禀乾之刚：承受上天阳刚之气。禀，承受。乾，八卦之一，代表天，象征阳性或刚健。配坤之顺：得到大地柔顺气质。配，分给，配给。坤：八卦之一，代表地，象征着阴性或柔顺。

　　②女中尧舜：妇女中的贤明人物。宋英宗（赵曙）高皇后，在英宗死后，被神宗（赵顼）、哲宗（赵煦）先后尊为皇太后、太皇太后，执政九年，废除王安石变法时新政，扶植司马光等为相。旧史家有的称她为女中尧舜。烈女：指重义轻生的女子，也指以死保全贞节的女子。

　　③闺秀：旧称富贵人家的女子，后也指有才德的女子。淑媛：贤良美貌的女子。淑，善良，人品好。媛，美女。

　　④闺（kǔn）范：品德是妇女中的典范。闺，闺门，因以借指妇女。懿德：美好的品德。懿，美好。佳人：美好的人，有才干的人。

　　⑤中馈：妇女在家里主持饮食等家务事。馈，吃饭，这里指饮食。烹治：烹调办理。

　　⑥归宁：已嫁的女子回娘家看望父母。省（xǐng）亲：探望父母或其他尊亲。

　　⑦三从：封建社会妇女须遵守的三种规范，即"未嫁从父，既嫁从夫，夫死从子"。

　　⑧四德：封建社会要求妇女必须具备的四种德行，谨守品德、辞令、仪态与手艺的"闺范"。即"妇德、妇言、妇容、妇功"。

　　⑨周家母仪：周朝几个可以成为天下妇人典范的后妃。母仪，为母者的典范，多用于皇后。太王有周姜：周人本居豳（bīn），自古公亶父开始迁居岐山之下，定国号为周，自此兴盛。武王灭商之后追尊古公为太王。周姜，即太姜，太王的夫人，周文王的祖母，有才德有见识。王季有太妊：王季，周文王的父亲季历，他遵循太王传下来的德治传统，诚实地实行仁义，很多诸侯都来归顺。太妊，周文王的母亲，忠诚专一，端庄严肃，在怀孕期间，眼睛不看不好的颜色，耳朵不听庸俗的音乐，口中不说傲慢的话，于是生下周文王这样的圣人。太姒（sì）：文王之妃，武王之母，非常勤劳，恪守妇道。

　　⑩三代：指夏、商、周三个朝代。夏桀以妹喜：夏桀因为妹喜而亡国。桀，夏朝的亡国之君。妹喜，桀的宠妃。商纣以妲（dá）己：商纣王因为妲己而亡国。商纣宠爱妲己，惟妲己之言是从。作淫声，厚赋税，筑鹿台，以酒为池，悬肉为林，使男女保相逐其间，为长夜之饮；制炮烙重刑，剖皇叔比干之心。后周武王率诸侯伐纣。纣败，登鹿台自焚而死，妲己被杀。纣，商朝的亡国之君。妲己，纣

王的宠妃。周幽以褒姒：周幽王因为褒姒而亡国。周幽王宠爱褒姒，立褒姒之子伯服为太子，废申后和太子宜臼。"褒姒不好笑，幽王欲其笑万方，故不笑。幽王为烽燧、大鼓，有寇至则举烽火。诸侯悉至，至而无寇，褒姒乃大笑。幽王说（悦）之，为数举烽火。"后申侯联合缯国、犬戎一起攻打幽王。幽王点燃烽火召集救兵，救兵不至。他们就将幽王杀死在骊山下，并俘虏了褒姒，西周灭亡。幽王，西周的最后一任君主。褒姒，周幽王的宠妃。

【译文】

男子秉性像天，具有上天的阳刚之气，女子秉性属地，具有大地的阴柔之美。贤德的皇后被称赞为"女中尧舜"，重义轻生的女子被称赞为"女中丈夫"。"闺秀"和"淑媛"，都是称赞贤德的女子；"闺范"和"懿德"同是赞美有才干的女子。妇女主持饮食烹饪之类的事，叫做"中馈"；女子回娘家看望父母，称为"归宁"。什么叫做三从？就是妇女在家时服从父亲，出嫁后服从丈夫，夫死后服从儿子；什么叫做四德？就是妇女要品德贤淑，言语恭敬，仪态端庄，手艺精巧。周朝中能够母仪天下的后妃有：太王的妃子周姜，王季的妃子太妊，文王的妃子太姒；使夏、商、周三个朝代亡国的宠妃有：夏桀的妃子妹喜，商纣的妃子妲己，周幽王的妃子褒姒。

【解读】

俗话说，女人如水，女人具有阴柔之美。曹雪芹借贾宝玉之口说"女儿是水做的骨肉"，真是高论妙极。女人属水，水属阴，阴生柔，阴柔之美是女性美的最基本特征，其核心是温柔，温柔似水。女人善解人意，宽容忍让，温顺体贴，温文尔雅，柔情似水，柔媚可人，才有女人味，对男人来说，是一种迷人的美，是一种可以被其征服的巨大力量，没有哪个男人能够抗拒女人柔情似水、冰清玉洁的魅力，绝少会有哪个男人喜欢女人的蛮、悍、野、泼、粗、俗。"女"字在甲骨文中是一个人屈身跪在地上，双手交叉放在胸前，伸出的双臂表示顺从的形象。顺从就是女人阴柔之美的表现，但是我们所说的顺从，并不是惟命是从。

【原文】

兰蕙质，柳絮才，皆女人之美誉[1]；冰雪心，柏舟操，悉嫠妇之清声[2]。女貌娇娆，谓之尤物[3]；妇容妖媚，实可倾城[4]。潘妃步朵朵莲花，小蛮腰纤纤杨柳[5]。张丽

华发光可鉴，吴绛仙秀色可餐⑥。丽娟气馥如兰，呵气结成香雾⑦；太真泪红于血，滴时更结红冰⑧。孟光力大，石臼可擎⑨；飞燕身轻，掌上可舞⑩。

【注释】

①兰蕙质：兰蕙一样的品质。兰草与蕙草，两种香草，花开香气清淡。用以比喻妇女幽静高雅的品格。柳絮才：讲的是晋代才女谢道韫的故事。一个下雪天，东晋谢安与子侄辈讨论文义，忽然问："白雪纷纷何所似？"其侄谢朗说："撒盐空中差可拟。"意思是，勉强可以比作空中撒下的盐。侄女谢道韫说："未若柳絮因风起。"意思是，不如说柳絮被东风吹得漫天飞舞。后用"柳絮才"指女子文才。柳絮，柳树种子所带的白色绒毛，随风轻飘如絮，故称柳絮，也叫柳绵。

②冰雪心：比喻心地像冰雪一样纯洁。柏舟操：古代指丈夫死了不改嫁的节操。操，操守，节操。孀（shuāng）妇：寡妇。孀，死了丈夫的女人。清声：清白的名声。

③娇娆：柔美妩媚。尤物：特别漂亮的女子。尤，特异的，突出的。

④妩媚：姿态美好可爱。倾城：本指倾覆国家，后多用来指容貌绝美的女子。传说汉武帝宠爱的李夫人非常美丽，有歌谣形容她："北方有佳人，绝世而独立，一顾倾人城，再顾倾人国。"

⑤潘妃：南齐东昏侯萧宝卷的妃子，小字玉儿。朵朵莲花：东昏侯登帝位，在宫中凿金为莲花贴在地上，让潘妃在上面行走，说："此步步生莲花也。"后来称女子缠过的小脚为"金莲"。小蛮：唐代诗人白居易的侍女。纤纤杨柳：相传白居家的侍女樊素善于唱歌，小蛮擅长舞蹈，他曾写诗称赞她们"樱桃樊素口，杨柳小蛮腰"。后来用纤纤杨柳形容女人的腰肢细长。

⑥张丽华：南朝陈后主的宠妃，相传她的头发长七尺，又黑又亮，光泽照人。后隋军入陈，张妃与后主躲入井中，为隋军搜出，被杀。鉴：本意是镜子，这里是照的意思。吴绛仙：隋炀帝的宠妃。隋炀帝夸奖说："古人言秀色可餐，如绛仙者真可疗饥矣。"秀色可餐：美色可以让人忘记饥饿，极度赞扬妇女的容色之美。秀色，美好颜色或容貌。餐，当餐，吃。

⑦丽娟：东汉光武帝的宫女，年十四，气味胜过芳香的兰花。馥：香气。

⑧太真：即杨贵妃，小名玉环。初为寿王妃，后为女道士，号太真。入宫后，得唐玄宗宠爱，封为贵妃。红冰：传说杨玉环被召入宫中与父母离别时，哭着登车，她的泪水结成了红冰。

⑨孟光：东汉扶风平陵（今陕西咸阳西北）人，字德曜。东汉梁鸿的妻子。传说她肥胖，长得又黑又丑，力气大得可以举起石臼。石臼：古代舂米的器具，用石头凿成。擎（qíng）：举起。

⑩飞燕：即赵飞燕，汉成帝（刘骜）皇后，善歌舞，因为身体轻盈，所以得名"飞燕"。成帝时入宫，与其妹合德皆为婕妤，后立为皇后。平帝（刘衍）即位，被废为庶人，自杀。掌上可舞：相传汉成帝为赵飞燕造了一个水晶盘，让宫人用手托着盘子，赵飞燕可以在水晶盘上潇洒自如地舞蹈。

【译文】

"兰蕙质"和"柳絮才"，都是对品格高雅、文才出众女子的赞誉；"冰雪心"和"柏舟操"，都是歌颂心地纯洁、坚守节操的寡妇的名声。女子容貌柔美妩媚，称之为"尤物"；女子仪容姿态美好可爱，确实可以使一城倾倒。南齐东昏侯萧宝卷的妃子潘妃走在金莲花上步态美妙，脚下仿佛生出朵朵莲花；唐代诗人白居易的侍女小蛮腰肢细长，仿佛摇曳生姿的纤纤杨柳。南朝陈后主的宠妃张丽华的头发长七尺，又黑又亮，光泽照人；隋炀帝的宠妃吴绛仙容色之美，可以让人忘记饥饿。东汉光武帝的宫女丽娟的气味胜过兰花的芳香，呵出来的气结成了香雾；杨贵妃的眼泪比血还红，掉下来竟然结成了红冰。东汉梁鸿的妻子孟光力气很大，可以举起石臼；汉成帝皇后赵飞燕身轻如燕，可以在别人手掌上潇洒自如地跳舞。

【解读】

　　封建社会的缠足是摧残妇女身心健康的陋俗，缠足是一个自五六岁开始至成年大约十年左右束缚改变脚骨自然生长的过程。缠足就是破坏女童的脚的自然生长，强迫脚变小，成为小脚，小脚被戏称为"三寸金莲"，简称"金莲"。妇女因缠裹而成的小脚为什么被称为"金莲"？有学者认为，小脚之所以称之为金莲，应该从佛教文化中的莲花方面加以考察。莲花出淤泥而不染，在佛门中被视为清净高洁的象征。佛教传入我国后，莲花作为一种美好、高洁、珍贵、吉祥的象征也随之传入我国，并为我国百姓所接受。在我国人的吉祥话语和吉祥图案中，莲花占有相当的地位也说明了这一点。故而以莲花来称妇女小脚当属一种美称是无疑的。另外，在佛教艺术中，菩萨多是赤着脚站在莲花上的，这可能也是把莲花与女子小脚联系起来的一个重要原因。为什么要在"莲"前加一个"金"字呢，这又是出于我国人传统的语言习惯。我国人喜欢以"金"修饰贵重或美好事物，如"金口"、"金睛"、"金銮殿"等。在以小脚为贵的缠足时代，在"莲"字旁加一"金"字而成为"金莲"，当也属一种表示珍贵的美称。因此，后来的小脚迷们往往又根据大小再来细分贵贱美丑，以三寸之内者为金莲，以四寸之内者为银莲，以大于四寸者为铁莲。于是言及金莲势必三寸，即所谓三寸金莲。后来金莲也被用来泛指缠足鞋，金莲成了小脚的代名词。"三寸金莲"，使封建社会的女性身体上造成脚的畸形，精神上造成自卑和依附心理，从而形成男尊女卑的社会现象，是封建社会妇女地位低下的印证。

【原文】

　　至若缇萦上书而救父，卢氏冒刃而卫姑，此女之孝者[1]；侃母截发以延宾，村媪杀鸡而谢客，此女之贤者[2]；韩玖英恐贼秽而自投于秽，陈仲妻恐陨德而宁陨于崖，此女之烈者[3]；王凝妻被牵，断臂投地，曹令女誓志，引刀割鼻，此女之节者[4]；曹大家续完汉帙，徐惠妃援笔成文，此女之才者[5]；戴女之练裳竹笥，孟光之荆钗布裙，此女之贫者[6]；柳氏秃妃之发，郭氏绝夫之嗣，此女之妒者[7]；贾女偷韩寿之香，齐女致祆庙之毁，此女之淫者[8]；东施效颦而可厌，无盐刻画以难堪，此女之丑者[9]。

【注释】

　　①至若：至于。缇萦上书：汉文帝（刘桓）十三年，齐国太仓令淳于意犯罪，该受刑罚。他的小女儿缇萦随被押解的父亲来到长安，上书文帝，说自愿被没收入官府当奴婢，抵偿父亲该受的处罚，使他能够自新。文帝怜悯她的孝心，就废除肉刑，而用别的办法来代替。缇萦，汉文帝时齐国太仓令淳于意的小女儿。卢氏冒刃：唐代郑义宗的妻子卢氏，面对深夜来劫的盗贼，在其他人均已逃避的险恶环境下，临危不惧，护卫着年老体弱的婆婆。姑：婆婆。

　　②侃母截发：晋代陶侃少年时家里贫穷。有一天郡里的孝廉范逵带了一批人来陶家投宿。陶母湛夫人便剪下头发卖到市上换酒食，把屋子里的木柱砍下当柴烧。同时将草垫拆散，用作马的饲料。范逵回洛阳后，大肆宣扬陶母的贤德和陶侃的才干，使陶侃大获声誉。延宾：迎接客人。村媪（ǎo）杀鸡而谢客：有一次，汉武帝微服出行，来到柏谷村，亭长不接纳，投宿旅店，旅店主人又怀疑他是盗贼要把他抓起来。这时一位老妇人说："我观此丈夫，乃非常人也。"于是杀鸡做饭款待武帝等人，就这样给武帝解了围。媪，老妇人。谢客，酬答客人。

　　③韩玖英：唐朝韩仲成的女儿，遇见盗贼，担心遭贼侮辱，便自己跳入粪坑中，才得免于难。秽：弄脏，玷污。陈仲妻：唐朝张叔明的妹妹嫁与陈仲为妻，一天在路上遇到盗贼，担心被盗贼玷污，于是跳崖自尽。陨德：毁坏德行。陨，坠落。

　　④王凝妻被牵，断臂投地：五代王凝在虢州做官死了，他的妻子李氏领柩回原籍安葬。中途投宿，店主不肯接纳，并拖着她的手臂赶她离开。李氏便用斧头砍断自己被牵的手臂，丢在地上。曹令女誓志，引刀割鼻：三国时曹文叔的妻子，名令。田文叔去世，又没有儿子，父亲夏侯文宁接她回家，并劝她改嫁。她便用刀割去鼻子，立誓不嫁。誓志，发誓立志。引，抽取。

　　⑤曹大家（gū）：即班昭，东汉史学家。史学家班彪之女，班固之妹。班固死时，所撰《汉书》的八表及《天文志》遗稿散乱，未完成。她奉诏与马续共同续撰。和帝时，常出入宫廷，担任皇后和妃嫔的教师。以其夫为曹世叔，故被称为曹大家。大家，古代对女子的尊称。汉帙（zhì）：即汉书。帙，包书的套子，用帛制成，因称书一套为一帙。徐惠妃：唐朝徐孝德的女儿，名惠。天资聪慧，八岁能提笔成文。唐太宗听到她的名声后，将她召入宫中封为才人。死后赠贤妃。援笔，执笔，持笔。

　　⑥戴女：戴良的女儿。戴良，东汉人，字叔鸾，汝南慎阳（今河南正阳县）人，尚侠气，优游不仕以寿终。练裳竹笥（sì）：东汉人戴良有五个女儿，个个都很贤惠。有人来戴家求婚，戴良给一些粗布衣裳、竹箱木屐做嫁妆就把女儿嫁出去了。练裳，素色衣裳。竹笥，盛饭食或衣物的竹器，这里指竹箱。荆钗布裙：用荆条作钗，穿粗布衣服。钗，妇女的首饰，由两股合成。裙，古谓下裳，这里指

衣服。

⑦柳氏秃妃之发：唐朝任瑰，随李渊起兵，屡建战功，官至徐州总管。太宗时赐瑰美女二人。瑰妻柳氏，生性悍妒，欲揪掉美女的头发，使她们变成秃头。郭氏绝夫之嗣：晋代贾充，字公闾。其妻郭氏先后生有两个儿子，均交给乳母抚养。郭氏见丈夫抚摩儿子，因而怀疑丈夫与乳母私通，先后将两个乳母杀死。两个儿子也因思念乳母而相继病死，贾充因此断绝后嗣。

⑧贾女：贾充的女儿。偷韩寿之香：贾充的女儿看中了父亲的幕僚韩寿，便偷取皇帝赐给父亲的西域贡香送给他。贾充闻见韩寿身上的异香，知道女儿与韩寿私通，只好把女儿嫁给韩寿为妻。齐女致袄（xiān）庙之毁：北齐有一位公主由乳母陈氏抚养，幼时与陈氏的儿子一同以玉环做玩具。长大后，陈氏子不能进宫，公主约他于元旦到袄庙相会。陈氏子先到，久等公主不来，便睡着了。公主到后，见陈氏子熟睡不醒，就把玉环丢到他身上离开了。陈氏子醒来，怒火冲天，就一把火把袄庙烧掉了。袄庙，胡神庙。袄，袄教，一种来自西方的宗教。

⑨东施效颦（pín）：《庄子·天运》里说，美女西施因为胸部疼痛，经常在人面前捂着胸部皱着眉头。她的邻居中有个丑女见了，觉得那样子很好看，回去也学着在人前捂着胸部皱着眉头。人家见了都躲到一边不愿见她。《太平寰宇记》载诸暨县苎萝有西施家、东施家，后来黄庭坚等就称这个丑女为东施。颦，皱眉。无盐刻画：战国时齐国女子钟离春，家住无盐邑，容貌极丑，四十岁了还没有嫁出去。她拜见齐宣王，直斥其奢侈腐败，宣王大受感动，立为王后。"无盐"后来成为丑女的通称。后人因用作丑女的通称。无盐刻画，亦作"刻画无盐"，比喻将丑比美，不伦不类。刻画，指精心打扮。无盐，战国时齐国有女姓钟离，名春，因系无盐邑人而得名。难堪：难以忍受，受不了。

【译文】

至于缇萦上书汉文帝甘愿当奴婢而来解救父亲；郑义宗的妻子卢氏面对盗贼的刀刃，临危不惧，保护年老体弱的婆婆，这是女性中最孝顺的。陶侃的母亲剪发换酒食款待宾客；村里的老妇人杀鸡做饭款待武帝等客人，这是女性中最贤德的。唐朝韩仲成的女儿韩玖英担心遭贼侮辱就自己跳入粪坑中；陈仲的妻子路遇盗贼担心被盗贼玷污，于是跳崖自尽，这是女性中最刚烈的。王凝的妻子李氏被人拉了手臂，便用斧头砍断自己被牵的手臂，丢在地上；三国曹文叔的妻子立誓不改嫁，便用刀割去自己的鼻子，这是女性中最贞节的。曹大家继哥哥班固写完《汉书》；唐太宗的徐惠妃提笔就能写成文章，这是女性中最有文才的。戴良的女儿出嫁，嫁妆只有粗布衣裳和竹箱木屐；孟光穿戴着荆条钗子和粗布衣服，这是女性中最清贫的。唐朝任瑰的妻子柳氏想要揪掉太宗赐瑰的两位美女的头发，使她们变成秃头；晋代贾充的妻子郭氏断绝了丈夫的后嗣，这是女性中最悍妒的。贾充的女儿偷取皇帝赐给父亲的西域贡香送给韩寿；北齐公主致使袄庙被烧掉了，这是女性中最淫荡的。丑女东施效仿西施皱眉，反而更令人讨厌；丑女无盐精心打扮，更让人难以忍受，这是女性中最丑陋的。

【解读】

美丽、温柔、贤德、有才、贞节的女人，都是人们所赞扬的女人，其中温柔的女人是君子所追求的。温柔的女人如水，俗话说："天下莫柔弱于水"，水的本质是柔与顺。水是最善良的，上善若水，善利万物。水是最博爱的，孕育生命，溶蚀污垢，滋润万田。水是最美丽的，山因水而秀，岸因水而奇。温柔的女人如水，如水的女人温柔。如水的女人，如炎炎夏日里的一泓清波，望着那碧波荡漾的水面，自然生出些许清凉，让人们不知不觉间驱走了所有的浮躁和闷热；凛冽寒风中，如水的女人如一池温泉，看着那热气腾腾的水面，顿生无尽的暖意，所有的冷遇和不快被抛至脑后了，使人温暖，叫人依恋。如水的女人，用春风细雨般的温情滋润她所挚爱的男人的心田，用江河湖海般的胸怀包容他的失败与过错，不论什么时候都张开双臂迎接在外打拼的男人归来，为他驱除疲惫，洗尽风尘，让他从她的温柔中感受到家就是他停泊和栖息的港湾，调整身心、酣然入梦的安乐窝。如水般温柔的女人，是男人理想的伴侣。

【原文】

　　自古贞淫各异，人生妍丑不齐①。是故生菩萨、九子母、鸠盘荼，谓妇态之更变可畏②；钱树子、一点红、无廉耻，谓青楼之妓女殊名③。此固不列于人群，亦可附之以博笑④。

【注释】

　　①贞淫：贞洁和淫荡。妍：美丽。
　　②生菩萨：即活菩萨。唐中宗时，御史大夫裴谈妻悍妒，裴畏之如严君。他说人妻有三可畏：少之时，视如生菩萨；及儿女满前，视之如九子母；至五六十岁，傅施妆粉，或青或黑，视之如鸠盘荼。生菩萨，喻妻子年轻貌美。九子母：即佛经中的"九子魔母"，传说生有五百个孩子，每天还吞食城中的儿童，后来被点化，成为保佑别人生子的女神。这里喻儿女成群的中年妻子。鸠盘荼：梵语，也作"鸠槃荼"，佛教所说的吸人精气的鬼。比喻丑妇或妇人丑陋的样子。妇态之更变：妇女样子的变化。
　　③钱树子：即摇钱树，指妓女。旧社会妓院中鸨母把妓女当作摇钱树，故称"钱树子"。一点红、无廉耻：均指妓女。青楼：即妓院。

④博笑：换取别人一笑。是一种谦词。

【译文】

自古以来女子就有品德贞洁和淫荡的不同，人生本来就有相貌美丽和丑陋的不同。所以，"生菩萨"、"九子母"、"鸠盘荼"，是说妇女一生样子的变化简直可怕；"钱树子"、"一点红"、"无廉耻"，是称呼青楼妓女的不同名称。这些女子本来不配列入人群，但是也可以附带着写在后面，来换取别人一笑。

【解读】

女子按照外貌，简单地可以分两大类：漂亮和丑陋；按照才德，可以分为：孝顺、贤德、贞烈、贞洁、有才能、勇敢、俭朴、嫉妒、淫荡。人们往往喜欢美好的东西，讨厌丑恶的东西。虽然我们都明白"人不可貌相，海水不可斗量"的道理，但是美的东西确实很吸引眼球。从审美的角度来说，我们认识事物一般从表到里，要了解事物的本质或人的内在美，往往从外表开始。要了解一个女子的品德，第一眼就是她的外貌，漂亮的女子人就愿意多看几眼，丑陋的女子人看一眼就够了。一位外表漂亮，品德美好的女子，当然人人喜欢；一位外表漂亮，品德恶劣的女子，虽然可以博得人们一时的喜欢，但是时间久了，人们就会排斥她；一位外表不漂亮，品德美好的女子，当然人们不会排斥她，相处久了也许就会喜欢她；一位外表丑陋，品德恶劣的女子，人就会像驱除苍蝇那样对待她，这与人们喜欢美的天性分不开。

外　戚

【原文】

帝女乃公侯主婚，故有公主之称①；帝婿非正驾之车，乃是附马之职②。郡主县君，皆宗女之谓③；仪宾国宾，皆宗婿之称④。

【注释】

①公侯：公爵与侯爵。公主：诸侯、帝王的女儿。周称王姬，战国始称公主。汉制，皇帝女称公主，皇帝的姊妹称长公主，帝姑称大长公主。历代沿称。

②驸马：原指副车之马。汉武帝时设置驸马都尉一职，掌管副车之马。原为近侍官的一种，多由宗室及外戚子孙担任。三国魏国公主的丈夫何晏担任驸马都尉一职，从此后，皇帝的女婿照例加此称号，简称驸马。

③郡主：唐代太子的女儿封为郡主，视从一品；亲王女为县主，视正二品。明、清时亲王的女儿封为郡主，郡王的女儿为县主。县君：明、清宗室女儿的封号，比郡主、县主低一级。宗女：君主同宗的女儿，即宗室之女。

④仪宾：明代称亲王、郡王的女婿。国宾：作宾王家，故称同宗女婿为"国宾"。宗婿：宗室的女婿。

【译文】

皇帝的女儿出嫁是由公侯主持，所以有"公主"的称呼；皇帝的女婿不能在中央驾马，于是大都担任"驸马"的职位。"郡主"和"县君"都是对皇帝同宗女儿的称谓；"仪宾"和"国宾"，都是对皇族宗室女婿的称谓。

【解读】

俗话说，皇帝也有穷亲戚，这句话本来是教育人们不要嫌贫爱富，从另一个角度也说明了皇家的亲戚众多，皇帝的皇亲国戚多得大概皇帝自己都数不过来了。皇帝的宗亲多，皇帝的外戚更多，因为皇帝往往三宫六院，七十二妃，每娶一位嫔妃，就会增加一门外戚，所以皇帝的外戚多也就不足为奇了。皇帝自然也就儿女成群、儿孙满堂，皇帝的女儿到了成婚年龄，皇帝需要结亲家，嫁公主，招驸马，自然就多了一门外戚。皇家除了皇帝的女儿公主婚嫁增加外戚，还有公主以外的宗族姑娘郡主婚嫁，也会增加皇家的外戚数量，所以在古代，外戚不仅数量庞大，而且也有一定的政治权利，古代有些朝代外戚的力量甚至危及到了皇帝的地位和权利。

旧好曰通家，好亲曰懿戚①。冰清玉润，丈人女婿同荣②；泰水泰山，岳母岳父两号③。新婿曰娇客，贵婿曰乘龙④。赘婿曰馆甥，贤婿曰快婿⑤。凡属东床，俱称半子⑥。

【注释】

①旧好：旧交，久好，久交。指有几代的交情。通家：指彼此世代交谊深厚，如同一家。懿戚：犹懿亲。指皇室的宗亲和外戚。懿，美。

②冰清玉润：像冰一样晶莹，如玉一般润泽。润，滋润。本来指人的品格行为很高洁，晋代乐广和女婿卫玠操行都很高洁，人们评论为"妇公冰清，女婿玉润"，所以后来又成为翁婿的代称。后来称岳丈、女婿为"冰清玉润"，简作"冰玉"。

③泰水泰山：据说泰山上有丈人峰，而泰水又依山而流，所以过去称岳父为"泰山"，岳母为"泰水"。泰山，古称东岳，在山东省中部。

④娇客：对女婿的爱称。乘龙：相传春秋时期，秦穆公的小女儿弄玉与华山隐士萧史相爱成婚。后来二人想隐居华山，于是弄玉带着玉笙乘上彩凤，萧史带上玉箫跨上金龙，双双升空而去。当时的人们便把萧史称为乘龙快婿。

⑤赘婿：俗称"招女婿"，指结婚后住到女方家里的男子。馆甥：女婿住在岳父家。馆，留宿。甥，指女婿。快婿：称心如意的女婿。

⑥东床：指女婿。晋朝太尉郗鉴派人到丞相王导家挑女婿，使者回复说："王家的少年都很不错，但是听到我去挑女婿的消息，个个都很矜持，只有一个人躺在东床上，露着肚子吃饭，好像没这回事似的。"郗鉴说："这个袒腹东床的，一定是个好女婿。"派人一查，正是王羲之，于是把女儿嫁给了他。半子：半个儿子，指女婿。

【译文】

有几代的交情称为"通家"，皇室的宗亲和外戚称为"懿亲"。"冰清玉润"，是说丈人和女婿同样荣耀；"泰水泰山"，是岳母岳父的称号。新婚的女婿叫做"娇客"，特别好的女婿叫做"乘龙"。招赘的女婿叫做"馆甥"，有贤德的女婿叫做"快婿"。凡是女婿，都称为半个儿子。

【解读】

俗话说，丈母娘看女婿，越看越欢喜。前提是女婿有出息、优秀，配得上她的女儿。女婿，简称"婿"，是一种称谓，一般指女儿的丈夫。女婿的别名很多，如果加上一些修饰成分，还可称为"女婿、子婿、郎婿、少婿、快婿、门婿"。除此之外还有"女夫、半子、东床、东坦、坦床、令坦"，入赘者称

为"赘婿、舍居婿、入舍女婿、布袋"。特别注意的是，除岳父岳母称女儿的丈夫为婿外，岳家人一般都不能以婿相称，多尊称为"姑爷"、"姑老爷"。在中华文化中，岳父岳母往往视女婿为半子，意指半个儿子，有时亦可直接称儿子。同时，于日常生活中谦称时可称作小婿，"贤婿"则是对女婿客气的称呼。关于皇帝的女婿的称谓，妇孺皆知的是"驸马"。驸马专指皇帝女婿，因驸马都尉得名。驸马都尉，汉武帝始置，本为近侍之官。驸，即副。驸马都尉，掌副车之马，即主管皇帝的随从车马。魏、晋以后，常以此官授帝婿，而不任其职，简称驸马。以后遂用以称帝婿。清代称额驸。

【原文】

女子号门楣，杨贵妃有光于父母①；外甥称宅相，晋魏舒期报于母家②。共叙旧姻，曰原有瓜葛之亲③；自谦劣戚，曰忝在葭莩之末④。大乔小乔，皆姨夫之号⑤；连襟连袂，亦姨夫之称⑥。蒹葭依玉树，自谦借戚属之光⑦；茑萝施乔松，自幸得依附之所⑧。

【注释】

①门楣：门框上的横木，借指门第。《资治通鉴·唐玄宗天宝五年》："杨贵妃方有宠……民间歌之曰：'生男勿喜女勿悲，君今看女作门楣。'"唐贵妃：即杨贵妃。初为玄宗子寿王瑁妃子。天宝三年（744）入宫，得玄宗宠爱，次年封为贵妃。

②宅相（xiàng）：住宅风水之相。魏舒：字阳元，晋武帝时司徒，从小成为孤儿，被外祖父宁氏收养。宁家要修建宅院，看风水的人说，日后这家肯定会出一位贤德的外甥。魏舒说："当为外氏成此宅相。"意思是自己当努力图贵显，以证实舅宅当出贵甥的相法。后因以"宅相"为外甥的代称。母家：外祖父家。

③姻：泛指有婚姻关系的亲戚。瓜葛之亲：像瓜葛一样的亲戚。瓜和葛都是蔓生植物，比喻辗转相连的亲戚关系或社会关系。

④劣戚：无所作为的亲戚。忝（tiǎn）在葭莩之末：不好意思地列为远亲之末。忝，辱，有愧于，谦词。葭莩（jiā fú），芦苇的薄膜，比喻很疏远淡薄的关系，也代指亲戚。

⑤大乔小乔：乔，亦作"桥"。三国时乔公的两个女儿，合称"二乔"。大乔嫁给孙策，小乔嫁给周瑜。沈钦韩《两汉书砖证》说桥公即汉太尉乔玄。

⑥连襟连袂：姊妹丈夫的互称或合称。襟，衣襟。袂，衣袖。

⑦蒹葭依玉树：芦苇依靠着槐树。蒹葭，芦苇，这里指毛曾；玉树，槐树的别名，这里指夏侯

玄。魏明帝让皇后的弟弟毛曾与夏侯玄坐在一起，当时人称为"蒹葭依玉树"，比喻两个人的才貌极不相称。

⑧茑（niǎo）萝施乔松：茑和女萝靠着高大的松树生长。茑萝，茑和女萝两种蔓生植物的合称，比喻同别人的亲戚关系，寓含着依附攀缘及自谦之意。施，散布，铺陈。乔松，高大的松树。

【译文】

女子被称为"门楣"，是因为唐朝的杨贵妃给父母争光彩了；外甥被称为"宅相"，出自晋代的魏舒期望以显贵来报答外祖父家。共叙过去的姻亲，就说"原有瓜葛之亲"；自谦是无所作为的亲戚，就说"忝在葭莩之末"。"大乔小乔"，都是姐妹的丈夫的称呼；"连襟连袂"，也是对姐妹丈夫的称呼。"蒹葭依玉树"，是谦称自己借了亲戚的荣光；"茑萝施乔松"，是庆幸自己得到了依附的关系。

【解读】

在古代，女儿光耀门楣的很多，特别是女儿嫁入帝王将相之家的，全家就能跟着享受荣华富贵。唐宋时期人言生女作门楣，杨贵妃受宠时，民间曾经有"生男勿喜女勿悲，君今看女作门楣。"意思是说杨家的门楣因杨贵妃而光耀，其实是有点讽刺的意味在里面的。杨贵妃因受到唐玄宗的宠爱，全家都被封官晋爵。特别是他的堂兄杨国忠，从小不务正业，喜欢喝酒赌博，因此穷困潦倒，这时也得到皇帝的重用，并短短几年内就登上了宰相之位。居其位，不谋其政，却奢侈腐化，耀武扬威，祸乱朝政。杨国忠独揽大权，外戚跋扈，民怨沸腾，终不可收拾，爆发了安史之乱，使强大的唐王朝江河日下。

老幼寿诞

【原文】

不凡之子，必异其生；大德之人，必得其寿[1]。称人生日，曰初度之辰；贺人逢旬，曰生申令旦[2]。三朝洗儿，曰汤饼之会；周岁试周，曰晬盘之期[3]。男生辰曰悬弧令旦，女生辰曰设帨佳辰[4]。贺人生子，曰嵩岳降神；自谦生女，曰缓急非益[5]。生子曰弄璋，生女曰弄瓦[6]。梦熊梦罴，男子之兆；梦虺梦蛇，女子之祥[7]。梦兰叶吉，郑文公妾生穆公之奇；英物称奇，温峤闻声知桓温之异[8]。

【注释】

①不凡：非常，出色。异其生：古人认为不凡的人出生时有异象。异，不同，奇异。大德之人：具有高尚品德的人。《礼记·中庸》：“故大德必得其位，必得其禄，必得其名，必得其寿。”寿：高寿。

②初度：初生之时。辰：日子，时刻。逢旬：逢十。旬，十日或十年，这里指十年。生申令旦：像周代贤臣申伯降生那样的好日子。申，指申伯。令，善，好。

③三朝（zhāo）：指结婚、生子或死亡的第三日。这里指生子的第三日。汤饼之会：请亲友聚在一起，吃汤煮的面食。试周：也称“试儿”、“抓周”，孩子满一周岁时举行的一种预测其性情和志趣的旧习俗。晬（zuì）盘之期：婴儿满周岁的那天，用盘子装纸、笔、刀、箭等物品，让孩子抓取，用来占卜他将来的志向兴趣。晬盘，谓之试儿，也叫试晬、抓周。装东西的盘子称为“晬盘”。晬，婴儿满一百天或一周岁之称。

④悬弧：古代风俗尚武，家中生男，则于门左挂弓一张，后因称生男为悬弧。《礼记·内则》：“子生，男子设弧于门左，女子设帨于门右。”设帨（shuì）佳辰：挂佩巾的好日子。设帨，古礼，女子出生，挂佩巾于房门右。

⑤嵩岳降神：天神降临嵩山。嵩岳，嵩山。缓急非益：危急的时候一点儿用也没有。《汉书·刑法志》载，齐太仓令淳于公无男，只有五个女儿，犯罪当刑，骂其女曰：“生子不生男，缓急非有益！”缓急，偏义复词，缓字无义。

⑥弄璋：古人指生下男孩子把璋玉给男孩子玩，希望儿子将来有玉一样的品德。后人因此称生男孩为“弄璋”。璋，一种玉器。弄瓦：古人指生下女孩子把瓦给女孩子玩，希望女儿将来能够心灵手巧，纺衣织布。瓦，纺锤，古代妇女纺织所用。

⑦梦熊梦罴（pí）：梦见熊和罴。古人认为熊和罴都是阳物，因此梦见熊或罴就是生男孩的征兆。后来用“梦熊”或“梦熊罴”作为祝贺别人生儿子的吉祥语。梦虺（huǐ）梦蛇：梦见蛇。虺，毒蛇。古人认为虺蛇是阴物，梦见虺或蛇都是生女孩的预兆。

⑧梦兰：梦见兰草。相传春秋时郑文公的妾燕姞梦见天使赐给她兰草，生下了穆公，取名兰。后来称妇女怀孕为“梦兰”。叶（xié）吉：契合吉利。叶，同“协”，合洽，帮助。郑文公：姓姬名踕，春秋时期郑国第八代国君。英物称奇：相传晋代桓温还没有满一岁的时候，温峤见到他说：“这个孩子骨骼很奇特，可以让他哭几声吗？”听到桓温的哭声，温峤感叹道：“真英物也”。后来桓温果然

当上了东晋的大司马。英物，杰出的人物。温峤，字泰真，一作太真，是温羡的弟弟温襜之子。太原祁县（今山西祁县）人，东晋政治家。桓温：字元子，东晋谯国龙亢（今安徽省怀远县西龙亢镇）人。东晋大司马，明帝婿。

【译文】

出色的人，他的出生一定奇异；具有高尚品德的人，一定能够高寿。称赞别人的生日，就说"初度之辰"；祝贺别人年龄逢十的生日，就说"生申令旦"。孩子出生的第三天要举行"洗儿"的仪式，所以叫做"汤饼之会"；孩子满一周岁的时候要举行"试周"的仪式，所以叫做"晬盘之期"。男孩子出生要在家门口的左边悬挂一张弓，称做"悬弧令旦"；女孩子出生要在家门口的右边放一块佩巾，称做"设帨佳辰"。祝贺别人生了儿子，就说"嵩岳降神"；自谦生了女儿，就说"缓急非益"。生男孩叫做"弄璋"，生女孩叫做"弄瓦"。梦见熊和罴，是生男孩的征兆；梦见蛇，是生女孩的预兆。梦见兰草正合吉兆，这是郑文公的妾燕姞生穆公的奇事；杰出的人物往往很奇特，温峤听到没有满一岁的桓温的哭声就便知他将来必定异于常人。

【解读】

在古代增添人口是大事，生男孩生女孩，主人都会在大门口挂"物品"及时暗示生的是男孩还是女孩。街坊邻居们，一看大门口的悬挂物，就知道主人生男孩还是生女孩。在民间，生男孩除门上挂桃枝外，还挂一面带有弓箭的大红旗，上写"名扬四海"、"文武双全"等字句；生女孩门上只挂一桃枝，上用红线绑一根大葱和红布条，表示女孩能纺会织。陕西乾县临平地区的农村，婴儿出生，产妇所在的家居大门外要插谷草，生男孩插有根的，生女孩则插无根的。此举向村落社会宣布，女孩从其人生的第一天开始，就被视为"无根"的外人。众所周知，中国古代把生育看做延续香火的头等大事，生了孩子的家庭会及时通知街坊邻居和亲戚朋友，告知孩子的性别和诞生日期。在孩子出生的第三天举行盛大的洗儿礼（也称洗三）。这一习俗开始于唐代，所有的街坊邻居和亲戚朋友在这一天都要来送礼贺喜。如果亲友在外地，也要送信通知的。外地的亲友即使无法参加洗三，也要送贺礼写贺信。新生儿举行洗礼这一习俗不止中国有，外国也有，但不一定各民族都在新生儿出生三天后洗礼。这是整个人类都具有的四大礼仪（诞生礼、成年礼、婚礼、葬礼）之一。

【原文】

姜嫄生稷，履大人之迹而有娠①；简狄生契，吞玄鸟之卵而叶孕②。麟吐玉书，天生孔子之瑞③；玉燕投怀，梦孕张说之奇④。弗陵太子，怀胎十四月而始生⑤；老子道君，在孕八十一年而始诞⑥。晚年浔子，谓之老蚌生珠⑦；暮岁登科，正是龙头属老⑧。

【注释】

①姜嫄（yuán）生稷（jì）：姜嫄，上古时代人，姓姜，陕西省武功县人，原为炎帝后代有邰氏的女儿，后来成为黄帝曾孙帝喾的元妃，姜嫄踩巨人足迹而生下后稷，后稷教人务农，成为我国的农耕始祖，也是周人的祖先。稷，后稷，古代周族的始祖，后稷善于种植粮食作物，被尧帝举为农师。履大人之迹：踩了一个巨人的脚印。履，践踏。迹，脚印。娠（shēn）：胎儿在母体中微动，泛指怀孕。

②简狄生契：传说简狄等三人在外洗澡，看见一只燕子掉下一颗蛋，简狄捡起来吞下，因而怀孕生了契。简狄，传说中商始祖契（火神阏伯）之母，一作简易、简逷，因是有娀氏（在今山西永济西）女，又称娀简。是帝喾的第二位夫人，所以称之为次妃。契，古代殷商的始祖，故又称殷契。玄鸟：燕子。叶孕：怀孕。

③麟吐玉书：相传孔子还没有出生的时候，有一只麒麟在孔子住的地方吐出了一本玉书。玉书，传说是天降之书。瑞：吉祥，好预兆。

④玉燕投怀：相传唐玄宗时，宰相张说的母亲梦见一只玉燕从东南飞来，投入她的怀里，后来她就怀上了张说。后因此以"玉燕"为诞生贵子的祝颂语。张说（yuè）：唐代文学家，诗人，政治家。字道济，一字说之。唐玄宗时，任中书令，封燕国公。

⑤弗陵太子：即刘弗陵，汉武帝的幼子，后来继位为昭帝，他的母亲是汉武帝的婕妤钩弋夫人，传说怀孕十四个月才生下刘弗陵。

⑥老子：即老聃，姓李名耳。春秋时期思想家，道家的创始人。传说他在母亲的肚子里待了八十一年，剖开左边的腋窝生下来的，一出生头发就白了。诞：生育，人出生。

⑦老蚌生珠：东汉韦端有两个儿子，一字元将，一字仲将。元将、仲将先后慕名登门拜访建安七子的孔融。孔融十分喜爱他们。他给韦端写信，认为他的大儿子才学渊博，态度风雅，可以建功立业，小儿子有真才实学，可以持家守业，并夸他老蚌生双珠。后来就用"老蚌生珠"比喻老年得子，也特指年纪较大的妇女生子。蚌，生活在淡水里的一种软体动物，介壳长圆形，表面黑褐色，壳内有珍珠层，有的可以产出珍珠。

⑧登科：科举时代称考中进士为"登科"，也称"登第"。龙头属老：晚年考中状元。相传梁灏82岁中状元，其登科谢卫诗云："天福三年来应举，雍熙二载始成名。饶他白髪巾中满，且喜青云足下生。看榜已无朋辈在，归家惟有子孙迎。也知年少登科好，争奈龙头属老成。"后来便作为老年中榜之典。梁灏，北宋郓州须城（今山东东平）人，字太素。太宗雍熙二年（985）中进士第一。龙头，状元的别称，也称"龙首"。古代科举考场的正门俗称"龙门"，考中进士称为"登龙门"，所以状元称为"龙头"。

【译文】

姜嫄生了周始祖后稷，她是踩着巨人的脚印而怀孕的；简狄生了殷商的始祖殷契，她是吞了燕子掉下的一颗蛋而怀孕的。麒麟吐出了天降的一本玉书，这是孔子诞生前的好预兆；梦见玉燕投入怀中，这是宰相张说的母亲怀上张说时做的一个奇异的梦。汉武帝的太子刘弗陵，是钩弋夫人怀孕十四个月才生下来的；道家的始祖老子，母亲怀孕八十一年才生下他。晚年生儿子，称之为"老蚌生珠"；老年考中进士，说这是"龙头属老"。

【解读】

怀孕多长时间分娩属于正常？一般说来，怀孕需要二百八十天，医学上把二十八天算做了一个产科月，怀孕四十周，即为十个产科月，故又称"十月怀胎"。计算预产期从最末一次月经来潮的第一天算起，月份数加九或减三，日期数加七，如果准妈加十五即为农历的预产期。预产期的计算仅是一种大致的估计。根据产妇的实际情况来看，前后可能相差七天左右。如果平时月经周期短，不足一个月，临产的日子多半在预产期前；若平时月经周期长，在四十天左右，临产的日子多半在预产期后。

【原文】

贺男寿曰南极星辉，贺女寿曰中天婺焕①。松柏节操，美其寿元之耐久②；桑榆晚景，自谦老景之无多③。矍铄称人康健，聩眊自谦衰颓④。黄发儿齿，有寿之证⑤；龙钟潦倒，年高之状⑥。日月逾迈，徒自伤悲⑦；春秋几何，问人寿算⑧。

【注释】

①南极星辉：古人认为南极星是掌管长寿的神，所以又叫老人星、寿星。《汉书·天文志》："比地有大星，曰南极老人。"南极老人，星名，即南极星，又叫老人星、寿星。古代习俗把此星作为司长寿之神，并把它画成老人的模样，白须，持杖，头部长而隆起，常伴有鹿鹤、仙桃。因此用"南极星辉"祝贺男人寿诞。中天婺（wù）焕：婺女星在天空中闪闪发光。婺，即"女宿"，二十八宿之一。旧时用作对女人的颂词。因此用"中天婺焕"祝贺女人的寿诞。

②松柏节操：松树与柏树那样的节操。《论语·子罕》："岁寒然后知松柏之后凋也。"松树与柏树枝繁叶茂，冬天叶子也不凋谢，常被人看做是节操坚贞的象征，也用来比喻人的长寿。寿元：寿命。

③桑榆晚景：比喻人的垂老之年。刘禹锡《酬乐天咏老见示》："莫道桑榆晚，为霞尚满天。"桑榆，桑树和榆树的顶端，指日落时余光照到的地方，谓晚暮。

④矍（jué）铄：形容老人目光炯炯、精神健旺。聩（kuì）眊（mào）：耳聋眼花。聩，耳聋。眊，眼睛看不清楚，引申为糊涂。衰颓：（健康、精神等）衰弱颓废。

⑤黄发儿齿：老人长寿的征兆。黄发，老人头发白久了发黄；儿齿，老人牙齿掉落后再生小牙

齿。因此把"黄发儿齿"作为老人寿高之象。

⑥龙钟潦倒：形容人衰老的样子。龙钟，年老体衰、行动不便的样子。潦倒，衰老。

⑦日月逾迈：日月前行，指时光流逝。逾迈，过去，消逝。徒：白白地，空空地。⑧春秋几何：年纪多少。春秋，一春一秋为一年，因此用来指年龄。

【译文】

祝贺男人的寿诞，就说"南极星辉"；祝贺女人的寿诞，就说"中天婺焕"。"松柏节操"，是赞美别人长寿健康；"桑榆晚景"，是谦称自己晚年时光不多。"矍铄"用来称赞老人精神健旺，"聩眊"是谦称自己精神衰弱颓废。"黄发儿齿"，这是老人高寿的征兆；"龙钟潦倒"，这是形容老人年寿已高的状态。"日月逾迈"，这是说年纪大了徒自为衰老伤悲；"春秋几何"，这是询问老人有多大年纪。

【解读】

随着生活条件的改善，八九十岁的高寿老人也越来越多。给老人过寿，儿女们也越来越重视了。民间为男性长者做寿时，是供祀拄长拐杖、白胡须"肉头老儿"模样的寿星；若是女性寿星，则供祀"麻姑图"，因而，民间有麻姑为寿星的传说。《神仙传》中麻姑说，她与另一仙人王方平"互不相见，已有五百余年了"，可见她的寿诞之长。并且，她还说，"已看见东海三为桑田，向别蓬莱，又水浅于往时略半耳。"人世间沧海变桑田的变化，至少上万年之久，她竟然看到过三次，可见她几乎能与天地同寿。所以，"麻姑"也就成了女寿星的代名词了。

【原文】

称少年，曰春秋鼎盛①；羡高年，曰齿德俱尊②。行年五十，当知四十九年之非③；在世百年，哪有三万六千日之乐④。百岁曰上寿，八十曰中寿，六十曰下寿⑤；八十曰耋，九十曰耄，百岁曰期颐⑥。童子十岁就外傅，十三舞勺，成童舞象⑦；老者六十杖于乡，七十杖于国，八十杖于朝⑧。后生固为可畏，而高年尤是当尊⑨。

【注释】

①春秋鼎盛：比喻人正值一生最旺盛的时期。鼎盛，昌盛。鼎，正、当。《汉书·贾谊传》："天子春秋鼎盛，行仪未过，德泽有加焉。"

②齿德俱尊：年龄和道德都值得尊敬。齿，因幼马每年长一颗牙齿，所以用齿数来计算牛马的岁数，也泛指人的年龄。

③行年五十：《淮南子·原道训》中说："故蘧伯玉年五十而知四十九年非。"蘧伯玉是春

秋时卫国贤大夫，孔子到卫国时就常住在他家里。

④在世百年：李白的《襄阳歌》中有这样的诗句："鸬鹚杓，鹦鹉杯。百年三万六千日，一日须倾三百杯。"它表现了李白对浪漫生活的欣赏和陶醉。其实，在现实生活中是不可能天天快乐的。

⑤上寿中寿下寿：《庄子·盗跖》："人上寿百岁，中寿八十，下寿六十，除病瘦死丧忧患，其中开口而笑者，一月之中不过四五日而已矣。天与地无穷，人死者有时。"

⑥耋（dié）：年老，七八十岁的年纪。《礼记·曲礼》中说："人生十年曰幼，学；二十曰弱，冠；三十曰壮，有室；四十曰强，有仕；五十曰艾，服官政；六十曰耆，指使；七十曰老，而传；八十、九十曰耄；七年曰悼。悼与耄虽有罪，不加刑焉。百年曰期，颐。"耄（mào）：年老，八九十岁的年纪。期颐：人生以百年为期，到了百岁应由后代赡养。因此称百岁为"期颐"。

⑦童子十岁就外傅：《礼记·曲礼》："（少年）十年，出就外傅，居宿于外，学书计……十有三年，学乐，诵诗，舞勺，成童舞象，学射御。二十而冠，始学礼。"外傅，古代贵族子弟到了一定年龄，就要到外面去学习，他们的老师称为"外傅"。舞勺：古代儿童所学的一种文舞。后来用作童年的代称。成童：十五岁以上。舞象：古代少年所学的一种武舞。

⑧老者六十杖于乡：《礼记·王制》："五十杖于家，六十杖于乡，七十杖于国，八十杖于朝，九十者，天子欲有问焉，则就其室，以珍从。"这说明尊老在我国古代就形成了制度。拐杖，这里作动词，指拄拐杖。周礼以老为尊，拄拐杖表示是老者、尊者。

⑨后生固为可畏：青年人固然值得敬畏，因为他们往往能超过老一代。后生，少年至壮年期之间任何年龄的男子。高年：上了年纪的人。

【译文】

称赞别人年少，就说"春秋鼎盛"；称羡别人高寿，就说"齿德俱尊"。人到了五十岁，就应当知道过去四十九年里的过失；人活百年，哪里可能三万六千天里都是快乐的。人活到一百岁叫做"上寿"，八十岁叫做"中寿"，六十岁叫做"下寿"；七八十岁的年纪称做"耋"，八九十岁的年纪称做"耄"，一百岁以上称做"期颐"。儿童满十岁就要外出拜师求学，十三岁时学习舞勺这种文舞，十五岁以上就要学习舞象这种武舞；古礼尊重老人，六十岁在乡里拄拐杖，七十岁在城里拄拐杖，八十岁在朝廷上拄拐杖。青年人固然值得敬畏，但上了年纪的人更应该受到尊敬。

【解读】

人生要经历婴儿、幼儿、童年、少年、青年、壮年、中年、老年等阶段。各个时期，我们古汉语有不同的称谓。婴幼童有一些有趣的说法："婴"是乳儿，"孩"是幼儿；"婴"一般指女的，"孩"一般指男的。幼儿需要大人提携，故有"孩提"之称。"童"是指未成年人。"赤子"指初生的婴儿。"襁褓"是不满周岁孩子。"稚子"指幼儿。"孺子"指儿童。"乳臭小儿"、"乳臭未干"、"黄口小儿"，常用来讥诮无知的年轻人；乳臭是奶腥气，黄

口是小鸟的嘴。"龆"与"龀"都是指儿童换牙，脱去乳牙，长出恒牙，因而"龆龀"和"龆年"均借指童年。"髫"是古代儿童头上下垂的短发，"垂髫"和"髫年"都指童年。"总角"也指童年，意思是儿童把头顶上的头发扎成小髻。少年、青年阶段也有一些特定的称谓："弱冠"泛指男子二十岁左右的年龄。"及笄"则指女子达到十五岁。"豆蔻年华"指十三四岁尚未成年的女子。"破瓜"指十六岁的女子。"弱冠"泛指男子二十岁左右的年龄。壮年、中年、老年阶段也有一些有趣的称谓：孔夫子在《论语·为政篇》中说："吾十有五而志于学，三十而立，四十而不惑，五十而知天命，六十而耳顺，七十而从心所欲不逾矩。"因此，"而立"为三十岁的代称，"不惑"为四十岁的代称，认为人到四十岁，社会经验增多，遇事能辨是非，不再迷惑。"知命"为五十岁的代称，"耳顺"为六十岁的代称。"古稀"为七十岁的代称。《礼记·曲礼上》中，还有"五十曰艾"、"六十曰耆"、"七十曰耄"、"八十九十曰耄"、"百年曰期颐"的说法，因以"耆艾"泛指老人；"耆耄"指老翁。

身　体

【原文】

　　百体皆血肉之躯，五官有贵贱之别①。尧眉分八彩，舜目有重瞳②。耳有三漏，大禹之奇形③；臂有四肘，成汤之异体④。文王龙颜而虎眉，汉高斗胸而隆准⑤。孔圣之顶若圩，文王之胸四乳⑥。周公反握，作兴周之相⑦；重耳骈胁，为霸晋之君⑧。此皆古圣之英姿，不凡之贵品⑨。

【注释】

　　①百体：指人身体的各个部分。躯：体。五官：人身体上的五种器官。现在一般指眼、耳、鼻、喉、口。

　　②尧：传说中父系氏族社会后期部落联盟领袖。号陶唐氏，名放勋，史称唐尧。八彩：八种色彩。相传尧的眉毛有八彩。舜：传说中父系氏族社会后期部落联盟领袖。姚姓，名重华，史称虞舜。舜为四部落联盟首领，以受尧的"禅让"而称帝于天下，其国号为"有虞"，故号为"有虞氏帝舜"。重瞳：眼中有两颗瞳仁。瞳，瞳孔。

　　③三漏：两个耳朵各有三个孔，相传这是圣人的异相。大禹：亦称大禹、戎禹。传说中古代部落联盟领袖。姒姓，名文命，鲧之子。

　　④肘：上臂和前臂相接处向外面突起的部分，这里指关节。成汤：商王朝的建立者。子姓，名履，又称天乙。传说成汤一个手臂上有四个关节。

　　⑤文王：即周文王，商末周族领袖。姬姓，名昌，商纣时为西伯，亦称伯昌。龙颜虎眉：龙一样的颜，虎一样的眉。龙颜，眉骨突起像龙额。后来常用来指帝王的相貌。颜，额。

　　⑥汉高：即汉高祖刘邦。字季，沛县（今江苏沛县）人，西汉王朝的建立者。斗胸：指胸部隆起像一个斗的形状。隆准：高鼻子。准，鼻梁。孔圣：即孔子，名丘，字仲尼，鲁国（今山东）人。春秋时期思想家，教育家，政治家，儒家的创始人。圩：本指洼田四周的堤埂，这里指人的头顶中间低四周高。

　　⑦周公反握：传说周公的手能够回掌握住自己的手腕。反握，手掌柔软，可以握住连接的手腕。四乳：《淮南子·修务训》："文王四乳，是谓大仁。"

　　⑧重耳：即晋文公。在位时，改革内政，整军经武，使晋国成为春秋五霸之一。骈胁：肋骨连接在一起。⑨贵品：高贵的种类。品，等级，种类。

【译文】

　　人身体的各个部分都是由骨骼、血肉组成的，眼、耳、鼻、喉、口等五官却有富贵贫贱的差别。相传尧的眉毛有八种色彩，舜的眼睛里有两颗瞳仁。两个耳朵各有三个孔，说的是大禹奇怪的外貌；手臂上有四个关节，说的是成汤奇异的肢体。周文王有龙

一样的额头，虎一样的眉毛，汉高祖胸部隆起像一个斗的形状，鼻梁很高。孔子的头顶中间低四周高，周文王的胸部长有四个乳头。周公的手能够弯回去握住自己的手腕，这是振兴周朝的相貌；重耳的肋骨紧密相接连成一块，他终于成为春秋五霸之一晋国的国君。这些都是古代圣贤的英姿奇相，他们自然是不同于平常人的高贵人物。

【解读】

身体指人或动物的全身。这里的身体，是指人的全身。《战国策·楚策四》："襄王闻之，颜色变作，身体战栗。"《汉书·王商传》："为人多质而威重，长八尺余，身体鸿大。"以上提到的"身体"，意思都是"人的全身"。古代很多名人，有着非凡的身体。古书记载尧幼时生有异相，眉分八彩。其仁如天，其智如神。就之如日，望之如云，不骄不舒。传说尧的眉毛有八种颜色，是一种异象，也是帝王之相。舜孝顺、管理能力强，影响力强，这样一个能人，自然也少不了一些异相，他的奇异之处是每只眼睛长两个瞳仁。不同凡响的高贵人物，总是相貌奇异，正所谓奇人异相。

【原文】

至若发肤不可毁伤，曾子常以守身为大①；诗人须当量大，师德贵于唾面自干②。谗口中伤，金可铄而骨可销③；虐政诛求，敲其肤而吸其髓④。受人牵制，曰掣肘⑤；不知羞愧，曰厚颜⑥。好生议论，曰摇唇鼓舌⑦；共话衷肠，曰促膝谈心⑧。

【注释】

①至若：至于，他转连词。发肤不可毁伤：孔子曾对曾子讲过什么是孝道："身体发肤，受之父母，不敢毁伤，孝之始也。"意思是说，爱护自己的身体是尽孝的起始。守身为大：以爱护自己的身体为大事。曾子：姓曾，名参，字子舆，春秋末年鲁国南武城（山东济宁嘉祥县）人，以孝著称。守身为大：以爱护自己的身体为大事。

②师德：即娄师德，字宗仁，汉族，郑州原武（今河南原阳县师寨镇安庄村）人，唐朝大臣、名将。唐高宗、武则天两代大臣。贵：重视，以……为贵。唾面自干：别人往自己脸上吐唾沫，不擦掉而让它自干。唾面，将唾沫吐到别人脸上，表示鄙弃。据说唐朝人娄师德的弟弟将要到外地上任，辞别时，娄师德告诉他遇到事情要忍耐，他弟弟说："我明白了，就算别人把唾沫吐到我脸上，我也只是擦干净罢了。"娄师德说："不是的，你擦干净，是违背对方的意志，正确的做法是让它自己干。"后来就用"唾面自干"比喻受了侮辱，极度容忍，不作任何反抗。

③谗口：专门说别人坏话的嘴巴。金可铄而骨可销：金属能够熔化，肌骨可以销蚀。形容舆论的力量极其大，谗言的危害极其大。

④虐政诛求：暴政强敛。虐政，暴虐的政策法令，暴政。诛求，强制征收。敲其肤而吸其

髓：即敲骨吸髓，敲碎骨头来吸骨髓。形容对人民的剥削、压迫残酷到了极点。髓，骨髓。

⑤掣（chè）肘：拉住胳膊，比喻阻挠别人做事。

⑥厚颜：脸皮厚，不知羞耻。

⑦好生议论：喜欢发表议论。摇唇鼓舌：形容利用口才进行煽动或游说。这是孔子要求见盗跖时，盗跖骂孔子的话。

⑧共话衷肠：一起倾诉内心的感情。衷肠，内心的感情。促膝谈心：膝盖碰着膝盖谈心里话。古人席地或据榻相对而坐时，膝盖与膝盖相接，坐得很近叫做"促膝"。形容靠近坐着，谈心里话。促，挨近。

【译文】

至于身体上的头发、皮肤都是父母给予的，不能随便地毁坏伤害，所以曾子常常以爱惜自己的身体为头等大事；对待别人一定要宽宏大量，因此娄师德重视忍辱，认为即使别人往自己脸上吐唾沫，也不要擦掉而让它自然干了。专讲别人坏话中伤人的口舌，能使金属熔化，能使肌骨销毁；暴政强敛残害百姓，就像敲打人的肌肤吸吮人的骨髓一样残酷。做事受到别人的牵制，就叫做"掣肘"；不知道羞愧，就叫做"厚颜"。喜欢发表言论议论别人，就叫做"摇唇鼓舌"；共同倾诉内心的情感，就叫做"促膝谈心"。

【解读】

古人说："身体发肤受之父母不敢毁也。"意思是自己身上的一切，大到肢体器官，小到毛发皮肤都应感恩于父母，并不是说这根头发是父母生自己时带的，就不能去损坏它，并不是说不能修剪头发，胡子、指甲等。主要体现一种感恩父母的思想。但是，古人确实很重视自己的头发。古人很少剃发，一般出家的时候才剃发，认为剃发是不孝，平时只是少许修剪。古代女子一般不会断发，古代的女子断发往往是出家、超度、看破红尘的象征，女子断发再就是对所处环境悲观失望的表现和心头愤懑不满的过激行动。总而言之，在被封建教条禁锢着的古代，女子断发是很难做到的，只有心中有极大的不满与痛苦才会这么做。所以，古人爱惜头发，主要表现了一种感恩父母的思想。

【原文】

怒发冲冠，蔺相如之英气勃勃①；炙手可热，唐崔铉之贵势炎炎②。貌虽瘦而天下肥，唐玄宗之自谓③；口有蜜而腹有剑，李林甫之为人④。赵子龙一身都是胆，周灵王初生便有须⑤。来俊臣注醋于囚鼻，法外行凶⑥；严子陵加足于帝腹，忘其尊贵⑦。久不屈其膝，郭子仪尊居宰相⑧；不为米折腰，陶渊明不拜吏胥⑨。

【注释】

①怒发冲冠：指愤怒得头发直竖，顶起帽子。形容极端愤怒。战国时的赵国大臣蔺相如出使秦国，他向秦王索回玉璧时，秦王蛮不讲理，蔺相如气愤得连头发都竖了起来，向上冲着帽子。蔺相如：战国时期赵国大臣。赵惠文王时，秦国向赵国强索"和氏璧"，他奉命携璧入秦，当庭力争，使原璧归赵。

②炙（zhì）手可热：手摸上去感到热得烫人。比喻权势大，气焰盛，使人不敢接近。炙，烤，烧。唐代杜甫《丽人行》中有这样的诗句："炙手可热势绝伦，慎莫近前丞相嗔。""丞相"是指杨国忠，而不是崔铉。崔铉：字台硕，唐宣宗时官至尚书左仆射兼门下侍郎，封博陵郡公。贵势炎炎：尊贵者的威势非常煊赫。炎炎，权势煊赫的样子。

③貌虽瘦而天下肥：唐玄宗时，宰相韩休性格耿直，唐玄宗每有小差错，他都上书劝谏。唐玄宗经常闷闷不乐，有人劝说道："自从韩休当了宰相，您可比以前瘦多了。与其这样，为什么不将他撤换呢？"唐玄宗感叹道："我虽然瘦了，但是国家必定会富裕呀！我任用韩休是为了国家社稷呀！"唐玄宗：（685-762）即李隆基，唐朝皇帝，712年至756年在位，庙号"玄宗"。谥"至道大圣大明孝皇帝"，故亦称为"唐明皇"。李隆基在位期间开创了唐朝的鼎盛时期，史称"开元盛世"。

④口有蜜而腹有剑：唐朝宰相李林甫为人阴险，妒贤嫉能，与人相处，表面上装作十分亲密，暗里却在阴谋陷害，当时人说他"口有蜜，腹有剑"。后省缩成成语"口蜜腹剑"，比喻嘴甜心毒，狡诈阴险。李林甫：（683-752），唐宗室，小字哥奴，唐玄宗李隆基时的著名奸相。善音律，会机变，善钻营。李林甫居相位19年，专政自恣，杜绝言路，导致安史之乱。天宝十一年（752）十月抱病而终。李林甫死后遭杨国忠诬陷，时尚未下葬，被削去官爵，子孙流岭南，家产没官，改以小棺如庶人礼葬之。

⑤赵子龙：即赵云，字子龙，三国常山真定（今河北正定南）人。是三国中少有的几位文武双全的武将之一，是自吕布之后的三国第一猛将，单骑救主即是其能力真实写照。但其谋略也相当了得，是刘备最为器重的大将，是刘备的"五虎上将"之一，从事小心谨慎，人称常胜将军！一身都是胆：曹操攻取荆州，刘备大败而逃，赵云负责救护甘夫人和幼主刘禅。他带领十几人冲破曹操大军，被刘备称为"子龙一身都是胆也"。后用"一身是胆"形容极其勇敢，无所畏惧。周灵王：春秋时期周朝国王。姓姬，名泄心，出生年代不详。公元前571年至公元前545年在位。周简王之子。"灵王"是他死后的庙号。初生便有须：相传东周天子周灵王一生下来就长有胡须，周人都把他看做是神。

⑥来俊臣：唐朝有名的酷吏。他大兴刑狱，用各种酷刑逼供，被冤杀的人有一千多家。法外：超出法律的规定，即违法。

⑦严陵：东汉严光，字子陵，会稽余姚（今浙江余姚）人。年少时与光武帝刘秀一同游学，有高名。刘秀即位后，他改名隐居。加足于帝腹：把脚放在皇帝的肚子上。

⑧久不屈兹膝：很长时间没有弯下膝盖跪拜过别人了。兹，这个。唐朝"安史之乱"后，田承嗣割据魏州，他为人狠毒，目中无人，不听朝廷号令。郭子仪派遣一位使者到达魏州，田承嗣竟向着京都方向跪拜，并指着膝盖对使者说："这膝盖好久没有下跪了，今日却为郭令公屈膝。"郭子仪：（697-781），华州郑县（今陕西华县）人，唐代著名的军事家。以武举高第入仕从军，累迁至九原太守、朔方节度右兵马使。郭子仪戎马一生，屡建奇功，大唐因有他而获得安宁达20多年，史称"权倾天下而朝不忌，功盖一代而主不疑"，举国上下，享有崇高的威望和声誉。年八十五寿终，赐谥忠武，

配飨代宗庙廷。

⑨不为米折腰：不因为五斗米弯腰。东晋陶渊明在担任彭泽县令时，郡里派遣督邮来视察，陶渊明叹息道："我不能因为五斗米而折腰讨好这种小人。"于是辞去官职，归隐田园。五斗米，晋代县令的俸禄，后指微薄的官俸。折腰，弯腰行礼。陶渊明：（约365-427），字元亮，号五柳先生，世称靖节先生，入刘宋后改名潜。东晋末期南朝宋初期诗人、文学家、辞赋家、散文家。东晋浔阳柴桑（今江西省九江市）人。曾任江州祭酒、彭泽县令等职，后辞官回家，从此隐居。吏胥：地方官府中掌管文书的小官。

【译文】

"怒发冲冠"，说的是战国时期赵国大夫蔺相如斥责秦王背信弃义时勃勃逼人的英雄气概，"炙手可热"，说的是唐朝宰相崔铉及其重用者的权势极大、气焰极甚。"貌虽瘦而天下肥"，这是唐玄宗李隆基对自己的评论。"口有蜜而腹有剑"，这是人们形容唐朝宰相李林甫阴险狡诈的为人。赵子龙骁勇善战用数十骑抵抗曹操的大军，被刘备称为"子龙一身都是胆"；相传东周天子周灵王一生下来就长有胡须，被周人认为是神。唐朝有名的酷吏来俊臣常常往囚犯的鼻孔里灌醋，这是违法行凶；东汉严子陵曾与皇帝同床而卧，梦中把脚放在皇帝的肚子上，这是连皇帝的尊贵都忘记了。田承嗣对郭子仪的使者说："我的这双膝盖已有十年没有跪拜过别人了，今为郭令公拜"，可见田承嗣对宰相郭子仪很尊重；陶渊明不愿意为五斗米的微薄俸禄向郡里的督邮弯腰下跪，于是辞去官职归隐田园。

【解读】

刘备攻取汉中，自立汉中王，册封麾下关羽、张飞、赵云、马超、黄忠为"五虎大将"，后人也习惯称为"五虎上将"。其中赵子龙（赵云）被刘备誉为"一身都是胆"，是因为赵子龙不仅武艺高强而且异常勇敢。赵子龙是三国中少有的几位文武双全的武将之一，是自吕布之后的三国第一猛将，单骑救主即是其能力真实写照。赵子龙的谋略也相当了得，是刘备最为器重的大将，从事小心谨慎，人称常胜将军！刘备亲赐五虎大将军的称号予关羽、张飞、赵云、马超、黄忠五人，赵云仅次于关张位居第三。三国演义中除了孔明之外，是溢美最多的人物。总之，赵子龙有勇有谋，胆大心细，在现实中他却默默无名，只是刘备的亲卫，只是后期在诸葛亮带领下战功卓越，一直到死之后才被追谥为顺平侯。

【原文】

断送老头皮，杨璞湣妻送之诗①；新剥鸡头肉，明皇爱贵妃之乳②。纤指如春

笋，媚眼若秋波③。肩曰玉楼，眼名银海④；泪曰玉箸，顶曰珠庭⑤。歇担曰息肩，不服曰强项⑥。

【注释】

①断送老头皮：断送老命。杨璞：北宋隐士。妻送之诗：宋真宗召见隐士杨璞，问道："你这次来，有没有人作诗送你？"杨璞回答说："只有我的妻子送我一首诗：更休落魄贪杯酒，亦莫猖狂爱吟诗。今日捉将官里去，这回断送老头皮。"宋真宗听完哈哈大笑，便让杨璞回家去了。

②新剥鸡头肉：刚刚剥开的芡实，这里比喻美人的乳房。鸡头，即芡，一种水生草本植物　种子名芡实，俗称鸡头。本来以"芡"比喻人乳，后来就以"鸡头"比喻乳房。

③春笋：春笋形状纤细，常用来比喻女子的手指。李煜《捣练子》："斜托香腮春笋嫩，为谁和泪倚阑干？"秋波：秋天清亮的水波，比喻美女的眼睛清澈明亮。

④玉楼：道家称两肩为玉楼。宋代苏轼《雪后书北台壁》诗之二："冻合玉楼寒起粟，光摇银海眩生花。"宋代赵令畤《侯鲭录》卷一载王安石论此诗云："道家以肩肩为玉楼，以目为银海。"银海：道家称眼睛为银海。

⑤玉箸(zhù)：玉做的筷子，比喻美人的眼泪。李白诗《闺情》："玉箸日夜流，双双落朱颜。"箸，筷子。顶：本指头顶，这里指"天庭"，即两眉之间前额的隆起部分。珠庭：即天庭。

⑥息肩：肩膀得到休息，比喻卸除责任。强项：强硬的脖子，比喻性格刚强而不肯向别人低头。项，颈后部。

【译文】

"断送老头皮"，这是北宋隐士杨璞的妻子送别杨璞的诗句；"新剥鸡头肉"，这是唐明皇喜爱杨贵妃的乳房所说的话语。女人纤细的手指宛如春天的竹笋，娇媚迷人的眼睛如同秋天的水波。肩膀又叫"玉楼"，眼睛又名"银海"；泪水称为"玉箸"，天庭称为"珠庭"。把担子放下使肩膀得到休息叫做"息肩"，不肯屈服于他人称为"强项"。

【解读】

杨玉环与西施、昭君、貂蝉并称中国四大美女，是体态丰腴之美的代表。"回眸一笑百媚生，六宫粉黛无颜色。"是赞美杨玉环天生丽质的容貌，她堪称大唐第一美女，此后千余年无出其右者。杨玉环是我国古代四大美女中地位最高、权力最大的一位美女，也是我国在世界范围内影响最大的一位后妃。"沉鱼落雁，闭月羞花"是形容中古四大美女的成语。"羞花"就是形容杨玉环的。传说杨玉环初入宫时，因见不到君王而终日愁眉不展。有一次，她和宫女们一起到宫苑赏花，无意中碰着了含羞草，草的叶子立即卷了起来。宫女们都说这是杨玉环的美貌，使得花草自惭形秽，羞得抬不起头来。唐玄宗听说宫中有个"羞花的美人"，立即召见，封为贵妃。从此以后，"羞花"也就成了杨贵妃的雅称了。

丁谓与人拂须，何其谄也①；彭乐截肠决战，不亦勇乎②。剜肉医疮，权济目前之急③；伤胸扪足，计安众士之心④。汉张良蹑足附耳，东方朔洗髓伐毛⑤。尹继伦，契丹称为黑面大王⑥；傅尧俞，宋后称为金玉君子⑦。

【注释】

①丁谓：字谓之，后改字公言。宋太宗淳化三年（992）进士。以善于逢迎拍马著称。宋真宗时，寇准任宰相，丁谓任参政。他开始是由宰相寇准提拔起来的，因此格外巴结寇准。有一次，朝廷大臣在一起聚餐，寇准的长胡须上沾了些菜汁，丁谓立刻走过去替寇准擦拭。寇准笑着奚落他："您是国家大臣，怎么能为长官拂须呢？"谄（chǎn）：谄媚，巴结奉承。

②彭乐：字兴，北齐将军，骁勇善战。截肠决战：北齐将军彭乐非常骁勇善战，有一次和宇文泰交战，被刺穿肚子，肠子都露出来了，他便割断露在外面的肠子，继续同敌人战斗。

③剜肉医疮：也作"剜肉补疮"，剜出肉来疗补疮疡，比喻只顾眼前救急，不顾日后的困苦。权：姑且。济：救济。

④伤胸扪足：胸部受伤摸脚。在楚汉战争中，刘邦和项羽相持了很久，还没有分出胜负来。有一天，两人对阵，刘邦与项羽隔着广武涧对话，汉王刘邦历数项羽的十大罪状，项羽大怒，用暗箭射中汉王刘邦的胸口，刘邦却摸了摸脚说："敌人射中了我的脚趾头啦！"刘邦为了安抚士卒，故意这么说的。扪，抚摸。

⑤张良：字子房，韩国贵族的后裔。秦末农民战争中追随刘邦，是刘邦的重要谋士，汉朝建立后，被封为留侯。蹑足附耳：踩脚暗中示意，贴近耳朵说悄悄话。蹑足，这里指暗中踩汉王刘邦的脚，示意汉王刘邦不要显露出不满的情绪。蹑，踩，踏。附耳，贴耳低语。附，贴近。洗髓伐毛：洗清骨髓，刮去毛发。传说西汉东方朔游洪濛泽时，遇到一位叫黄眉翁的仙人。黄眉翁说自己三千年洗一次骨髓，两千年剥一次皮肤刮一次毛。现在九千多岁，已经洗了三次骨髓，刮了五次毛。

⑥尹继伦：北宋大臣，曾打败契丹军，让契丹从此不敢侵犯边境。因为尹继伦脸长得黑，所以契丹人相互告诫"当避黑面大王"。契丹：古民族名。源于东胡，居今辽河上游一带，以游牧为生。北魏时，自号契丹。唐朝末年，契丹迭剌部首长阿保机统一契丹及邻近各部，建立辽国，与五代和北宋并立。宋宣和七年（1125）为金所灭。

⑦傅尧俞：字钦之，北宋大臣，起初任监察御史，后来晋升为中书侍郎，以直言不讳进谏著称。金玉君子：黄金和美玉一样的高尚之人。北宋大臣傅尧俞性格正直，说话毫不隐讳，去世后，宋神宗和太皇太后亲自去吊唁，太皇太后对大臣们说："傅侍郎清直一节，始终不变，金玉君子也。"金玉：比喻珍贵和美好。

【译文】

丁谓给宰相寇准擦拭胡须，这是多么的巴结奉承呀；彭乐割去受伤露在外面的肠子，继续同敌人战斗，这是何等的勇敢啊！剜出肉来疗补疮疡，只能姑且救助眼前的急难；胸口受了伤却去抚摸脚，这是刘邦使将士安心的计谋；汉代的张良曾经踩脚暗中示意刘邦并贴近其耳朵说悄悄话；传说西汉东方朔遇到仙人黄眉翁，说自己三千年洗一次骨髓，两千年剥一次皮肤刮毛。北宋大臣尹继伦因脸黑并打败了契丹军，被契丹军称为"黑面大王"；北宋大臣傅尧俞性格正直，说话毫不隐讳，被北宋太皇太后称赞为"金玉君子"。

【解读】

彭乐骁勇善战，一次与敌人交战，被刺伤，肠子露出来了，他就割掉露在外面的肠子，继续去与敌人决战，他的勇敢真的达到了极致。勇敢，是指不怕危险和困难，有胆量，有勇气。勇敢有很多种，它无时无处不伴随在人们的生产和生活中。尝遍百草的神农是勇敢，第一个吃螃蟹的是勇敢，质疑真理的是勇敢，董存瑞炸碉堡是勇敢，黄继光堵枪眼是勇敢，韩信忍胯下之辱是勇敢，勾践卧薪尝胆是勇敢，有原则并能坚持原则的是勇敢，能正视问题、错误并能承担责任的是勇敢，选择放弃的同样是勇敢。所以说，生活就需要勇气，更需要勇敢地面对挑战。

【原文】

土木形骸，不自妆饰①；铁石心肠，秉性坚刚②。叙会晤，曰得挹芝眉③；叙契阔，曰久违颜范④。请女客，曰奉迓金莲⑤；邀亲友，曰敢攀玉趾⑥。侏儒谓人身矮，魁梧称人貌奇⑦。龙章凤姿，廊庙之彦⑧；獐头鼠目，草野之夫⑨。

【注释】

①土木形骸：形体像土木一样自然，比喻人不加修饰的本来面目。形骸，人的形体，躯壳。

②铁石心肠：心肠硬得像铁和石头一样，形容人不动感情。秉性：本性，性格。

③会晤：相见，会面晤谈。得挹(yì)芝眉：能够见到对方的容颜。挹，引，牵引。芝眉，眉宇的美称，旧时书信中多用以指对方的容颜和神采，表示敬爱。唐朝隐士元德秀，字紫芝，宰相房琯每次见到他都叹息道："见到紫芝眉宇，使人名利之心都没有了。"

④契阔：久别的情怀。《后汉书·傅毅传》："行路仓卒，非陈契阔之所，可共前亭宿息，以叙分隔。"久违颜范：好久没有见到您的容颜了。久违，好久没见。颜范，容颜和风范。

⑤奉迓（yà）金莲：迎接女客人。奉迓，迎接。奉，敬辞。迓，迎接。金莲，金制的莲花，后称女子缠过的小脚为"金莲"，这里指女子的纤足。

⑥敢攀玉趾：勇敢地拉对方的脚。玉趾，即玉步，对别人行走的敬辞。

⑦侏儒：指身材异常矮小的人。"侏儒"亦作"朱儒"。魁梧：高大壮实。

⑧龙章凤姿：如龙的神采，像凤一样的风姿，形容神采非凡。章，花纹。廊庙之彦：朝廷中的杰出人物。廊庙，宫殿和太庙，古代君主与大臣议政的地方，后指朝廷。彦，古代指有才学、德行的人。

⑨獐头鼠目：脑袋像獐子又小又尖，眼睛像老鼠又小又圆。形容人贫贱寒酸的样子。后来多用来形容相貌丑陋猥琐、心术不正的人。草野：野草丛生的荒凉原野。这里指乡野、民间，与"朝廷"、"廊庙"相对。白居易《兰若寓居》诗："名宦老慵求，退身安草野。"

【译文】

"土木形骸"，是形容人的身体不用刻意装扮修饰；"铁石心肠"，是形容人的本性坚毅刚强。和君子见面叙谈，可以说"得挹芝眉"；和别人久别重逢叙谈，可以说"久违颜范"。邀请女客人，就说"奉迓金莲"；邀请亲朋好友，就说"敢攀玉趾"。"侏儒"是说人的身材特别矮小，"魁梧"是称赞人的相貌高大奇伟。"龙章凤姿"，多用来形容朝廷中的杰出人物；"獐头鼠目"，用来形容乡野中的无用之人。

【解读】

民间谚语说："裹小脚一双，流眼泪一缸。""三寸金莲"名字虽雅，但却是女孩子以健康为代价用血泪换来的。缠足开始的年龄，各地不同，一般是从四五岁开始，耗时三四年，到七八岁初具模样。小脚，又叫三寸金莲，俗称为裹小脚，是把女子的脚用布条扎裹起来，使其变得又小又尖。这种经过紧密缠裹导致筋骨畸形的小脚被古人美化为"三寸金莲"并受到广泛赞美，乃至男子为此倾倒，女子为之痴迷。小脚女人的生活已经成为历史，但是这段历史仍然值得我们去认识和记取的。据说三寸左右的小脚称作"金莲"，四寸左右的小脚称作"银莲"，五寸左右的小脚称作"铁莲"，这虽然是毫无根据的杜撰，而且很滑稽，与正统的缠足民俗相去甚远，却告诉人们，女子"小脚"的血泪经历。女子缠脚是封建社会的陋习，是一种建立在残害女子身体前提下追求的一种畸形美。事实上，女子只要双足缠成尖形并且四趾弯向足底，就一律称之为金莲。至于金莲的大小则另有别论，这是缠足民俗的本原含义。后来金莲也被用来泛指缠足鞋，金莲成了小脚的代名词。

【原文】

恐惧过甚，曰畏首畏尾①；感佩不忘，曰刻骨铭心②。貌丑曰不扬，貌美曰冠玉③。足跛曰蹒跚，耳聋曰重听④。期期艾艾，口讷之称⑤；喋喋便便，言多之状⑥。可嘉者小心翼翼，可鄙者大言不惭⑦。腰细曰柳腰，身小曰鸡肋⑧。笑人齿缺，曰狗窦大开⑨；讥人不决，曰鼠首偾事⑩。

【注释】

①畏首畏尾：前也怕，后也怕。比喻做事胆子小，顾虑多。畏，怕，惧。

②感佩：感激不忘。刻骨铭心：铭刻在心灵深处。形容记忆深刻，永远不忘。常用为感激之词。刻骨，感受深切入骨。铭心，铭记在心，念念不忘。

③不扬：容貌不好看。扬，显扬。冠玉：装饰在帽子上的美玉。东汉陈平是美男子，司马迁指他"如冠玉耳"。后汉惠帝、吕后、文帝时陈平任丞相。后来多用来形容男子的美貌。

④蹒跚：腿脚不灵便，走起路来一瘸一拐的样子。天钧，神话中天上的音乐；天禄，野兽名。重听：听觉不灵敏，一次听不清楚，必须请人再说一次。正，即使。

⑤期期艾艾：形容口吃的人说话不流利，多重言。《史记·张丞相列传》里说，周昌口吃，一说话总要重复说"期期"。《世说新语·言语》里说，三国时魏国的大将邓艾口吃，每自称，必重言"艾艾"。口讷(nè)：口吃。讷，出言迟钝。

⑥喋喋、便便：形容善于辞令。喋喋，不停地说话。便便(pián pián)，言语流畅明白。

⑦小心翼翼：形容小心恭敬的样子。后来形容举止十分谨慎，一点不敢疏忽。翼翼，严肃恭敬的样子。《诗经·大雅·文王》："维此文王，小心翼翼。"鄙：轻蔑，看不起。大言不惭：说大话而不感到难为情。惭，羞愧。

⑧柳腰：柳树柔软的枝条。古代用来形容女子纤柔的腰肢。鸡肋：鸡的肋骨，比喻矮小瘦弱的身体。

⑨狗窦大开：供狗出入的墙洞大开着。狗窦，供狗出入的墙洞。用以嘲笑人缺少牙齿。窦，洞。

⑩不决：拿不定主意。鼠首偾(fèn)事：坏了事情。比喻人办事没决断，就像胆小的老鼠，在出洞时头在洞口伸伸缩缩一样。偾事，败事。《礼记·大学》："此谓一人偾事，一人定国。"偾，败坏，破坏。

【译文】

畏惧过度，称做"畏首畏尾"；感激不忘，称做"刻骨铭心"。形容相貌丑陋叫做"不扬"，形容容貌英俊称为"冠玉"。走路脚一瘸一拐叫做"蹒跚"，耳朵聋叫做"重听"。"期期艾艾"，是对说话迟钝者的称谓；"喋喋便便"是形容善于言辞的样子。值得称赞的是办事小心、恭敬的人；令人看不起的是说大话而不感到难为情的人。形容女子腰肢纤细就说"柳腰"，形容人身材瘦小就说"鸡肋"。嘲笑别人缺少牙齿，就说是"狗窦大开"，讥讽别人做事拿不定主意，就说是"鼠首偾事"。

人的外貌的美丑，对人们的事业、生活影响很大。第一印象就是说，外貌对人的重要性的。关于凤雏庞统的长相，三国演义里这样评论的：浓眉掀鼻、黑面短髯、面容古怪。去东吴谋职，孙权不重用他。刘备通过考试招贤纳士，庞统虽然成绩名列前茅，刘备一看他相貌，担心影响大汉官员的仪容，虽然知道让庞统做县令是大材小用，但还是只让他做个小县令。说明庞统的外貌实在不敢让人恭维。

【原文】

口中雌黄，言事而多改移①；皮里春秋，胸中自有褒贬②。唇亡齿寒，谓彼此之失依③；足上首下，谓尊卑之颠倒④。所为得意，曰吐气扬眉⑤；待人诚心，曰推心置腹⑥。心慌曰心胆俱乱，醉倒曰玉山颓⑦。睡曰黑甜，卧曰息偃⑧。口尚乳臭，谓世人年少无知⑨；三折其肱，谓医士老成谙练⑩。

【注释】

①口中雌黄：随口更改自己说的话，就像用雌黄涂改错字一样。形容言语轻率，反复多变。雌黄，即鸡冠石，赤色，可作颜料，古代写字用黄纸，写错了就用雌黄涂抹再写。

②皮里春秋：藏在心里不说出来的言论。《晋书·褚裒传》记载褚裒年轻时不公开评论人的好坏，桓彝见到他后说："季野有皮里春秋。"意思是，褚裒虽然口头上不评论别人的好坏，肚子里却自有一部《春秋》，对人还是有褒贬的。后来用"皮里春秋"，形容表面上不批评别人而心中自有褒贬。因晋文帝母亲亲春，晋人避讳，故以"阳"代替"春"，称"皮里阳秋"。春秋，编年体史书，相传是孔子依据史料整理修订而成的，文字简短，但对人和事都加以褒贬。

③唇亡齿寒：嘴唇没有了，牙齿就会感到寒冷。比喻利害关系十分密切。

④足上首下：脚在上面头在下面。比喻尊卑颠倒。

⑤吐气扬眉：吐出了胸中的闷气，扬起了眉头。相容摆脱长期受压抑和欺凌的困境后高兴的神态和心情。也作"扬眉吐气"。

⑥推心置腹：把赤诚的心交给人家。比喻真心待人。

⑦灵台：指心。玉山颓：玉山倒下，形容人醉酒将要倒下的样子。玉山，比喻俊美的仪容。颓，倒塌，这里指倒下。

⑧黑甜：酣睡。息偃：亦作"息宴"，安息。偃：仰面倒下，放倒。

⑨口尚乳臭：嘴里还有奶的气味，表示对年轻人的轻视。乳臭，奶腥味。楚汉战争中，刘邦任命韩信为左丞相，领兵击魏。听说魏国任命柏直为大将，刘邦说："是口尚乳臭，安能当（挡）吾韩信。"

⑩三折其肱（gōng）：多次折断手臂后，自己也能懂得医治折臂的方法。比喻对某事阅历多，富有经验，自然就造诣精深。肱，胳膊从肩到肘的部分，泛指手臂。老成谙练：老练成熟，阅历多而练

达世事。这里指经历多了自然就熟悉治疗的方法。老成，老练成熟。谙练，熟习，熟练。谙，熟。

【译文】

"口中雌黄"，是形容人口中说的事经常改变；"皮里春秋"，是形容人嘴上不评论，但是心里有明确的褒贬。"唇亡齿寒"，是说彼此之间失去依靠；"足上首下"，是说尊卑的位置被颠倒了。一个人做事感觉非常得意，称做"吐气扬眉"；对待人非常真诚，称做"推心置腹"。心里发慌叫做"灵台乱"，喝酒醉倒叫做"玉山颓"。睡觉叫做"黑甜"，卧倒叫做"息偃"。"口尚乳臭"，是说人年幼无知；"三折其肱"，是说医生有经验而非常熟练。

【解读】

有一个很有哲理的成语，说明唇齿关系的，这个成语就是"唇亡齿寒"。嘴唇没有了，牙齿就会感到寒冷。反之，嘴唇无齿则一无是处。常常用来比喻关系密切，利害相关。嘴唇和牙齿人们每天都使用，嘴唇与牙齿的相互关系，每个人都深有体会。就说最简单的吃饭来说，嘴唇要是不配合牙齿的咀嚼，一些饭就会跑出口腔；如果牙齿不配合嘴唇，大点的饭块就没法吞咽。所以说，唇齿的关系很密切，需要互相配合，才能发挥自己的作用。"唇亡齿寒"也常常用来形容两个邻国间的关系。

【原文】

西子捧心，愈见增妍[1]；丑妇效颦，弄巧反拙[2]。慧眼始知道骨，肉眼不识贤人[3]。婢膝奴颜，谄容可厌[4]；胁肩谄笑，媚态难堪[5]。忠臣披肝，为君之药[6]；妇人长舌，为厉之阶[7]。事遂心曰如愿，事可愧曰汗颜[8]。人多言，曰饶舌[9]；物堪食，曰可口[10]。

【注释】

[1]西子捧心：西施心痛而用手按着心脏的部位。西子，即西施，春秋末期越国苎罗（今浙江诸暨苎萝村）人。由越王勾践献给吴王夫差，成为吴王最宠爱的妃子。传说吴国灭亡后，与范蠡入五湖而去。因西施绝美，后来把它当做美女的代称。妍：美丽。

[2]效颦：仿效西施的模样，捧心皱眉。颦，皱着眉头。西施心痛而按心皱眉，看起来很漂亮，是因为西施本身漂亮而不是因为皱眉才漂亮。但是同街的丑妇东施误以为漂亮在于皱眉头，因而效仿西施，结果难看得令人可怕。弄巧反拙：本来想要弄聪明，结果反而使事情更坏。亦作"弄巧成拙"。拙，笨。黄庭坚《拙轩颂》："弄巧成拙，为蛇添足。"

[3]慧眼：佛教用语，指上乘的智慧之眼，能够看到过去和未来。《金刚经》："如来有慧眼。"道骨：即仙骨。这里指得道的仙人。肉眼：肉身之眼。佛教认为肉眼见近不见远，见前不见后，见明

不见暗。

④婢膝奴颜：侍女的膝盖奴才的脸。形容卑躬屈膝、谄媚奉承的样子。婢膝，侍女的膝，常常下跪。奴颜，奴才的脸，满是谄媚相。也作"奴颜婢膝"。谄容：谄媚讨好的容貌。

⑤胁肩谄笑：为了奉承人，缩起肩膀装出笑脸。形容巴结人的丑态。胁肩，耸起双肩做出恭谨的样子。谄笑，装出奉承的笑容。难堪：难以忍受。

⑥披肝：披露肝脏。比喻开诚相见，也比喻竭尽忠诚。为君之药：是君王的良药。臣子的真心话，听起来不顺耳，却对国家有利。

⑦长舌：长长的舌头。比喻好说闲话、搬弄是非。《诗经·大雅·瞻卬》："妇有长舌，维厉之阶。"这是封建社会对妇女的偏见。为厉之阶：是祸患的开始。厉，祸患，危险。阶，阶梯。

⑧遂心：称心，合自己的心意。遂，顺。汗颜：因羞愧而脸上出汗。

⑨饶舌：唠叨，多嘴。

⑩可口：食物的味道很合口味。杨万里《夜饮以白糖嚼梅花》诗："剪雪作梅只堪嗅，点蜜如霜新可口。"

【译文】

美女西施捧着心口皱起眉头，更增添了几分美丽；丑妇东施模仿她的模样，反而弄巧成拙，显得更加难看。具有慧眼才能分辨出得道的仙人，俗人肉眼自然识别不出贤德的人。"婢膝奴颜"，这种献媚的样子令人厌恶；"胁肩谄笑"，这种谄媚的神态令人难以忍受。忠心的臣子披露心肝地进谏，是君王治世的良药；妇人喜欢搬弄是非，这是招致祸患的根源。所做的事情符合自己的心意称做"如愿"，做事情有愧于自己的良心称做"汗颜"。人的言语太多叫做"饶舌"，食物味美合乎自己的口味称为"可口"。

【解读】

西施是中国历史上的四大美女之一，是春秋时期越国人，即今天浙江诸暨苎萝村人。天生丽质，"闭月羞花之貌，沉鱼落雁之容"中的"沉鱼"，讲的是西施浣纱的经典传说。西施无论举手投足，还是言谈微笑，都讨人喜爱。可是，西施患有心口痛的毛病，犯病时手扶住胸口，皱着眉头，流露出一种娇媚柔弱的女性美。当她从乡间走过的时候，乡里人无不睁大眼睛注视着她，觉得西施比平时更

美丽。同村丑女孩东施学着西施的样子扶住胸口，皱着眉头，因其本来就长得丑，再加上刻意地模仿西施，装腔作势的怪样子，让人更加厌恶。

【原文】

泽及枯骨，西伯之深仁①；灼艾分痛，宋祖之友爱②。唐太宗为臣疗病，亲剪其须③；颜杲卿骂贼不辍，贼断其舌④。不较横逆，曰置之度外⑤；洞悉虏情，曰已入掌中⑥。马良有白眉，独出乎众⑦；阮籍作青眼，厚诗乎人⑧。咬牙封雍齿，计安众将之心；含泪斩丁公，法正判臣之罪⑨。掷果盈车，潘安仁美姿可爱；投石满载，张孟阳丑态堪憎⑩。

【注释】

①泽及枯骨：恩德施及枯骨。传说周文王为西伯时，有一次开凿池塘，发现一具枯骨，马上命人厚葬。泽，恩泽。西伯：名姬昌，商纣王时封为西伯，其子灭商建立周朝，追封为文王，以仁德著称。

②灼艾分痛：宋太祖赵匡胤与太宗赵匡义友爱的故事。《宋史·太祖纪》："太宗常病亟，帝往视之，亲为灼艾。太宗觉痛，帝亦取艾自炙。"后来比喻兄弟之间的友爱。宋祖，即宋太祖，(927—976)姓赵，名匡胤，北宋王朝的建立者，庙号太祖，汉族，涿州(今河北)人。

③唐太宗：即李世民，唐朝第二代皇帝，我国杰出的军事家，政治家、战略家。亲剪其须：据说唐朝大臣李勣得了暴病，医生的药方中指明需要龙须做药引子。唐太宗便剪下自己的胡须给他治病。

④颜杲(gǎo)卿骂贼不辍：唐朝名臣颜杲卿是著名书法家颜真卿的堂兄，唐玄宗时为常山太守，"安史之乱"中被安禄山抓住，他大骂叛乱的安禄山，被割下舌头后处死。颜杲卿，(692—756)，字昕，唐朝长安万年(今陕西西安)人。初任范阳户曹参军，旋升为营田判官，假常山(今河北正定)太守。天宝十四载(755)安禄山叛乱，应其从弟平原太守颜真卿之约，联合起兵断安禄山后路，设计杀安禄山部将李钦凑，擒高邈、何千年。河北响应的有十七郡。次年，史思明攻破常山，他被执送至洛阳安禄山处，遭杀害。辍，停止。

⑤横(hèng)逆：横暴无理的行为。置之度外：不放在考虑之中，即不放在心上。东汉刘秀自立为光武帝后，隗嚣仍然占据着甘肃称上将军，公孙述占据四川称帝。光武帝乃谓诸将曰："且当置此两子于度外耳。"度，考虑，计算。

⑥洞悉虏情：很清楚地知道敌人的情况。洞，透彻。悉，了解。虏，敌人。已入掌中：比喻对情况了如指掌。《资治通鉴·晋安帝义熙五年》载，刘裕北伐南燕，越过大岘山，燕兵不出，刘裕却喜形于色。左右曰："公未见敌而先喜，何也？"裕曰："兵已过险，士有必死之志；余粮栖亩，人无匮乏之忧。虏已入吾掌中矣。"

⑦马良有白眉：马良字季常，是三国时襄阳(今湖北宜城南)人。兄弟五人，都很有名气，马良的眉毛中有几根白色的，当时人说："马氏五常，白眉最良。"

⑧阮籍：(210—263)，字嗣宗，陈留尉氏(今属河南)人，三国魏文学家、思想家。与嵇康齐

名，是"竹林七贤"之一。青眼：黑色的眼珠。青眼看人表示对人的喜爱或重视、尊重，跟"白眼"相对。据说三国时魏国人阮籍常以青眼对所器重的人，对看不起或憎恨的人则翻白眼。

⑨雍齿：汉朝刘邦手下将领，被封为什方侯。汉高祖六年（前201），刘邦得天下后大封功臣。"已封大功臣二十余人，其余日夜争功而不决，未得行封"。刘邦求计张良，良曰："上平生所憎，群臣所共知，谁最甚者？"上曰："雍齿与我有故怨，数窘辱我，我欲杀之，为功多，不忍。"良曰："今急先封雍齿，以示群臣，群臣见雍齿先封，则人人自坚矣。"于是刘邦咬着牙关封雍齿为十方侯。群臣皆喜曰："雍齿且侯，我属无患矣。"丁公：西汉名将季布的弟弟丁固。他本来是项羽手下的将领，有一次追杀刘邦，危急时刻，刘邦对他说："我们俩都是贤人，何苦要这样自相残杀呀。"丁公于是放了刘邦一条生路。后来刘邦建立汉朝，丁公前来求见，想凭着当年的恩情得个封赏。刘邦却命人把丁公绑在军营中示众，说："丁公当年是项羽的臣子却不忠心，让项羽失去天下的，正是丁公。"于是处斩了丁公。

⑩掷果盈车：投掷水果装满车。据说晋代潘岳每次出门，老妇人们都向他的车上扔水果，能装满一车。潘安仁：即潘岳，相貌极美，晋代荥阳中牟（今河南中牟县）人，当时人称他"潘安"。投石满载：扔石头装满一车。据说相貌极其丑陋的张孟阳每次出门，路上的小孩子都拿瓦片石头扔他，回来后满车都是石头。憎：讨厌。张孟阳：相貌极丑，晋代安平（今河北安平县）人。

【译文】

恩泽施及枯骨，这体现了西伯深厚的仁爱之心；取艾自灼，来分担弟弟匡义的痛苦，这体现了宋太祖对弟弟无限的关爱之情。唐太宗为了给臣子李勣治病，亲自剪下自己的胡须配药。颜杲卿被安禄山俘虏后不停地痛骂叛乱的贼子，结果叛贼割断了他的舌头。不去计较强横无理的事，叫做"置之度外"；清楚地了解敌人的内情，叫做"已入掌中"。蜀汉的马良兄弟五人都很有名气，马良的眉毛中有几根白眉，在五个兄弟中才能最为出众；晋代的阮籍如果用青眼待人，说明来的是他尊重喜爱的人。汉高祖刘邦咬牙封最不喜欢的雍齿为什方侯，这是安定众将人心的计谋；他含泪斩首对自己有恩的丁公，这是依法惩治叛臣。老妇人投掷的果子装满了车，这是因为潘安仁的姿容俊美可爱；小孩投掷的瓦片石头塞满了车，这是因为张孟阳丑陋的容貌实在是令人讨厌。

【解读】

青眼看人表示对人的喜爱或重视、尊重。青眼是指黑色的眼珠在眼眶中间。使"青眼"是阮籍的特长。阮籍是魏、晋交替时期的一位著名诗人，是"竹林七贤"之一。他有一种会使"青白眼"的本事，对志同道合的人，用青眼（两眼正视，眼球上黑的多）相看；对所讨厌的人，就拿白眼（两眼斜视，眼球上白的多）相待。据《晋书·阮籍传》记载：阮籍母亲死的时候，嵇康去吊丧，他以"白眼"相对，嵇康十分难堪，不快而退；随后嵇康带着酒和琴前往，他便换了"青眼"，表示欢迎。后来由此又发展出"青睐"、"垂青"、"青盼"、"青照"等词语，都表示喜欢、重视和尊重的意义。

【原文】

事之可怪，妇人生须①；事所骇闻，男人诞子②。求物济用，曰燃眉之急③；悔事无成，曰噬脐何及④。情不相关，如秦越人之视肥瘠⑤；事当探本，如善医者只论精神⑥。无功食禄，谓之尸位素餐⑦；谫劣无能，谓之行尸走肉⑧。老当益壮，宁知白首之心；穷且益坚，不坠青云之志⑨。一息尚存，此志不容少懈；十手所指，此心安可自欺⑩。

【注释】

①妇人生须：《宋史·五行志》载，北宋徽宗宣和六年（1124），京城开封开酒店的朱氏，妻子四十余岁却突然生须，长六七寸与男子无异。同年开封有一个卖青果的男子怀了孕，换了七个接生婆，才将孩子生下来。

②骇闻：听到后感到非常震惊。男人诞子：相传在北宋徽宗时，京城开封有一卖青果的男子怀了孕。

③济用：助用或使用。燃眉之急：火烧眉毛那样紧急。比喻情势紧急。

④噬脐何及：形容后悔时，就像嘴咬肚脐一样来不及了，即后悔已经晚了。噬脐，用嘴咬自己的肚脐，不可及。噬，咬。及，到。

⑤秦越人之视肥瘠：像秦人和越人看待对方的肥瘦一样，漠不关心。春秋时秦国和越国，一个在西北，一个在东南，相隔极远，因此称疏远隔膜、互不相关为"秦越"。

⑥探本：探求它的本源。《汉书·董仲舒传》："《春秋》深探其本，而反自贵者始。"精神：指人的精气、元神。

⑦无功食禄：亦作"无功受禄"，没有出力而享受俸禄。禄，古代官吏的薪俸。尸位素餐：空占着职位而不做事，白吃饭。尸位，就像尸一样，只享受祭祀而不做任何事。素餐，吃闲饭。

⑧谫（jiǎn）劣：浅薄低劣。谫，浅薄。行尸走肉：像会走动的尸体和没有灵魂的躯壳一样。比喻没有用处。尸，尸体。肉，指没有灵魂的肉体。

⑨老当益壮：这一联四句，全都出自唐朝诗人王勃的《滕王阁序》。原意是勉励宇文刺史莫因年华易逝和处境困顿而自暴自弃。老当益壮，年老而志气应当更加豪壮。穷且益坚，处境越困难，意志应当越坚定。青云之志，直上青云的志气。青云，比喻高。

⑩一息尚存：只要还有一口气。息，气息，呼吸。尚，还。懈：放松，懈怠。十手所指：被很多人指指点点。形容一个人的言行，总是在众人的监督之下，如有错误，决不能隐藏。《礼记·大学》："曾子曰：'十目所视，十手所指，其严乎！'"

【译文】

世间值得奇怪的事是，妇女竟然会生出胡须；最骇人听闻的事是，男人竟然怀孕生了孩子。着急寻找一种物品来用，称做"燃眉之急"；后悔事情没有成功，称做"噬脐何及"。形容互相没有任何关系，如同相隔遥远的越国人漠视秦国人的肥瘦一样；论事要探求它的本源，如同一位良医治病时探究病人的精气元神一样。没有出力而吃着俸禄，称之为"尸位素餐"；浅薄低劣、庸碌无能的人，称之为"行尸走肉"。年纪大了而志气更加豪壮；怎能不理解白发人的心思？处境越穷困意志应当越坚定，不能丧失直上青云的豪情壮志。只要还有一口气存在，立下的志向就不能有半点松懈；一个人的言行总是在众人的监督之下，因此决不能做自欺欺人的事。

【解读】

令人奇怪的事，是妇女长胡须；骇人听闻，竟然有男人诞下孩子的事。天下之大，无奇不有，正因为这是反常的现象，所以让人们觉得不可思议。男人虽然不能怀孕、分娩，但是男人在生育上与女人同样重要，关于男人什么时候当父亲最佳呢？根据调查研究发现，那些在父亲30岁-35岁年龄段出生的孩子，在智力测验中所获得的分数最高。所以结论是：30岁-35岁的男子，其精子有最强大的生命力，最宜生育。

衣　服

【原文】

冠称元服，衣曰身章①。曰弁曰冔曰冕，皆冠之号②；曰履曰舃曰屣，悉鞋之名③。上公命服有九锡，士人初冠有三加④。

【注释】

①元服：帽子。《仪礼·士冠礼》："令月吉日，始加元服。"元，首，头。身章：指衣服。衣服是人身的装饰，所以俗称衣服为章身之具。古代衣着表明了人的贵贱贫富，因此它也是人身份的标志。章，文饰，标志。

②弁（biàn）：古代一种官帽。赤黑色布做的叫爵弁，是文冠；白鹿皮做的叫皮弁，是武冠。引申为加弁。冔（xǔ）：商代对帽子的称呼。《仪礼·士冠礼》："周弁，商冔，夏收。"冕（miǎn）：古代帝王及地位在大夫以上的官员们戴的礼帽，后专指帝王的皇冠，所以帝王登基叫加冕。

③履（lǚ）、舃（xì）、屣（xǐ）：都指鞋子。履，单底鞋。舃，同"舄"，古代的一种复底鞋。引申为鞋的通称。屣，鞋。

④上公：周代官员的品秩按一命至九命来划分，其中三公（太师、太傅、太保）为八命，出封在外则加一命，称为上公。《周礼·春官·典命》："上公九命为伯，其国家宫室、车、旗、衣服、礼仪、皆以九为节。"命服：古代官员按照等级所穿的礼服。《周礼·春官·典命》："服其命服，朱芾斯皇。"周代官员有一至九命的等级差异，官员的衣服因命数不同而各不相同，所以称为"命服"。九锡：古代天子赐给诸侯、大臣有功勋的九种器物，是最高礼遇的表示。锡，赏赐。士人：古代指达到结婚年龄的男子，兼指未婚与已婚。初冠：古代男子二十岁行冠礼，称初冠。三加：古代行冠礼的时候，开始戴缁布冠，然后戴皮弁，最后戴爵弁，称为"三加"。

【译文】

帽子称为"元服"；衣服叫做"身章"。"弁"、"冔"、"冕"，都是帽子的称号；"履"、"舃"、"屣"，都是鞋子的别名。三公以上的大臣，皇帝赐给相应的礼服和九种物品，称为"九锡"；男子成年行冠礼的时候，初加缁布冠，次加皮弁，再加爵弁，称为"三加"。

【解读】

唐朝是一个物质文化高度发展的时期，也是中国闻名世界的一个朝代，确立了中国在全世界的重要地位。唐朝的服饰颇受全世界的人民喜爱，唐朝的官服也很有特色。唐高祖曾规定大臣们的常服，亲王至三品用紫色大科（大团花）绫罗制作，腰带用玉带钩。五品以上用朱色小科（小团花）绫罗制作，

腰带用草金钩。六品用黄色（柠檬黄）双钏（几何纹）绫制作，腰带用犀钩。七品用绿色龟甲、双巨、十花（均为几何纹）绫制作，带为银銙（环扣）九品用青色丝布杂绫制作，腰带用瑜石带钩。唐太宗李世民（627－649）时期，四方平定，国家昌盛，他提出偃武修文，提倡文治，赐大臣们进德冠，对百官常服的色彩又作了更细的规定。据《新唐书·车服志》所记，三品以上袍衫紫色，束金玉带，十三銙（装于带上的悬挂鞢的带具，兼装饰作用）。四品袍深绯，金带十一銙。五品袍浅绯，金带十銙。六品袍深绿，银带九銙。七品袍浅绿，银带九銙。八品袍深青，九品袍浅青，瑜石带八銙。流外官及庶人之服黄色，铜铁带七銙。唐高宗龙朔二年（662）因怕八品袍服深青乱紫（古代用蓝靛多次浸染所得深青泛红色光，故怕与紫色相混），改成碧绿。自春秋时期齐桓公（前685－前643）穿紫袍始，才确定了以紫为上品的服装色彩格局，至宋元一直未变。到明朝才被大红色所取代。《新唐书·车服志》记载文官官服花式，有鸾衔长绶、鹤衔灵芝、鹊衔瑞草、雁衔威仪、俊鹘衔花、地黄交枝等名目。

【原文】

簪缨缙绅，仕宦之称①；章甫缝掖，儒者之服②。布衣即白丁之谓，青衿乃生员之称③。葛屦履霜，诮俭啬之过甚④；绿衣黄里，讥贵贱之失伦⑤。

【注释】

①簪缨：簪和缨，古时达官贵人的冠饰，用来把冠固着在头上，后因以为做冠者显贵之称。簪（zān），用来固定发髻或把冠固定在头上的一种长针。缨（yīng），系在下巴处的冠带。缙绅：原意是插笏（古代朝会时官宦所执的手板，有事就写在上面，以备遗忘）于带，旧时官宦的装束，转用为官宦的代称。缙，也写作"搢"，插。绅，束在衣服外面的大带子。仕宦：本指做官，这里指达官贵人。

②章甫：商代的一种礼帽，即缁布冠。缝掖：宽袖单衣，是古代儒生的穿着。儒者：即儒生。指通经之士，也指一般读书人。

③布衣：布制的衣服。古代平民不能穿锦绣，借指平民。《史记·李斯列传》："夫斯乃上蔡布衣，闾巷之黔首。"白丁：旧指平民，没有功名的人。青衿（jīn）：也作"青襟"，青色交领的长衫，古代学子的服装。《诗经·郑风·子衿》："青青子衿，悠悠我心。"毛传："青衿，青领也，学子之所服。"因此来指读书人。明清科举时代专指秀才。

④生员：封建科举制时代，在太学等处学习的人统称生员，唐代指在太学学习的监生，明清时代指通过最低一级考试，取入府、县学的人，俗称秀才。葛屦（jù）履霜：用夏天穿的葛布鞋在秋冬踏霜雪。《诗经·魏风·葛屦》："纠纠葛屦，可以履霜。"毛传："夏葛屦，冬皮屦，葛屦非所以履霜。"诮：嘲讽。俭啬：节俭，吝啬。

⑤绿衣黄里：以绿色为衣面，用黄色为衣里。古时以黄色为正色，绿为闲色，以闲色为衣，以正色为里为裳，喻尊卑贵贱颠倒失序。失伦：失去应有的条理次序。伦，条理，次序。

【译文】

"簪缨"和"缙绅"，都是官吏的称号；"章甫"和"缝掖"，都是读书人戴的帽子和穿着的衣服。"布衣"是对没有功名的平民的称呼，"青衿"是对考入官学的生员的称呼。"葛屦履霜"，这是嘲讽人节俭吝啬得太过度了；"绿衣黄里"，这是讽刺人颠倒了尊卑贵贱次序。

【解读】

唐代服饰对后世的影响不仅广泛而且深远。现代时装界仍然存在着唐代服饰的元素，唐朝的服饰常常利用颜色和花纹来体现官职的尊卑。唐代认为赤黄近似日头之色，日是帝皇尊位的象征，"天无二日，国无二君。"故赤黄（赭黄）除帝皇外，臣民不得僭用。把赭黄规定为皇帝常服专用的色彩，黄色就成为帝皇的象征。唐高祖曾规定大臣们的常服。唐代武官的服制花色也很丰富，规定武三品以上、左右武威卫饰对虎，左右豹韬卫饰豹，左右鹰扬卫饰鹰，左右玉铃卫饰对鹘，左右金吾卫饰对豸。又诸王饰盘龙及鹿，宰相饰凤池，尚书饰对雁。后又规定千牛卫饰瑞牛，左右卫饰瑞马，骁卫饰虎，武卫饰鹰，威卫饰豹，领军卫饰白泽，金吾卫饰辟邪，监门卫饰狮子。唐太和六年又许三品以上服鹘衔瑞草、雁衔绶带及对孔雀绫袄。

【原文】

上服曰衣，下服曰裳①；衣前曰襟，衣后曰裾②。敝衣曰褴褛，美服曰华裾③。褓褓乃小儿之衣，弁髦亦小儿之饰④。左衽是夷狄之服，短后是武夫之衣⑤。尊卑失序，如冠履倒置⑥；富贵不归，如锦衣夜行⑦。

【注释】

①衣：古时上装叫衣。裳：古人穿的遮蔽下体的衣裙，男女都穿，是裙的一种，不是裤子。《诗经·齐风·东方未明》："东方未明，颠倒衣裳。"

②襟（jīn）：古代指衣的交领，后来指衣的前幅。裾（jū）：衣服的前襟，即大襟，也指后襟。

③敝衣：破旧的衣服。敝，破旧，坏。褴褛（lán lǚ）：也作"蓝缕"。形容衣服破烂。华裾：华丽的衣服。华，华丽。

④襁褓（qiǎng bǎo）：襁保，襁葆。背负婴儿用的宽带和包裹婴儿的被子。后亦指婴儿包。泛指婴儿的衣裳。弁髦（máo）：喻弃置无用之物。弁，指缁布冠；髦，幼童垂在眉毛上方的头发，类似现在的刘海。古代贵族子弟行加冠之礼，先用缁布冠把刘海束好，三次加冠之后，就不再用缁布冠，并剃去刘海，理发为髻。因此，弁髦对成年男子来说是废弃无用的东西，对小孩来说是一种装饰。

⑤左衽：衣襟向左边开。是某些少数民族的服装式样，与中原汉族的前襟向右相反。衽，衣襟。夷狄：汉族以外的少数民族。夷，古代称东方各个民族。狄，古代称北方各个民族。短后：衣的后幅较短，便于动作。

⑥冠履倒置：头戴帽，脚穿鞋，以喻上下之分。如果两者易位，则尊卑颠倒，上下失序。亦作"冠履倒易"。

⑦锦衣夜行：也作"衣锦夜行"，穿了锦绣衣裳在夜间行走。比喻不能在人前显示荣华富贵。《史记·项羽本纪传》："富贵不归故乡，如衣锦夜行。"

【译文】

上装称做"衣"，下装称做"裳"；衣的前幅称做"襟"，衣的后幅称做"裾"。破旧的衣服称做"褴褛"，华美的衣服称做"华裾"。"襁褓"是小孩子的衣裳，"弁髦"也是小孩子的装饰。前襟向左，这是少数民族的衣服；后幅比较短，这是习武人的衣服。尊贵和卑贱失去次序，就如同帽子和鞋子颠倒了位置一样；富贵了不回故乡，就如同穿了锦绣衣裳在夜间行走一样。

【解读】

《史记》记载，楚霸王项羽攻占咸阳后，有人劝他定都关中，但项羽乡土观念很浓厚。说："富贵不归故乡，如衣绣夜行，谁知之者！"后人便延伸出了"锦衣夜行"，慢慢就有了衣锦当还乡的说法。《旧唐书·姜暮传》："衣锦还乡，古人所尚。今以本州相授，用答元功。"可见，古人崇尚"衣锦还乡"。古代指做官后，穿了锦绣的衣服，回到故乡向亲友夸耀。后来泛指富贵以后穿着华丽的衣服回到故乡。

【原文】

狐裘三十年，俭称晏子①；锦幛四十里，富羡石崇②。孟尝君珠履三千客，牛僧孺金钗十二行③。千金之裘，非一狐之腋④；绮罗之辈，非养蚕之人⑤。贵者重裀叠褥，贫者裋褐不完^⑥。

【注释】

①狐裘三十年：一件狐皮大衣穿了三十年。狐裘，用狐皮制成的衣。《孔子家语》："孔子曰：'晏平仲祭其祖先，而豚肩不掩豆（颈项），一狐裘三十年，贤大夫也。'"晏子：即晏婴，（前578－前500）字平仲，谥平，习惯上多称平仲，春秋时期齐国大夫，历仕灵公、庄公、景公三世，景公时为相。以节俭和机智闻名。

②锦幛四十里：锦幛的帷幕有四十里长。一作"五十里"。锦幛：锦绣的帐幕。说明极度奢侈豪华。石崇：（249-300）字季伦，西晋渤海南皮（今河北南皮东北）人，西晋文学团体"金谷二十四友"巨子、著名富豪。初为修武令，累迁至侍中。用熙元年（290）出任荆州刺史，以劫掠客商致巨富。于河阳置金谷园，奢靡成风，与贵戚王恺、杨秀等争为奢靡。曾与王恺斗富，以蜡代薪，作锦布幛五十里，王恺虽得武帝支持，仍不能敌。

③孟尝君：名田文，战国时齐国公子。袭其父田婴的封邑薛（今山东滕州南）称薛公，号孟尝君。齐湣王时任相国，门下有食客数千。珠履三千客：《史记》记载战国时楚国公子春申君的门客有三千多人，其中上等的门客都穿着缀有珍珠的鞋子。春申君，即黄歇，战国时楚国贵族，考烈王时任令尹，改封于吴（今江苏苏州），号春申君。这里误为孟尝君。牛僧孺：字思黯，唐朝大臣，是唐代后期"牛李党争"中牛党首领。金钗十二行：头戴金钗的女子十几排。形容姬妾众多。

④千金之裘，非一狐之腋：指珍贵的皮裘，价值千金，当然是由无数只狐狸腋下的皮毛缝制而成的。腋，腋下。刘向《说苑》："千金之裘，非一狐之腋也。廊庙之才，非一木之枝也。"

⑤绮罗之辈：泛指穿各种丝织品的富贵之人。绮（qǐ）罗，也作"罗绮"，泛指各种丝织品。

⑥重裀叠褥：垫子好几层，褥子叠着褥子。裀（yīn）：古同"茵"，床垫。褥，坐卧时垫在身下的软枕。裋（shù）褐：贫苦人穿的粗布衣服。

【译文】

一件狐裘穿了三十年，人们称赞晏子节俭；搭起了四十里长的锦幛帷幕，人们羡慕石崇富有。齐国贵族孟尝君有三千门客，个个都穿着缀有珍珠的鞋子；唐朝宰相牛僧孺家里姬妾众多，头戴金钗的女子就有十二排。价值千金的皮裘，光用一只狐狸腋下的皮毛是做不成的；身穿绫罗绸缎的富贵之人，并不是那些辛勤养蚕的人。富贵者家里用的坐垫和褥子重重叠叠，贫苦人家却连粗布衣服也破烂不堪。

【解读】

"昨日入城市，归来泪满巾。遍身罗绮者，不是养蚕人！"宋代张俞在著名的诗《蚕妇》里通过养蚕的妇人之口，反映了劳动人民的疾苦。蚕妇进城回来伤心地哭诉：穿着绫罗绸缎的人，却不是辛辛苦苦养蚕织锦的人自己。意思就是说，辛辛苦苦养蚕的人还是很穷，即使养一辈子蚕，连件精美的衣服都穿不起，有钱有权人却穿着穷人做的精美衣服，讽刺了当时不公平的社会现实，揭露统治者不劳而获的不合理现实，表达作者了对劳动人民的深切同情。穷人辛勤劳动生活仍然困苦，富人却生活奢华披金戴银。

【原文】

卜子夏甚贫，鹑衣百结①；公孙弘甚俭，布被十年②。南州冠冕，德操称庞统之迈众③；三河领袖，崔浩羡裴骏之超群④。虞舜制衣裳，所以命有德⑤；昭侯藏敝袴，所以待有功⑥。唐文宗袖经三浣，晋文公衣不重裘⑦。衣履不敝，不肯更为，世称尧帝⑧；衣不经新，何由得故，妇劝桓冲⑨。

【注释】

①卜子夏：名商，字子夏，孔子的学生。孔子死后，曾在魏国西河讲学，李克、吴起都是他的学生，被魏文侯也尊为师。鹑(chún)衣：鹑鸟尾秃，像古时敝衣短结，所以用来形容补缀破旧的衣衫。鹑，一种鸟，尾巴秃，像破旧衣服上打的短结。

②公孙弘：(前200-前121)，字季，一字次卿，汉族，西汉淄川薛(今山东滕州)人。他起身于乡鄙之间，居然为相，直至今日，人们依然对他推崇备至。尤其他的"非学无以广才，非志无以成学"的精神，已成为历史长卷中最醒目的一章，永垂后世。布被十年：一床布被盖了十年。汉武帝时的丞相公孙弘说，做君主怕的是不广阔博大，当臣子怕的是不自制节俭，因此他一条麻布被盖了十多年。

③南州冠冕：南方人才中杰出者。冠冕，比喻首位，第一。后用来赞誉德高望重才识优异的人。东汉末年，司马徽称赞庞统是"南州士之冠冕"。德操：即司马徽，字德操，东汉末人，善于知人，人称水镜先生。刘备曾向他探询人才，他推荐了诸葛亮和庞统。庞统：(179-214)字士元，襄阳(今湖北襄樊市)人，三国时刘备的谋士。初与诸葛亮齐名，号称"凤雏"。刘备得荆州，与诸葛亮同任军师。后来随从刘备入蜀，攻洛城时中流矢而死。迈众：众人中最突出的。迈，超过。

④三河领袖：黄河南北一带读书人的领军人物。三河，汉代以河内、河南、河东郡为三河，即今河南洛阳市黄河南北一带。崔浩：字伯渊，北魏大臣，官至司徒，参与军国大计。裴骏：北魏中书博士，精通经史，亲属称他为"神驹"。

⑤虞舜制衣裳，所以命有德：舜帝制作衣服，是用来赐给有德行的人。《书·皋陶谟》载，舜帝对大禹说："以五彩彰施与五色，作服，汝明。"舜的大臣皋陶对大禹说："天命有德，五服五章哉！"意思是，上天任命有德的人，要用天子、诸侯、卿、大夫、士五等礼服表彰这五者。命有德，任命有德的人。

⑥昭侯藏敝袴(kù)：战国时韩昭侯有一条破裤子，叫人藏起来。侍者曰："君亦不仁矣，敝袴不以赐左右，藏之。"昭侯说，我听说贤明的君主，珍惜自己的一颦一笑，"今夫袴，岂特颦笑哉！袴之与颦笑相去远矣，吾必待有功者，故收藏之，未有予也"。韩昭侯的意思是，不能滥加赏赐，一举一动都要有明确的目的。昭侯，即韩昭侯，战国时代韩国的国君。袴，裤子。

⑦唐文宗：(809-840)即李昂，唐代皇帝。袖经三浣(huàn)：唐文宗李昂经常与六位学士在便殿议事，为了表明自己的节俭，举起衣袖夸耀说："这件衣服已经洗过三次了。"几位学士都应声

祝贺，只有柳公权一句话也不说。皇帝追问他，柳公权回答说："身为皇帝应该选任贤能，远离小人，采纳谏诤，赏罚分明，而穿一件洗过的衣服，这都是细枝末节，对治国之道没有好处。"浣，洗涤。晋文公：春秋时晋国国君，名重耳，在位时，是晋国称为春秋五霸之一。晋文公提倡节俭，自己带头不穿厚皮衣，从而纠正了晋国的奢靡之风。重裘，厚毛皮衣。

⑧更为：更换再做。尧：传说中父系氏族社会后期部落联盟首领。号唐陶氏，名放勋，史称唐尧。

⑨妇劝桓冲：东晋桓冲不喜欢穿新衣服，有一次洗完澡，妻子故意送了一套新衣服给他。桓冲大发脾气，催促服侍的人拿回去。妻子却让人再次拿来，并传话说："衣服不经过新的，怎么变成旧的呢？"桓冲这才大笑着穿上。桓冲：（328—384）东晋谯国龙亢（今安徽怀远西）人，字幼字。桓温的弟弟，桓温死了，任中军将军，扬、豫二州刺史，代掌兵权。

【译文】

　　孔子的学生卜子夏非常贫穷，破烂衣服上补丁叠补丁；西汉丞相公孙弘特别节俭，一条布被盖了十年还不换。"南州冠冕"，这是司马徽称赞庞统人才出众；"三河领袖"，这是崔浩羡慕裴骏才干超群。舜帝制作衣服，是用来赐给有德行的人；韩昭侯将旧裤子收藏起来，是为了等着有功劳的人给予赏赐。唐文宗为了表明俭朴，示意大臣自己的衣服已经洗过三次；晋文公为了纠正国内的奢靡风气，自己带头不穿厚皮衣。衣服和鞋子不到破得不能再穿，就不肯换新的，所以世人都称颂尧帝；新做的衣服不穿到身上，怎么变成旧衣服呢？这是晋代桓冲不肯穿新衣服时妻子规劝他的话。

【解读】

　　衣食住行是人们最基本的生活需求，是每个人都离不开的。从衣食住行的变化可以清晰地看到社会的飞速发展。衣着是人们展示自己的第一品牌。多数情况下，一个人穿什么式样的衣服与衣服的质地、品牌及色彩搭配，都是他或她职业、收入与品位的潜在表述。然而从建国初期到"文革"结束这差不多三十年时间里，中国人的穿衣标准仅限于中山装、建设服，还有军便服和工作服，服装颜色也是以蓝、灰、黑以及军绿色为主。夏天是白衬衫加蓝裤子，连穿裙子的女性都不多见。之所以在穿着方面如此单一，除了与当时的政治背景和社会环境有着直接关系外，更重要的原因是轻纺产品匮乏，市场供应紧张。

【原文】

　　王氏之眉贴花钿，被韦固之剑所刺①；贵妃之乳服诃子，为禄山之爪所伤②。姜氏翕和，兄弟每宵同大被③；王章未遇，夫妻寒夜卧牛衣④。缓带轻裘，羊叔子乃斯文主将⑤；葛巾野服，陶渊明真陆地神仙⑥。服之不衷，身之灾也⑦；缊袍不耻，志独超欤⑧。

【注释】

①王氏之眉贴花钿：李复言《续幽怪录·定婚店》载，相传晋代韦固，一天路过宋城，遇见一月下老人，便问自己的妻子是谁？老人说，现在才三岁，住在北边卖菜的陈氏老妇家。韦固前去观看，见该女孩长相极丑，便用剑在她眉间刺了一下。十四年后，韦固参相州军事，娶刺史王泰之女为妻。王氏眉间常贴花钿，韦固问之，王氏曰："妾郡守之侄女也。父卒于宋城，时方襁褓，乳母卖菜以给朝夕，眉间为贼所刺，伤痕尚在也。"花钿，古代妇女首饰，用金片镶嵌成花形。

②贵妃：即杨太真，小字玉环。初为唐玄宗之子寿王李瑁的妃子，后得唐玄宗宠爱，封为贵妃。诃(hē)子：即抹胸，古代的一种内衣。据说杨贵妃与安禄山有私情，有一次被安禄山抓伤胸乳间，为了不让玄宗发现，杨贵妃便用诃子将胸乳遮掩起来。禄山：即安禄山，(703-757)唐营州柳城(今辽宁辽阳)胡人。原名叫扎荦山，姓康，后随母改嫁于突厥人安延偃。开元初年，其族破落离散，他与将军安道买之子孝节，安波注子思顺、文贞一起逃离突厥，遂与安思顺等约为兄弟，从此即冒姓安氏，名禄山。唐朝少数民族大将，通晓九蕃语言，骁勇善战，得到唐玄宗和杨贵妃的宠信，天宝年间，起兵叛乱。

③翕(xī)和：友爱和睦，协调一致。翕，聚。

④王章：(?-前24)，字仲卿，西汉泰山钜平(今山东宁阳东北)人，京兆尹。少贫，卧牛衣中，与妻对泣。未遇：没有得志的时候。牛衣：古代用乱麻编成，搭在牛身上御寒避雨的物品。

⑤缓带轻裘：宽松的衣带，轻暖的皮裘。形容闲适从容的风度。羊叔子：即羊祜，字叔子，西晋开国元勋，博学能文，清廉正直。斯文：文雅。

⑥葛巾野服：头扎用葛布制成的头巾，身穿田野人的衣着。葛巾，葛布制成的头巾；野服，村野平民的服装。陶渊明，一名潜，字元亮，东晋诗人。曾任彭泽县令，后来辞官归隐，安贫乐道，葛巾野服，以诗酒自娱。

⑦服之不衷：《左传·僖公二十四年》："郑子华之弟子臧出奔宋，好聚鹬冠。郑伯闻而恶之，使盗诱之。八月，盗杀之于陈、宋之间。君子曰：'服之不衷，身之灾也。'《诗》曰：'彼己之子，不称其服。子臧之服，不称也夫。'"意思是说，穿着不适应环境，就可能招来杀身之祸。不衷：不恰当，不合适。

⑧缊(yùn)袍：古代人用乱麻、旧棉做絮的袍子，一般是贫穷人穿的。欤(yú)：文言助词，表示疑问、感叹、反诘等语气。

【译文】

韦固的妻子王氏双眉间总贴着花钿，那是她年幼时被韦固用剑刺中留下了疤痕；杨贵妃的乳房上穿着抹胸，因为胸部被奸夫安禄山的手指抓伤了。东汉姜肱兄弟非常友爱和睦，每天晚上都同盖一床大被子睡觉；西汉京兆尹王章未做官前家里很穷，寒冷的夜晚夫妻俩只能盖着草编的牛衣。晋代羊叔子充任荆州军队主帅十多年，经常穿轻暖的皮裘，衣带宽松，人们称他是"斯文主将"；晋代陶渊明辞官归隐后，头上扎着用葛布制成的头巾，身上穿着村野平民的服装，人们称赞陶渊明真好比是"陆地神仙"。穿衣服不合自己的身份、环境，就可能招致杀身之祸；不因为穿着旧袍子就感到羞耻，这样的志向的确超越众人啊！

【解读】

古代的内衣称为中衣，中国内衣的历史悠久，最早的史料见于汉朝。其中女性内衣在不同的时代又称抱腹、心衣、两裆、抹胸、肚兜等，唐代女性"惯束罗裙半露胸"的普遍装束在历史上只不过短短一瞬。隋唐时期，依赖内衣来展示"乘间欢合"及充当惊艳式宫女的外在符号，已开始承载"……闺门失礼之事不以之异"的性开放思潮，凭借内衣的形制、色制来袒露身体，更显唐朝内衣服饰文化的开放气度及人文精神中精彩绝艳的异光。从古到今，内衣都一直蕴藏着女性的隐秘，是绝对不为外人所知的。古书中提及内衣外露的女子不是欢场女子，就是如同梁山孙二娘一般，古人对内衣的心态是隐讳的。

卷三

人　事

【原文】

《大学》首重夫明新，小子莫先于应对①。其容固宜有度，出言尤贵有章②。智欲圆而行欲方，胆欲大而心欲小③。阁下足下，并称人之辞；不佞鲰生，皆自谦之语④。恕罪曰原宥，惶恐曰主臣⑤。大春元、大殿选、大会状，举人之称不一；大秋元、大经元、大三元，士人之誉多殊⑥。大掾史，推美吏员；大柱石，尊称乡宦⑦。贺入学，曰云程发轫；贺新冠，曰元服加荣⑧。贺人荣归，谓之锦旋；作商得财，谓之稇载⑨。

【注释】

①《大学》：《礼记》四十六篇中的一篇，后人认为是孔子的书。明新：明德与新民，引申为做人的美德。"新"本作"亲"。小子：小孩子，小学生。莫先于应对：学习应对回答询问为最重要。具体指不打断长辈的话，应对有礼貌等。

②容：仪表。度：法度，指符合礼法。贵：可贵，重要。章：章法，条理。

③圆：灵活变通。行：品行。方：方正，正直。心：心思。

④阁下足下：古代尊称别人的敬辞。不佞：不才，没有才能之意。鲰(zōu)生：无知小人。

⑤原宥(yòu)：原谅，饶恕。主臣：本谓君臣，后来用来表示恭敬恐慌。

⑥大春元：古代春季会试，第一名称"大春元"。元，科举考试中，凡取得第一名者都称"元"。大殿选：殿试一甲第一名。大会状：会试考试中第一名和殿试考试中第一名，都称"大会状"。大秋元：秋季乡试，第一名称"大秋元"。大经元：五经贡生第一名称"大经元"。大三元：连续考中乡试第一名、会试第一名、殿试一甲第一名的人，称"大三元"。

⑦掾(yuàn)史：汉代以后职权较重的长官有下属官员，分担各种事务，通称"掾史"。柱石：支梁的柱子和承受柱子的基石。乡宦：住在乡下的官宦，指原来担任过国家重任的人。

⑧云程发轫(rèn)：比喻官运亨通，远大前程开始起步。轫，指刹住车轮转动的木头，车启动称发轫。新冠：古时男子在年满二十岁行加冠礼，表示成年。元服：加冠所穿的衣服。

⑨锦旋：衣锦归乡的简称。稇(kǔn)载：满载。稇，用绳子捆束。

【译文】

《大学》的内容，最重要的是"明德"和"新民"；小孩子学习礼仪，首先要学应对的话语和礼节。人的仪容举止固然要符合规矩，说话尤其要注重条理和文法。人要灵活变通，品行要方正；做事情要胆大心细。"阁下"、"足下"，都是对别人的尊称；"不佞"、"鲰生"，都是对自己的谦称。请求别人原谅称"原宥"，表示恭敬恐慌称"主臣"。"大春元"、"大殿选"、"大会状"，都是对举人取得功名后的不同称呼；"大秋元"、"大经元"、"大三元"，都是对读书人取得多种不同荣誉的称呼。"大掾史"是对下属官员的美称，"大柱石"是对退休回家乡的朝中重臣的尊称。祝贺别人进入学校读书，叫"云程发轫"；祝贺别人刚刚举行了加冠礼，叫"元服初荣"。祝贺别人衣锦还乡称之为"锦旋"，在外面经商发了财回来称之为"稛载"。

【解读】

《大学》，本来是《礼记》中的一篇，是我国古代教育理论的重要著作。朱熹将《大学》、《中庸》、《论语》、《孟子》合编注释，称为《四书》，从此《大学》成为儒家经典。关于《大学》的作者历来不详，程颢、程颐认为是"孔氏之遗言也"。朱熹重新编排的《大学》，分经一章，传十章。明明德、新民、止于至善，就是朱熹所说的"三纲领"，强调道德修养的三重境界：弘扬德行，使民众自新，达到教化天下的极致。格物、致知、诚意、正心、修身、齐家、治国、平天下就是朱熹所说的"八条目"。

【原文】

谦送礼曰献芹，不受馈曰反璧①。谢人厚礼曰厚贶，自谦礼薄曰菲仪②。送行之礼，谓之赆仪；拜见之贽，名曰贽敬③。贺寿仪曰祝敬，吊死礼曰奠仪④。请人远归，曰洗尘；携酒送行，曰祖饯⑤。犒仆夫，谓之雄使；演戏文，谓之俳优⑥。谢人寄书，曰辱承华翰；谢人致问，曰多蒙寄声⑦。望人寄信，曰早赐玉音；谢人许物，曰已蒙金诺⑧。具名帖曰投刺，发书函曰开缄⑨。

【注释】

①献芹：表示所送礼物菲薄。馈：赠送，这里指赠送的礼物。反璧：指不收别人礼物。

②贶（kuàng）：赐，赠。菲仪：菲薄的礼物。仪，礼物。

③赆（jìn）仪：赠给远行人的路费、礼物。赀（zī）：钱财。贽（zhì）敬：初次拜见时所送礼物，表敬意。

④祝敬：祝贺别人过寿的寿礼。奠仪：吊唁时送的礼物称奠仪。奠，祭奠。

⑤洗尘：洗涤风尘。祖饯：即"饯行"，设宴送行。古人出门远行要祭祀路神，来保平安，称为"祖"。

⑥犒（kào）：犒劳，本指用酒食宴犒慰劳。雄使：表彰来者。俳优：古以乐舞谐戏为业的艺人，

亦叫"倡优"。

⑦辱承华翰：承蒙寄来书信。辱，谦辞。承，捧着，接受。华翰，美好的文辞。寄声：口头传达问候。

⑧玉音：佳音，对别人言辞的敬称。金诺：守信不渝的诺言。⑨名帖：拜谒时的名片。投刺：古时没纸，字是刻刺在木片上，故叫投刺。发：拆开。缄(jiān)：书信等的封口。

【译文】

谦称自己送给人家的礼物就说"献芹"；不接受人家赠送的礼物就说"反璧"。感谢人家送给自己丰厚的礼物就说"厚贶"；谦称自己送的礼物微薄就说"菲仪"。赠送给即将要出远门的人的路费称之为"赆仪"；拜见别人时送的礼物名叫"贽敬"。祝贺别人过生日送的礼物称做"祝敬"，吊唁死者送的礼物称做"奠仪"。邀请从远方归来的人吃饭，称做"洗尘"；拿着酒为远行的人送行，称做"祖饯"。犒赏奴仆佣人，称之为"旌使"；表演戏曲的人，称之为"俳优"。感谢别人寄来书信，就说"辱承华翰"；感谢别人的问候，就说"多蒙寄声"。盼望别人寄信来，就说"早赐玉音"；感谢别人许诺自己的事物，就说"已蒙金诺"。准备好名帖去拜访别人叫做"投刺"；拆阅信函叫做"开缄"。

【解读】

"礼物"在我国有悠久的历史文化底蕴。在我国的汉字中，"礼"的本意原是"敬神"，到后来才演变成人们的一种行为规范。礼起源于远古时期的祭祀活动，在祭祀中，人们除了用规范的动作、虔诚的态度向神表示崇敬和敬畏外，还将自己最有价值、最能体现对神敬意的物品（即牛、羊等牺牲）奉献于神灵。也许从那时起，礼的含义中就开始有物质的成分，礼可以以物的形式出现，即礼物。今天，我们的生活中对送"礼物"依然很讲究。对家贫者，以实惠为佳；对富裕者，以精巧为佳；对恋人、爱人、情人、以纪念性为佳；对朋友，以趣味性为佳；对老人，以实用为佳；对孩子，以启智新颖为佳；对外宾，以特色为佳。另外，还讲究不给老人送钟表，不给夫妻或情人送梨，因为"送钟"与"送终"，"梨"与"离"谐音，是不吉利的。

【原文】

思慕久，曰极切瞻韩；想望殷，曰久怀慕蔺①。相识未真，曰半面之识；不期而会，曰邂逅之缘②。登龙门，得参名士；瞻山斗，仰望高贤③。一日三秋，言思慕之甚切；渴尘万斛，言想望之久殷④。睽违教命，乃云鄙吝复萌；来往无凭，则曰萍踪靡定⑤。虞舜慕唐尧，见尧于羹，见尧于墙；门人学孔圣，孔步亦步，孔趋亦趋⑥。

①思慕：怀念，追慕。瞻韩：初次见面的敬辞，意谓久欲相识。唐代韩朝宗，任荆州大都督府长史兼襄州刺史，人称"韩荆州"，他乐于拔用后进，受到当时人们的推崇。当时有"生不用封万户侯，但愿一识韩荆州"的说法。殷：深切。慕蔺：仰慕蔺相如，泛指仰慕贤者。西汉辞赋家司马相如，仰慕战国时赵国大臣蔺相如的为人，把自己的名字也改为相如。②真：真切，深厚。半面之识：形容初相识或相识不深。东汉应奉记忆力极强，十多年后还能认出只见过半面的人。邂逅（xiè hòu）：偶然相逢。③登龙门：比喻得到有名望、有权势者的援引而身价大增。瞻山斗：仰望泰斗。瞻，仰慕。山斗，指泰山、北斗。④一日三秋：一天不见面，就像过了三个季度。比喻分别时间虽短，却觉得很长。形容思念殷切。三秋，三个季度。渴尘万斛（hú）：形容十分想念。⑤睽（kuí）违：分隔，离别。鄙吝复萌：庸俗的念头又滋生了。鄙吝，庸俗。萌，萌发。萍踪靡定：像浮萍、波浪一般的无定。比喻到处漂泊，没有固定的住所。靡，无。⑥慕：思慕，追念。羹：汤。门人：指孔子的弟子颜回。孔圣：即孔子。孔步亦步，孔趋亦趋：后演变为成语"亦步亦趋"。原意是说，你慢走我也慢走，你快走我也快走，你跑我也跑。比喻由于缺乏主张，或为了讨好，事事模仿或追随别人。步，慢走。趋，快走。

【译文】

思念仰慕已久，称做"极切瞻韩"；想念盼望殷切，称做"久怀慕蔺"。虽然相识但了解并不真切，称做"半面之识"；没有约定而凑巧相遇，称做"邂逅之缘"。"登龙门"，比喻拜见有名望的士人并得到他们的赞赏而名声大震；"瞻山斗"，形容敬仰德高望重的贤人。"一日三秋"，是说思念友人的心情十分深切；"渴尘万斛"，是说盼望见到友人的心情殷切。不能经常听到贤者的教诲，就说"鄙吝复萌"；随意来来往往，就说"萍踪靡定"。虞舜追念去世的唐尧，吃饭时看见唐尧在汤里，坐下来时看见唐尧在墙壁上；孔子的学生颜回效法孔子，孔子慢走他也慢走，孔子快走他也快走。

【解读】

尧最为人们称道的，是他不传子而传贤，禅位于舜，不以天子之位为私有。尧在位70年，感觉到有必要选择继任者。他早就认为自己的儿子丹朱凶顽不可用，因此与四岳商议，请他们推荐人选。四岳推荐了舜，说这个人很有孝行，家庭关系处理得十分妥善，并且能感化家人，使他们改恶从善。尧决定先考察一番，然后再行决定。尧把自己的两个女儿娥皇、女英嫁给舜，通过两个女儿来考察他的德行，看他是否能理好家政。尧又派舜负责推行德教，舜便教导臣民以"五典"——即父义、母慈、兄友、弟恭、子孝这五种美德指导自己的行为。尧又让舜总管百官，处理政务，百官都服从舜的指挥，百事振兴，无一荒废，并且显得特别井井有条，毫不紊乱。经过各种各样的考察，尧觉得舜这个人无论说话办事，都很成熟可靠，而且能够建树业绩，于是决定将帝位禅让舜。舜接登上天子之位。尧退居避位，28年后去世，"百姓悲哀，如丧父母。三年，四方莫举乐，以思尧"。唐尧开创了禅让的先河。

【原文】

　　曾经会晤，曰向获承颜接辞；谢人指教，曰深蒙耳提面命①。求人涵容，曰望包荒；求人吹嘘，曰望汲引②。求人荐引，曰幸为先容；求人改文，曰望赐郢斫③。借重鼎言，是托人言事；望移玉趾，是浼人亲行④。多蒙推毂，谢人引荐之辞；望作领袖，托人倡首之说⑤。言辞不爽，谓之金石语；乡党公论，谓之月旦评⑥。逢人说项斯，表扬善行；名下无虚士，果是贤人⑦。

【注释】

　　①向：从前。承颜接辞：承奉见面交谈。耳提面命：附在耳旁指教，当面命令教诲，形容恳切地教导。②涵容：包涵，包容。包荒：指度量宽厚，能容纳鄙陋之事。荒，荒秽。吹嘘：说好话，比喻褒扬推荐。汲引：提拔，引荐。汲，从下往上打水。③先容：先加以修饰，引申为事先介绍。郢斫（yǐng zhuó）：郢为春秋战国时楚的都城，斫为削、砍之意。有一郢人鼻尖沾上白粉，木匠使斧将其削去而丝毫不伤鼻子。旁观者莫不失色，形容技术高超。④鼎言：像鼎一样重的语言。鼎是古代一种青铜制成的器皿，多烹煮用，后比喻国家政权，社稷帝业。玉趾：脚，这是一种敬称。浼（měi）：请求。⑤推毂（gǔ）：推车使之前进，比喻引荐举荐人才。毂，车轮中心的圆环，可插车轴。倡：倡议。⑥爽：差错。金石语：指说的话如金石一般坚硬，不可更改。乡党：泛指乡里的组织。月旦：月旦日，每月初一。评：品评人物。月旦评是东汉许劭始创的一种评论人物的风俗。⑦项斯：唐代人，写诗拜谒杨敬之，希望提携，后者逢人就为之宣扬。虚士：虚有其名的人。

【译文】

　　曾经见过面，就说"向获承颜接辞"；感谢别人对自己的教诲，就说"深蒙耳提面命"。请求别人包涵自己，就说"望包荒"；求助别人给自己说好话，就说"望汲引"。请求别人推荐引进自己，就说"幸为先容"；求别人批改自己的文章，就说"望赐郢斫"。"借重鼎言"，是拜托有声望的人给自己说合事情；"望移玉趾"，是请求别人亲自走一趟。"多蒙推毂"，是感谢别人引荐的言辞；"望为领袖"，是请托别人出来当领头的说法。言辞准确，没有一点出入，称之为"金石语"；对乡里人物公正客观的评论，称之为"月旦评"。"逢人说项斯"，指到处表扬别人的好处；"名下无虚士"，指名副其实，果然是非常有才干的人。

【解读】

　　"月旦评"出自《后汉书·许劭传》。东汉末年许劭与其从兄许靖喜欢品评当代人物，常在每月的初一，发表对当时人物的品评，故称"月旦评"。

"月旦评"为何红极一时？首先许靖、许劭堂兄弟都是东汉末年著名贤士。当时，宫廷混乱，奸邪当道，政治腐败，祸乱四起。为治理国风，抑恶扬善，二许凭其才识谋略，在清河岛上开办了一个讲坛，每月初一命题清议，评论乡党，褒贬时政，不虚美，不隐恶，不中伤，能辩人之好坏，能分忠奸善恶，或在朝或在野，都在品评之列。评后验证，众皆信服。凡得好评之人，无不名声大振。一时引得四方名士慕名而来，竞领二许一字之评以为荣。后来，"月旦人物"便成为品评人物的一个成语。许氏兄弟利用"月旦评"为朝廷举荐了不少人才，对当时取士有着很大影响。如许劭推荐的樊子昭、和阳士、虞承贤、郭子瑜等都显名于世，人称许劭为"拨士者"。许劭更是准确地评论曹操为"治世之能臣，乱世之奸雄"，留下了千古佳话。

【原文】

党恶为非，曰朋奸；尽财赌博，曰孤注①。徒了事，曰但求塞责；戒明察，曰不可苛求②。方命是逆人之言；执拗是执己之性③。曰觊觎、曰睥睨，总是私心之窥望；曰倥偬、曰旁午，皆言人事之纷纭④。小过必察，谓之吹毛求疵；乘患相攻，谓之落井下石⑤。欲心难厌如溪壑，财物易尽若漏卮⑥。望开茅塞，是求人之教导；多蒙药石，是谢人之箴规⑦。

【注释】

①党恶：与恶人结党。朋奸：朋比为奸。形容坏人结成集团干坏事。朋，结党。孤注：倾其所有来作赌注。

②塞责：抵塞罪责，指做事不认真负责。戒：戒除。苛求：苛刻的要求。苛，苛刻。

③方命：违命。方，违背。执拗：固执倔强。

④觊觎（jì yú）：非分的希望或企图。睥睨（pì nì）：斜视。有厌恶、傲慢等意。睥，眼睛斜着向旁边看，形容傲慢的样子。睨，斜着眼睛看。窥望：窥探，观望。倥偬（kǒng zǒng）：事情纷繁急迫。旁（bàng）午：交错，纷繁。纷纭：众多而杂乱。

⑤吹毛求疵（cī）：吹开皮上的毛而故意挑剔毛病。疵，小毛病。患：灾难。落井下石：看见别人掉进陷阱里，不伸手救他，还往井下丢石头。比喻乘人之危，加以打击、陷害。

⑥厌：满足。溪壑（hè）：溪谷河沟。比喻贪得无厌。漏卮（zhī）：有漏洞的盛酒器。比喻权利外溢。

⑦茅塞，被茅草堵塞，比喻人思路闭塞或愚昧不懂事。药石：泛指药物，喻规劝进言。箴规：劝告规谏。

【译文】

与恶人结党去干为非作歹的事，叫做"朋奸"；用尽自己所有财产下赌注，叫做

"孤注"。想了结一件事,就说"但求塞责";不想细究深察事情的根底,就说"不可苟求"。"方命"是表示不能按照对方的嘱托办事的言辞;"执拗"是指人固执己见的性格。说"觊觎"、说"睥睨",都是怀有非分之想的窥探和观望;说"倥偬"、说"旁午",都是形容世事的复杂纷繁。对别人犯的小错误都要去追究,称之为"吹毛求疵";趁着别人有危难时加以攻击,称之为"落井下石"。人们的欲望很难满足,像河沟一样难以填平;人的钱财货物很容易耗尽,就像有漏洞的盛酒器。"望开茅塞",是恳求别人的教导;"多蒙药石",是感谢别人的劝告和规谏。

【解读】

"落井下石"这个成语出自唐·韩愈《柳子厚墓志铭》:"一旦临小利害,仅如毛发比,反眼若不相识,落陷阱,不一引手救,反挤之,又下石焉者,皆是也。"意思是,一旦遇到毛发般的蝇头利益,这种人便立即翻脸不认人,好像压根儿就不认识你这个人了。看到有人要掉进井里,不立即拉他一把,反而把他挤下井,还往井里扔石头。与"落井下石"形成鲜明对比的"助人为乐"事情,往往令人敬佩。韩愈的好朋友,柳宗元被贬官柳州(今广西柳州市地区)时,刘禹锡也将同时被贬往播州(今贵州省遵义市地区)。当时播州新建,地处偏远,生活艰苦,瘴疠时作,"非人所居";而刘禹锡则上有高龄老母,"万无母子俱往之理"。于是,柳宗元不避罪上加罪的危险,上书朝廷,请求以柳州换播州。柳宗元这种替他人分忧的崇高品德,让那些"落井下石"的卑劣小人惭愧不已。

【原文】

芳规芳躅,皆善行之可慕;格言至言,悉嘉言之可听[1]。无言曰缄默,息怒曰霁威[2]。包拯寡色笑,人比其笑为黄河清;商鞅最凶残,常见论囚而渭水赤[3]。仇深曰切齿,人笑曰解颐[4];人微笑曰莞尔,掩口笑曰胡卢[5]。大笑曰绝倒,众笑曰哄堂[6]。留位待贤,谓之虚左;官僚共署,谓之同寅[7]。人失信曰爽约,又曰食言;人忘誉曰寒盟,又曰反汗[8]。

①芳规芳躅(zhú)：贤人的准则和正直的行径。芳躅，前贤的踪迹。芳，敬辞。躅，足迹。格言：具有教育意义的言论。至言：恳切的言论。

②缄默：闭口不说话。霁(jì)威：消释怒气。

③包拯寡色笑：包拯为北宋名臣，为官刚正，执法严峻，但为人不苟言笑。寡，少。商鞅：战国政治家，卫国人，公孙氏，名鞅。后入秦说服秦孝公变法图强。因战功封于商，号商君，因此称商鞅。商鞅当秦相时，用法严酷，一次在渭河边处决囚犯，鲜血竟使渭水变红。论囚：定罪并处决囚犯。

④切齿：上下牙紧紧地咬住，表示极端仇恨。解颐：开颜欢笑。解，开。颐，面颊。

⑤莞尔：微笑的样子。胡卢：喉间的笑声。

⑥绝倒：前仰后合地大笑。哄堂：形容满屋子的人同时发笑。

⑦虚左：空着左边的位置。古时以左为尊，虚左表示对宾客的尊敬。同寅：同僚。寅，恭敬。

⑧爽约：失约。食言：言而无信，不履行诺言。寒盟：忘却盟约，背约。反汗：汗既出就不能反。后来指反悔食言或收回成命。

【译文】

"芳规"和"芳躅"，都是指前贤美好的品行值得仰慕；"格言"和"至言"，都是指美好言论值得听取。不开口说话叫做"缄默"，平息怒气叫做"霁威"。宋代名臣包拯很少露笑容，人们把他的笑容比喻成像黄河的水变清那样难得一见；战国秦相商鞅用法最为凶狠残暴，一次在渭水边处决犯人，鲜血竟使渭水变红色。仇恨很深就说"切齿"，开怀欢笑就说"解颐"。微微露出一点笑容叫做"莞尔"，捂着嘴笑叫做"胡卢"。大笑得无法自控就说"绝倒"，众人一起笑就说"哄堂"。预留位子来等待贤者，称之为"虚左"；古代官吏们同在一个衙署里办事，称之为"同寅"。人一旦失去信誉叫做"爽约"，又叫做"食言"；人一旦忘记了誓言就叫做"寒盟"，又叫做"反汗"。

【解读】

商鞅是战国时期政治家、思想家，先秦法家代表人物。又称卫鞅、公孙鞅。商鞅应秦孝公求贤令入秦，说服秦孝公变法图强。商鞅一生做了两件重要的事情"立木为信"和"商鞅变法"。"立木为信"发生在商鞅变法前，变法的条令已准备就绪，还没公布，商鞅担心百姓不相信自己，于是在国都集市的南门竖起一根三丈高的木头，招募有能把这根木头搬到北门的人，赏十两银子。百姓对此感到奇怪，不敢去搬。又说"能搬木头的人赏五十两银子"。有一个人搬了木头，就给了他五十两银子，用来表明没有欺骗（百姓）。最后颁布了法令。商鞅在秦执政约二十年，秦国大治，史称"商鞅变法"，并使秦国长期凌驾于山东六国之上，为后来秦国统一六国奠定了基础。孝公死后，商鞅受到秦贵族诬害以及秦惠文王的猜忌，被处以酷刑，车裂（就是把人的头和四肢分别绑在五辆车上，套上马匹，分别向不同的方向拉，这样把人的身体硬撕裂为五块，所以名为车裂。）而死。

【原文】

铭心镂骨，感德难忘；结草衔环，知恩必报[1]。自惹其灾，谓之解衣抱火；幸离其害，真如脱网就渊[2]。两不相入，谓之枘凿；两不相投，谓之冰炭[3]。彼此不合曰龃龉，欲进不前曰趑趄[4]。落落，不合之词；区区，自谦之语[5]。竣者作事已毕之谓，醵者敛财饮食之名[6]。赞襄其事，谓之玉成；分裂难完，谓之瓦解[7]。

【注释】

①铭心镂骨：也作"铭心刻骨"，铭于心，镂于骨，形容记忆深刻，永志不忘。镂，雕刻。结草衔环："结草"和"衔环"都是古代的报恩传说。其中"衔环"讲的是有个儿童救了一只黄雀，黄雀衔来四枚白环相报。"结草衔环"后来比喻感恩报德，至死不忘。

②解衣抱火：脱下衣服将火抱在怀中。脱网就渊：鱼儿逃脱网具进入水深的地方。比喻幸免灾祸，求得生存。渊，深水。

③枘（ruì）凿：榫头与卯眼。用方的榫插圆孔，就难以插入。比喻不调协，或互相矛盾。冰炭：一冷一热，比喻二者不能相容。

④龃龉（jǔ yǔ）：上下牙齿对不齐。比喻意见不合。趑趄（zī jū）：想前进又不敢前进。

⑤落落：形容孤独，与人不合。区区：细小的样子，用作自称的谦词。

⑥竣：退立，引申为完毕。醵（jù）：凑钱喝酒。

⑦赞襄：辅佐，协助。玉成：本指爱之如玉，而使其有成就，后来指成全。完：完全，完好。瓦解：瓦片碎裂。比喻溃败或分裂、分离。

【译文】

"铭心镂骨"，形容感念恩德，永世不忘；"结草衔环"，比喻牢记恩德，一定报答。自己招惹灾祸，称之为"解衣抱火"；侥幸免除祸殃，就像鱼儿"脱网就渊"。双方不能互相配合，称之为"枘凿"；二者不能相容，称之为"冰炭"。彼此之间合不来叫做"龃龉"，犹豫不前叫做"趑趄"。"落落"，是形容孤单难合群的词语；"区区"，是谦称自己微不足道的词语。"竣"就是所做的事情已经完毕的说法，"醵"就是大家聚集钱财一起去吃喝的说法。辅佐他人完成某件事情，称之为"玉成"；分裂不全难以整合，称之为"瓦解"。

【解读】

"铭心镂骨，感德难忘；结草衔环，知恩必报。"此句表达了对于恩德，至死不忘地报答。关于感恩，俗话说，滴水之恩，当涌泉相报。就是说人要有感恩的心，要知道知恩图报，要努力做到知恩必报。古人有"吃水不忘挖井人，前人栽树后人乘凉"、"一饭之恩，当永世不忘"、"知遇之恩当永生不忘"的感恩之心，"一日为师，终身为父"、"投之以桃，报之以李"的报恩之举。"鸦有反哺之义，羊知跪乳之恩"，动物都有感恩的行为，何况衣冠楚楚的人呢？人作为宇宙的主宰，不能没有感恩的心。怀抱一颗感恩的心，犹如在生命的旅途中点燃了一盏明灯；怀抱一颗感恩的心，犹如掌握了人生宫殿门的钥匙；怀抱一颗感恩的心，犹如在人生的海洋中拥有了一艘坚固的船。

【原文】

事有低昂曰轩轾，力相上下曰颉颃①。凭空起事曰作俑，仍前踵弊曰效尤②。手口共作曰拮据，不暇修容曰鞅掌③。手足并行曰匍匐，俯首而思曰低回④。明珠投暗，大屈才能；入室操戈，自相鱼肉⑤。求教于愚人，是问道于盲；枉道以干主，是炫玉求售⑥。智谋之士，所见略同；仁人之言，其利甚溥⑦。

【注释】

①低昂：起伏，时高时低。轩轾(xuān zhì)：车子前高后低为"轩"，车子前低后高为"轾"。引申为高低、轻重。颉颃(xié háng)：鸟上下飞翔的样子。引申为不相上下或相抗衡。

②作俑：古代制作殉葬用的木偶或陶人。后来比喻首开恶例。仍前踵弊：沿袭从前的错误。仍，因袭。踵弊，跟着犯错。踵，脚后跟。弊，弊病。效尤：仿效错误。尤，错误。

③拮据：本指鸟儿筑巢，口足劳苦。引申为经济窘迫。不暇：没有空闲。鞅掌：谓职事纷扰繁忙。

④匍匐：伏地而行。低回：也作"低徊"，徘徊，流连。

⑤明珠投暗：也作"明珠暗投"。将夜明珠在暗地里向人投去，让人很惊疑。比喻贵重的物品落入不识货的人手里，也比喻有才能的人没有得到重视或好人误入坏人群体。入室操戈：到屋子里拿起他的武器攻击他。比喻用对方的论点反驳对方。操，拿。戈，古代像矛的武器。自相鱼肉：内部人互相把对方当作鱼肉宰割。比喻内部自相残杀。鱼肉，指当作鱼肉宰割。

⑥问道于盲：向瞎子问路。比喻向一无所知的人求教。盲，瞎子。枉道以干主：不以正道求得君主重用。枉道，歪道。干，求。炫玉求售：炫耀自己的才能，以求重用。

⑦所见略同：见解大体相同。其利甚溥：他的利益很广大。溥，广大。

【译文】

事情有高低起伏叫做"轩轾"，力量不相上下叫做"颉颃"。凭空弄出事端便说"作俑"，沿袭前人犯的错误就说"效尤"。手和口一起辛苦劳作称为"拮据"，没有空闲修饰容貌称为"鞅掌"。手和脚一齐着地慢慢向前爬行称做"匍匐"，低头沉思恋恋

难舍称做"低徊"。"明珠投暗",比喻有才能的人大受压抑;"入室操戈",比喻内部自相残杀。向愚蠢的人请教,这是"问道于盲";不以正道求得君主的重用,这是"炫玉求售"。有智慧懂谋略的人,见解大体相同;仁德的人说的话,能够起到很大的作用。

【解读】

晋代虞溥在《江表传》中说:"天下智谋之士所见略同耳。"意思是英雄人物的见解基本相同。这是对意见相同的双方表示赞美的话。后来就逐渐发展成了我们现在常常说的俗语"英雄所见略同"。关于"英雄所见略同",现在存在两种不大一样的解释。一种解释是:特殊或杰出人物的见解大致相同。另一种解释是:特殊或杰出人物的见解在重大的谋略上是一致的或完全相同的。这条俗语原来用以赞美意见相同的双方,现在有时也用于讽刺。

【原文】

班门弄斧,不知分量;岑楼齐末,不识高卑①。势延莫遏,谓之滋蔓难图;包藏祸心,谓之人心叵测②。作舍道旁,议论多而难成;一国三公,权柄分而不一③。事有奇缘,曰三生有幸;事皆拂意,曰一事无成④。酒色是耽,如以双斧伐孤树;力量不胜,如以寸胶澄黄河⑤。兼听则明,偏听则暗,此魏徵之对太宗;众怒难犯,专欲难成,此子产之讽子孔⑥。

【注释】

①班门弄斧:在鲁班门前舞弄斧头,比喻在行家面前卖弄本领。班,鲁班,我国古代的巧匠,木匠的祖师爷。岑(cén)楼齐末:不看根本,只比较末端,高楼与方寸之木也可一样高。比喻人不知高低。岑,尖顶高楼。

②势延莫遏:任其顺势发展,不予遏制。延,伸展。滋蔓难图:野草滋生,难以消除。滋蔓,滋生蔓延。包藏祸心:心里藏着害人的主意。祸心,害人的心。人心叵(pǒ)测:人的心底不可探测。形容人心险恶。

③作舍道旁:在路边修筑房屋,过路的都会来出主意。比喻人们议论纷纷,意见不一,难以成事。一国三公:一个国家有三个主持政事的人。比喻政出多门,权利不统一,使人无所适从。公,古代诸侯国君的通称。权柄:权势地位。

④三生有幸:三世都很幸运。三生,前生、今生、来生。幸,幸运。拂意:违背心愿,不如意。一事无成:形容什么事情都没有做成。

⑤酒色是耽:沉溺于美酒和女色。耽,沉溺,入迷。双斧伐孤树:贪酒色,身体就会像双斧砍伐的树木一样垮下去。寸胶澄黄河:极少的胶无法使黄河澄清。比喻力小办不了大事。

⑥兼听则明,偏听则暗:听取多方面的意见,才能明辨是非;单听一方面的话,就分不清是非。明,看事清楚。暗,昏暗,糊涂。魏徵:唐太宗时任谏议大夫。太宗:即李世民,唐朝的皇帝。众怒难

犯，专欲难成：众人的愤怒难以触犯，专权的欲望难以成功。犯，触犯，冒犯。专欲，个人的欲望。子产：名侨，字子严，春秋时郑国穆公之孙，长期执掌国政。子孔：郑国公子，曾代任国相。

【译文】

"班门弄斧"，是说人真是自不量力；"岑楼齐末"，是说人不知道高低贵贱。任其顺势发展，不予遏制，称之为"滋蔓难图"；心里藏着害人的主意，称之为"人心巨测"。"作舍道旁"，形容议论的人太多，事情很难成功；"一国三公"，形容权力分散而不专一。事情有奇缘，就说"三生有幸"；事情都不如意，就说"一事无成"。沉迷酒色，好比用双斧砍伐的一棵树，危害极大；力量承受不了，就像用一寸胶质去澄清黄河的水一样，是根本做不到的。"兼听则明，偏听则暗"，这是魏徵回答唐太宗的名言；"众怒难犯，专欲难成"，这是郑国的子产讽劝子孔的话。

【解读】

"兼听则明，偏听则暗。"出自汉·王符《潜夫论·明暗》："君之所以明者，兼听也；其所以暗者，偏信也。"唐代著名谏臣魏徵回答唐太宗时说过"兼听则明，偏听则暗。"此事在《资治通鉴·唐太宗贞观二年》有详细记载：上问魏徵曰："人主何为而明，何为而暗？"对曰："兼听则明，偏信则暗。昔尧清问下民，故有苗之恶得以上闻。舜明四目，达四聪，故共、鲧、欢兜不能蔽也。秦二世偏信赵高，以成望夷之祸；梁武帝偏信朱异，以取台城之辱；隋炀帝偏信虞世基，以致彭城阁之变。是故人君兼听广纳，则贵臣不得拥蔽，而下情得以上通也。"上曰："善。"意思是：唐太宗问魏徵："君主怎样能够明辨是非，怎样叫昏庸糊涂？"魏徵答："广泛地听取意见就能明辨是非，偏信某个人就会昏庸糊涂。从前帝尧清晰地向下面民众了解情况，所以有苗作恶之事能够及时掌握。舜帝耳听四面，眼观八方，故共、鲧、欢兜都不能蒙蔽他。秦二世偏信赵高，在望夷宫被赵高所杀；梁武帝偏信朱异，在台城因受贿被下臣侮辱；隋炀帝偏信虞世基，死于扬州的彭城阁兵变。所以人君广泛听取意见，则宦官不敢蒙蔽，下面的情况得以反映上来。"唐太宗说："好啊！"之后的明智者莫不把"兼听则明，偏听则暗。"当成自己为人处世、从政为官的座右铭。

【原文】

欲退所长，谓之心烦技痒；绝无情欲，谓之槁木死灰①。座上有江南，语言须谨；注来无白丁，交接皆贤②。将近好处，曰渐入佳境；无端倨傲，曰旁若无人③。借事宽没曰告假，将钱嘱托曰夤缘④。事有大利，曰奇货可居；事宜鉴前，曰覆车当戒⑤。

【注释】

①心烦技痒：形容擅长及爱好某种技艺，一遇到机会就急于表现的情态。烦，烦躁。情欲：人的欲望。槁木死灰：枯干的树木和火灭后的冷灰。比喻毫无生气或心情极端消沉。

②座上有江南：强调说话要小心，以免触动别人的心事。江南，江南人。白丁：旧指平民，没有功名的人。

③渐入佳境：慢慢进入美好的境界。晋代的顾恺之每次吃甘蔗，都要从上端吃到下端，有人追问他原因，他说："渐入佳境。"意思是甘蔗下端比上端甜，从上到下，越吃越甜。无端：没有道理。倨傲：高傲自大，傲慢不恭。旁若无人：好像旁边没有人。形容态度自然，也形容高傲，不把旁人放在眼里。

④宽役：暂停工作。告假：请假。夤（yín）缘：本指盘附上升，后来指攀附权贵，以求仕进。

⑤奇货可居：将珍贵的东西囤积起来，等待高价出售。比喻利用好的条件作为将来谋求发展的本钱。奇货，稀罕少见的货物。居，积蓄、存。前鉴：吸取前人或前面的教训。覆车当戒：前人的失败，后人应当引为教训。覆车，翻车，比喻失败的教训。戒，警惕，引申为鉴戒，吸取教训。

【译文】

想要炫耀自己擅长的技能，称之为"心烦技痒"；没有任何的嗜好或欲望，称之为"槁木死灰"。"座上有江南"，是指说话必须要谨慎；"往来无白丁"，是指所交往的都是知识渊博、道德高尚的贤人。境况逐步好转，兴味渐渐浓厚，称做"渐入佳境"；没有一点理由地傲慢不恭，称做"旁若无人"。因事暂停工作，叫做"告假"；用钱攀附权贵，托其办事，叫做"夤缘"。做一件事情可以赢得很多利益，称做"奇货可居"；做事应当吸取前面的教训，称做"覆车当戒"。

【解读】

"清高"在古代往往用来赞美居士不追求名利，超然尘世，甘愿回归田园，意思是，纯洁高尚，不慕名利，不同流合污。邹韬奋在《学校与商场》中说："一般人都承认教育是清高事业，也是立国之本。"这里的"清高"意思是纯洁高尚。古代居士们流传下来许多这方面的优美诗句。著名的田园诗人陶渊明在《饮酒》里写道："采菊东篱下，悠然见南山。"其中用菊花表现自己隐居田园，清高自洁。周敦颐在《爱莲说》中说："出淤泥而不染，濯清涟而不妖。"写出了莲花身处污泥

之中，却纤尘不染，不随世俗、洁身自爱和天真自然不显媚态的可贵精神，通过对莲的形象和品质的描写，歌颂了莲花坚贞的品格，从而也表现了作者清高的人格。

【原文】

外彼为此，曰左袒；处事两可，曰模棱①。敌甚易摧，曰发蒙振落；志在必胜，曰破釜沉舟②。曲突徙薪无恩泽，不念豫防之力大；焦头烂额为上客，徒知救急之功宏③。贼人曰梁上君子，强梗曰化外顽民④。木屑竹头，皆为有用之物；牛溲马渤，可备药石之资⑤。

【注释】

①外彼为此：排斥那一方而维护这一方。外，疏远，排斥。为，帮助，维护。左袒：脱左袖，露出左臂，意思偏袒某一方。两可：可以这样，也可以那样。模棱：遇事不置可否，态度含糊。

②摧：挫败，摧垮。发蒙振落：把蒙在物体上的东西揭掉，把将要落下来的树叶摇下来。比喻轻而易举。振，摇动。破釜沉舟：将饭锅打破，将渡船凿沉。比喻下定决心干到底。釜，锅。

③曲突徙薪：把烟囱改成弯的，把灶旁的柴草搬走。突，烟囱。薪，柴草。豫防：即"预防"，事先防备。

④梁上君子：躲在屋梁上的人，代称窃贼。强梗：骄横跋扈。也指骄横跋扈、胡作非为的人。化外顽民：没有受过教化的愚顽百姓。

⑤木屑竹头：比喻可以利用的废物。牛溲马渤：两种贱而容易得到的药材。比喻一般人认为无用的东西，在懂得其性能的人手里可称为有用的物品。牛溲，牛尿，也说是车前草的别名。马渤，菌类的一种。

【译文】

排斥那一方而维护这一方，叫做"左袒"，处理事情这样也可那样也行，叫做"模棱"。敌人非常容易被打败，称做"发蒙振落"；下定决心要取得胜利，叫做"破釜沉舟"。建议把烟囱改成弯的，把灶旁的柴草搬走的人没有得到报答，这是因为主人没有想到事先预防火灾发生很重要；参与救火而被火烧得焦头烂额的人都成了贵客，这是因为主人仅仅知道参与救火的人有功劳。偷窃别人财物的人被称做"梁上君子"，骄横跋扈的人被称做"化外顽民"。木屑竹头，都是有用的物品；牛溲马渤，都可以充当制药的材料。

【解读】

"梁上君子"最早出自《后汉书·陈寔传》。据《后汉书·陈寔传》记载，汉桓帝时，陈寔任太丘长。他理政有方，秉公办事，心地仁厚，善于以德

感人，深受人们的尊敬与爱戴。一天晚上，陈寔发现自己的住室里有个小偷躲在屋梁上，他并没有声张，而是把子孙们叫到跟前，严肃地讲了一番做人的道理。他说每个人都应该自尊自爱，严格要求自己，防止走上邪路。干坏事的人并不是生来就坏，只是平常不学好，慢慢养成了习惯，本来也可以是正人君子的却变成了小人，梁上君子就是这样的人。躲在梁上的小偷句句听得仔细，羞得无地自容，跳下来连连向陈寔磕头、认罪求饶，陈寔仔细盘问，方知小偷因连年歉收，生活贫困，他才当了小偷。陈寔看他不像个坏人而且确有悔改的决心，就送给他两匹绢，叫他作本钱做小生意养家糊口，那人拜谢而去。后来此事传开，成为民间美谈，太丘县很长时间没有发生盗窃案件。从此梁上君子成了一个典故，成了窃贼的代称。

【原文】

五经扫地，祝钦明自亵斯文；一木撑天，晋王敦未可擅动[①]。题凤题午，讥友讥亲之隐词；破麦破梨，见夫见子之奇梦[②]。毛遂片言九鼎，人重其言；季布一诺千金，人服其信[③]。岳飞背涅尽忠报国，杨震帷以清白传家[④]。下强上弱，曰尾大不掉；上权下夺，曰太阿倒持[⑤]。

【注释】

①五经扫地：比喻丧尽文人体面。五经：指儒家的五部经典，即《诗经》、《尚书》、《礼记》、《易经》和《春秋》，这里指文人或儒生。祝钦明：唐代国子监祭酒，即中央教育机构的主管。自亵（xiè）斯文：唐中宗与大臣们一起宴饮，国子监祭酒祝钦明自己说能表演"八风舞"，身体肥胖，容貌丑陋的他趴在地上摇头瞪眼，左顾右盼。礼部侍郎卢藏用叹息道："这实在是'五经扫地'呀！"亵，轻慢，辱没。斯文，指文人或儒生。一木撑天：比喻时机尚未成熟。王敦：晋武帝的驸马，被授镇东大将军兼都督六州诸军事，领江州刺史，寻领荆州刺史。两次起兵谋反。擅动：随意行动。

②题凤：比喻高贵者的访问。晋朝嵇康和吕安是好朋友，只要想念对方，虽然远隔几千里也要驾车前去拜访。有一次吕安来拜访嵇康，嵇康出门没有回来，嵇康的兄长嵇喜出来迎接，吕安却只在门上写了一个"凤"字就走了，繁体"凤"字拆开就是"凡鸟"两字，这是吕安讽刺嵇喜很平庸。题午：古代有个人去拜访朋友，朋友未在，就在门上写了个"午"字走了，这是在取笑朋友像没有出头的"牛"。破麦：传说有一妇人在兵乱中与丈夫和儿子失散，一天梦见磨麦，莲花落尽，一尼姑解梦说："磨麦见夫，莲花落而莲子出"，后来妇人果然见到了丈夫和儿子。破梨：传说杨进贤担任南阳刺史时，一天登身，失掉儿子。夫妇思念儿子心切，有一天梦见与儿子剖梨。第二天找友人解梦，友人说剖开了梨就见到了子，果然十天后找到了儿子。

③毛遂：战国时赵国公子平原君（赵胜）的门客。片言：只言。九鼎：传说是夏禹所铸的九个鼎，来象征九州，后来成为国家政权的象征。一诺千金：项羽的部将季布非常守信用，当时楚人有谚语："得黄金百斤，不如得季布一诺。"诺，许诺，诺言。

④岳飞：字鹏举，南宋抗金名将。背涅尽忠报国：南宋名将岳飞背上，文有"尽忠报国"四个大字。涅，染黑，文身。杨震：字伯起，东汉弘农华阴（今属陕西）人，任太尉，通晓群经，当时称为"关西孔子"。清白传家：先人将自己的廉洁品德传给后代子孙。清白，廉洁。

⑤尾大不掉：兽类尾巴过长，摇摆起来困难。比喻部属势力强大，不服从指挥调度。掉，摆动。太阿（ē）倒持：倒拿着太阿宝剑，把剑柄递给别人。比喻轻率授权予人，自己反受其害。太阿，宝剑名。

【译文】

"五经扫地"，说的是唐代祝钦明跳八风舞丑态百出，辱没了儒生的名声；"一木撑天"，说的是晋代王敦梦见"一木撑天"预谋叛乱，吴猛为他解梦说木加一为"末"，不要轻举妄动。"题凤"和"题午"，都是讥讽亲戚朋友的隐讳言词；"破麦"和"破梨"，都是见到丈夫见到儿子的奇异的梦兆。平原君的门客毛遂的一句话重于九鼎，这是人们看重他的言语；项羽的部将季布一句诺言价值千金，这是人们佩服他守信用。南宋抗金名将岳飞背上用黑色的染料刺有"尽忠报国"四个字，东汉太尉杨震只有"清白"的好名声传给后代子孙。部属权力强大而上司的权力弱小，叫做"尾大不掉"；上司的权力被部属篡夺，叫做"太阿倒持"。

【解读】

岳飞是我国历史上著名战略家、军事家、民族英雄、抗金名将。岳飞宋、辽、金、西夏时期最为杰出的军事统帅，同时又是两宋以来最年轻的建节封侯者。南宋中兴四将（岳飞、韩世忠、张俊、刘光世）之首。岳飞作为一员名将，其精忠报国的精神深受，各族人民的敬佩。其在出师北伐、壮志未酬的悲愤心情下写的千古绝唱《满江红》，至今仍是令人振奋的佳作。其率领的军队被称为"岳家军"，人们流传着"撼山易，撼岳家军难"的名句，表示对"岳家军"的最高赞誉。绍兴十一年十二月二十九日，秦桧以"莫须有"的罪名将岳飞毒死于临安风波亭。后世对岳飞评价很高。金使刘锡对岳飞的评价：江南忠臣善用兵者，止有岳飞，所至纪律甚严，秋毫无所犯。所谓项羽有一范增而不能用，所以为我擒。如飞者，无亦江南之范增乎！宋史对岳飞的评价：西汉而下，若韩、彭、绛、灌之为将，代不乏人，求其文武全器、仁智并施如宋岳飞者，一代岂多见哉。明太祖朱元璋对岳飞的评价：纯正不曲，书如其人。孙中山对岳飞的评价：岳飞魂，是中华民族的精神代表，也就是民族魂。

【原文】

当今之世，不但君择臣，臣亦择君；受命之主，不独创业难，守成亦不易①。生平所为皆可对人言，司马光之自信；运用之妙惟存乎一心，岳武穆之论兵②。不修边幅，谓人不饰仪容；不立崖岸，谓人天牲和乐③。蕞尔、幺么，言其甚小；卤莽、灭裂，言其不精④。误处皆缘不学，强作乃成自然⑤。

【注释】

①君择臣，臣亦择君：不但君主选择臣下，臣下也要选择君主。创业难，守成亦不易：开创伟大的事业固然很难，但是要守住前人开创的事业也是不容易的。

②司马光：字君实，北宋大臣，史学家，编撰了《资治通鉴》。岳武穆：岳飞死后谥"武穆"。

③不修边幅：原来形容不拘小节，后来形容不注重衣衫、容貌的整洁。边幅，本指布帛的边缘，后来比喻人的仪表、衣着、生活作风。不立崖岸：不站在山崖上和堤岸边。形容性情随和，不高傲。崖岸，高峻的山崖和堤岸，比喻性情孤傲，不合群。

④蕞（zuì）尔：很小的样子。幺么：微小。卤莽：粗率冒失。卤，通"鲁"。灭裂：说话做事粗疏草率。

⑤误处皆缘不学：汉高祖刘邦平生的错误的地方很多，后来有个叫唐仲友的评价说："误处皆缘不学，改处皆由敏悟。"缘，因为。不学，没有学问。强作乃成自然：开始是勉强地去做，时间久了成了习惯，也就是自然而然的了。

【译文】

当今的时代，不但君主选择臣下，臣下也要选择君主；接受天命的君主，开创伟大的事业固然很难，但是要守住前人开创的事业也是不容易的。一生所做的事情都可以对别人诉说，这是北宋名臣司马光所表现的自信。运用兵法的妙处全在乎自己的随机应变的智慧，这是南宋抗金名将岳飞论述用兵的观点。"不修边幅"，是说人不注重修饰仪表容貌；"不立崖岸"，是说人的性情随和。"蕞尔"、"幺么"，都是说非常微小的意思；"卤莽"、"灭裂"，都是说做事不精细。刘邦的错误很多，都是因为没有学问；开始是勉强地去做，时间久了习惯便成了自然。

【解读】

司马光，北宋政治家、文学家、史学家。原籍陕州夏县（今属山西夏县）涑水乡人，世称涑水先生。是仁宗、英宗、神宗、哲宗四朝元老，卒赠太师、温国公，谥文正，主持编纂了中国历史上第一部编年体通史《资治通鉴》，为人温良谦恭、刚正不阿，其人格堪称儒学教化下的典范，历来受人景仰。司马光的奇闻趣事很丰富，有不得谩语、破瓮救友、诚信卖马、低调淡泊、坚不纳妾和典地葬妻等。其中"破瓮救友"众所皆知，而"不得谩语"颇有深意：司马光一生诚信，应该也是受父亲的诚实教育的影响，大概在五六岁时，有一次，他要给胡桃去皮，他不会做，姐姐想帮他，也去不掉，姐姐就先行离开了，后来一位婢女用热汤替他顺利将胡核去皮，等姐姐回来，便问："谁帮你做的？"他欺骗姐姐是自己做的，父亲便训斥他："小子怎敢说谎。"司马光从此不敢说谎，年长之后，还把这件事，写到纸上，策励自己，一直到死，没有说过谎言。邵雍的儿子邵伯温还看过这张纸。清人陈宏谋说："司马光一生以至诚为主，以不欺为本。"后人对司马光盖棺论定之语，也是一个"诚"字。

【原文】

求事速成曰躐等，过于礼貌曰足恭①。假忠厚者谓之乡愿，出人群者谓之巨擘②。孟浪由于轻浮，精详出于暇豫③。为善则流芳百世，为恶则遗臭万年④。过多曰稔恶，罪满曰贯盈⑤。尝见冶容诲淫，须知慢藏诲盗⑥。管中窥豹，所见不多；坐井观天，知识不广⑦。无势可乘，英雄无用武之地；有道则见，君子有展采之思⑧。

【注释】

①躐（liè）等：不按次序，越级。躐，超越。足恭：过度谦恭。足，过分。

②乡愿：乡里人多数被认为是忠厚的人，实际上这种人是以媚于世而博取忠厚之名的伪善欺世者。愿，忠厚。巨擘（bò）：大拇指。

③孟浪：言语鲁莽，轻率不当。精详：精细周详。暇豫：悠闲安逸。

④流芳百世：美名永远流传后世。流，流传、传布。芳，香，比喻美名。遗臭万年：死后恶名一直流传，永远被人唾骂。遗臭，死后留下的恶名。

⑤稔（rěn）恶：丑恶，罪恶深重。稔，事物酝酿成熟。贯盈：以绳穿钱，穿满了一贯。贯，穿钱的绳子。盈，满，多指罪恶极大。

⑥冶容：打扮的很妖艳。诲淫：招致淫乱之事。诲，引诱，招致。淫，淫乱。慢藏：疏于保管。

⑦管中窥豹：从管子里看豹，比喻看到的不是全部或整体。坐井观天：坐在井底看天。比喻眼界小，见识少。

⑧无势可乘：没有可能把握的机会。势，形势，环境。乘，利用，凭借。英雄无用武之地：比喻才能无处发挥或没有机会发挥。有道则见：国家政治清明，就出来做事。见（xiàn），同"现"。展采之思：实现施展自己做官才能的愿望。展采，意思是供职。展，施展。采，古代卿大夫受封的土地，后引申为官职。

【译文】

做事情一味地急于求成叫做"躐等"，对待别人过分地谦恭礼貌叫做"足恭"。表面忠诚厚道，其实伪善欺世，称之为"乡愿"；才华高出一般人的杰出人物，称之为"巨擘"。做事"孟浪"，是由于言谈举止不庄重不严肃；办事"精详"，是来自悠闲安逸，从容不迫。多做好事就能"流芳百世"，经常干坏事的人定当"遗臭万年"。过错太多就

叫做"稔恶"，罪恶极多就叫做"贯盈"。曾经见到女子打扮妖艳引来别人的调戏；必须懂得自己的财物不好好收藏，就会招致坏人来偷窃。"管中窥豹"，形容看到的范围并不多；"坐井观天"，形容眼界狭窄见识不广。没有机会施展才干，常说"英雄无用武之地"；国家政治清明的时候出来做官，常说"君子有展采之思"。

【解读】

"流芳百世"与"遗臭万年"是一对反义词。"流芳百世"出自《三国志·魏志·后妃传》："并以圣明，流芳上世。"而"遗臭万年"出自《晋书·桓温传》："既不能流芳百世，亦不足复遗臭万载耶！"从古至今，有两种"名人"——流芳百世的贤人和遗臭万年的恶人！流芳百世的贤人，远古时代有尧、舜、禹三位圣贤，拒绝帝位的名士许由和伯益；有史以来的四大明君：汉武帝刘彻——奠定了了汉民族在东方的主导地位，唐太宗李世民——建造了一个当时世界最强盛的帝国，宋太祖赵匡胤——建造了一个当时世界最强的经济帝国。康熙——开清朝"康乾盛世"维护了多民族国家的统一。他们流芳百世，令人敬仰。而秦桧、汪精卫这样的人却会遗臭万年，令人唾弃。

【原文】

求名利达，曰捷足先得；慰士迟滞，曰大器晚成①。不知通变，曰徒读父书；自作聪明，曰徒执己见②。浅见曰肤见，俗言曰俚言③。识时务者为俊杰，昧先几者非明哲④。村夫不识一丁，愚者岂无一得⑤。拔去一丁，谓除一害；又生一秦，是增一仇⑥。戒轻言，曰恐属垣有耳；戒轻敌，曰勿谓秦无人⑦。同恶相帮，谓之助桀为虐；贪心无厌，谓之得陇望蜀⑧。

【注释】

①利达：便利通达。捷足先得：又作捷足先登，形容动作迅速敏捷的人先行达到目的。迟滞：缓慢而不通达。大器晚成：大的材器要琢磨很长时间才可以造就，不容易速成。比喻担当大事的人要经过长期的磨炼，成就较晚。

②通变：灵活变通。徒读父书：只知览读前人的书本，比喻那些空谈书本知识而不能领会变通的人。徒执己见：坚持自己的意见，固执谬能。

③肤见：只看见皮肤那样的见识，引申为见识浅显。俚语：通俗或地方色彩浓厚而不广泛流行的言词。

④昧：愚昧无知。几：事物的隐微状态，指苗头或征兆。明哲：洞察明晓事理的人。

⑤不识一丁：不认识一个丁字，指人没有一点文化。愚者岂无一得：指愚昧之人也会有他正确的时候。得：心得，正确的见解。

⑥拔去一丁：丁指宋仁宗时期专权的丁谓，以陷害忠良而被百姓痛恨。又生一秦：又产生一个秦国。《史记·张耳陈余列传》上说，陈胜起兵后，部将武臣破赵，自立为赵王，陈胜听后大怒，想发兵攻赵，部属房君劝道："秦国还没有灭亡就去诛灭武臣等人，这是又生一个秦国了。"意即又增加一个敌人。

⑦属垣（yuán）有耳：属垣指墙，有人附墙窃听人言。勿谓秦无人：《左传》记载，晋国大夫士会投奔秦国，晋人怕秦任用士会，就派魏寿余假装叛晋归秦，请命和士会同往魏（寿余的封地），其实说服士会回国。临行的时候，秦大夫绕朝看出士会的心思，赠他以马鞭说，"你不要说秦国无人才，只是秦王没采用我的计谋而已。"

⑧助桀（jié）为虐（nüè）：意思是帮助恶人作恶。桀，夏朝最后一个君主，是暴君。虐，残暴，干坏事。得陇望蜀：陇指甘肃一带，蜀指蜀地，即四川。得到了陇地，还祈望占有蜀，比喻人心贪得无厌，不知满足。

【译文】

求取名利，兴旺发达叫捷足先得；安慰读书人取得功名缓慢叫大器晚成。处理事情不知道变通，就像战国的赵括，只知道读父亲赵奢的兵书，却不知灵活运用；自以为聪明的人，总是固执地坚持自己的意见。能认清当前的形势或事物发展趋势的人，才称得上豪杰；不能事先观察细微的先兆变化，算不上圣明贤哲的人。山野村夫连一个字都不认识；虽然是笨人，却总有一点可取之处。除掉丁谓这样的祸害，叫做为民除去了一害；又生一秦是说又增加了一个仇敌。告诫人们不要随便说话，是恐怕隔墙有耳；告诫人们不要轻视敌对势力，是说不要以为秦国无人。帮助恶人干坏事，就好像帮助夏桀做残暴的事；贪心无比，从不满足，就好像已经得到了陇，还希望占领蜀。

【解读】

不知通变，往往会造成自身的损失。历来有不少关于"不知通变"的典故，如"刻舟求剑"、"郑人买履"、"守株待兔"等。"刻舟求剑"典出《吕氏春秋·察今》记述的一则寓言：有个楚国人坐船渡河时，不慎把剑掉入江中，他在船上刻下记号，说："这就是我的剑掉下去的地方。"当船停下时，他才沿着记号跳入河中找剑，结果当然没有找到剑。"郑人买履"典出《淮南子·说林训》记述的一则寓言：有个想买鞋子的郑国人，他先量好自己的脚的尺寸，然后把量好的尺码搁放在了自己的座位上。去集市时，忘了拿量好的尺寸。已经拿到了鞋子，才说："我忘记了带量好的尺码。"于是返回去取脚的尺寸。等到他返回来的时候，集市已经散了，最终没买到鞋，悻悻而归。有人问："（你）为什么不直接用脚试呢？"（他）说："我宁可相信量好的尺码，（也）不相信自己的脚。""守株待兔"典出《韩非子·五蠹》记载的一则寓言：战国时宋国有一个农民，看见一只兔子撞在树根上死了，便放下锄头在树根旁等待，希望再得到撞死的兔子。结果自然再无所获，而且庄稼也荒废了！典故中这三个人，都因为"不知通变"，造成了不同程度的损失。

【原文】

当知器满则倾，须知物极必反①。喜嬉戏名为好弄，好笑谑谓之诙谐②。谗口交加，市中可信有虎；众奸鼓衅，聚蚊可以成雷③。萋斐成锦，谓谮人之酿祸；含沙射影，言鬼蜮之害人④。针砭所以治病，鸩毒必至杀人⑤。李义府阴柔害物，人谓之笑里藏刀；李林甫奸诡诳人，世谓之口蜜腹剑⑥。代人作事，曰代庖；与人设谋，曰借箸⑦。见事极真，曰明若观火；对敌易胜，曰势若摧枯⑧。汉武内多欲而外施仁义，廉颇先国难而后私仇⑨。

【注释】

①器满则倾：器物装满了就会倾覆。物极必反：事物发展到极点，会向相反方向转化。极，顶点；反：向反面转化。

②好弄：爱好游戏。弄，玩耍，游戏。谑(xuè)：开玩笑。诙谐：谈吐幽默风趣。

③交加：相加，同时出现。市中可信有虎：即"三人成虎"，三个人谎报城市里有老虎，听的人就信以为真。比喻谣言一再重复，就能使人们当成事实。鼓衅：挑起事端。聚蚊可以成雷：许多蚊子聚在一起，声音会像雷声那样大。比喻众口诋毁，积小可以成大。

④萋斐成锦：《诗经·小雅·巷伯》中有"萋兮斐兮，成是贝锦。彼谮人者，亦已太甚"的句子。意思是，花纹交错，组织成五彩的贝锦；那个造谣者，真是欺人太甚！萋斐，花纹错杂的样子，比喻谗言。锦，有彩色花纹的丝织品。谮(zèn)：进谗言，说人的坏话。含沙射影：传说水中一种叫蜮的怪物，看到人影就喷沙子，被喷之人就生病死亡。比喻暗中诽谤与中伤，暗中攻击或陷害人。鬼蜮：害人的鬼和怪，比喻用心险恶、暗中害人的小人。

⑤针砭：古代用来治病的石针，使用方法现在已失传。比喻规诫过失。鸩(zhèn)毒：毒药，毒酒。

⑥李义府：唐朝大臣，为人奸险，外表和气，内心却阴险毒辣。当时的人说他笑中有刀，称他为"李猫"。阴柔害物：表面性格内向温和，其实暗中害人。笑里藏刀：比喻外表和蔼内心阴险。李林甫：唐玄宗时宰相。奸诡：奸诈虚伪。口蜜腹剑：嘴甜心毒。

⑦代庖：代厨师下厨。庖，厨师。设谋：出谋划策，用计。借箸：借筷子。比喻代人策划。

⑧明若观火：明晰得如同观察火焰那样，比喻观察事物明白透彻。势若摧枯：形容像摧毁枯草那样轻而易举。枯，枯草。

⑨汉武：即汉武帝刘彻，西汉皇帝。内多欲而外施仁义：汉武帝有一次，召见文学儒者在一起议论，大臣汲黯说："陛下内多欲而外施仁义，怎么能效仿尧舜治理国家呢！"廉颇：战国时期赵国的名将。先国难而后私仇：廉颇和蔺相如都是战国时赵国的大臣，廉颇因为蔺相如位置在自己之上有些不服气，总想羞辱他。蔺相如却处处忍让，说："我之所以这样做，先国家之急而后私仇也。"

应当知道容器装满了就会有倾覆的危险; 必须明白事物发展到极点, 会向相反方向转化。喜欢嬉戏玩耍名叫"好弄", 好说笑话言语风趣称之为"诙谐"。散布谣言的人一个接一个, 就能使人们相信闹市中真的有老虎; 众多奸人挑起事端, 就像许多蚊子聚在一起, 声音可以像雷声那样大。"萋斐成锦", 是说造谣中伤别人能酿成大祸; "含沙射影", 是说鬼蜮在水中喷沙害人, 比喻暗中攻击或陷害人。古代的针砭是用来给人治病的; 鸩羽有毒, 放在酒里, 一定能致人于死。唐朝的李义府外表和蔼却暗中害人, 人们说他是"笑里藏刀"; 唐朝的李林甫奸诈虚伪, 善于阿谀奉承, 世人称他是"口蜜腹剑"。代替别人做事, 叫做"代庖"; 替人出谋划策, 叫做"借箸"。观察事情极其真切, 称做"明若观火"; 对敌作战轻易取胜, 叫做"势若摧枯"。汲黯批评汉武帝内心欲望强烈, 表面上还要施行仁义; 廉颇和蔺相如首先关心国家的危难, 然后才去考虑个人的恩怨。

【解读】

李林甫是唐玄宗时期的奸相, 善于阿谀奉承、阴险毒辣而且"口蜜腹剑"。他收买嫔妃宦官, 探得玄宗动静, 迎合意旨, 因而获得信任, 掌握大权。他为人忌刻阴险, 对于才名高和受到玄宗重视的官员, 必设法排斥, 表面上甜言蜜语相结交, 背后却阴谋陷害, 时人称他"口有蜜, 腹有剑"。同时为相的张九龄、裴耀卿、李适之等皆被他排挤罢相。为了专权固位, 他竭力阻塞言路, 补阙杜琎上书言事, 被他贬为下邽令。他对朝臣说: "君等独不见立仗马(作为仪仗的马)乎, 终日无声而饫三品刍豆, 一鸣则黜之矣。"朝臣受其威胁, 从此谏诤路绝。他极力支持玄宗废太子瑛, 劝立武惠妃子寿王瑁, 玄宗却立了忠王玙(后改名亨, 即肃宗)。他怕太子即位后于己不利, 屡兴大狱, 以动摇太子。他促使杨国忠推究, 诛杀太子亲戚和不附己的臣僚, 株连数百家。他久踞相位, 独揽朝政, 同列宰相牛仙客、陈希烈都怕他而不敢问事。天宝八载(749), 咸宁太守赵奉璋拟揭发李林甫罪状二十余条, 被他指使御史台以妖言逮捕杖杀。李林甫死后, 杨国忠唆使安禄山诬告李林甫与蕃将阿布思谋反, 玄宗追削李林甫官爵, 籍没其家产, 子婿流配。李林甫在相位十九年, 玄宗晚年政治腐败, 他有很大的责任。

【原文】

卧榻之侧，岂容他人鼾睡，宋太祖之语；一统之世，真是胡越一家，唐太宗之时①。至若暴秦以吕易嬴，是嬴亡于庄襄之手；弱晋以牛易马，是马灭于怀愍之时②。中宗亲为点筹于韦后，秽播千秋；明皇赐洗儿钱于贵妃，臭遗万代③。非类相从，不如鹈鸰；父子同牝，谓之聚麀④。以下淫上谓之烝，野合奸伦谓之乱⑤。从来淑慝殊途，惟在后人法戒；斯世清浊异品，全赖吾辈激扬⑥。

【注释】

①卧榻之侧，岂容他人鼾睡：自己的床铺边，怎么能让别人呼呼睡大觉？比喻自己的势力范围或利益不容别人侵占。宋太祖：即赵匡胤，宋朝的建立者。一统之世，真是胡越一家：天下统一的时候胡人和越人就是一家人。唐太宗：即李世民，唐朝的皇帝。

②至若：至于。以吕易嬴：以吕家的儿子换的嬴家的天下。庄襄：指秦庄襄王，异人回秦国后即位，即庄襄王。以牛易马：传说东晋司马觐的妃子与小吏牛金私通生下司马睿，就是晋元帝。怀愍（mǐn）：西晋末期的两位皇帝，即西晋怀帝司马炽和晋愍帝司马邺。

③中宗亲为点筹于韦后：唐中宗的皇后韦后与武三思私通，韦后与武三思赌钱，中宗亲自为她点筹码。秽播千秋：丑闻传到千年以后。明皇赐洗儿钱于贵妃：唐明皇的妃子杨玉环认与自己私通的安禄山为干儿子，并与第三天在内宫为他举行洗儿礼，唐明皇竟然赏赐贵妃洗儿钱。

④非类：不是同类。鹈鸰：鹡鸰和喜鹊。牝（pìn）：雌性的鸟或兽。聚麀（yōu）：禽兽不知父夫妇之伦，故有父子共一牝之事。后指两代人之间的乱伦行为。麀，母鹿。

⑤烝：古代以下淫上，与母辈发生性关系。野合：不合礼仪的婚配。乱：淫乱，不正当的男女关系。

⑥淑：善。慝（tè）：恶。法戒：效法，警戒。清浊：本指水清与水浊。这里以"清"喻善，以"浊"喻恶。激扬：即"激浊扬清"，冲去污水，让清水上来，比喻斥恶扬善。

【译文】

"卧榻之侧，岂容他人鼾睡"，这是宋太祖灭南唐时所说的话语；"一统之世，真是胡越一家"，这是唐太宗时期的盛世景象。至于残暴的秦国实际上是吕姓取代了嬴姓，所以说嬴姓的秦国是在秦庄襄王手里就已经灭亡了；衰弱的东晋王朝实际上是牛姓代替了司马氏，所以说司马氏的晋国早在西晋晋怀帝、晋愍帝时就已经败亡了。唐中宗的皇后韦后与奸夫武三思玩双陆，中宗亲自为他们点筹码，这个丑闻传至千年以后；唐明皇的妃子杨玉环认与自己私通的安禄山为干儿子，唐明皇竟然赏赐贵妃洗儿钱，这样的丑事当然要遗臭万年了。不是同一类的却生活在一起，这样的人连鹡鸰和喜鹊都不如；父亲和儿子与同一个女人私通，这与禽兽没有差别，所以称之为"聚麀"。晚辈与母辈淫乱，称之为"烝"；男女私通即乱伦成奸，称之为"乱"。自古以来善良与邪恶就不是一条道，只在于后世的人们效法善良，警戒邪恶；这世上清和浊的品性本来就不相同，全靠我辈激浊扬清，惩恶扬善。

【解读】

"卧榻之侧，岂容他人鼾睡"是宋太宗赵匡胤的政治名言。公元960年，赵匡胤建立宋朝，他采取各个击破的战略，先后攻灭了荆南、湖南、后蜀等国。974年，他召南唐后主李煜到汴京朝见。李煜担心自己被扣押，就派徐铉到汴京求和。宋太祖直截了当地说："卧榻之侧，岂容他人鼾睡"后因用以为典，常喻自己的势力范围或利益不容别人侵占。

饮 食

【原文】

甘脆肥脓，命曰腐肠之药；羹藜含糗，难语太牢之滋①。御食曰珍馐，白米曰玉粒②。好酒曰青州从事，次酒曰平原督邮③。鲁酒、茅柴，皆为薄酒；龙团、雀舌，尽是香茗④。诗人礼衰，曰醴酒不设；款客甚薄，曰脱粟相留⑤。竹叶青、状元红，俱为美酒；葡萄绿、珍珠红，悉是香醪⑥。五斗解酲，刘伶独溺于酒；两腋生风，卢仝偏嗜乎茶⑦。

【注释】

①脓：通"酿"，浓厚，特指浓烈的酒。命：取名，命名。腐肠之药：腐蚀肠胃的毒药。羹藜含糗（gēng lí hán qiǔ）：用野菜做汤，吃干粮。藜，一种野菜。糗，炒熟的米或面等，可以做干粮。太牢：古代帝王、诸侯祭祀社稷的时候，牛、羊、豕三种牲畜都齐备称做"太牢"。这里比喻珍贵的食物。

②御食：指御膳，古代供皇帝食用的食品。御，对帝王所作所为及所用物品的敬称。珍馐（xiū）：珍奇名贵的食品。

③青州从事：青州，古代州名，在今山东省东部；从事，古代官名。平原督邮：平原，古代地名；督邮，古代官名。晋朝桓温有一名主簿，善于品酒，尝到好酒称为"青州从事"，劣酒称为"平原督邮"。因为青州有齐郡，平原有鬲县，"齐"与"脐"谐音，"鬲"与"膈"谐音；人体肚脐在腹部，膈在胸部，而好酒的酒力可以到达腹部，劣酒的酒力则只能到胸部。

④鲁酒：鲁国出产的酒，味淡薄。后作为薄酒、淡酒的代称。茅柴：农村自酿的酒。龙团：宋代贡茶名，产量极少，非常珍稀。雀舌：茶名。以嫩芽焙制的上等茶。

⑤脱粟相留：用粗米挽留客人。脱粟，粗粮，只脱去谷皮的粗米。

⑥竹叶青：亦称"竹叶清"。古代苍梧地方酿酒，加入青翠的竹叶。今指由汾酒加多种名贵药品配制而成的酒，含酒精少，酒味醇美。状元红：取一甲第一的称呼，以表示名贵。葡萄绿、珍珠红：都是美酒的名称，类似现在的葡萄酒。醪（láo）：本指酒酿，这里指醇香的美酒。

⑦酲（chéng）：酒醒后神志不清。两腋生风：形容喝过好茶后轻逸欲飞的感觉。腋，腋下。卢仝：唐代诗人，非常爱喝茶。他在《走笔谢孟谏议寄新茶》中说："一碗喉吻润；两碗破孤闷；三碗搜枯肠，唯有文字五千卷；四碗发轻汗，平生不平事，尽向毛孔散；五碗肌骨清；六碗通仙灵；七碗吃不得也，唯觉两腋习习生清风。"

【译文】

甘甜香脆的食物和肥腻的肉浓烈的酒，名字应当叫做腐烂肠胃的毒药；对于那些整天喝野菜汤、吃干粮的人，很难向他们讲清楚牛、羊、猪这些珍贵食物的滋味。皇帝吃的食品称做"珍馐"，精制的白米称做"玉粒"。好酒的酒力可以达到肚脐，青州有齐

郡,所以好酒称做"青州从事";劣酒的酒力只能达到横膈膜,平原有鬲县,所以劣酒称做"平原督邮"。"鲁酒"和"茅柴",都是指淡薄低劣的酒;"龙团"和"雀舌",都是上等的香茶。对待客人礼仪日渐减弱,称做"醴酒不设";接待客人十分菲薄,称做"脱粟相留"。"竹叶青"和"状元红",都是香甜的美酒;"葡萄绿"和"珍珠红",都是醇香的美酒。喝五斗酒才能解除神志不清,这是刘伶独自沉溺于酒的狂言;喝七碗茶即可两腋生出一股清风,这是唐代卢仝酷爱饮茶的名句。

【解读】

酒的酿造,在我国已有相当悠久的历史。据《神农本草》所载,酒起源于远古与神农时代。《世本八种》(增订本)陈其荣谓:"仪狄始作,酒醪,变五味,少康(一作杜康)作秫酒。"仪狄、少康皆夏朝人。即夏代始有酒。最初酒应当是果酒和米酒。自夏之后,经商周、历秦汉,以至于唐宋,皆是以果实粮食蒸煮,加曲发酵,压榨而后才出酒的,无论是吴姬压酒劝客尝,还是武松大碗豪饮景阳冈,喝的就是果酒或米酒,随着历史的发展,酿酒工艺也得到了改进,由原来的蒸煮、曲酵、压榨、改而为蒸煮、曲酵、馏、最大的突破就是对酒精的提纯。

【原文】

茶曰酪奴,又曰瑞草;米曰白粲,又曰长腰[1]。太羹玄酒,亦可荐馨;尘饭涂羹,焉能充饿[2]。酒系杜康所造,腐乃淮南所为[3]。僧谓鱼曰水梭花,僧谓鸡曰穿篱菜[4]。临渊羡鱼,不如退而结网;扬汤止沸,不如去火抽薪[5]。羞酒自劳,田家之乐;含哺鼓腹,盛世之风[6]。人贪食曰徒餔啜,食不敬曰嗟来食[7]。多食不厌,谓之饕餮之徒;见食垂涎,谓有欲炙之色[8]。

【注释】

①酪奴:北魏孝文帝问从齐国来的王肃:"羊肉和鱼羹比怎么样?茶和酒相比怎么样?"王肃谄媚地答道:"羊肉好比是齐鲁大邦,鱼好比是邾莒小国,茶不中用,只能给酪酒做奴隶。"酪,一种酒。粲:精米。长腰:稻米的一个品种,形状狭长,也称箭子。

②太羹:不和五味的肉汁。玄酒:古代祭礼中当酒用的清水。荐馨:用芳香的气味祭祖敬神。荐,祭祀时进奉供品。馨,散播很远的香气。尘饭、涂羹:用尘土做的饭,用泥巴熬的汤。是儿童游戏时物品。涂,泥土。

③杜康:传说中酿酒的发明者。腐:指豆腐。淮南:指西汉淮南王刘安,著名文学家,汉高祖之孙,编写有《淮南子》。李时珍《本草纲目》记载:"豆腐之法,始于前汉淮南王刘安。"

④水梭花:僧人吃素食,忌讳说荤腥的名称,鱼在水中当来游去,好像是在穿梭,故称"水梭

花"。穿篱菜：鸡常在篱笆中钻来钻去，所以和尚称之为"穿篱菜"。

⑤临渊羡鱼：站在水边想得到鱼。渊，深潭。羡，希望得到。汤：开水。

⑥自劳：自己犒劳自己。哺：口中所含的食物。

⑦徒餔啜（bū chuò）：只知道吃喝。餔啜，吃喝。不敬：怠慢，无礼。嗟（jiē）来食：喂，来吃吧！春秋时齐国发生饥荒，有人在路上施舍饮食，对一个饥饿的人说："嗟，来食。"饥饿的人说："我就是不吃'嗟来之食'。"最后竟饿死了。

⑧饕餮（táo tiè）：传说中的一种贪食的怪物。垂涎：口水下流。欲炙之色：晋代顾荣与同事们一起吃饭喝酒，看见旁边端烤肉的人容貌不像普通人，看着烤肉露出很想吃的样子，就割下一块烤肉给他吃。后来顾荣的上司谋反失败，顾荣也被抓起来准备杀头，当年那位端烤肉的人已经当上了督率，他使顾荣幸免于难。欲，想要。炙，烤肉。

【译文】

茶叫做"酪奴"，又叫做"瑞草"；米叫做"白粲"，又叫做"长腰"。"太羹"和"玄酒"，其芳香也可用来祭祖敬神；"尘饭"和"涂羹"，怎么能够用来充饥呢？酒是周朝的杜康最早酿造的，豆腐是淮南王刘安最先制作的。和尚吃素忌讳说鱼肉，所以称鱼为"水梭花"；和尚吃素忌讳说鸡肉，所以称鸡为"穿篱菜"。站在水边想要得到鱼，不如回家去织网捕鱼；把锅里的开水舀起来再倒回去，来制止水沸腾，还不如去掉火源抽出柴草。自己烹羊酿酒犒劳自己，这是农家的田园之乐；口里含着食物，用手拍着肚子，这是太平盛世的生活景象。人每天只知道吃喝叫做"徒餔啜"；给人吃东西却带有侮辱的语气叫做"嗟来食"。吃得很多还不满足，称之为"饕餮之徒"；看见食物就流口水，就说有"欲炙之色"。

【解读】

"临渊羡鱼，不如退而结网"典出《史记·汉书·董仲舒传》，书中说："故汉得天下以来，常欲治而至今不可善治者，失之于当更化而不更化也。古人有言曰：'临渊羡鱼，不如退而结网。'意思是说人只是站在河边，望着河中肥美的鱼，徒然羡慕，这样是永远得不到鱼的，还不如回家先结张网再来捕鱼。简言之，与其羡慕，不如动手去干。告诉人们一个普遍真理，自己期望得到的任何事物，必须通过自己的努力才能实现。规劝人们万事不能空想，实际行动才会实现理想。如果只是"临渊羡鱼"，而不去苦思冥想，刻苦钻研，牛顿怎么会有万有引力的重大发现？只有结网捕鱼，才能尝到鱼肉的美味。世界上不论什么事，如果只是脱离实际的空想，而不去脚踏实地地去实干，就像只站在河边，对鱼兴叹，而不去结网捕鱼一样，是什么也得不到的。

【原文】

　　未获同食，曰向隅；谢人赐食，曰饱德①。安步可以当车，晚食可以当肉②。饮食贫难，曰半菽不饱；厚恩图报，曰每饭不忘③。谢扰人，曰兵厨之扰；谦诗薄，曰草具之陈④。白饭青刍，诗仆马之厚；炊金馔玉，谢款客之隆⑤。家贫诗客，但知抹月披风；冬月邀宾，乃曰敲冰煮茗⑥。君侧元臣，若作酒醴之蘖；朝中冢宰，若作和羹之盐梅⑦。

【注释】

①向隅：面对着角落。隅，角落。

②安：安详，不慌不忙。晚食可以当肉：肚子饿了再吃，吃什么都像吃肉一样香。

③半菽(shū)不饱：半菜半粮的食物吃不饱。半菽，半菜半粮，指粗劣的饭食。每饭不忘：即时刻不忘。

④兵厨：晋代阮籍纵情诗酒，听说步兵校尉衙门厨房中藏有好几百斛酒，就向朝廷请求担任步兵校尉一职。后来称储存美酒的地方为"兵厨"。草具之陈：摆出来的粗劣的饭食。草具，粗劣的饭食。陈：陈列。

⑤白饭青刍(chú)：白饭供客，青草喂马。青刍，新鲜的草料。炊金馔(zhuàn)玉：用金烧火，用玉做饭。炊，烧火做饭。馔，饮食。隆：盛大，隆重。

⑥抹月批风：以风月待客。是文人表示家贫无可待客的戏言。抹，细切。批，薄切。敲冰煮茗：敲下冰块煮茶。六朝时的王休，住在太白山下，经常与僧人道士来往。每到冬天结冰时，便敲取溪里的冰块，烧水冲茶，款待客人。

⑦元臣：重臣，老臣。酒醴之曲蘖(niè)：酿酒用的发酵剂，今称酒药子。醴，甜酒。曲蘖，发酵剂。冢宰：周朝官名，为六卿之首，后来也称宰相。和羹之盐梅：调和羹汤里的盐和梅子。和羹，五味调和的羹汤。盐味咸、梅味酸，都是调味的必需品。

【译文】

　　没有获得共同进餐的待遇，叫做"向隅"；感谢别人宴请，叫做"饱德"。从容缓慢地行走，悠然舒适，就相当于坐车；等到肚子饿了再吃，吃什么都有滋味，就像吃肉一样。生活贫穷难以吃饱，叫做"半菽不饱"；厚重的恩德想要报答，时刻都记着，叫做"每饭不忘"。感谢别人饮食上的款待，打扰主人，称做"兵厨之扰"；谦虚地说自己招待客人菲薄，称做"草具之陈"。"白饭青刍"，是形容主人招待客人的仆人和马匹丰厚周到；"炊金馔玉"，是宾客感谢主人款待的隆重。家里贫穷的人家接待客人，只能"抹月批风"；冬天邀请宾客，就说"敲冰煮茗"。君主身边重臣的作用，就如同酿甜酒时用的发酵剂；朝中宰相的作用，就如同调和五味羹汤时用的盐和梅子。

《战国策·齐策四》里有这样一句话："蜀愿得归，晚食为当肉，安步以当车，无罪以当贵，清静贞正以自虞。"齐国有位高士，名叫颜蜀。齐宣王慕他的名，把他召进宫来。颜蜀却希望齐宣王准许他回乡。意思是："我情愿希望大王让我回去，每天晚点吃饭，也像吃肉那样香，安稳而慢慢地走路，足以当作乘车；平安度日，并不比权贵差。清静无为，纯正自守，乐在其中。"颜蜀说罢，向宣王拜了两拜，就告辞了。后来也成了人们的一种养生之道，大文学家苏东坡深谙养生之道。他的长寿秘诀是"一曰无事以当贵，二曰早寝以当富，三曰安步以当车，四曰晚食以当肉"的"四味药"。

【原文】

宰肉甚均，陈平见重于父老；夏羹示尽，邱嫂心厌乎汉高[1]。毕卓为吏部而盗酒，逸兴太豪；越王爱士卒而投醪，战气百倍[2]。证羹吹齑，谓人惩前警后；酒囊饭袋，谓人少学多餐[3]。隐逸之士，漱石枕流；沉湎之夫，藉糟枕曲[4]。昏庸桀纣，胡为酒池肉林；苦学仲淹，惟有断齑画粥[5]。

【注释】

①宰肉甚均：西汉人陈平年轻时怀有大志，有一年社祭，人们推举陈平主持祭社神并为大家分肉。陈平把肉分得十分均匀，父老乡亲们纷纷赞扬说："陈平这孩子分祭肉，分得真好，太称职了！"陈平感慨地说："假使我有机会治理天下，也能像分肉一样恰当、称职。"夏(jiá)羹示尽：刘邦没有发达时，经常带着客人到嫂子家吃饭，锅里虽然还有饭，但是嫂子故意用勺子刮锅底，发出很大的响声，表示饭已经吃完了。夏，刮。邱嫂：长嫂，大嫂。

②毕卓：字茂世，晋元帝时曾任吏部郎，常常因为喝酒而不办理公事。有一次，他晚上到邻居家放酒的地方偷酒喝，被人发现绑了起来，等天亮一看，竟然是毕吏部。主人赶紧解开绳子，请毕卓喝酒，直到大醉才离开。逸兴：超逸豪放的意思。爱士卒而投醪：越王勾践卧薪尝胆，奋发图强后兴兵伐吴时，派人把醇酒倒到江水上流，让士兵们在下流一起喝，士兵们深受感动，士气高涨。

③惩羹吹齑(jī)：被热汤烫过嘴，吃冷食时也要吹一吹。惩，警戒，鉴戒。齑，细切的冷食肉

菜。酒囊饭袋：只会吃喝，不会做事。囊，口袋。

④漱石枕流：用石头漱口，用流水做枕头。孙子荆年轻的时候，想要隐居山林，本想说"当枕石漱流"，一时口误，说成"漱石枕流"。王武子笑着问："流水可以做枕头，石头可以漱口吗？"孙子荆说："所以枕流，想要洗耳朵；所以漱石，想要磨砺牙齿。"沉湎：沉溺，沉迷于。藉糟枕曲：用酒糟做垫被，用酒曲做枕头。比喻嗜酒，贪杯。

⑤酒池肉林：传说殷纣王在水池里放满了酒，把一片片肉悬挂起来当作树林，日夜作乐。断斋画粥：切断腌菜，把粥划成几块。形容食物简单微薄。断，切断。斋，酱菜或腌菜之类。画，划分。

【译文】

割肉分配得很均匀，陈平受到家乡父老的敬重；故意用勺子刮锅底，表示羹已经吃完了，这是刘邦的大嫂心里讨厌刘邦。毕卓任吏部郎时，嗜酒成癖，晚上乘醉到邻家里偷酒喝，他的超逸豪放的意兴未免太过分；越王勾践爱士兵，将别人送的醇酒倒在河水的上游，叫士兵到下游一起喝，士兵们深受感动，士气立刻大涨。"惩羹吹齑"，是说人把以前的错误作为教训，使以后办事更加小心谨慎；"酒囊饭袋"，是说人不学无术只知道吃喝不会干事。退隐山林的读书人，说是经常用石头漱口，用流水洗耳；嗜酒无度的人，说是经常用酒糟作垫被，用酒曲作枕头。昏庸无道的夏桀王和商纣王，为什么要造酒池肉林荒淫挥霍呢？刻苦求学的范仲淹，每天只能依靠切断腌菜、划分粥块来充饥。

【解读】

"酒池肉林"这一成语来源于《史记·殷本记》里的"以酒为池，悬肉为林"，原意是指荒淫腐化，极端奢侈的生活，后也形容酒肉极多。"以酒为池，悬肉为林。"的始作俑者是历史上最有名的暴君商纣王。商纣王穷奢极欲，纵情享乐，建造了许多规模宏大的苑园。京城中的鹿台有"三里大，千尺高"，他还收集天下的奇珍异宝、名犬良马、奇禽异兽来充实宫宛。纣王整日宴饮淫乐，听从狐狸精妲己的妖言，为了供宴乐的人饮酒，在沙丘宫宛挖了一个酒池，酒池大得可以划船。纣王还让人悬挂了许多肉条，远远地望去，像树林一样，人称"肉林"。商纣王这种荒淫腐化，极端奢侈的生活，最终使他失去了民心，周武王替天行道，攻伐商纣的时候，纣王部下纷纷倒戈，加速商纣的灭亡，纣王最终落了个自焚而死的悲惨下场。从此，"酒池肉林"也成为了商纣王的代名词。

宫　室

洪荒之世，野处穴居；有巢以后，上栋下宇①。竹苞松茂，谓制度之得宜；鸟革翚飞，谓创造之尽善②。朝廷曰紫宸，禁门曰青锁③。宰相职掌丝纶，内居黄阁；百官具陈章疏，敷奏丹墀④。木天署学士所居，紫薇省中书所莅⑤。金马玉堂，翰林院宇；柏台乌府，御史衙门⑥。布政司称为藩府，按察司系是臬司⑦。潘岳种桃于满县，人称花县；子贱鸣琴以治邑，故曰琴堂⑧。潭府是仕宦之家，衡门乃隐士之宅⑨。贺人有喜，曰门阑蔼瑞；谢人过访，曰蓬荜生辉⑩。

【注释】

①洪荒：混沌、蒙昧的状态，这里指远古时代。有巢：即有巢氏，传说中构木为巢而居的创始者。上栋下宇：上面是屋梁，下面是屋檐。栋，房屋的正梁。宇，屋檐。

②竹苞松茂：《诗经·小雅·斯干》表达了庆祝王宫落成的喜悦心情，其中有"如竹苞矣，如松茂矣"的诗句，以"竹苞松茂"比喻宫室根基稳固，家族枝叶繁荣。苞，丛生，茂密。制度：制作；规模。鸟革翚（huī）飞：如同鸟儿张开双翼，野鸡展翅飞翔。革，鸟张翅。翚，羽毛五彩的野鸡。创造：建造。朝廷：君王接受朝见和处理政务的地方。

③紫宸（chén）：宫殿名，唐、宋皇帝接见群臣及外国使者的内朝正殿。禁门：秦、汉时皇宫称禁中，宫门称为禁门。青琐：原指装饰皇宫门窗的青色连环花纹。

④丝纶：帝王的诏书。黄阁：汉代丞相、太尉和汉以后的三公官署厅门涂黄色。具陈章疏：陈，上言、呈送；章疏，给皇帝的奏章、奏疏。敷奏丹墀（chí）：敷奏，即陈奏，向君王报告；丹墀，宫殿前的红色台阶及台阶上的空地。

⑤木天署：指翰林院。紫薇省：唐玄宗开元元年改中书省为紫薇省，中书令为紫薇令。

⑥柏台乌府：汉代御史府中种植很多柏树，招来大批乌鸦栖息。

⑦布政：官名。明朝有十三布政使司，每司设左、右布政使各一人，为一省最高行政长官。清代布政使为总督、巡抚属官，专门管理一省的财赋和人事。按察司：官署名。其长官称按察使，主管一省司法。清末改称提法使，简称"臬司"。

⑧子贱鸣琴：春秋末鲁国人宓子贱治理单父时，整天只在大堂上弹琴，单父却被治理得井井有条。⑨潭府：深宅大院。潭，深邃。衡门：横木为门，指简陋的房屋。

⑩门阑蔼瑞：门前笼罩着祥云。门阑，门框或门栅栏。蔼瑞，吉祥的云气。过访：登门探视访问。蓬荜（bì）生辉：为寒舍增添光彩。蓬荜，蓬门荜户的略语，指用蓬草、荆条等做的门，喻指陋室。

【译文】

远古时代，人们白天在荒野活动，晚上就住在天然山洞中；自从有巢氏发明了木屋后，人们才建起上面是栋梁，下面是屋檐的房子。"竹苞松茂"，是说房屋规划得十分得体；"鸟革翚飞"，是说房屋建造得非常完美。皇帝处理政务的前殿，称做"紫宸"；皇宫的宫门有禁，同时上面雕刻涂青，称做"青琐"。宰相负责掌管皇帝的诏书，处理政事的地方叫"黄阁"；百官都向皇帝呈送各种奏章，陈奏则在"丹墀"前。木天署是翰林学士处理政事的地方；紫微省是内阁中书荟临的场所。"金马"和"玉堂"，都是翰林院的美称；"柏台"和"乌府"，都是御史衙门的别称。布政司也称做"藩府"；按察司也叫做"臬司"。潘岳当河阳县令时，鼓励百姓种植桃树，全县开满桃花，所以人们称河阳县为"花县"；宓子贱身不下堂，弹琴就治理好了单父县，所以后来就把州、县官的衙门称做"琴堂"。深宅大院是指官宦人家的府邸；简陋的房屋是隐士居住的宅子。祝贺别人家有喜事，就说"门阑蔼瑞"；感谢客人登门拜访，就说"蓬荜生辉"。

【解读】

"宫室"一词出自《尔雅·释宫》："宫谓之室，室谓之宫"，宫和室是同义词。区别开来说，宫是总名，指整所房子，外面有围墙包着，室只是其中的一个居住单位。上古时代，宫指一般的房屋住宅，无贵贱之分。秦汉以后，只有帝王的居所才称为宫。我国历史上有四座著名的宫殿。阿房宫，秦始皇在消灭六国统一全国以后，在都城咸阳大兴土木，建宫筑殿，其中所建宫殿中规模最大的就是阿房宫。该宫殿一直修到始皇帝死去还没有完工，到了秦二世亡国也没有竣工。阿房宫面积超过20万平方米，历来是皇权穷奢极欲的象征。东都洛阳宫，隋唐期间，洛阳由于是防止山东叛乱分子拱卫关中最重要的前站，隋唐两代多位皇帝曾在此修建宫殿以及驻扎，以示重要，其中最重要的是隋朝开国皇帝隋文帝在此建立的洛阳宫，也是洛阳历史上最大的宫殿群。大明宫，是中国乃至世界历史上最大的宫殿群，它的面积超过4个紫禁城，是我国封建鼎盛时期——大唐帝国国力的象征，位于古长安城的东北角。自安史之乱后屡遭劫难，到唐末896年彻底毁损。故宫，是明清两朝的政治中心，是我国现存最完整的木质宫殿群，也是现存世界五大宫殿之首，现改为故宫博物院，有着极为重要的历史研究和文物保存价值。

【原文】

美奂美仑，礼称屋宇之高华；肯构肯堂，书言父子之同志①。土木方兴曰经始，创造已毕曰落成②。楼高可以摘星，屋小仅堪容膝③。寇莱公庭除之外，只可栽花；李文靖厅事之前，仅容旋马④。恭贺屋成曰燕贺，自谦屋小曰蜗庐⑤。民家名曰闾阎，贵族称为阀阅⑥。朱门乃富豪之第，白屋是布衣之家⑦。

【注释】

①美奂美仑：盛大，鲜明，亮堂。奂，繁富的样子；仑，高大的样子。礼：指《礼记》。书：指《尚书》。同志：志向相同。

②经始：开始营建。落成：建筑工程竣工。

③摘星：采摘星辰。传说商纣王建有摘星楼，极其高峻。

④寇莱公庭除：寇准晚年被封莱国公，据说他家院子很小，只能栽花。庭，庭院。除，台阶。李文靖厅事：北宋宰相李沆家的大厅。李文靖，即李沆，宋真宗时任宰相，谥文靖。厅事，大厅，客厅。

⑤燕贺：大厦落成而燕雀相贺。蜗庐：三国时焦先和杨沛建了一种圆形屋子，形状像蜗牛壳，称为"蜗牛庐"。后来把简陋的居处称为"蜗庐"。

⑥闾阎：原指平民居住的里巷内外的门。阀阅：指古代仕官人家大门外的左右柱。

⑦朱门：古代王公贵族的住宅大门漆成红色，表示尊贵。白屋：指不刷色彩、露出木材本色的房屋。也有人说是用白茅覆盖的房屋。

【译文】

"美奂美仑"，这是《礼记》中称赞房屋高大华丽的词语；"肯构肯堂"，是《尚书》里表示父子应当志向相同的说法。房屋建筑刚刚开始，叫做"经始"；房屋建筑已经完工，叫做"落成"。形容楼阁高耸，就说仿佛能够摘到星星；形容屋子狭小，就说仅能容下一个人的双膝。宋朝宰相寇准被封为莱国公，他家的庭院小到只可以种几株花；北宋宰相李沆家的大厅前面十分狭窄，仅仅能容下一匹马掉转身子。恭贺别人房屋建成，就说"燕贺"；自谦屋子简陋狭小，就说"蜗庐"。平民百姓的居住的地方名叫"闾阎"，达官贵人的住所称为"阀阅"。红漆涂染的大门是富豪的大宅子；白茅覆盖的房屋是平民百姓的家园。

【解读】

"燕贺"，通俗的说法就是"贺新屋"、"暖家"，这是中国很隆重的一个风俗，因为改善住房条件也是人生的大事，所以"贺新屋"备受人们的重视。融水苗族也有"贺新屋"的习俗。在主人建新房的当天夜里，趁大多数人睡之际，寨上的男青年才三三两两汇集到芦笙坪，将芦笙扛到新建的木屋处，围成大圆圈，使劲地吹起来，表达对主人新居落成的祝贺。为了答谢来祝贺的人，主人事先已经准备好酸鸭、酸鱼、猪肉、糯米饭和酒、用碗、盆、坛子盛好，放在新屋横梁临时搭起的木板上，然后在新屋里恭候。贺喜人到来后，主人亲自分给每人一份，并给他们敬酒，贺喜的人边吃边向主人祝贺。希望天下的家庭都早日拥有自己温馨的新屋，迁入新宅吉祥如意，搬进高楼福寿安康。

【原文】

客舍曰逆旅，馆驿曰邮亭；书室曰芸窗，朝廷曰魏阙①。成均辟雍，皆国学之号；黉宫胶序，乃乡学之称②。笑人善忘，曰徙宅忘妻；讥人不谨，曰开门揖盗③。何楼所市，皆滥恶之物；垄断独登，讥专利之人④。荜门圭窦，系贫士之居；瓮牖绳枢，皆窭人之室⑤。宋寇准真是北门锁钥，擅道济不愧万里长城⑥。

【注释】

①馆驿：古代驿站上设的旅舍。芸窗：古人常在书房用芸香驱蠹虫，所以书斋称"芸窗"。魏阙：古代宫门两边巍然的高台，下面是悬布法令的地方，因此可以代称朝廷。

②成均：古代的大学。辟雍：西周天子为贵族子弟所开设的大学。国学：西周设于王城及诸侯都的学校，后世为京师官学的通称。黉（hóng）宫：古代的学校。黉，古代称学校。胶序：学校的通称。商朝的学校叫序，周朝叫庠，周人养国老于东胶，因此以"胶序"通称学校。乡学：古代的地方学校，与"国学"相对。

③徙宅忘妻：搬家忘记携带妻子。徙，迁移。开门揖盗：打开门请强盗进来。揖，拱手礼，表示欢迎。

④何楼：相传宋代都城开封有个何家楼，楼下设立市场，所出售的东西，都是以次品充好货。垄断独登：独自攀登高地。垄断，本来指高而不相连的土墩子，后引申为把持和独占。

⑤荜（bì）门圭（guī）窦：用荆条竹木做门，在墙上打洞做窗户。形容穷苦人家的住处。圭窦，古代穷人在墙上打个洞做窗户，上面尖下面方，形状像玉圭。瓮牖（yǒu）绳枢：用破瓮口做窗户，用绳子系着门枢。牖，窗户。绳枢，用绳子系门，来代替转轴。窭（jù）人：穷苦人。窭，贫寒。

⑥北门锁钥：北城门上的锁和钥匙，借指北方军事要地。北宋年间寇准镇守大名府，北方来的使者问道："您德高望重，为何不在中书省任职？"寇准说："朝廷太平无事，但是北门锁钥，非得我来镇守不可。"檀道济：南朝宋将，东晋末跟随宋武帝刘裕东征西讨，屡立战功。万里长城：比喻国家所依赖的大将。

【译文】

供旅客住宿的房屋称做"逆旅"；古代驿道上供信使和旅客歇息的旅馆和驿站称做"邮亭"。学子诵读诗书的房屋，常备芸香，所以称为"芸窗"；朝廷宫门前的台观常悬法令，所以又称"魏阙"。"成均"和"辟雍"，都是对古代京师官学的称号；"黉宫"和"胶序"，就是对地方所办学校的称呼。嘲笑别人健忘，就说"徙宅忘妻"；讥讽别人办事不谨慎，就说"开门揖盗"。何楼所卖的东西，都是低劣冒牌的的物品；"垄断独登"，是讥讽那些欺行霸市获取暴利的商人。"荜门圭窦"，是指贫寒的士人居住的房屋；"瓮牖绳枢"，都是指穷苦人家的住房。北宋宰相寇准，真称得上是看管北方国门的锁钥；南朝宋代大将檀道济，不愧是国家所依赖的万里长城。

【解读】

　　"宋寇准真是北门锁钥"意思是北宋宰相寇准，真是看管北方国门的锁钥。北门锁钥，比喻北门重镇。群众的眼睛是雪亮的，这句话在北宋宰相寇准身上得到了验证。寇准一生，几经沉浮。甚至差点被险恶的官场风浪吞没掉。然而，每当这种时候，民间总会送去对他的热情赞扬，尤其是在他的晚年。宋真宗天禧四年（1020），寇准去职，才能一般但品德低劣的丁谓取而代之。当时，京城便流传一段顺口溜："欲得天下宁，当拔眼中钉；欲得天下好，莫如召寇老。"钉者，丁谓之谓也，足见"寇老"在京城的口碑。天子脚下是这样，江湖之远也同样如此。这年寇准被贬为太常卿、安州知州。8月又一次贬官为道州（今湖南省南部的道县一带）司马，途经零陵翻越高山时，护兵前后不接，一时只剩下了年已59岁的寇准一人，当地土著乘机抢劫。抢劫成功后酋长方知所抢之物是寇准的，便大为光火，训斥属下说："为什么要抢夺贤明宰相的行李呢？"遂派人将所掠衣物还给了寇准。寇准一生在北宋政坛力挽狂澜，龙吟虎啸，但最后也是个悲剧人物，在乾兴元年（1022）被放逐到边远的雷州去当司户参军，等于被发配到那里去充军。寇准到雷州后，生活艰难，气候恶劣，身体很快垮下来。第二年秋天在忧郁中病逝，终年63岁。

器　用

【原文】

一人之所需，百工斯为备①。但用则各适其用，而名则每异其名②。管城子、中书君，悉为笔号；石虚中、即墨侯，皆为砚称③。墨为松使者，纸号楮先生④。纸曰剡藤，又曰玉版；墨曰陈玄，又曰龙脐⑤。共笔砚，同窗之谓；付衣钵，传道之称⑥。笃志业儒，曰磨穿铁砚；弃文就武，曰安用毛锥⑦。剑有干将镆铘之名，扇有仁风便面之号⑧。何谓箑，亦扇之名；何谓籁，有声之谓⑨。

【注释】

①百工：各种工匠。斯，乃，就。

②用则各适其用，而名则每异其名：器物的用处各不相同，所以它们的名称也各不相同。

③管城子、中书君：在唐代韩愈所写的《毛颖传》中，主人公毛颖就是毛笔的化身。秦始皇时，大将蒙恬征伐中山，俘虏了毛颖，把他献给了秦始皇。秦始皇封毛颖管理城市，封号为"管城子"。后来毛颖升为中书令，秦始皇称他为"中书君"。石虚中、即墨侯：唐朝人文嵩，曾经写了《即墨侯石虚中传》，把砚拟人化。文中主人公石虚中，字居默，隐居不仕，后来被封为即墨侯。

④松使者：松烟用于制墨。传说唐玄宗有一天看见书桌上一块墨中有一个小道士，像苍蝇一般大小，便大声呵斥他。小道士说："我是墨的精灵，墨松使者也。"楮（chǔ）先生：在韩愈的《毛颖传》中，毛颖与一位朋友楮先生形影不离，"楮先生"即纸的化身。楮，一种落叶乔木，树皮是制造桑皮纸和宣纸的原料。

⑤剡（shàn）藤、玉版：古代浙江剡溪出产一种古藤，是非常好的制纸原料，制成的纸称为"剡藤"或"剡纸"，负有盛名。又有一种宣纸，坚致精良，洁白如玉，叫做"玉版"。陈玄、龙剂：在韩愈的《毛颖传》中，毛颖、陈玄、陶泓、楮先生四人是至交好友，分别代指"文房四宝"笔、墨、纸、砚。"龙剂"是唐玄宗所用的一种墨。北宋年间，用油烟加入脑麝金箔制作御墨，也称为"龙香剂"。

⑥同窗：同学。付衣钵：佛教僧尼的袈裟和食器称为"衣钵"，我国禅宗师徒间道法的传授，常付衣钵为信证，称为衣钵相传，后泛指师传的学问、技能。

⑦笃志业儒：下定决心以儒学为业。笃志，志向专一不变。笃，忠实，一心一意。磨穿铁砚：把铁铸的砚台都磨穿了。比喻读书用功，有恒心。安用毛锥：哪里用得上毛笔。毛锥，指毛笔，以束毛为笔，形状如锥。

⑧干将、镆铘：相传春秋末年，干将、莫邪夫妇历时三年，铸成雌雄宝剑各一把，就用他们的名字来命名。镆铘，同莫邪。仁风、便面：仁风，即仁德之风；古代美化帝王或地方长官的颂词，奉承其恩德像风一样；便面，古代用来遮脸的扇状物。

⑨箑（shà）：扇子。籁：从孔穴中发出的声音，后来泛指一切声响。

凡是一个人生活中所需要的各种器物，需要各种技能的工匠制造才能准备齐全。但是器物的作用各不相同，所以它们的名称也就各不相同。"管城子"和"中书君"，都是毛笔的别号；"石虚中"和"即墨侯"，都是砚台的名称。墨又称做"松使者"，纸又号称"楮先生"。纸称做"剡藤"，又叫"玉版"；墨称做"陈玄"，又叫"龙剂"。"共笔砚"，是同学的称谓；"付衣钵"，是师傅传授弟子学问的称谓。下定决心把儒学当作学业，称做"磨穿铁砚"；放弃文学，改学武艺，就说"安用毛锥"。宝剑有"干将"和"镆铘"这样两个名字，扇子有"仁风"和"便面"这样两个名号。什么称之为"箑"？也是扇子的名称；什么称之为"籁"？它是对一切声音的称谓。

【解读】

众所周知，"文房四宝"是指纸、墨、笔、砚四类书画用具，是古代文人书房中必备的四件宝贝。但是，关于"文房四宝"之名的起源未必人人皆知。"文房四宝"之名，起源于南北朝时期。历史上，"文房四宝"所指之物屡有变化。在南唐时，"文房四宝"特指诸葛笔、徽州李廷圭墨、澄心堂纸、江西婺源龙尾砚。自宋朝以来"文房四宝"指湖笔（浙江省湖州）、徽墨（安徽省徽州）、宣纸（安徽省宣州）、端砚（广东省肇庆，古称端州），它们大多独具一格，既表现民族的风俗，又为世界文化的进步和发展做出了贡献，他们不仅具有实用价值，也是融绘画、书法、雕刻、装饰等为一体的艺术品。2007年，中国科学院科技史所、中国文房四宝协会，向联合国教科文组织申报为世界级"非物质文化遗产"。

【原文】

小舟名蚱蜢，巨舰曰艨艟[1]。金根是皇后之车，菱花乃妇人之镜[2]。银凿落原是酒器，玉参差乃是箫名[3]。刻舟求剑，固而不通；胶柱鼓瑟，拘而不化[4]。斗筲言其器小，梁栋谓是大材[5]。铅刀无一割之利，强弓有六石之名[6]。杖以鸠名，因鸠喉之不噎；钥同鱼样，取鱼目之常醒[7]。兜鍪系是头盔，叵罗乃酒器[8]。短剑名匕首，毡毯曰氍毹[9]。琴名绿绮、焦桐，弓号乌号、繁弱[10]。香炉曰宝鸭，烛台曰烛奴[11]。

【注释】

①蚱蜢：一种体型小而轻的虫子。艨艟（méng chōng）：古代的战舰名称。

②金根：以黄金装饰的车，多为皇后、太后乘坐。菱花：古代铜镜在阳光照射下发出的光影像菱花。

③银凿落：以镂刻金银为装饰的酒盏。玉参差：镶玉的无底排箫。一说即玉笙。

④胶柱鼓瑟：用胶把柱粘住以后奏琴，柱不能移动，音调就无法调整。柱，瑟上动琴弦以调节声音高低的短木。

⑤斗筲（shāo）：两种很小的容器。斗，容十升。筲，容一斗二升。

⑥铅刀：铅制的刀。铅质软，制作的刀不锐利，故比喻无用的人和物。强弓：强硬有力的弓。石（dàn）：古代重量单位，一百二十斤为一石。古代测量弓的强度也用石作单位。

⑦杖以鸠名：古代杖头刻有鸠形，故称"鸠杖"。钥同：钥匙。

⑧兜鍪（móu）：头盔。巨罗：一种敞口的浅杯。

⑨毡毯：毛毡制成的毯子。氍毹（qú shū）：毛织的布或地毯。

⑩绿绮、焦桐：古琴名。乌号：相传黄帝得道成仙的时候，乘坐一条龙，大臣举起弓射龙，想要让黄帝下来，但是没有成功。百姓望着黄帝升上天空，抱着那把弓放声大哭。那把弓被后世称为"乌号"。繁弱：古良弓名。

⑪宝鸭：古人香炉常做成鸭形。烛台：插蜡烛的器具。烛奴：唐朝申王李成义晚上宴请客人，用龙檀木雕成小孩形状，穿上绿衣袍，站在宴席旁持蜡烛，称为"烛奴"。

【译文】

小船轻而小，命名为"蚱蜢"；巨大的战舰可以撞击敌船，称做"艨艟"。"金根"是指皇后、太后乘坐的车子；"菱花"指女子梳妆用的铜镜。"银凿落"原本是一种盛酒的器皿；"玉参差"就是镶玉排箫的名称。"刻舟求剑"，是讥讽固执愚笨而不知道变通的人；"胶柱鼓瑟"，这是嘲笑人拘泥固执而不懂得变化。"斗筲"是说人的器量狭小；"梁栋"是说人才能出众。铅刀即使第一次拿来切割任何东西都不够锋利，强弓有"六石"这样的名称。拐杖用"鸠杖"命名，是因为鸠鸟吃食物不堵喉咙，用来祝福老人饮食不噎；门锁的钥匙制成鱼的形状，是因为鱼昼夜都不闭眼睛，取鱼眼能常醒守护的意思。"兜鍪"就是古代士兵所戴的头盔；"巨罗"就是古代饮酒的杯子。短剑名叫"匕首"；毡毯称做"氍毹"。古代名琴名叫"绿绮"、"焦桐"，良弓称做"乌号"、"繁弱"。香炉又叫"宝鸭"，烛台又叫"烛奴"。

【解读】

"刻舟求剑"是一则古老的寓言，典出战国·吕不韦《吕氏春秋·察今》（又名《吕览》）：说的是有个楚国人坐船渡河时，不慎把剑掉入江中，他在船上刻下记号，说："这就是我的剑掉下去的地方。"当船停下时，他才沿着记号跳入河中找剑，遍寻不获。"刻舟求剑"这则寓言劝勉为政者要明白世事在变，若不知改革，就无法治国，后引申成墨守成规不懂变通之意。"刻舟求剑"这则寓言也告诉普通人：世界上的事物，总是在不断地发展变化，想问题和办事情，都应当考虑到这种变化，适合于这种变化的需要。办事刻板，拘泥而不知变通是不行的；讽刺了片面、静止，不知变通和墨守成规的人。在现在的时代，社会在日新月异地发展，我们也应该积极进取，与时俱进，否则不仅得不到收获，而且还会被时代所淘汰。

【原文】

龙涎、鸡舌，悉是香名；鹢首、鸭头，别为船号①。寿光客是妆台无尘之镜，长明公是梵堂不灭之灯②。桔槔是田家之水车，袯襫是农夫之雨具③。乌金，炭之美誉；忘归，矢之别名④。夜可击，朝可炊，军中刁斗；云汉热，北风寒，刘褒画图⑤。勉人发愤，曰猛著祖鞭；求人宥罪，曰幸开汤网⑥。拔帜立帜，韩信之计甚奇；楚弓楚得，楚王所见未大⑦。董安于牲缓，常佩弦以自急；西门豹性急，常佩韦以自宽⑧。

【注释】

①龙涎：原是抹香鲸病胃的分泌物，类似结石，从鲸体内排出，漂浮海面或冲上海岸，香气持久，非常名贵。鸡舌：即丁香，可治口气。古代官员上殿奏事，口含鸡舌香，说话时气味芬芳。鹢(yì)首：古代船头画鹢鸟，故称"鹢首"。鹢，一种水鸟，能飞得很高。鸭头：船头像鸭头的一种大船。

②寿光客：唐朝司空图作《容城侯传》，把镜子拟人化，名为金炯，因为明察被封为容城侯，也称为"寿光先生"。长明公：寺庙里点燃灯烛供奉在佛像前，昼夜不灭，称"长明灯"。梵堂：佛教寺庙。梵，用来称呼与佛教有关的事物。

③桔槔(gāo)：井上汲水的工具。水车：旧式灌溉机械。袯襫(bó shì)：古时农夫穿的蓑衣之类的防雨服。

④矢：箭。

⑤刁斗：古代行军用具，斗形有柄，铜质。刘褒：东汉桓帝时画家。

⑥猛着祖鞭：西晋刘琨与祖逖是朋友，听说祖逖受到重用，刘琨给亲戚朋友们写信说："我每天枕着武器睡觉等天亮，希望能杀敌报国，常常担心祖逖比我先着鞭。"着鞭，着手进行，开始做。幸开汤网：商汤见到野外有人设网捕猎并祈祷说："天下四方的猎物都到我的网里来。"认为太过分了，于是张开网的三面，只留下一面。诸侯们都说："汤的恩德太高了，连禽兽都受到他的恩惠。"

⑦拔帜立帜：指取而代之。汉将韩信进攻赵国，背水列阵以引诱赵兵，另派三千骑兵，各拿一面红色的旗帜，躲在山后等着。赵兵一出击，汉军就假装战败，扔下鼓和旗帜逃跑了。赵军追击，躲着的轻骑偷袭赵营，拔掉赵国的旗帜，换上汉军的旗帜。赵军只见到处是汉军旗帜，惊慌失措，被汉军打败。楚弓楚得：形容虽然有损失但是利益没有外溢。春秋时楚共王出游，将宝弓丢失了，他手下的人要去寻找，楚王说："不用了，楚人失弓，楚人得之，又何必去找呢？"据说孔子听说了这件事情后讥笑说："楚共王的胸怀还不够开阔呀！为什么不说'人遗弓，人得之'呀，何必是楚呢？"

⑧董安于：春秋时晋国赵简子的家臣。性情迂缓，所以常佩戴着弓箭提醒自己保持紧张。西门豹：战国时魏国人，性情急躁，常佩戴着熟牛皮来提醒自己不要性急。韦：熟牛皮。

【译文】

"龙涎"和"鸡舌"，都是香料的名字；"鹅首"和"鸭头"，都是船只的别号。"寿

光客"说的是梳妆台上没有尘埃的宝镜;"长明公"说的是佛堂里永不熄灭的长明灯。"桔槔"是农民用来取水的工具,"袯襫"是农民遮雨的雨具。"乌金"是煤炭的美称,"忘归"是箭的别名。夜间可以用来敲击巡更,白天可以用来做饭,这说的是古代军队中使用的刀斗;画"云汉图",人们看了就觉得热,画"北风图",人们看了就觉得冷,这说的是东汉刘褒所画图的神奇。勉励别人发愤图强,就说"猛着祖鞭";请求别人宽恕自己的罪过,就说"幸开汤网"。"拔帜立帜",说的是韩信所用的计策非常神奇;"楚弓楚得",说的是楚王的见识还是不够远大。董安于性格缓慢,于是常常佩戴弓弦,来使自己迅捷起来;西门豹性格急躁,于是常常佩戴熟牛皮,来使自己松缓一些。

【解读】

"董安于性缓,常佩弦以自急;西门豹性急,常佩韦以自宽。"说的是人的性情可以通过后天的修炼、雕琢,更加完美。春秋末,晋国赵简子的家臣董安于,性子迟缓,经常佩戴着弓弦,因为弦是紧绷的,因此用来提醒自己保持紧张;战国魏国邺令西门豹,性子急躁,经常佩着牛皮,因为牛皮比较柔韧,因此用来提醒自己要放宽缓一些。这是他们修炼自己性情所用的器物,利用器物的作用、性质来影响自己,促使自身不断进步。现实生活中,我们也可以借鉴他们这种方法,来不断提升自己的性情。

【原文】

汉孟敏尝堕甑不顾,知其无益;宋太祖谓犯法有剑,正欲立威[1]。王衍清谈,常持麈拂;横渠讲易,每拥皋比[2]。尾生抱桥而死,固执不通;楚妃守符而亡,贞信可录[3]。温峤昔燃犀,照见水族之鬼怪;秦政有方镜,照见世人之邪心[4]。车载斗量之人,不可胜数;南金东箭之品,实是堪奇[5]。传檄可定,极言敌之易破;迎刃而解,甚言事之易为[6]。以铜为鉴,可整衣冠;以古为鉴,可知兴替[7]。

【注释】

[1]甑(zèng):古代一种瓦制炊器。犯法有剑:宋太祖赵匡胤问臣子李蒙进:"后周庄宗英明勇武,为什么他的国家却不长久?"李蒙进回答说:"庄宗政令不能推行,赏赐毫无节制。"宋太祖叹息说:"我现在对待士兵,固然不吝惜赏赐,但是假如触犯了法令,朕只有用剑对待了。"

[2]王衍:西晋大臣,喜欢谈论老庄,言论随时更改,时人称为"口中雌黄"。清谈:清雅的谈论。魏晋时期一些士大夫崇尚虚无,喜欢空谈哲理,不务实际。麈(zhǔ)尾:古人用来驱虫、掸尘的一种工具。后来成为名流雅器,人们清谈时必执麈尾,不谈时也常拿在手中。横渠:指北宋哲学家张载,是凤翔郡县(今陕西眉县)横渠镇人,世称横渠先生。讲易:张载成为理学大师,常在关中讲《易经》,前来听讲的人非常多。拥皋(gāo)比:靠着虎皮坐席。拥,环围。皋比,虎皮。

③尾生：战国时鲁人。楚妃守符：春秋时楚昭王出游，把夫人留在渐台之上，约定说："我召见你，必定会带信符来。"后来楚王听说江水上涨，派遣使者去迎接夫人。使者忘记带信符，夫人不肯跟随离开。使者回去取信符，结果江水上涨，夫人被淹死了。

④燃犀：传说晋代大将军温峤有一次路过牛渚矶，听见水底下有音乐声，于是点燃犀牛角，看见水下的各种鬼怪。方镜：传说秦始皇有一面方镜，可以照见人的肝胆，凡是有邪心的宫女，用镜子一照，无不胆悸心动。

⑤车载斗量：用车载，用斗量。形容数量很多，不足为奇。载，装载。南金东箭：古代认为南方的金石和东方的竹箭都是华美贵重的东西。金，黄金。箭，一种细小坚实可做箭杆的竹子。

⑥传檄可定：不待出兵，只要用一纸文书，就可降服敌方，安定局势。檄，讨敌文书。迎刃而解：劈竹子时，头上几节一破开，下面的顺着刀口就裂开了。

⑦以铜为鉴：唐朝大臣魏徵去世后，唐太宗叹息道："用铜做镜子，可以端正衣服帽子；以历史为镜子，可以知道兴盛更替；以人为镜子，可以清楚自己的得失。朕曾经有这三种镜子，防止自己犯错误，现在魏徵去世了，我的一面镜子没有了。"

【译文】

东汉孟敏曾经将挑着的甑坠落在地上摔破了，他连头也没回，知道看了也是于事无补；宋太祖赵匡胤说，谁敢触犯我的法律，我就用手中的剑制裁他，正想借此树立权威。王衍喜欢清谈，手里经常拿着一柄麈尾；张载讲授《易经》，每次都靠在虎皮坐席上。尾生因不愿违背与女子的约定，抱着桥柱被上涨的河水活活淹死，这是固执不知

变通；楚昭王夫人坚守"召必以符"的约定，大水将至也不肯离开，最终水淹台塌而亡，她的坚贞诚信值得载入史册。温峤点燃犀牛角，照见了水族中的妖魔鬼怪；秦始皇嬴政有面方镜，可以照见世人的邪恶之心。三国时吴国的赵咨出使魏国，魏文帝很赏识他，问吴国像你这样的人有多少，赵咨说，像我这样用车载、用斗量的人，数也数不尽；西南华山的金石，东南会稽的竹箭，都是珍奇的物品，后来就比喻为杰出的人才。"传檄可定"是说敌人极容易被打败；"迎刃而解"是说事情很容易解决。用铜做镜子，可以整理衣冠；用历史做镜子，可以知道国家兴盛与失败更替的缘由。

【解读】

《新唐书·魏徵传》中有这样一段富有哲理的话："帝后临朝叹曰：以铜为鉴，可正衣冠；以古为鉴，可知兴替；以人为鉴，可知得失。朕保此三鉴，

以防已过。今魏徵逝，一鉴亡矣。"唐太宗李世民执政时善于听取各种献议，他深谙"兼听则明，偏信则暗"之理。他的直谏大臣魏徵曾经进谏数十次，直言其过，规劝太宗宜内自省，居安思危，察纳雅言，择善而从。魏徵去世，太宗亲自吊唁，失声痛哭。后来"以铜为鉴，可正衣冠；以古为鉴，可知兴替；以人为鉴，可明得失。"成了唐太宗李世民的至理名言，鞭策他自己创造了"贞观盛世"的政绩，也告诉人们用铜镜、历史、别人这三面镜子，可以查摆、映射、警示自己，做到不断自我完善、提升自我。

珍　宝

山川之精英，每泄为至宝；乾坤之瑞气，恒结为奇珍①。故玉足以庇嘉谷，珠可以御火灾②。鱼目岂可混珠，碔砆焉能乱玉③。黄金生于丽水，白银出自朱提④。曰孔方、曰家兄，俱为钱号；曰青蚨、曰鹅眼，亦是钱名⑤。可贵者，明月夜光之珠；可珍者，璠玙琬琰之玉⑥。宋人以燕石为玉，什袭缇巾之中；楚王以璞玉为石，两刖卞和之足⑦。惠王之珠，光能照乘；和氏之璧，价重连城⑧。鲛人泣泪成珠，宋人削玉为楮⑨。

【注释】

①精英：精华。泄：排出。恒：持久的，经常的。

②嘉谷：古代以粟（小米）为嘉谷，后为五谷的总称。明珠可以御火灾：春秋时楚国大夫王孙圉说："我听说国家的宝物只有六种：圣贤能够分析万事万物来辅佐国家的，就将他当做宝；宝玉能够庇护赐福使五谷丰登，使（国家）没有水旱的灾难，就将它当做宝；龟壳能够准确预告福祸，就将它当做宝；珍珠能够用来抵御火灾，就将它当做宝；兵器能够防御兵乱，就将它当做宝；山林湿地沼泽足以供给财政用度，就将它当做宝。"

③碔砆（wǔ fū）：似玉的美石。

④丽水：古代河流。朱提：山名，在今云南省昭通县境，盛产白银。

⑤孔方、家兄：古代铜钱均为圆形方孔。西晋人鲁褒曾写过一篇《钱神论》，对金钱与权力进行了揭露和嘲讽，文中说："亲爱如兄，字曰孔方。失之则贫弱，得之则富强。"青蚨（fú）：古代传说中的虫子，也叫"鱼伯"。鹅眼：古代一种质量低劣的钱。南朝宋景和元年民间所铸，像鹅眼一样小。

⑥明月夜光：明月珠和夜明珠。明月珠光晶莹似月光，夜明珠夜里能发光。璠玙（fán yú）、琬琰（wǎn yǎn）：两种美玉。

⑦以燕石为玉：有个宋国人拾到一块光洁如玉的石头，以为得到了无价之宝，拿回家藏了起来。有位客人听说了马上来请求参观。主人斋戒七天，郑重其事地打开一口大箱子，大箱子套着小箱子，一共套了十口；又用红绸包了十层。层层叠叠打开了，客人见了，捂嘴笑着说："这是燕石呀，跟瓦砾没有什么区别。"主人大怒，觉得客人没安好心，更加用心地收藏这颗燕石。什袭缇巾：用十层橘红色绸巾包裹着。什，即十。袭，重叠。缇巾，橘红色丝织物。璞玉：包在石中尚未雕琢的玉。两刖卞和之足：春秋时，楚人卞和在山中得到一块璞玉，先后献给楚厉王和楚武王，玉匠都认为是石头。卞和因此以欺君罪被先后砍去了双脚；楚文王即位后，卞和抱玉在荆山下放声大哭，文王派人问他，他说："我不是因为被砍去双脚悲伤，而是伤心宝玉被认为是石头，正直的人被认为是骗子。"文王派人剖开璞玉，果然得到美玉，称为"和氏璧"。刖，古代的一种酷刑，把脚砍掉。

⑧照乘：战国时期，齐威王与魏惠王相会，魏惠王问："您应该也有宝贝吧？"齐威王回答：

"没有。"魏惠王不相信地说："像我们这种小国家，还有直径一寸、能照亮十二辆车的明珠十枚，像您这样的万乘之国怎么会没有宝贝呢？"价重连城：赵惠文王得到楚国的和氏璧，秦昭王派人给赵王送信，愿意用十五座城池来交换和氏璧。

⑨鲛人泣泪成珠：传说住在海底的人鱼哭泣时的眼泪能变成珍珠。削玉为楮：宋国有个人用玉雕成楮叶，三年才完成，形状和色泽都非常逼真，混杂在楮树叶中分辨不出真假。楮，一种落叶乔木。

【译文】

名山大川所蕴藏的精华，一旦泄露出来就成为最好的宝物；天地之间的祥瑞灵气，长期郁结就变成奇异的珍宝。所以玉石可以庇护五谷丰收免受水旱之灾，珍珠可以防御火灾。鱼目虽圆，哪里能与珍珠混淆；碔砆虽然很像玉，哪里能与真正的美玉混同。丽水里出产黄金，朱提里出产白银。说"孔方"、说"家兄"，都是钱币的别号；说"青蚨"、说"鹅眼"，也是钱币的名字。最贵重的珍珠，是"明月"和"夜光"；最珍奇的美玉，是"璠玙"和"琬琰"。宋国有人得到一块燕石，把它当成了宝玉，就用十层橘红色丝巾将它包得严严实实；楚国有一个叫卞和的人得到一块璞玉，先后献给厉王和武王，但都被当作石头，因此以欺君之罪先后被砍去了左脚和右脚。魏惠王的宝珠所发出的光芒，能够照亮十二乘车的前前后后；和氏璧价值很高，秦昭王就想用十五座城来跟赵惠文王交换。相传人鱼哭泣时眼泪能变成珍珠；宋国有人用美玉雕刻成楮树叶，混杂在楮叶里竟然真假难分。

【解读】

"和氏璧"是我国历史上著名的美玉，在它流传的数百年间，被奉为"无价之宝"的"天下所共传之宝"，又称和氏之璧、荆玉、荆虹、荆璧、和璧、和璞。与随侯珠齐名，共为天下两大奇宝。"和氏璧"的来历，有一个十分感人的故事。关于和氏璧的最早记载，见于《韩非子》、《新序》等书，并且情节大致相向。说是在春秋时期，楚国有一个叫卞和的琢玉能手，在荆山（今湖北省南漳县内）里得到一块璞玉。卞和捧着璞玉去见楚厉王，厉王命玉工查看，玉工说这只不过是一块石头。厉王大怒，以欺君之罪砍下卞和的左脚。厉王死，武王即位，卞和再次捧着璞玉去见武王，武王又命玉工查看，玉工仍然说只是一块石头，卞和因此又失去了右脚。武王死，文王即位，卞和抱着璞玉在楚山下痛哭了三天三夜，眼泪流干了，接着流出来的是血。文王得知后派人询问为何，卞和说：我并不是哭我被砍去了双脚，而是哭宝玉被当成了石头，忠贞之人被当成了欺君之徒，无罪而受刑辱。于是，文王命人剖开这块璞玉，见真是稀世之玉，遂命名为和氏璧。

　　贤乃国家之宝，儒为席上之珍①。王者聘贤，束帛加璧；真儒抱道，怀瑾握瑜②。雍伯多缘，种玉于蓝田而得美妇；太公奇遇，钓璜于渭水而遇文王③。剖腹藏珠，爱财而不爱命；缠头作锦，助舞而更助娇④。孟尝廉洁，克俾合浦还珠；相如忠勇，能使秦廷归璧⑤。玉钗作燕飞，汉宫之异事；金钱成蝶舞，唐库之奇传⑥。广钱因可以通神，营利乃为鬼所笑⑦。以小致大，谓之抛砖引玉；不知所贵，谓之买椟还珠⑧。

【注释】

　　①贤乃国家之宝：秦国想要攻打楚国，派人去观察楚国有什么宝贝。楚国大将昭奚恤对使者说："楚国最宝贵的，就是贤人，请您随便看看吧。"儒为席上之珍：鲁哀公命人替孔子铺上坐席，孔子说："儒者有席中宝玉一样的美德，以等待召聘；早晚加强学习，以等待垂问；怀着忠实诚信，以等待推举；身体力行，以等待录用。"席，铺在地上的草垫。珍，宝玉。

　　②束帛加璧：束帛再加玉璧，古代表示非常贵重的礼物。帛是丝织物，五匹为一束。怀瑾握瑜：比喻人具有纯洁高尚的品德。怀，怀藏。瑾、瑜，美玉，比喻美德。

　　③雍伯：应该是"伯雍"，即杨伯雍，传说中的晋代人。太公：即姜子牙，姓吕名尚，后世称为"姜太公"。璜（huāng）：古代玉器名，形状像璧的一半，是贵族朝聘、祭祀时所用的礼器，也作装饰用。传说姜太公在渭水边钓鱼，第一次得到一条鲋鱼，第二次得到一条鲤鱼，剖开鱼肚子得到一块璜玉，玉上写着："周受命，吕佐之。"

　　④缠头作锦：古代艺人表演时用罗锦缠头。

　　⑤克俾（bǐ）合浦还珠：东汉人孟尝曾任合浦太守，合浦不产粮食，沿海出产珍珠。当地人于是用珍珠和邻近的交趾交换粮食。前面的几任太守都非常贪婪，采珠不知道节制，于是珠蚌都迁徙到交趾郡内。合浦很难采到珍珠，很多人都饿死了。孟尝到任后，找出人民贫困的根源，对珠蚌进行保护，不到一年，珠蚌又慢慢迁了回来。克，能够。俾，使。秦廷归璧：战国时，秦国想用十五座城交换赵国的和氏璧。蔺相如带着和氏璧出使秦国，发现秦国言而无信，于是在秦国朝廷之上以毁坏玉璧相威胁，怒斥秦王。事后又派人带着和氏璧偷偷回到赵国。

　　⑥玉钗作燕飞：传说汉武帝在甘泉宫西边修建了一座招仙阁，仙女赠送一支玉钗给汉武帝。后来玉钗变成一只白燕飞上天。金钱成蝶舞：传说唐穆宗时，宫中千叶牡丹花开放，香气袭人，每天晚上就有数万只黄色或白色的蛱蝶飞来，在牡丹花丛中嬉戏。唐穆宗命人捕到数百只，后来仔细一看，原来是国库中的金钱变成了蛱蝶。

　　⑦广：多。营利乃为鬼所笑：传说南朝宋时有位刘伯龙，小时候家里就很穷，长大后做了官还是很贫困。有一次他跟身边的人讨论怎样赚钱赢利，看见一个鬼在旁边拍掌大笑。刘伯龙叹息说："贫穷原本是注定的，想要苛求连鬼都笑话。"于是停止了计划。

　　⑧抛砖引玉：传说唐人赵嘏诗写得非常好，常建想要得到他的诗，知道赵嘏一定会去灵岩寺游玩，于是先题写两句诗在墙壁上。赵嘏见到墙壁上的诗，补写成一首绝句，当时人称常建为"抛砖引玉"。买椟还珠：楚国有个人到郑国卖珍珠，用木兰木做匣子，又用桂椒一类的香料把盒子熏得芳香扑鼻，还在盒子上面缀上许多珠玉，用宝石装饰起来。有个郑国人花钱把它买下来，但是只拿走

盒子，而把珍珠还给了楚国人。椟，木匣子。

【译文】

贤能的人是国家的宝贝，读书人是席上怀才待用的珍品。古代君王聘请贤能的人，五匹帛再加上玉璧；真正的儒者坚守自己的道义，就像"怀瑾握瑜"一样品德高尚。杨伯雍的缘分真多，在蓝田种石得玉，又娶得徐公的娇女为妻；姜太公的遭遇很奇异，在渭水边垂钓，从鲤鱼肚里得到一块璜玉，后来果真遇到了贤明的周文王。剖开肚子来收藏珍珠，这种人只知道爱财而不知道爱惜生命；歌舞艺人表演时用锦缠头，表演结束后客人又赠送罗锦，这既为歌舞助兴又使艺人显得更加娇艳。东汉孟尝廉洁奉公，担任合浦太守后，能够使迁徙走的珠蚌返回到合浦繁殖；战国时蔺相如忠于国家，在秦廷英勇无畏，迫使秦王屈服，终于将和氏璧完好无损地带回了赵国。玉钗变成白燕飞升上天，这是汉朝宫廷的怪异事情；金钱变成蝴蝶在牡丹花丛中飞舞，这是唐朝国库里的奇特传闻。钱多了就可以买通神明，经营谋利就会让鬼都嗤笑。用小的引来大的，称之为"抛砖引玉"；不懂得事物的贵贱而取舍失当，称之为"买椟还珠"。

【解读】

"买椟还珠"是我国的一则古老寓言，典出先秦·韩非《韩非子·外储说左上》，说的是一个楚国人，有一颗漂亮的珍珠，打算把这颗珍珠卖掉。于是这个楚国人找来名贵的木兰，为珍珠做了一个盒子（即椟），用桂椒香料把盒子熏得香气扑鼻。然后，用翠鸟的羽毛在盒子的外面精雕细刻了许多好看的花纹。一个郑国人将盒子拿在手里看了半天，爱不释手，终于出高价将楚人的盒子买了下来。郑人交过钱后，便拿着盒子往回走。可是过了几天回来了。楚人以为郑人后悔了要退货，没等楚人想完，郑人已走到楚人跟前。只见郑人将珍珠交给楚人说："先生，我买的只是盒子，您将一颗珍珠忘放在盒子里了，我特意回来还珠子的。"于是郑人将珍珠交给了楚人，一边往回走去。楚人拿着被退回的珍珠，十分尴尬地站在那里。"买椟还珠"这则寓言后来就用来比喻那些没有眼光，取舍不当，只重外表，不重实质的人。又讽刺那些不了解事物本质、舍本逐末、弃主求次的人。

【原文】

贤否罗害，如玉石俱焚；贪婪无厌，曰锱铢必算[1]。崔烈以钱买官，人皆恶其铜臭；秦嫂不敢视叔，自言畏其多金[2]。熊衮父亡，天乃雨钱助葬；仲儒家窘，天乃雨金济贫^③。汉杨震畏四知而辞金，唐太宗因惩贪而赐绢^④。晋鲁褒作《钱神论》，尝以钱为孔方兄；王夷甫口不言钱，乃谓钱为阿堵物^⑤。然而床头金尽，壮士无颜；囊内钱空，阮郎羞涩^⑥。但匹夫不可怀璧，人生孰不爱财^⑦。

【注释】

①贤否(pǐ)罹(lí)害：贤者与不贤者一同遭受灾难。否，不好，恶。罹，遭受苦难或不幸。玉石俱焚：美玉和石头一起烧毁。俱，全，都。焚，烧；锱(zī)铢必算：很少的钱也一定要计算。锱、铢，都是古代很小的重量单位。

②崔烈以钱买官：汉灵帝时卖官鬻爵成风，冀州名士崔烈出钱五百万，买得司徒一官。有一次，他问儿子崔钧："我现在位居三公，外面的人是怎么说的？"崔钧回答说："谈论的人都嫌弃您一身铜臭味。"铜臭：铜钱的臭气。原是讥讽用钱买官或豪富者，后常用来讥讽唯利是图的人。秦嫂不敢视叔：苏秦游说秦王失败，落魄而归，妻子不搭理他，嫂子不给他做饭。后来苏秦游说赵王成功，被封为武安君，当上了宰相，再路过家乡时，妻子不敢抬头看他，嫂子像蛇一样趴在地上，四次跪拜谢罪。苏秦问："嫂子，您为什么过去那么傲慢，而现在又如此谦卑呢？"嫂子回答说："因为您现在地位高而且钱财多。"

③雨钱助葬：相传唐昭宗时的兵部尚书熊袞非常孝顺，立功得到赏赐，都分给部下。后来遭遇兵乱，没有了官俸，父亲死了没有钱安葬，便日夜向天号啕大哭。忽然天像下雨一样降下铜钱，一连下了三天。熊袞除了安葬父亲的费用外，其余的都交给官府。而邻居们拾到的钱都化成了泥土。雨金济贫：传说汉代翁仲儒的家里非常贫困。有一天天像下雨一样落金子，落了十斛在他家里，他一下变得像王侯一样富裕。

④四知：天知、神知、你知、我知。后多用为廉洁自持、不受非义馈赠的典故。惩贪而赐绢：唐太宗皇后的族叔长孙顺德，接受别人贿赂的绢，事情败露后，唐太宗怜惜他的功劳而不忍心治罪，于是在朝廷上赐给他十匹绢，以使他感到羞愧。

⑤王夷甫：西晋大臣王衍，字夷甫，崇尚高雅，经常鄙夷妻子贪钱俗气，他自己从来不说"钱"字。妻子想要试他，就让婢女用钱堆在他的床边。王衍早晨醒来，看见钱挡住了路，大声喊婢女说："快拿走阿堵物。"阿堵，六朝口语，相当于现代汉语里的"这个"。

⑥床头金尽：形容人陷入贫困的境地。阮郎羞涩：晋代人阮孚拿着一个黑色皮口袋到会稽游玩，有人问他："您的口袋里装着什么呀？"阮孚回答："只有一文钱看守着口袋，我怕它空了感到羞涩。"

⑦匹夫：古代指平民中的男子，泛指平民百姓。怀璧：怀中藏着美玉。比喻多财招祸或者有才能而遭到嫉害。

【译文】

贤者与不贤者一同遭受灾难，就如同美玉和石头一起被烧毁；贪财的人永远不知足，即使很少的钱也一定要计算。汉灵帝时崔烈用钱买来官位，世人都讨厌他身上的铜臭味；战国时苏秦发迹了回到家乡，他的嫂子不敢仰视他，自称是害怕苏秦位尊而多金。熊袞的父亲死了，无钱安葬，天就像下雨一样落金钱帮助他安葬父亲；翁仲儒家境

贫穷，上天就像下雨一样落了十斛黄金救济他。东汉名臣杨震害怕"天知、神知、我知、你知"而拒绝了别人相赠的金子；唐太宗为了惩治长孙顺德贪污受贿绢帛，又在殿廷赐给他绢帛，使他羞愧难当。西晋鲁褒写了《钱神论》，曾经把钱称呼为"孔方兄"；西晋王夷甫口中从来不说一个"钱"字，就说钱是"阿堵物"。然而，如果床头的黄金用完了，即使是勇士，也会觉得颜面无光；口袋里没有钱的时候，阮孚也会觉得有些羞涩。但是，虽然说平民百姓不能身怀玉璧，否则就有可能招致祸患；可是人生又有谁不喜爱钱财，但要取之有道。

【解读】

"唐太宗因惩贪而赐绢"其事大概是这样：唐太宗皇后的族叔长孙顺德，接受别人贿赂的绢。事情败露后，唐太宗怜惜他的功劳而不忍心加罪，于是在朝廷上赐给他十匹绢，以使他感到羞愧。大理少卿胡演进言曰："顺德枉法受财，罪不可恕，奈何又赐之绢？"太宗曰："人生性灵，得绢甚于刑戮。如不知愧，一禽兽耳，杀之何益。"见《旧唐书》。由此可见，唐太宗仁政施法，用心良苦。唐太宗还实行人命至重、不可妄杀的政策，规定死刑需三复奏（外地五复奏）复审批准后方可行刑，关于这一点有一历史奇闻：贞观四年（630）全国判死刑才29人、贞观六年（632）全国死刑犯390人，太宗审查时令全部390人回家团圆、待来年秋收后回来复刑，结果390人均准时到来、无一人逃亡。唐太宗的此举令人吃惊，他的仁厚更令人敬佩。

贫 富

【原文】

命之修短有数，人之富贵在天①。惟君子安贫，达人知命②。贯朽粟陈，称羡财多之谓；紫标黄榜，封记钱库之名③。贪爱钱物，谓之钱愚；好置田宅，谓之地癖④。守钱虏，讥蓄财而不散；落魄夫，谓失业之无依⑤。贫者地无立锥，富者田连阡陌⑥。室如悬磬，言其甚窘；家无儋石，谓其极贫⑦。无米曰在陈，守死曰待毙⑧。

【注释】

①修：长。富贵在天：《论语》中有"死生有命，富贵在天"的说法。
②惟君子安贫，达人知命：只有君子能够安贫乐道，乐观的人才能了解命运，顺其自然。
③贯朽粟陈：穿钱的绳索已经腐朽，囤积的粮食都陈旧了。紫标、黄榜：都是财库封条的标志。
④钱愚：钱迷心窍。地癖：兼并土地成性。
⑤虏：奴隶，仆役。落魄：穷困失意。
⑥立锥：插立锥尖。形容地方极小。阡陌：田间道路。
⑦室如悬磬：屋里就像挂着的石磬一样，一无所有。磬，乐器，中间是空的。家无儋（dàn）石：家无余粮，形容十分贫困。儋石，指少量的米粟。
⑧在陈：孔子周游列国，从陈国去蔡国途中，被陈国人包围，绝粮七天。毙：死亡；失败。

【译文】

人的寿命长短自有定数，人的富贵贫贱是由上天安排。只有君子能够安贫乐道，乐观的人才能了解命运，顺其自然。"贯朽粟陈"，这是称道羡慕别人财产很多的说法；"紫标"和"黄榜"，都是封存钱库标记钱数的名称。贪婪喜爱钱财的人称之为"钱愚"，喜欢置田买房的人称之为"地癖"。"守钱虏"是讥讽那些只知道积蓄大量财产而不消费的人；"落魄夫"是称呼失业而生活没有依靠的人。贫穷的人连块锥尖大小的土地都没有，富贵的人田地南北连成片，非常广阔。"室如悬磬"是说人生活很穷困；"家无儋石"是说人穷困到了极点。没有粮米断炊了称做"在陈"，坐着等死称做"待毙"。

【解读】

自古以来，"安贫乐道"就是百姓称颂的美德。道就是主张、思想、学说。意思是安于贫困生活，以守道为乐。《论语》："子曰：'贤哉，回也！一箪食，一瓢饮，在陋巷，人不堪其忧，回也不改其乐。'"这大概是中国知识分子最早的安贫乐道典型了。孔子的弟子颜回家境贫困，身居陋巷，缺吃少

饮，别人看了很忧伤，而颜回却认认真真地读书，沉浸在遨游知识海洋的快乐之中。《后汉书》又向我们介绍了杨彪的安贫乐道："安贫乐道，恬于进取，三辅诸儒莫不慕仰之。"东汉名臣杨彪，世代忠烈。任京兆尹时毅然处死巨宦王甫。献帝时为太尉，董卓欲迁都长安，百官无敢异议者，唯其力争，免官。卓死复为太尉，李郭之乱中尽节护主。后为曹操所忌，诬以大逆，孔融力救始免。后其子杨修为曹操所杀，闭门不仕十余年。孔融说："杨公四世清德，海内所瞻。"《晋书》称赞刘兆"安贫乐道，潜心著述，不出门庭数十年。"

【原文】

富足曰殷实，命蹇曰数奇①。苏涸鲋，乃济人之急；呼庚癸，是乞人之粮②。家徒壁立，司马相如之贫；爨廖为炊，秦百里奚之苦③。鹄形菜色，皆穷民饥饿之形；炊骨爨骸，谓军中乏粮之惨④。饿死留君臣之义，伯夷叔齐；资财敌王公之富，陶朱倚顿⑤。石崇杀妓以侑酒，恃富行凶；何曾一食费万钱，奢侈过甚⑥。

【注释】

①殷实：充实，富裕。蹇(jiǎn)：不顺利。数奇(jī)：遇事不利。古人认为偶数象征遇合，奇数象征不遇。

②苏涸鲋(fù)：使干枯车辙中的小鱼复生。涸，干枯。鲋，小鱼。庚癸：原古代军队中向对方借贷粮食的隐语。

③家徒壁立：西汉时卓文君跟司马相如私奔，回到司马相如的家乡成都，只见他家穷得只有四面墙。徒，只。爨廖(yún yí)为炊：百里奚是春秋时虞国大夫，后来做了秦国丞相。据说当初他非常穷，外出求取前程时，妻子只能杀了家里仅有的一只母鸡，用门闩烧火煮熟，为他送行。爨廖，门闩。

④鹄(hú)形：天鹅。菜色：因主要用菜充饥而营养不良，脸上出现青黄色。炊骨爨(cuàn)骸：用死人的尸骨做饭。炊、爨，都指烧火做饭。敌：相当。

⑤陶朱：陶朱公，即春秋时越国大夫范蠡。范蠡辅佐越王勾践灭掉吴国后，认为勾践为人可以共患难，不能共安乐，于是离开越国到了齐国，后来居住在陶，称朱公，经商而成为巨富。倚顿：春秋时鲁国人，向陶朱公学习畜牧，到猗氏地区（今山西省临猗南）发展牛羊畜牧业，成为巨富。

⑥杀妓以侑(yòu)酒：西晋巨富石崇每次宴请重要客人，总要命令美人在一旁劝酒，如果客人不喝完酒，就杀死劝酒的美人。妓，歌女或舞女。侑酒，为饮酒者助兴。一食费万钱：何曾在西晋初任丞相、太傅，生活奢华讲究，一天吃饭要耗费万钱，还说没处下筷子。

【译文】

家境富裕钱粮充足称做"殷实"，命运不佳遇事不顺利称做"数奇"。"苏涸鲋"指的是救济别人的急难；"呼庚癸"是向别人借贷钱粮的隐语。"家徒壁立"，说的是司马相如家穷得一贫如洗；"爨廖为炊"，说的是秦国百里奚的生活曾经极为贫穷。"鹄形"

和"菜色"，都是形容穷苦百姓因为饥饿而瘦削的样子；"炊骨爨骸"，说的是军中没有粮食时的凄惨状况。宁可饿死也要保存君臣之间的道义，这说的是商末时的伯夷和叔齐。钱财物资相当于王公贵族那样富裕，这说的是春秋时的巨富陶朱公范蠡和猗顿。晋代石崇以美女陪酒，客人不喝酒就将歌女杀死，这是自恃豪富而行凶；晋代何曾一顿饭花费万金，还说没处下筷子，实在是挥霍浪费过度。

【解读】

被誉为中华商圣的陶朱公范蠡，在我国几乎家喻户晓，是一位极富传奇色彩的历史人物。司马迁这样总结评价他的一生："范蠡三徙，成名于天下，非苟去而已，所止必成名。"定陶是他三次迁徙的最后一站，也是他取得辉煌商业成就的地方。陶朱公居陶经商成为巨富，"天下之中"的经济都会是其成功的客观条件，但根本的原因是他具有超乎常人的综合素质。他在经营活动中所表现出的非凡智慧和人格魅力，极受后世商人的推崇，"陶朱公"的名字成为商家成功的楷模和财富的象征。他那富有哲理的商业理论和令人叹为观止的经营技巧，被称作"陶朱术"，在很长一段时间成为中国商业经营的代名词。陶朱公的最重要的经营思想是道德经商。陶朱公经商仅"逐十一之利"，薄利多销，贾法廉平，不盘剥百姓。经商致富靠的是无损于民的经营技巧，不搞损人利己。经商致富后，他屡散家财，周济贫困，被时人誉为"富好行其德者"。陶朱公开创了道德经商的中国儒商传统，被尊为儒商鼻祖。

【原文】

二月卖新丝，五月粜新谷，真是剜肉医疮；三年耕而有一年之食，九年耕而有三年之食，庶几遇荒有备①。贫士之肠习藜苋，富人之口厌膏粱②。石崇以蜡代薪，王恺以饴沃釜③。范丹釜中生鱼，破甑生尘；曾子捉襟见肘，纳屦决踵④。子路衣敝缊袍，与轻裘立，贫不胜言；韦庄数米而炊，称薪而爨，俭有可鄙⑤。总之，饱德之士不愿膏粱；闻誉之施奚图文绣⑥。

【注释】

①剜肉医疮：唐代聂夷中作有《伤田家》一诗："二月卖新丝，五月粜新谷。医得眼前疮，剜却心头肉。"意思是说农民为了求得眼前生存，不得不将尚未产出的农产品预先贱价抵押。庶几：差不多，可以。

②习藜苋：习惯于吃藜蓬和苋菜。形容生活清苦。厌膏粱：吃厌了精细的食品。

③饴：麦芽糖的糖稀。沃釜：洗锅。

④范丹：东汉人，字史云，桓帝时被任为莱芜长，因为给母亲守丧而没有到任。生活非常贫困，有时家中断粮，但是安然自若。当时有歌谣称："甑中生尘范史云，釜中生鱼范莱芜。"釜中生鱼，形容久不做饭，锅灶冷落。捉襟见肘：拉一下衣襟，胳膊肘就露出来了。纳屦决踵：一提上鞋就露出脚后跟。纳屦，穿鞋，决踵，鞋后跟裂开。

⑤轻裘：轻暖珍贵的狐皮袍子。韦庄：唐末诗人，据说他生性非常吝啬。

⑥闻誉之施：听见到处流传的美名。施，散布。奚图：为什么还会贪图。

【译文】

二月蚕刚孵化，丝未成，就开始预售新丝，五月禾苗刚刚插下，谷未熟，就已经预售新谷，真是剜却心头肉来医治眼前疮；耕种三年，才能储备一年的粮食，耕种九年，才能储备三年的粮食，即使遇到灾荒，也可以有备无患。西晋大臣石崇和王恺比豪华，石崇用蜡烛代替柴火烧，王恺用饴糖洗锅。东汉范丹家里非常贫穷，锅里可以养鱼，破饭甑里也积满了灰尘；春秋时的曾子十分贫穷，拉一下衣襟，胳膊肘就露出来了，一提鞋就露出脚后跟。子路穿着破旧的袍子跟穿着珍贵皮衣的人站在一起，其贫寒的样子实在是不能用言语来形容；唐末诗人韦庄生性吝啬，做饭要先数好米粒才下锅，柴草要称过重量，才拿去烧煮，节俭到这种程度就会让人看不起。总之，道德高尚的人，不会羡慕别人的肥肉美食；已经获得美好声誉的人，不会贪图什么锦绣衣裳。

【解读】

我们提倡节俭，但绝不是教人们吝啬。人活着不光要勤劳，同时也要适当地享受，帮助别人，这样才能体会到生活的幸福。历史上的巨富陶朱公勤劳致富，积蓄财富，但从来不吝啬。陶朱公经商聚集了大量的财富，他却屡聚屡散，乐善好施，周济贫困，司马迁称赞他"富好行其德"。陶朱公认为，"授人以鱼，不如授人以渔"，为帮助百姓发家致富，他毫无保留地传授生财之道。鲁国有个穷士叫猗顿，耕种经常还挨饿，种桑养蚕经常还受寒，于是就靠贩盐为生。他听说陶朱公致富有术，便来求教致富的方法。陶朱公教他：你想快速致富，应该去蓄养牲畜。猗顿按照陶朱公的指点大力蓄养牛羊，后来果然成为了富翁，与朱公并称"陶朱、猗顿"，驰名天下。

疾病死丧

【原文】

福寿康宁，固人之所同欲；死亡疾病，亦人所不能无①。惟智者能调，达人自玉②。问人病，曰贵体违和；自谓疾，曰偶沾微恙③。罹疾者，甚为造化小儿所苦；患疾者，岂是实沈台骀为灾④。病不可疗曰膏肓，平安无事曰无恙⑤。采薪之忧，谦言抱病；河鱼之患，系是腹疾⑥。可以勿药，喜其病安；厥疾弗瘳，言其病笃⑦。疟不病君子，病君子正为疟耳；卜所以决疑，既不疑复何卜哉⑧。谢安梦鸡而疾不起，因太岁之在酉；楚王吞蛭而疾乃瘳，因厚德之及人⑨。

【注释】

①福寿康宁：指幸福、长寿、健康、安宁。

②调：调理，调养，这里指保养身体，防御疾病。达人自玉：乐观豁达的人懂得自行珍重。玉，珍重，爱护。

③违和：身体失去调和而不舒适。偶沾微恙：偶然得了小病。恙，疾病。

④罹病者：遭受疾病折磨的人。罹，遭受。造化小儿：戏称司命神，用来指命运，是一种风趣的说法。实沈、台骀为灾：春秋时期晋侯生病了，当时郑伯派出的公孙侨正好在晋国访问，顺便前去探问晋侯的病情。叔向就向公孙侨请教说："此次君主的疾病，占卜的人说是实沈和台骀作祟导致的。史官没听说过实沈和台骀，请问您知道这是什么神吗？"实沈，古代神话中高辛氏的小儿子，是参宿之神。台骀，传说中的汾水之神。

⑤膏肓：古代医学称心膈之间的部位，是人体内主要部位。膏，心尖脂肪。肓，心脏与膈膜之间。无恙：没有疾病。

⑥采薪之忧：身患疾病，不能外出打柴。河鱼之患：鱼烂一般先从腹内开始。

⑦勿药：不用吃药病就可以自愈。厥疾弗瘳（chōu）：那个病不容易好。厥，其，那个。瘳，病愈。病笃：病势沉重。

⑧疟不病君子：西晋传说疟鬼不敢侵犯正人君子。有一个小孩为父亲买治疟疾的药，店主人说："你父亲是有德行的君子，为什么会害疟疾？"小孩回答说："正是因为这个病侵犯君子，所以才会叫做'疟'。"这里小孩是用"疟"和"虐"同音来为父亲开脱。疟，一种按时发冷发烧的急性传染病。卜所以决疑：唐朝初年，长孙无忌等人劝李世民除掉兄弟建成和元吉。李世民叫占卜者进行占卜。张公瑾从外面闯进来，将占卜的工具摔到地上说："占卜是用来决断疑难的，现在事情势在必行，没有疑难，有什么占卜的必要？"

⑨谢安梦鸡而疾不起：有一次，谢安对身边人说："从前大将军桓温在的时候，我常担心自己不能保全。忽然有一次梦见坐着桓温的车走了十六里，见到一只白鸡才停下来。乘桓温的车，预示我会替代他的职位；走了十六里才停止，意味着我代替他十六年；白鸡代表酉，如今太岁在酉，我的病恐

怕是好不了啦！"太岁：即太岁神。古代数术家认为，凡是太岁神所在的方位和与之相反的方位，都非常凶险。酉：十二地支之一，既代表十二属相的鸡，也代表一个具体的年份，即酉年。蛭（zhì）：即水蛭，俗称"蚂蟥"，生于池沼或水田中，吸食人畜血液。

【译文】

　　幸福、长寿、健康、安宁，本来就是人们共同向往的；死亡与疾病，也是人生所不可避免的。只有聪明的人才懂得调养身体，乐观豁达的人才懂得自己珍惜身体。探问别人的病情，说是"贵体违和"；称自己患病，说是"偶沾微恙"。遭受疾病的困扰就说患者太受"造化小儿"折磨了；患了疾病，就说难道是实沈、台骀为害？病到了不能治疗的程度，就说病入"膏肓"；患病但是平安无事，说身体"无恙"。"采薪之忧"，是生病的人的谦称自己患病的说法；"河鱼之患"，是指患了腹泻。"可以勿药"，是高兴病将痊愈；"厥疾弗瘳"，是说病情很重。相传疟疾不会伤害君子，真的伤害了君子才称得上是"疟"；占卜是为了解决疑惑的事情，既然没有疑惑又何必占卜呢？谢安患病中，梦见自己走了十六里，遇到一只白鸡就停了下来，预感到自己鸡年将会病死，这是因为太岁星正好在鸡年；楚王吃饭时发现一条水蛭，为了不使厨师受罚，便偷偷吞下，结果他的病就痊愈，这是因为他将仁德施与了他人，必有好报。

【解读】

　　"福寿康宁"指幸福、长寿、健康、安宁，是人们的美好愿望。历来追求长寿的人很多，正确的养生，确实可以实现，而一些人期望长生不老，特别是古代的一些帝王，什么都拥有了，就幻想长生不死，于是留下很多轶事。如晋哀帝司马丕，胸无大志，只愿偏安江南，不愿北伐，20岁当皇帝，只干了四年，就开始谋划长生不老了，相信了那些专门忽悠人的方士的花言巧语，吃下了他们的长生不老丹药，毒发而亡。再如一代明君唐太宗李世民，在位期间，政治清明，经济繁荣，社会稳定。到了晚年，生活上就开始放纵，天天在后宫烟熏火燎地带着一帮子人炼丹药，炼着炼着，就搭上了性命。唐穆宗李恒，25岁登基，中了宦官王守澄的招儿，天天在宫内笙歌燕舞，嬉戏取乐，听凭王守澄独揽大权，宦官专权，朋党之争，整个朝廷弄得一塌糊涂，极度荒淫腐败，服用金石丹药中毒死亡。这些皇帝本来期望长生不死，结果却加速了死亡，实属自找！

【原文】

　　将属纩、将易箦，皆言人之将死；作古人、登鬼箓，皆言人之已亡[①]。亲死则丁忧，居丧则读礼[②]。在床谓之尸，在棺谓之柩[③]。报丧书曰讣，慰孝子曰唁[④]。注吊曰匍匐，庐墓曰倚庐⑤。寝苫枕块，哀父母之在土；节哀顺变，劝孝子之惜身⑥。男子死曰寿终正寝，女人死曰寿终内寝⑦。天子死曰崩，诸侯死曰薨，大夫死曰卒，士人死曰不禄，庶人死曰死，童子死曰殇⑧。

【注释】

①属纩（kuàng）：用新棉置于临死者鼻子前，观察是否断气。属，注目，观察。纩，絮衣服的新棉。易箦（zé）：更换床席。鲁国的大夫季孙子为了表示对曾子的敬意，特意送给他一张大夫专门用的竹席。后来，曾子得了重病，因为他不是大夫，不应该用这种席子，所以让儿子帮他换掉。更换席子后还没有躺稳，曾子就去世了。箦，竹编的床席。作古人：也称"作古"。鬼箓（lù）：也作"鬼录"，古人认为人死后在阴间有一份名册。

②丁忧：古代礼仪，父母死后，子女要在家中守丧三年，不做官，不婚娶，不赴宴，不应考。读礼：古人守丧在家，要读有关丧祭的礼书。

③柩（jiù）：装着尸体的棺材。

④讣（fù）：讣告，报丧的通知。慰问死者的儿子曰唁（yàn）：慰问死者的儿子叫做吊唁。孝子，父母死后居丧的人。唁，对遭遇丧事的人的慰问。

⑤匍匐：即匍匐求之。《诗经·邶风·谷风》中说："凡民有丧，争匍求之。"意思是，只要乡亲们遇了难，就是爬着也要去相救。庐墓：为父母服丧期间在墓旁搭盖小屋居住，守护坟墓。

⑥寝苫（shān）枕块：古礼规定，从父母去世直到下葬，子女不能住在屋子里，只能睡在草席上，以土块做枕头。苫，居丧时睡的草席。节哀顺变：节制悲哀，顺应变故。

⑦寿终正寝：年老死在家里。正寝，住宅的正屋。内寝：内室，也专指妇女的居室。

⑧崩：即把天子的死比做山崩。薨（hōng）：专称诸侯之死。不禄：不终其禄。禄，官禄。殇（shāng）：未成年而死。

【译文】

"将属纩"和"将易箦"，都是说人将要死亡；"作古人"和"登鬼箓"，都是说人已经死亡了。古人父母去世了就要"丁忧"，为父母服丧就要"读礼"。人死后停在床上称之为"尸"，人死后安放在棺材里称之为"柩"。向亲朋好友报告丧事的文书称做"讣"，到丧家安慰孝子称做"唁"。前往祭奠死者、慰问其亲属，称做"匍匐"；为了给父母守坟在墓旁搭盖的小屋称做"倚庐"。"寝苫枕块"，是哀痛父母已经埋入土里；"节哀顺变"，是劝说孝子要爱惜自己的身体。男子去世，称做"寿终正寝"；女人去世，称做"寿终内寝"。古代的皇帝死亡称为"崩"，诸侯死亡称为"薨"，大夫死亡称为"卒"，士人死亡称为"不禄"，平民百姓死亡称为"死"，未成年的孩子死亡称为"殇"。

【解读】

"天子死曰崩"，古代为什么把天子之死叫"崩"，因为古代把天子的死

看得很重,常用山塌下来比喻，由此从周代开始帝王死称"崩"。在封建时代，帝王"崩"后的丧葬排场和他们活着时一样，处处表现出他们至高无上的尊严和豪华，极尽骄奢淫侈。在清朝，皇帝的丧被称为"凶礼"，和登基、婚礼、寿辰一样重要。由礼部、銮仪卫和内务司共同办理，所耗用的钱财不计其数。据有关史料记载，皇帝在生前就要选择好陵墓地址。清朝自顺治帝开始，历代皇帝和后妃们的陵墓选在东陵（河北遵化县）和西陵（河北易县）两处。他们在位时就营建自己的"地下宫殿"，如慈禧的墓地就进行了长达35年的营建。至于棺木器厂（皇帝称"梓宫"）要用云南的金丝楠木，所花运费要以数十万两白银计。棺木做成后，要刷上四十九道漆。皇帝咽气之后（称晏驾或驾崩），要择吉时良辰入殓。入殓之后，还要不断地举行法事和吊唁活动。在德胜门还要演杠十天，杠夫按正式出殡的规模和要求，先抬着一块和棺木重量相同的独龙木，大约有万斤，上面放一碗水，要练到走时水洒不出来为止。在演杠时，还要日夜施工，抢修去陵墓的御道，之后才是出灵。

【原文】

自谦父死曰孤子，母死曰哀子，父母俱死曰孤哀子；自言父死曰失怙，母死曰失恃，父母俱死曰失怙恃[1]。父死何谓考，考者成也，已成事业也；母死何谓妣，妣者媲也，克媲父美也[2]。百日内曰泣血，百日外曰稽颡[3]。期年曰小祥，两期曰大祥[4]。不缉曰斩衰，缉之曰齐衰，论丧之有轻重；九月为大功，五月为小功，言服之有等伦[5]。三月之服曰缌麻，三年将满曰禫礼[6]。孙承祖服，嫡孙杖期；长子已死，嫡孙承重[7]。

【注释】

①失怙(hù)恃："怙"和"恃"都有依靠、依赖的意思。

②媲(pì)：匹配，比得上。

③泣血：泪尽血出，形容极度悲伤。稽颡(sǎng)：一种跪拜礼，用于居丧时答拜宾客，表示极度的悲痛和感谢。

④期年：一年。

⑤缉：一种缝纫方法，一针对一针地缝，多用于缝衣边。斩衰：古代五种丧服中最重的一种。

用粗麻布制成，左右和下边不缝。服期三年。齐衰：古代五种丧服之一，用粗麻布制成，衣服缝边。一般服期一年。大功：古代五种丧服之一，用熟麻布做成，服期九个月。小功：古代五种丧服之一，用熟麻布做成，服期五个月。

⑥缌(sī)麻：古代五种丧服中最轻的一种，用细麻布做成，服期三个月。禫(dàn)礼：除去孝服时举行的祭祀。

⑦嫡孙：即嫡长孙，嫡长子正妻所生的长子。杖期：拄哀杖一年。

【译文】

父亲去世，谦称自己是"孤子"；母亲去世，谦称自己是"哀子"；父母都去世，谦称自己是"孤哀子"；自己说父亲去世称做"失怙"，自己说母亲去世称做"失恃"，自己说父母都去世称做"失怙恃"。称父亲去世为什么叫"考"？因为考有成就的意思，是说父亲事业有成；称母亲去世为什么叫"妣"？因为妣通媲，是说母亲的美德能配得上父亲。父母去世之后，百天以内称做"泣血"，百天以后称做"稽颡"，一周年的祭礼称做"小祥"，两周年的祭礼称做"大祥"。穿粗麻布且不缝衣边的孝服称为"斩衰"，穿粗麻布且缝衣边的孝服称为"齐衰"，这表明丧礼有轻重的级别；穿孝服时间为九个月的称做"大功"，穿孝服时间为五个月的称做"小功"，这表明亲疏不同所穿丧服及丧期也不同。服期为三个月的丧服叫"缌麻"；三年服丧期将满举行的礼仪叫"禫礼"。孙辈为祖父母服丧，嫡长孙要执哀杖，为期一年；如嫡长子已经死亡，嫡长孙就要承担主持丧祭的重任。

【解读】

"三月之服曰缌麻，三年将满曰禫礼。"蕴含着儒家的孝道观。儒家大师孔子主张父母去世"守丧三年"。而孔子的弟子宰我曾质疑"三年之丧"，认为守丧期间不行礼乐，将使礼坏乐崩，人文世界随之瓦解；同时，自然世界一年为循环之期。那么守丧何不也以一年为期？ 宰我的意思是，外在规范是相对的，可以更改的。孔子认为如果守了一年之丧以后，就恢复平日的生活享受，请问你心里安不安呢？ 换言之，孔子认为守丧三年才会心安，外在规范是为了适当表达内心感受而制定的。孔子还认为，一个人若是内心对父母的感恩之情不深，任何外在规范都只是徒具形式而已。孔子认为"不守丧三年，心就不安"，孔子的理由为："子生三年，然后免于父母之怀。"意思是小孩子生下来到了三岁，才能离开父母的怀抱。所以，一个人对父母的感情深的话，没有三年怎么会从悲伤中走出呢？ 走不出悲伤又何谈心安呢？

【原文】

死者之器曰明器，待以神明之道；孝子之杖曰哀杖，为扶哀痛之躯①。父之节在外，故杖取乎竹；母之节在内，故杖取乎桐[2]。以财物助丧家，谓之赙；以车马助丧家，谓之赗；以衣殓死者之身，谓之禭；以玉实死者之口，谓之琀[3]。送丧曰执绋，出柩曰驾輀[4]。吉地曰牛眠地，筑坟曰马鬣封[5]。墓前石人，原名翁仲；柩前功布，今曰铭旌[6]。挽歌始于田横，墓志创于傅奕[7]。生坟曰寿藏，死墓曰佳城[8]。坟曰夜台，圹曰窀穸[9]。

【注释】

①明器：即冥器，专为随葬而制作的器物，一般用竹、木或陶土、纸制成。哀杖：孝子因为哀痛而身体羸弱，所以手中要拄杖。俗称"哭丧棒"。

②杖取乎竹：因为竹子外面有节，以表示亡父的节操在外。杖取乎桐：因为桐与"同"谐音，以表示丧母后的哀痛和丧父相同。

③殓（liàn）：给死者穿衣入棺。实：充实，填塞。琀（hán）：放在死者口中的玉。

④执绋（fú）：以手牵引灵柩的大绳，帮助灵柩行进。绋，拴在灵柩上的绳索。輀（ér）：古代载运棺柩的车。

⑤牛眠地：晋朝陶侃还没有发迹时，其父母去世了，准备安葬的时候，家里的牛忽然不见了。一位老人对陶侃说："我在前面山冈上看见一头牛睡在污泥中，在那个地方安葬死者，后代能当上大官。"马鬣（liè）封：坟墓上封土的一种形状。

⑥功布：古代丧礼中用来指引灵柩的布，一般用三尺长的白布悬于竿头，略似旌旗。铭旌：竖在灵柩前标志死者官职和姓名的旗幡。

⑦挽歌始于田横：田横，秦末人，楚汉战争中自立为齐王，不久被刘邦打败。汉朝建立后，他率领五百名部下逃亡到一个海岛。汉高祖命令他去洛阳，他在途中自杀了。其部下听到消息，也全部自杀于海岛上。挽歌，送葬时所唱的哀歌。墓志创于傅奕：傅奕是唐朝初年的学者，据说他是中国历史上第一个为自己撰写墓志铭的人。墓志，放在墓里刻有死者生平事迹的石头，上面记有死者姓名、籍贯和生平等资料。也指墓志上的文字，即墓志铭。

⑧生坟：人活着时自己建的墓穴。佳城：指墓地。汉代夏侯婴死了，送葬途中，运灵柩的马突然不往前走了，用蹄刨地，悲愤地嘶鸣。刨开马蹄下的地方，得到一块石头，上面有字："佳城郁郁，三千年，见白日，吁嗟滕公居此室。"于是就把夏侯婴安葬在这个地方。

⑨夜台：坟墓中不见光明，故称。圹（kuàng）：墓穴。窀穸（zhūn xī）：厚夜，长夜的意思。窀，厚。穸，夜。

【译文】

死者随葬的器物叫做"明器"，是用对待神明的礼仪对待死人；孝子所拄的木杖叫做"哀杖"，是用来支撑哀痛衰弱的身体。父亲的节操表现在家外，所以父亲去世时哀杖用竹子制成；母亲的节操表现在家内，所以母亲去世时哀杖用桐木制成。用财物帮助丧家办理丧事称做"赙"；用车马帮助丧家办理丧事称做"赗"。死者入棺时送衣被给其穿用称之为"禭"；把玉放在死者口中称之为"琀"。将死者送去安葬称做"执

绋"，运出灵柩称做"驾輀"。吉祥的埋葬之地名为"牛眠地"，修筑坟墓名为"马鬣封"。墓地前的所立的石像原来名叫"翁仲"；丧葬时灵柩前的布幡如今名叫"铭旌"。"挽歌"是为死者所作的哀悼之歌，最早开始于汉初田横的葬礼；"墓志"是记载死者生平事略，由唐代傅奕首创的。活着的时候修建的墓穴叫做"寿藏"，去世之后才修建的墓地叫"佳城"。坟墓称做"夜台"，墓穴称做"窀穸"。

【解读】

　　皇帝的坟墓为什么叫陵？其中有一定的历史渊源。其实在周朝以前，君王的坟墓都称"墓"而不称"陵"。周代君王的墓也称"墓"亦不称"陵"。中国帝王的坟墓开始称为"陵"，约从战国中期以后，首先出现于赵、楚、秦等国。《史记·赵世家》载：赵肃侯十五年经营寿陵。《秦始皇本纪》载：秦惠文王葬公陵，悼武王葬永陵，孝文王葬寿陵。由此可见，这是君王墓称"陵"之始。因为当时封建王权不断增强，为表现最高统治者至高无上的地位，其坟墓不仅占地广阔，封土之高如同山陵，因此帝王的坟墓就称为"陵"。历史上著名的皇帝陵，有汉武帝的"茂陵"，唐太宗的"昭陵"，唐高宗的"乾陵"等等。

【原文】

　　已葬曰瘗玉，致祭曰束刍[1]。春祭曰禴，夏祭曰禘，秋祭曰尝，冬祭曰烝[2]。饮杯棬而抱痛，母之口泽如存；读父书以增伤，父之手泽未泯[3]。子羔悲亲而泣血，子夏哭子而丧明[4]。王裒哀父之死，门人因废《蓼莪》诗；王修哭母之亡，邻里遂停桑柘社[5]。树欲静而风不息，子欲养而亲不在，皋鱼增感；与其椎牛而祭墓，不如鸡豚之逮存，曾子兴思[6]。故为人子者，当思木本水源，须重慎终追远[7]。

【注释】

　　①瘗（yì）玉：古代祭山礼仪，礼毕后在坑里埋玉。这里借玉指死人，指死人已经埋葬。瘗，埋葬。束刍：捆草成束。东汉郭林宗的母亲去世了，朋友徐稚前去吊唁，放了一捆草在房子前就走了。

众人都觉得很奇怪，郭林宗说："这肯定是南州的高士徐孺子呀。《诗经》中说：生刍一束，其人如玉。我没有德行配得上呀。"刍，草秆。

②禴(yuè)、禘(dì)、尝、烝(zhēng)：古代宗庙四时的祭名。

③杯棬(quān)：也做"杯圈"，一种木制的饮水器具，一般是妇女使用。口泽：指津液。泯：消灭，丧失。

④子羔：春秋时人高柴，字子羔，孔子弟子。子夏：春秋时卫国人卜商，字子夏，孔子弟子。

⑤王裒(póu)：字伟元，晋朝人，他伤痛父亲王仪被司马昭所杀，发誓不担任晋国官职。母亲死后，读《诗经·蓼莪》中"哀哀父母，生我劬劳"一句。时，流泪哭泣不停，他的门人因此不再提及《蓼莪》这一篇。王修：三国时魏人，字淑冶，七岁时母亲在祭祀土地神的社日去世。第二年，又逢社日，王修非常哀伤，邻里都被他感染，于是停止了社祭活动。桑柘社：社祭。桑柘，农桑之事。

⑥皋鱼：春秋时人。椎牛：杀牛。逮：及，等到。

⑦木：树的根。慎终追远：慎重地办理父母丧事，虔诚地祭祀远代祖先。终，人死。远，指祖先。

【译文】

死者已经埋葬叫做"瘗玉"，到坟前祭奠叫做"束刍"。天子及诸侯到宗庙祭祀，四时之祭的名称不同，春祭名叫"禴"，夏祭名叫"禘"，秋祭名叫"尝"，冬祭名叫"烝"。用母亲的杯子饮水不禁心中悲痛，是因为感到亡母的津液似乎还留在杯子上；读父亲留下的书籍更增添伤感，是因为总觉得书中还留着亡父的手印。子羔悲悼逝去的双亲而哭泣了三年，竟然眼睛哭出血珠；子夏痛失爱子而哭瞎了双眼。王裒每当读到《诗经·蓼莪》中的诗句，就想起亡故的父亲而痛哭流涕，他的学生不忍便不再读这首诗；王修的母亲死于社日，每到这一天他就哀悼亡故的母亲而号啕痛哭，邻里们为之凄然，于是停止了社祭活动。大树想要静止而风却偏不停息，儿子想要尽孝心而父母却已经离世，皋鱼因父母去世为此感慨倍增；与其父母死后杀牛到坟前祭奠，不如当父母健在的时候用鸡肉和猪肉来赡养他们，这是曾子读丧礼得到的感想。所以说为人子女的，应当想到木有本水有源，时刻不要忘记父母对自己的养育之恩，必须庄重谨慎地按照礼仪办理父母的丧事，虔诚恭敬地祭祀自己的祖先。

【解读】

中国的祭祀文化内容丰富、历史悠久。古时候城乡人们多迷信鬼怪，有祭祖、求神、拜佛的习俗。每年清明节前数日，家家户户均备祭品纸钱，由家长率儿女到先祖墓地烧钱挂纸，祭祖。清明这一天，可以加土添坟、修整墓地。农历四月初八为释迦牟尼生日，名浴佛节。每年，佛教寺庙浴佛诵经，举办法会。城乡信徒及善男信女多备供品、香火，前往烧香拜佛，祷求佛祖保佑平安、吉祥无灾。每年农历七月十五日为中元节。城乡群众多备祭品供奉

土地灵位，祭祀土神，祈祷全年粮食丰收。多数农户如此日不祭，便在秋后，请道士、阴阳诵经一昼夜，专祭土地神，称"谢土"。每年农历十月初一为十月朝。家家备供献、纸钱给祖先亡灵烧化、祭奠，意为送寒衣费用。有民谚"十月朝朝，买纸烧烧"。每年冬至这一天，群众各在门前为祖先亡灵烧化纸钱，以示年关将近，给祖先亡灵送钱备年关。每年腊月二十三日为各家送灶神回天宫，在灶神灵牌前上供品，烧香化纸，祭祀祈祷"上天言好事，下界降吉祥"。这些祭祀虽然带有迷信色彩，但是都包含着人们的美好愿望。

卷四

文　事

　　多才之士，才储八斗；博学之儒，学富五车①。三坟五典，乃三皇五帝之书；八索九丘，是八泽九州之志②。《书经》载上古唐虞三代之事，故曰《尚书》；《易经》乃姬周文王周公所系，故曰《周易》③。二戴曾删《礼记》，故曰《戴礼》；二毛曾注《诗经》，故曰《毛诗》④。孔子作《春秋》，因获麟而绝笔，故曰《麟经》⑤。荣于华衮，乃《春秋》一字之褒；严于斧钺，乃《春秋》一字之贬⑥。缣缃黄卷，总谓经书；雁帛鸾笺，通称简札⑦。

【注释】

　　①才储八斗：南北朝诗人谢灵运曾夸耀说："如果说天下才华"总共有一石，曹植独得八斗，我得一斗，古今其他人则共用一斗。学富五车：形容读书多，学问广博。富，富有。五车，五车书。

　　②三坟五典：三坟，指伏羲、神农、黄帝之书。五典，指少昊、颛顼、高辛、唐、虞之书。八索九丘：相传为古代书名。八泽九州：古代分中国为九州，并有八大水泽。志：记载的文字。

　　③尚：同"上"。姬周：周朝君主姓姬。系：指《周易·系辞》。

　　④二戴：指西汉戴德、戴圣叔侄两人。戴德删《礼记》为85篇，称《大戴礼记》。戴圣又将其删为49篇，称《小戴礼记》。现在我们看到的《礼记》是《小戴礼记》。二毛：指西汉的毛亨和毛苌。毛苌是毛亨的弟子。

　　⑤《春秋》：儒家经典之一，现存最早的编年体史书，相传是孔子根据鲁国史官所编《春秋》加以整理修订而成。麟：麒麟。

　　⑥华衮（gǔn）：古代王公贵族的漂亮礼服，常用以表示极高的荣宠。斧钺（yuè）：古代军法中用来杀人的斧子，泛指兵器。一字之贬：《春秋》文字简短，却寓有褒贬之意，后世称为"春秋笔法"。

　　⑦缣缃（yuè）：双丝织的微带黄色的细绢，供书写用。黄卷：书籍。古代人用辛味、苦味之物染纸以防虫咬，所以纸色发黄。雁帛：书信或是传递书信的人的代称。雁，大雁；帛，丝织品，这里指帛书。鸾笺：即彩笺，代指书信。据说蜀人曾造十色笺，上面隐寿花木麟鸾图纹。简札：古代书写用的竹简和木片，还没有编成册时称"简札"，后来指书信。

【译文】

才华横溢的士人，称为"才储八斗"；学识渊博的儒生，称为"学富五车"。"三坟五典"，是三皇五帝流传下来的书籍；"八索九丘"，是记载古代中国八个水泽和九州的书。《书经》里记载的是上古唐尧、虞舜和夏、商、周三代的历史事件，所以叫做《尚书》；《易经》相传是由周文王姬昌、周公姬旦所作，所以叫做《周易》。戴德和戴圣曾经删订《礼记》，所以《礼记》又叫《戴礼》；毛亨和毛苌曾注解过《诗经》，所以《诗经》又称《毛诗》；孔子写作《春秋》，因为得到鲁哀公捕获麒麟的消息而至此停笔，所以《春秋》又叫《麟经》。"荣于华衮"，指的是《春秋》一个字的褒奖带给人的荣耀；"严于斧钺"，指的是《春秋》一个字的贬责带给人的羞辱。"缥缃"和"黄卷"，都是经书的总称；"雁帛"和"鸾笺"，都是书信的别称。

【解读】

"九州"是中国的别称之一，最早见于《禹贡》，相传古代大禹治水的时候，把天下分为九州，于是九州就成了中国的代名词。古代中国人将全国划分为九个区域，即所谓的"九州"。根据《尚书·禹贡》的记载，九州分别是：冀州、兖州、青州、徐州、扬州、荆州、梁州、雍州和豫州。豫州是中心，其他州环绕豫州。九州现在地理位置分划基本是这样：冀州，起自黄河壶口，涉及今山西、河北、河南等省部分地区，地为白壤；兖州，起自黄河下游、济水，涉及河北、河南、山东，地为黑壤；青州，起自渤海、泰山，涉及河北、山东半岛，地为肥沃白壤；徐州，起自黄海、泰山、淮河，涉及山东、江苏、安徽，地为红色黏土；扬州，起自淮河、黄海，涉及江苏、安徽、江西及其以南的地方，地为潮湿泥土；荆州，起自荆山、衡山，涉及湖北、湖南，地为潮湿泥土；豫州，起自中原、黄河下游，涉及河南、山东，地为柔软的土，下层为肥沃而硬的黑色；梁州，起自华山、黑水，涉及陕西、四川、甘肃、青海，地为黑色松散的土；雍州，起自黑水、西河，涉及陕西、内蒙古、宁夏、甘肃、新疆，地为最上等的黄壤。

锦心绣口，李太白之文章；铁画银钩，王羲之之字法①。雕虫小技，自谦文学之卑；倚马可待，羡人作文之速②。称人近来进德，曰士别三日，当刮目相看；羡人学业精通，曰面壁九年，始有此神悟③。五凤楼手，称文字之精奇；七步奇才，羡天才之敏捷④。誉才高，曰今之班马；羡诗工，曰压倒元白⑤。汉晁错多智，景帝号为智囊；高仁裕多诗，时人谓之诗窖⑥。骚客即是诗人，誉髦乃称美士⑦。自古诗称李杜，至今字仰钟王⑧。

【注释】

①锦心绣口：比喻文章构思巧妙，用词华美。李白有首诗的序中提到，他的堂弟喝醉了问他，兄长的心肝五脏难道都是锦绣吗？不然，为什么能开口成文，挥笔雾散？铁画银钩：比喻书法笔姿挺拔。画，笔画。钩，勾勒。

②雕虫小技：比喻写作辞赋为小技、末道。雕，雕刻。虫，指鸟虫书，古代汉字的一种字体，西汉学校必学的一种字体。倚马可待：倚在即将出发的战马前起草文件，可以等着写完稿。

③刮目相看：用新眼光看人。刮目，擦眼睛。面壁：佛教徒称坐禅为"面壁"，即面对墙壁默坐静修。南朝梁时，天竺僧人菩提达摩来到中国，相传他在嵩山少林寺面壁坐禅，整天一句话也不说，一共坐了九年。

④五凤楼手：借喻文章写得好的人。唐和后梁在洛阳都建有五凤楼。宋朝的韩浦和韩洎兄弟俩都有文名，但是韩洎一直对哥哥韩浦不是很服气，有一次他说："我哥哥写文章，就像造草棚茅屋，只能聊以避风雨。我写文章，就像造五凤楼的高手。"七步奇才：指曹植七步成诗的典故。见卷二"兄弟"。

⑤班马：汉代历史学家班固和司马迁的并称，两人也都是著名的散文大家。元白：指唐代著名诗人元稹和白居易，两人都以诗工闻名，在当时享有极高的声誉。据说，有一次元稹、白居易和杨汝士等人即席赋诗，杨汝士诗最后写完，但是写得最好，连元稹和白居易都叹服。杨汝士回家对子弟们说："我今日压倒元白了。"

⑥晁错：西汉政论家，善于分析辩论。诗窖：比喻满腹诗才、作诗很多的诗人。五代文学家王仁裕，字德辇，平生作诗逾万首，当时人称"诗窖子"。

⑦骚客：指诗人。屈原作《离骚》以后，后人多仿效，所以称诗人为"骚人"。誉髦：有名望的英杰之士。髦，毛中的长毫，比喻英俊杰出之士。

⑧李杜：唐代著名诗人李白、杜甫的合称。钟王：三国魏人钟繇和晋人王羲之的并称，两人都是著名的书法大家。

【译文】

"锦心绣口"，这是形容唐代诗人李白的诗文构思精巧、用词华美；"铁画银钩"，这是赞美东晋书法家王羲之的书法笔力刚健、苍劲而妩媚。"雕虫小技"，这是谦逊地称自己文才卑下；"倚马可待"，这是羡慕别人写文章快速。称赞别人近来学识大进，就说"士别三日，当刮目相看"；羡慕别人学业精通，就说"面壁九年，始有此神悟"。"五凤楼手"，这是称赞别人的文章精彩奇妙；"七步奇才"，这是羡慕别人有天才文思敏捷。赞美别人才学很高，就说"今之班马"；羡慕别人诗写得工整优美，就说"压倒元白"。汉代晁错机智多谋，汉景帝宣称他为"智囊"；王仁裕写了很多首诗，当时的人们称之为"诗窖"。"骚客"就是指诗人，"誉髦"是称赞英俊之士。自古以来论诗者最推崇李白和杜甫，直到今天书法界最敬慕的依然是钟繇和王羲之。

【解读】

一代文豪李白颇受后人崇拜，他豪放的风格对后世影响深远，也深受后人们的喜爱。李白生活在盛唐时期，他性格豪迈，热爱祖国山河，游踪遍及南北各地，写出大量赞美名山大川的壮丽诗篇。他的诗，既豪迈奔放，又清新飘逸，而且想象丰富，意境奇妙，语言轻快，人们称他为"诗仙"。李白的诗歌不仅具有典型的浪漫主义精神，而且从形象塑造、素材摄取、到体裁选择和各种艺术手法的运用，无不具有典型的浪漫主义艺术特征。其中，豪放是李白诗歌的主要特征。所以，读他的诗歌，总是被他的豪放所感染，并敬慕他蔑视权贵的个性。

【原文】

白雪阳春，是难和难赓之韵；青钱万选，乃屡试屡中之文[1]。惊神泣鬼，皆言词赋之雄豪；遏云绕梁，原是歌音之嘹亮[2]。涉猎不精，是多学之弊；咿唔占毕，皆读书之声[3]。连篇累牍，总说多文；寸楮尺素，通称简札[4]。以物求文，谓之润笔之资；因文得钱，乃曰稽古之力[5]。文章全美，曰文不加点；文章奇异，曰机杼一家[6]。应试无文，谓之曳白；书成绣梓，谓之杀青[7]。袜线之才，自谦才短；记问之学，自愧学肤[8]。裁诗曰推敲，旷学曰作辍[9]。

【注释】

①白雪阳春：古代楚国的歌曲名，属于非常高雅的音乐。据说有位歌者在楚国郢都唱歌，开始唱《下里》、《巴人》，国中跟着一起唱和的有数千人。后来唱《阳春》、《白雪》，跟着唱和的不过数十人。难和难赓：难以唱和，难以继作。赓，继续、连续。青钱万选：青钱，即青铜钱，为古代铜钱中的上品。唐代张鷟在参加吏部铨试时，四次都获得了吏部的第一名，有人称他的文辞就像青铜钱，万选万中。

②惊神、泣鬼：杜甫曾称赞李白："笔落惊风雨，诗成泣鬼神。"遏云、绕梁：歌声优美，使游动的浮云停下来静听，似余音绕着屋梁不愿散去。遏，停止。据说战国时的歌唱家秦青，其歌声能使路边的林木震动起来，使得天上的云彩停住。

③涉猎：读书学习时只作肤浅的阅览或探索，不求深入研究掌握。

④累牍：累，重叠；牍，古代写字用的竹、木简。寸楮、尺素：都代指书信。寸楮，一寸长的短笺。

尺素，古代用绢帛书写，通常长一尺，故称写文章或书信所用的短笺为"尺素"。

⑤润笔：请人作诗文书画的酬劳。隋文帝命令太史令作诏书恢复大臣郑译的爵位，大臣高颎开玩笑说："笔干了，写不了了。"郑译说："我出外做地方官，听到有新的任命，立刻骑马回朝，一文钱也没有带，拿什么给你们润笔呢？"稽古：指苦读古典经书。东汉桓荣被封为少傅后，召集儒生们集会，然后陈列自己的车马、官印和绶带，对大家说："这些都是稽古得来的，可以勉励你们！"

⑥文不加点：文章一气写成，无须修改。点，涂改。机杼一家：文章自成一派。机杼，原指古代织布机械，后比喻诗文构思和布局新巧。

⑦曳白：唐朝天宝年间选进士，御史中丞张倚的儿子张奭被判为高等。落第者不服，唐玄宗在勤政殿亲自复试，结果张奭在答卷的白纸上一个字也没写，人称"曳白"。绣梓：将写成的书雕制在木板上。古代书版以梓木最好，所以称雕版为"绣梓"。绣，刺，引申为刻。杀青：古时把书写在竹简上，为防虫蛀须先用火烤干水分，叫"杀青"。

⑧袜线：形容才艺多但是没有一种很精通的。五代前蜀大臣韩昭兴趣非常广范，文章及琴、棋、书、算、射、法等都有所涉猎，因此受到恩宠。有人讽刺说：韩昭的各项技能，就像拆下来的袜子线一样，没有一条是长的。记问：指无真知灼见，记诵书本的目的只是为了应答别人的问难或资助谈兴。

⑨推敲：斟酌字句。作辍：时作时歇，不能持久。辍，停止。

【译文】

　　"白雪阳春"，是形容难以唱和、难以接续的高雅之曲；"青钱万选"，是形容屡试屡中的奇妙之文。"惊神"和"泣鬼"，都是说诗文辞赋的气势雄健豪放；"遏云"和"绕梁"，都是形容歌声优美嘹亮，令人难忘。涉猎广泛学习不求精深，这是读书求学者贪多求全的弊病；"咿唔"和"占毕"，都是读书吟诵的声音。"连篇累牍"，总体形容冗长累赘的文章；"寸楮"和"尺素"，都是书信的通称。用财物请求别人写文章，称之为"润笔"的酬劳；因为写文章获得钱财，便说是"稽古"的作用。文思敏捷一气呵成，完美到无须修改，称做"文不加点"；文章新奇颖异有自己的特色风格，称做是"机杼一家"。考试时交白卷，称之为"曳白"；书写成后刊刻印刷，称之为"杀青"。"袜线之才"，是谦称自己才疏学浅的说法；"记问之学"，是感慨自己学识肤浅的惭愧之词。裁剪诗文叫做"推敲"；荒废学业叫做"作辍"。

【解读】

　　"遏云绕梁"这个成语出自战国《列子·汤问》："声振林木，响遏行云。"又有"过雍门，鬻歌假食，既去，而余音绕梁欐，三日不绝，左右以其人弗去。"后来逐渐演变成今天我们常常说的"余音绕梁，三日不绝。"此语其中颇有

典故，传说春秋战国时代，韩国有以一擅长歌唱的女子韩娥。因韩国水涝，家园都被冲毁了，百姓纷纷外出逃命。韩娥向东投奔齐国。途中盘缠用尽，唯有卖唱为生。她一路走一路唱，歌声美妙动人。经过雍门这个地方，唱歌来向店家乞讨，换取食物。她走了三天以后，人们还听到她的歌声的余音在房梁间缭绕，人们都说韩娥之歌"余音绕梁，三日不绝"。

【原文】

文章浮薄，何殊月露风云；典籍储藏，皆在兰台石室①。秦始皇无道，焚书坑儒；唐太宗好文，开科取士②。花样不同，乃谓文章之异；潦草塞责，不求辞语之精③。邪说曰异端，又曰左道；读书曰肄业，又曰藏修④。作文曰染翰操觚，从师曰执经问难⑤。求作文，曰气挥如椽笔；羡高文，曰才是大方家⑥。竞尚佳章，曰洛阳纸贵；不嫌问难，曰明镜不疲⑦。称人书架曰邺架，称人嗜学曰书淫⑧。

【注释】

①浮薄：轻薄，不朴实。典籍：指法典、图籍等重要文献；亦泛指古今图书。兰台石室：泛指古代收藏图书档案的处所。兰台，汉代宫内藏图书的地方。

②开科取士：开设科目以选拔人才。唐代选士除了进士科外，还有秀才、明法、明书、明算等科目一共五十余种。唐太宗还设弘文馆，广收天下儒生。

③潦草塞责：形容做事马虎，敷衍了事，不负责任。潦草，草率，不认真。塞，搪塞。

④异端：古代儒家称其他持不同见解的学派。左道：邪门歪道。肄（yì）业：古代指修习课业。现在称在校学习而未毕业。肄，研习，学习。藏修：指专心学习。

⑤染翰、操觚（gū）：以笔蘸墨、抓取木简，都指写作文章。翰，笔。操，持，拿。觚，古代用来书写的木简。执经、问难：指跟着老师学习。执经，指手执经书。问难，诘问辩驳，析疑解惑。

⑥如椽笔：晋武帝时，大臣王珣梦见有人给了他一支很大的笔，笔杆像屋椽那么粗。他说："这预示着我将干大手笔的事！"不久，晋武帝逝世，哀册之类的文件全都由王珣负责起草。后来人们便以"如椽笔"比喻笔力雄健，犹言"大手笔"。椽，房梁。大方家：懂得大道理的人。大方，懂得大道理。

⑦尚：仰慕，夸耀。洛阳纸贵：晋朝左思作《三都赋》，构思十年才完成。皇甫谧为文章作序，张载、刘逵为之作注，马上引起了人们注目。富豪之家争相传阅抄写，洛阳的纸因此贵了起来。明镜不疲：明镜无论照多少次也不会疲倦。晋朝孝武帝让谢安兄弟和其他人学习《孝经》，并派车武子去考察谢安兄弟。车武子对袁羊说："问题问得不周全，怕他们对《孝经》的理解有遗漏；问得太多太仔细，又怕辛苦他们。"袁羊说："你什么时候见过明镜多照会疲劳，清澈的流水会害怕风吹？"

⑧邺架：唐人李泌封邺侯，家里藏书有三万册之多。后来就用"邺架"比喻藏书之多，也指书架。书淫：古代称嗜书成癖、好学不倦的人。

文章空洞浅薄，跟转眼即逝的月下露珠、风中浮云没有区别；珍贵典册、书籍的储藏，都在兰台、石室一类的地方。秦始皇暴虐无道，烧毁诗书，活埋儒生；唐太宗喜欢儒学，发展科举制度，选拔人才。"花样不同"，就是说文章的风格不同；"潦草塞责"，是说不讲究文章语句的精妙。不合正统的学说叫做"异端"，又叫做"左道"；读书专心刻苦研习学业称做"肆业"，又称做"藏修"。写作文章称做"染翰操觚"，跟着老师求学称做"执经问难"。请别人写文章，就说"乞挥如椽笔"；羡慕别人文章高妙，就说"才是大方家"。文章得到大家的大力推崇，称做"洛阳纸贵"；有学问的人不会嫌别人多请教，称做"明镜不疲"。称赞别人家书架上藏书多而丰富，就说"邺架"；赞美别人爱好学习成癖，就说"书淫"。

【解读】

焚书坑儒，是指秦始皇在公元前213年焚毁书籍和公元前212年坑杀术士（术音述，术士，即述士；述士即儒士）的历史事件。秦始皇三十四年（前213），朝廷的高官淳于越反对当时实行的"郡县制"，要求根据古制，分封子弟。丞相李斯加以驳斥，并主张禁止"儒生"（读书人）以古非今，以私学诽谤朝政。秦始皇采纳李斯的建议，下令焚烧《秦记》以外的列国史记，对于私藏的《诗》、《书》等也限期交出烧毁；有敢谈论《诗》、《书》的处死，称赞过去的而议论现在政策的灭族；禁止私学，想学法令的人要以官吏为师。这种措施引起许多读书人的不满。第二年（前212），许多方士（修炼功法炼丹的人）、儒生攻击秦始皇。秦始皇派人调查，将四百六十多名方士和儒生抓捕，挖了个大坑活埋。于是酿成了残酷无道的"焚书坑儒"。

【原文】

白居易生七月，便识"之无"二字；唐李贺才七岁，作《高轩过》一篇①。开卷有益，宋太宗之要语；不学无术，汉霍光之为人②。汉刘向校书于天禄，太乙燃藜；赵匡胤代位于后周，陶谷出诏③。江淹梦笔生花，文思大进；扬雄梦吐白凤，词赋愈奇④。李守素通姓氏之学，敬宗名为人物志；虞世南晰古今之理，太宗号为行秘书⑤。茹古含今，皆言学博；咀英嚼华，总曰文新⑥。文望尊隆，韩退之若泰山北斗；涵养纯粹，程明道如良玉精金⑦。李白才高，咳唾随风生珠玉；孙绰词丽，诗赋掷地作金声⑧。

【注释】

①《高轩过》：传说唐代诗人李贺幼年所作的诗篇。高轩，即高级车马，也代指显贵者。

②开卷有益：宋太宗每天阅读《御览》三卷，如果有事情耽误了阅读，就一定要抽时间补上，他说："开卷有益，我不觉得很辛苦。"不学无术：班固在《汉书》中评价霍光"不学亡术，暗于大理"，即说他不读书，没有学识，不明白关乎大局的道理。霍光是汉武帝、汉昭帝、汉宣帝三朝重臣。

③太乙燃藜：传说西汉经学家刘向一天晚上在天禄阁独自校书时，出现了一位穿着黄衣服，挂着根青藜杖的老人，自称是"太乙之精"。他对着青藜杖吹了一下，顶端就冒出烟来，火光可以照明。陶谷出诏：宋太祖赵匡胤原本是后周世宗柴荣的殿前都点检，掌握兵权。柴荣死后，赵匡胤看继位的皇帝年幼，便发动了陈桥兵变。当时的翰林学士陶谷，看出赵匡胤的篡位野心，早暗中写好禅位诏书，此时从衣衫中拿出当庭宣读，赵匡胤便正式即位称帝。

④梦笔生花：南朝时梁朝文学家江淹，梦见有人给他一支五色笔，于是才思大有长进，很快便以文章著名。晚年又梦见一位自称郭璞的人，向他索要五色笔，从此作诗再无佳句，人称"江郎才尽"。另外，唐朝诗人李白也曾梦见自己所用的毛笔，笔头上开出花来。吐白凤：据说西汉学者、辞赋家扬雄模仿《周易》撰写《太玄》时，曾梦见自己吐出凤凰，停在他的著作上。

⑤人物志：唐初时李守素精通姓氏之学，时人号为"行谱"。大臣许敬宗对虞世南说："行谱这个外号不是很雅，应该改一个。"虞世南说："从前的任彦升善谈经书典籍，人称'五经笥'，李守素可以称为'人物志'吧。"行秘书：唐初书法家、文学家虞世南博学多才，明晰古今之理。有一次唐太宗出行，有关部门请运载书册相随。太宗说："不用了，有虞世南在，就是一个移动的秘书阁。"后来用"行秘书"比喻博闻强记的人。

⑥茹古含今：通古博今。茹，容纳、覆盖。含，也做"涵"，包含、涵盖。咀英嚼华：比喻读书吸取其精华。咀，细嚼，引申为体味。英、华，这里指精华。

⑦文望：善于为文的声望。泰山北斗：古代认为泰山在五岳中最高，北斗在群星中最亮，常用"泰山北斗"指众人所敬仰的人。韩退之即韩愈，唐代著名散文家，被列为"唐宋八大家"之首。纯粹：纯正不杂，精纯完美。良玉精金：程颢，字伯淳，世称明道先生，北宋理学的奠基者之一。他的弟弟程颐曾形容他"纯粹如精金；温润如良玉"。

⑧咳唾：咳嗽吐唾液。比喻谈吐，议论。随风生珠玉：比喻文字优美，出口即成佳句。李白《妾薄命》诗中有"咳唾落九天，随风生珠玉"。掷地作金声：东晋文学家孙绰，以文才著称，曾作《天台山赋》，刚写完的时候，拿给朋友范荣期看，说："你可以试着扔到地上，一定会发出金石的声音。"

【译文】

白居易出生才七个月，就认识"之"和"无"这两个汉字；唐代李贺七岁，就作了《高轩过》这首诗。"开卷有益"，这是宋太宗的名言；"不学无术"，这是班固评价汉代霍光的为人。汉代刘向在天禄阁校书时，有自称"太乙之精"的老者叩阁而进，吹燃藜杖的一端为他照明；赵匡胤发动陈桥兵变想要取代后周柴氏做皇帝，后周翰林陶谷心知肚明，便从袖中拿出早已暗中写好的禅让诏书来宣读。南朝人江淹少孤贫好学，曾梦见仙人授以五色笔，从此文才大有长进；西汉人扬雄梦见自己口吐白凤，此后诗词歌赋更加壮丽奇妙。李守素精通姓氏这门学问，许敬宗给他起了个外号叫"人物志"；唐朝大臣虞世南知识渊博，明晰古今之理，唐太宗宣称他是"行秘书"。"茹古"和"含今"，都是说人学识渊博；"咀英"和"嚼华"，是说人的文章新颖。韩愈文章声望崇高，学者把他当"泰山北斗"来景仰；程明道道德修养高尚醇正，世人把他当"良玉精金"来敬仰。李白诗才极高，他写诗文脱口而出，仿佛咳唾的涎沫随风会变成珍珠宝玉；孙绰的辞章华丽，他所写的诗赋，摔在地上，仿佛会发出金石的声音。

【解读】

赵匡胤，即宋太祖。原来是后周殿前都点检，在"陈桥兵变"中被拥立为帝，建立宋朝，一举结束五代十国分裂混战的局面，统一了大半个中国。又以杯酒释兵权等策，削夺禁军宿将及藩镇兵权，加强中央集权。赵匡胤是中国历史上屈指可数的明君之一，他的一生充满了传奇，留下了许多奇闻轶事。有"太祖长拳"——赵匡胤自创太祖长拳，以武功经略天下。这套拳为中国武术界六大名拳之一。有"千里送京娘"——赵匡胤年轻时，路见不平，对遇难的素不相识的弱女子赵京娘真诚地伸出援助之手，千里迢迢相送，一路兄妹相待，始终坐怀不乱。这个故事广为传颂，体现了他的独特人格魅力。有"华山不纳皇粮"——华山东峰前有下棋亭，相传当年赵匡胤和陈抟老祖在这里以"华山"为赌注，下了一盘棋。最后赵匡胤在这里输掉了华山，却赢了天下，可以说是捡了老大的一个便宜。此外，还有众所周知的"黄袍加身"、"杯酒释兵权"和"卧榻之侧，岂容他人鼾睡"等轶事。因此，宋太祖赵匡胤，被称为奇闻轶事最多的皇帝。

科　第

【原文】

士人入学曰游泮，又曰采芹；士人登科曰释褐，又曰得隽①。宾兴即大比之年，贤书乃试录之号②。鹿鸣宴，款文榜之贤；鹰扬宴，诗武科之士③。文章入式，有朱衣以点头；经术既明，取青紫如拾芥④。其家初中，谓之破天荒；士人超拔，谓之出头地⑤。中状元，曰独占鳌头；中解元，曰名魁虎榜⑥。琼林赐宴，宋太宗之伊始；临轩问策，宋神宗之开端⑦。同榜之人，皆是同年；取中之官，谓之座主⑧。应试见遗，谓之龙门点额；进士及第，谓之雁塔题名⑨。

【注释】

①科第：科举考试。游泮：西周诸侯所设的大学前有半圆形的水池，名为"泮水"，故学校称为"泮宫"。《诗经·鲁颂·泮水》中有"思乐泮水，薄采其芹"的句子，所以称进入大学读书为"入泮"、"游泮"或"采芹"。登科：科举考试被录取。释褐：脱去平民所穿的布衣。得隽：中试，中选。

②宾兴：原指地方官设宴招待应试科举的考生。大比之年：明、清两代称乡试为"大比"，每三年举行一次。到时候各县、州、府的应试者聚集在省城，由朝廷派官员主考，录取者称为举人。贤书：指中试的名榜。试录：指将乡试、会试考中的举子姓名、籍贯、名次及优等的文章刊刻成册。

③鹿鸣宴：为新科举子而设的宴会。由州县长官宴请考官，学政和考中的考生，在宴会上要唱《诗经·小雅》中《鹿鸣》一诗，所以取名"鹿鸣宴"。鹰扬宴：清朝武科乡试放榜后，考官和考中武举的人共同参加的宴会。鹰扬，威武如老鹰飞扬。

④入式：即"中试"，科举考试被录取。朱衣以点头：相传宋代欧阳修主持贡院考试，每次批阅试卷，总觉得座位后有一位穿红衣服的人，红衣人点头的，文章就合格。可是回头一看，却又看不到这个红衣人。青紫：古代高官印绶、服饰的颜色。比喻高官显爵。拾芥：拾取地上的小草。比喻事情不费多大气力就能办到。芥，小草。

⑤破天荒：唐代制度规定，凡是考中进士的人，都由地方解进京城。当时荆州南部地区四五十年竟没有一个考中，被人们称为"天荒"。唐宣宗时，荆南刘蜕考中了进士，总算破了"天荒"。刺史崔铉特地赐给他七十万贯"破天荒"钱。出头地：宋代苏轼的文章得到欧阳修赏识，欧阳修对梅圣俞说："我应该给这个人让出一块出头的地方。"后来演化为成语"出人头地"。

⑥独占鳌头：唐宋时期，皇宫大殿前有一块雕刻着龙和大龟的石板，科举考试后，发榜时，规定状元站在这里迎榜，因此，称状元为"独占鳌头"。名魁虎榜：名字在龙虎榜上居首位。龙虎榜，简称"虎榜"，本来指进士榜。解元是乡试第一名，再于第二年春天参加会试、殿试，这是预贺人的恭维说法。

⑦琼林赐宴：宋太宗的时候，开始在皇家园林琼林苑赐宴给新科进士，以后就有了"琼林宴"的说法。后来一度改为"闻喜宴"，元、明、清时称为"恩荣宴"。伊始：开端，开始。临轩问策：皇帝

不坐正殿而亲临殿前平台，用策问考试贡士。轩，宫殿中前堂与台阶之间，两边有栏杆。宋神宗曾亲自到集英殿，对进士们进行考试。

⑧同年：唐代指同榜考中进士者，明清两代乡试、会试同时考中者都称为"同年"。座主：唐代进士对主考官的称呼。

⑨龙门点额：传说鲤鱼三月份游到龙门，跳跃过去的变成龙，跳不过去的额头便撞到石壁。雁塔题名：相传唐代科举考试中考中的新进士，常在慈恩寺内的大雁塔上题写自己的名字。

【译文】

读书人进入府、州、县各级学校求学叫做"游泮"，又叫做"采芹"；读书人科举考试被录取叫做"释褐"，又叫做"得隽"。"宾兴"就是三年一次考取举人的乡试；"贤书"就是登记乡试、会试考中举子的花名册。"鹿鸣宴"，款待考中文科的贤能人士；"鹰扬宴"，招待考中武科的贤能人士。文章科举考试中被录取，自有红衣人暗中点头；儒家经典既已明了，取得官职就像拾取草芥一样容易。某家第一次有人考中进士，称之为"破天荒"；读书人学识超群，称之为"出头地"。科举考试中殿试考中第一名，称做"独占鳌头"；科举考试中乡试考中第一名，称做"名魁虎榜"。皇帝在皇家园林赐宴新科进士，这是从宋太宗赵匡义时开始的；皇帝亲临殿前平台，用策问考试贡士，这是从宋神宗赵顼开始的。同在一张榜单上被录取的人，都互相称呼"同年"；主持考试的官员，考中的考生都称他为"座主"。科举考试中考试没有考中，称之为"龙门点额"；科举考试中考中进士，称之为"雁塔题名"。

【解读】

科举考试在我国历史悠久，是我国古代社会选拔人才的有效途径，为我国历朝发掘、培养了大量人才。一千三百年间科举产生的进士接近十万，举人、秀才数以百万。当然其中并非全是有识之士，但能过五关斩六将，通过科考成进士者，多数都非等闲之辈。宋、明两代以及清朝汉人的名臣能相、国家栋梁之中，进士出身的占了绝大多数。明朝英宗之后的惯例更是"非进士不进翰林，非翰林不入内阁"，科举成为高级官员成长的必经之路。科举对于知识的普及和民间的读书风气，也起了相当的推动作用。虽然这种推动是出于一般人对功名的追求，而不是对知识或灵性的渴望；但客观上由于科举入仕成为了风尚，中国的文风普遍得到了提高。

【原文】

贺登科，曰荣膺鹗荐；入贡院，曰鏖战棘闱①。金殿唱名曰传胪，乡会放榜曰撒棘②。攀仙桂、步青云，皆言荣发；孙山外、红勒帛，总是无名③。英雄入吾彀，唐太

宗喜淂佳士；桃李属春官，刘禹锡贺淂门生④。薪，采也；槱，积也；美文王作人之诗，故考士谓之薪槱之典；汇，类也；征，进也；是连类同进之象，故进贤谓之汇征之途⑤。赚了英雄，慰人下第；傍人门户，怜士无依⑥。虽然有志者事竟成，伫看荣华之日；成丹者火候到，何惜烹炼之功⑦。

【注释】

①荣膺鹗荐：荣幸地被推荐。荣膺，荣幸地接受或担当。东汉的孔融曾向皇帝推荐祢衡做官，说："鸷鸟累百，不如一鹗。使衡立朝，必有可观。"意思是一百只鸷鸟（一种鹰类）加起来也不如一只鹗（一种雕类），假使让祢衡为朝廷出力，成就必然可观。后来人们就称举荐人才为"鹗荐"。贡院：科举时代考试的地方。清代贡院两旁建号舍，给应试者居住，以数十间或数百间为一列，形状就像一条条长长的巷子，每条巷子编号。应试者入内即封好栅栏，只有交卷的时候才打开。为了防止放榜时考生喧闹以及考试时传递作弊，历代都在贡院的围墙上插荆棘，使人不能攀爬，因此又称为"棘闱"或"棘院"。鏖（áo）战：竭力苦战。

②传胪：科举制度中，在殿试后由皇帝宣布登第进士名次的典礼。胪，古代上级传语给下一级。明代二三甲的第一名称传胪，清代则专门称二甲第一名。撤棘：科举考试结束，放榜后要撤去试院围墙插上的荆棘。

③仙桂：神话传说月亮中有一棵桂树。青云：喻指高官厚禄。孙山外：相传吴人孙山和同乡的儿子一起去参加考试，只有孙山考取了最后一名。回到家乡，同乡打听自己儿子的情况，孙山委婉地说："解名尽处是孙山，贤郎更在孙山外"。红勒帛：原指红帛制的腰带。《梦溪笔谈》中记载，宋代刘几作文喜欢用险怪的语言，欧阳修非常厌恶。后来刘几应试，正好赶上欧阳修当考官。他看到卷子有段话很怪，认为这肯定是刘几的卷子，于是就用红笔在试卷上打了一个大横杠，全部抹掉，判为不合格，"谓之红勒帛"。名单公布，果然是刘几。后来人们就"红勒帛"喻指用红笔涂抹文章，简称"红勒"。

④英雄入吾彀（gòu）：唐太宗曾经悄悄地驾临端门，看见新科进士一个接一个地出来，高兴地说："天下英雄都进入我的彀中了。"彀，张满弓弩。入彀，指进入弓箭射程所及的范围内，比喻掌握之中。桃李属春官：刘禹锡写过一首诗，祝贺礼部侍郎得到人才："一日声名遍天下，满城桃李属春官。"桃李，比喻所栽培的门生或所举荐的人才。春官，指礼部。

⑤作人：培育人才。薪槱（yǒu）之典：《诗经·大雅·棫朴》里有"芃芃棫朴，薪之槱之"的句子，《毛诗序》认为这是一首歌颂周文王善于选拔和任用人才的诗。后来就称考试为"薪槱之典"。象：卦象。汇征之途：《周易》解释"泰"卦的初爻时说：拔起茅草，根系相连，这是同类汇聚相互牵引而出；往前进发就会获得吉祥。

⑥赚了英雄：唐代进士科最被看重，很多人因此而老死在考场上，当时有诗说："太宗皇帝真长策，赚得英雄尽白头。"傍人门户：投靠权贵，不能自立。⑦竟：终于。成丹：道家将朱砂等药物配好放在鼎内，用火炼成丹药。火候：指道家炼丹时对火力强弱、温度高低、时间长短的节制。烹炼：冶炼。

【译文】

祝贺别人科举考试被录取，就说"荣膺鹗荐"；进入贡院考场，称做"鏖战棘闱"。皇帝在金銮殿上传唱新科进士名次的典礼，称做"传胪"；乡试和会试结束后放榜公布结果，称做"撒棘"。"攀仙桂"和"步青云"，都是说人进士及第、荣耀发达；"孙山外"和"红勒帛"，都是说人榜上无名、没有考取。"英雄入吾彀"，这是唐太宗得到新科进士时喜悦的感言；"桃李属春官"，这是放榜后刘禹锡道贺礼部侍郎得到一批新门生的贺词。"薪"指采木作柴，"樆"指堆积聚积。"薪之樆之"是《诗经·大雅·棫朴》中赞美周文王善于选拔和任用人才的诗句，所以后来就把考试选拔人才称之为"薪樆之典"；"汇"指聚集同类，"征"是进取，这在《易经》中是连接同类共同进取的卦象，所以后来把举荐贤人称之为"汇征之途"。"赚了英雄"，这是对落榜的人安慰之语；"傍人门户"，这是对读书人无依无靠的怜惜之词。虽然这样，但是怀有大志的人事业最终一定会取得成功，一定能看到他荣华富贵的那一天；炼成金丹一定要到火候，所以千万不要吝惜冶炼的工夫。

【解读】

科举考试制度尽管存在很多弊端，以致后来变得很腐朽，但是在那个特定的社会里，科举考试制度对当时社会的贡献不能小觑。科举最早的目的是为统治者从民间提拔人才，打破贵族世袭制度，以整顿吏制。相对于世袭、举荐等选才制度，科举考试的确是一种公平、公开及公正的方法，改善了用人制度。最初东亚日本、韩国、越南均有效法中国举行科举。十六至十七世纪，欧洲传教士在中国看见科举取士制度，在他们的游记中把它介绍到欧洲。十八世纪时启蒙运动中，不少英国和法国思想家都推崇中国这种公平和公正的制度。英国在十九世纪中至末期建立的公务员叙用方法，规定政府文官通过定期的公开考试招取，渐渐形成后来为欧美各国仿效的文官制度。英国文官制所取的考试原则与方式与中国科举十分相似，很大程度是吸纳了科举的优点。因此，有人称科举是中国文明的第五大发明。今天的考试制度在一定程度上仍是科举制度的延续。从宋代开始，科举就做到了不论出身、贫富都可以参加。这样不但极大地拓宽了统治者选拔人才的基础，还让处于社会中下阶层的知识分子，有机会通过科考走向社会上层。这种政策对维持整体社会的稳定起了相当大的作用。明清两朝的进士之中，将近一半是祖上没有读书、或有读书但未作官的"寒门"出身。但只要他们能"一登龙门"，就自然能"身价十倍"。历年来千万莘莘学子，俯首甘为孺子牛，目的多为一举成名，光宗耀祖。总之，科举是封建统治者笼络、控制读书人的有效方法，也巩固了其统治。

制　作

【原文】

上古结绳记事，苍颉制字代绳①。龙马负图，伏羲因画八卦；洛龟呈瑞，大禹因别九畴②。历日是神农所为，甲子乃大挠所作③。算数作于隶首，律吕造自伶伦④。甲胄舟车，系轩辕之创始；权量衡度，亦轩辕之立规⑤。伏羲氏造网罟，教佃渔以赡民用；唐太宗造册籍，编里甲以税田粮⑥。兴贸易，制耒耜，皆由炎帝；造琴瑟，教嫁娶，乃是伏羲⑦。冠冕衣裳，至黄帝而始备；桑麻蚕织，自元妃而始兴⑧。神农尝百草，医药有方；后稷播百谷，粒食攸赖⑨。燧人氏钻木取火，烹饪初兴；有巢氏构木为巢，宫室始创⑩。

【注释】

①上古：远古，指有文字以前的时代。苍颉：也作仓颉，相传是黄帝的史官，创制了文字。

②龙马：传说中长着龙头的神马。九畴：治理天下的九类大法。畴，类。

③历日：历书，历法。甲子：天干始于甲，地支始于子，天干与地支依次相配，通称甲子。古人用它来纪日纪年，后来主要用于纪年。所以常用甲子指岁月、年份。

④算数：计数的方法。律吕：音乐术语，是"六律"和"六吕"的合称，即十二律。

⑤甲胄舟车：指铠甲、头盔、船和马车。轩辕：即黄帝。权：秤锤。量：计量物体体积的容器。衡：秤杆。度：计量物体长短的标准。立规：定下的规矩。

⑥网罟(gǔ)：用绳线结成的捕鱼或鸟兽的工具。佃渔：捕获猎物和捕鱼。赡：富足，足够。册籍：户籍和田亩册。里甲：州县的基层组织，一百一十户为里，十户为甲。

⑦耒耜(lěi sì)：古代的一种翻土农具，后来泛指农具。教嫁娶：制定婚嫁的各种礼节。

⑧冠冕衣裳：帽子衣服。元妃：正妃，第一位妻子。相传黄帝的正妃嫘祖是养蚕治丝的发明者。

⑨攸赖：所依赖。攸，所。

⑩燧人氏：又称"燧人"，远古人"茹毛饮血"，他钻木取火，教人熟食，是人工取火的发明者。烹饪：做饭做菜，烹煮食物。

【译文】

远古时候人们在绳子上打上各种绳结帮助记事，黄帝时候史官苍颉创造出文字，代替了结绳记事。相传伏羲的时候有龙马驮着河图从黄河出来，伏羲根据河图上的图案画成八卦；传说大禹治水的时候有神龟背着洛书从洛水中出来，大禹就依据洛书写成了治理天下的九类大法。历法节气是神农所创，用天干地支依次相配纪日、纪年是黄帝的史官大挠发明的。计算方法是皇帝的臣子隶首所创造的，音乐十二律是皇帝的乐师伶伦自己创造的。铠甲、头盔、船和马车，是黄帝轩辕氏时发明的；计算物体轻重、多少、长短，也是皇帝轩辕氏时定下的规矩。伏羲氏制造了网，教人们打猎、捕鱼来供应百姓食用；唐太宗制造户籍登记人口和田地，设置里甲等基层组织来征收田粮税。实行货物交易，制造农具，都是从炎帝开始的；制造琴瑟乐器，制定婚嫁的各种礼节，则是伏羲首创的。帽子衣服，到了黄帝的时候才开始完备；种桑养蚕织布，都是从黄帝的正妃嫘祖开始兴起的。神农氏尝遍各种草药，这才有了医治疾病的药方；后稷叫人们播种各种谷物，人们的口粮食才有了来源。燧人氏发明了钻木取火，制作熟食的方法才开始兴起；有巢氏发明了在树上搭房子，人们才开始建造房子。

【解读】

古圣先贤燧人氏钻木取火，发明火，极大地推动了人类的发展。燧人氏人工取火的这项发明结束了人类长期以来如同野兽般的茹毛饮血的时代，开创了人类文明的新纪元。所以，燧人氏一直受到人们的敬重和崇拜，他被尊为三皇之首，奉为"火祖"。恩格斯说："就世界的解放作用而言，摩擦生火还是超过了蒸汽机。因为摩擦生火第一次使得人支配了一种自然力，从而最后与动物界分开。"恩格斯还说："火的制造，人类历史的开始"，由此而感受到火和人类文明的关系，如果人类没有掌握使用火，那人类仍然是活在黑暗社会的动物，不会有人类的称谓。火给人类带来光明，带来温暖，驱逐猛兽，熟食增强了人的体质，为身体发育，特别是脑髓的发育提供了更多的营养；熟食也使咀嚼机能减退，于是牙齿变小，颌部短缩，面貌变得愈来愈像现代人。人类因刀耕火种而繁衍生息，安居乐业。不得不称赞火对人类文明发展的巨大影响，直到今天，现代人的生活依然离不开火。

【原文】

夏禹欲通神祇，因铸镛钟于郊庙；汉明尊崇佛教，始立寺观于中朝①。周公作指南车，罗盘是其遗制；钱乐作浑天仪，历家始有所宗②。阿育王得疾，因造无量宝塔；秦始皇防胡，特筑万里长城③。叔孙通制立朝仪，魏曹丕秩序官品④。周公独制礼乐，萧何造立律条⑤。尧帝作围棋，以教丹朱；武王作象棋，以象战斗⑥。文章取士，兴于赵宋；应制以诗，起于李唐⑦。梨园子弟，乃唐明皇作始；《资治通鉴》，乃司马光所编⑧。笔乃蒙恬所造，纸乃蔡伦所为⑨。凡今人之利用，皆古圣之前民⑩。

【注释】

①神祇（qí）：天地神灵的总称，在天上的称为神，在地上的称为祇。镛钟：大钟，古代的一种

乐器。汉明：东汉的汉明帝。相传他派遣使者到天竺求佛经，这是佛教传入中国的开始。寺观：佛寺和道观。中朝：指中国。

②指南车：古代一种指示方向的车辆，也作为帝王的仪仗车辆。罗盘：一种确定方向的器械，静止时大致指南、北方向。浑天仪：我国古代观测天体位置的仪器，东汉张衡发明的。南朝宋时太史令钱乐重新铸造出小的浑天仪。

③无量宝塔：古印度阿育王，传说他生病后，搜罗佛舍利，分诸鬼神在一天一夜造成八万四千座宝塔。佛教称这些塔为"无量宝塔"。胡：指匈奴。

④秩序官品：施行九品中正制。

⑤礼乐：周公确立的一种等级制度，以"礼"来区分宗法远近等级秩序，同时又以"乐"来融合"礼"的等级秩序。萧何：汉初名相。律条：法律条文。

⑥丹朱：尧的儿子，傲慢荒淫，尧便制作围棋来磨练他的性情。象棋：相传是周武王发明的。

⑦文章取士：宋神宗听从王安石的建议，修改科举方法，专门用经义策论来取士。应制以诗：指奉皇帝之命作诗。

⑧梨园子弟：唐明皇选乐工、宫女数百人，在梨园亲自教他们乐曲，故称梨园子弟。

⑨蒙恬：秦国名将，秦朝建立后，曾率兵在北方修筑长城。

⑩前民：引导人民。

【译文】

大禹想要与天地神灵沟通，因而铸造了一口大钟放在郊庙里；东汉的汉明帝十分尊崇佛教，于是开始设置佛寺和道观在中国。相传周公制造了一辆指南车，后来的罗盘就是它遗留下来的样式；南朝宋时太史令钱乐重新铸造了浑天仪，后世历法家观察天象才有了遵循。印度阿育王生病了，因而建造了许多无量宝塔；秦始皇嬴政为了防御北匈奴入侵，特地在北边修建了万里长城。西汉孙叔通带领儒生制定了朝廷礼仪，魏文帝曹丕时设立选拔官吏的九品中正制。周公姬旦亲自制定了周朝的礼乐，西汉宰相萧何主持制定了汉朝的法律条文。相传尧发明围棋，为了教育不肖子丹朱，来磨练其性情；传说周武王姬发发明象棋，用来象征战争的进退攻守。凭文章策论选拔人才，兴起于北宋宋神宗赵顼；用诗赋考察选拔人才，开始于唐代的李氏王朝。"梨园子弟"，是从唐明皇开始的；《资治通鉴》，是北宋史学家司马光主持编撰的。笔是秦朝名将蒙恬制造的，纸是东汉宦官蔡伦发明的。凡是今天人们所使用的物品，都是古圣先贤所开创出来引导人类走向文明的。

【解读】

雄伟的万里长城是我国古代的军事防御工程，是世界建筑奇葩。长城是古代中原人民在不同时期为抵御塞北游牧部落联盟侵袭而修筑的规模浩

大的军事工程的统称。长城东西绵延上万华里，因此又称作万里长城。现存的长城遗迹主要为始建于14世纪的明长城，西起嘉峪关，东至辽东虎山，全长8851.8公里，平均高6至7米、宽4至5米。长城是我国古代劳动人民创造的伟大的奇迹，是中国悠久历史的见证。它与天安门，兵马俑一起被世人视为中国的象征。

技 艺

【原文】

医士业歧轩之术，称曰国手；地师习青乌之书，号曰堪舆①。卢医扁鹊，古之名医；郑虔崔白，古之名画②。晋郭璞得《青囊经》，故善卜筮地理；孙思邈得龙宫方，能医虎口龙鳞③。善卜者，是君平、詹尹之流；善相者，即唐举、子卿之亚④。推命之人曰星士，绘图之士曰丹青⑤。大风鉴，相士之称；大工师，木匠之誉⑥。若王良、若造父，皆善御之人；东方朔、淳于髡，系滑稽之辈⑦。

【注释】

①岐（qí）轩之术：即中医学。岐轩，岐伯和轩辕黄帝的合称。岐伯是古代名医，黄帝的大臣。相传有一次轩辕黄帝和岐伯讨论医学，讨论的内容编成了《内经》一书。后世称"岐轩"或"岐黄"为医家之祖，称医药学和医术为"岐轩之术"或"岐黄之术"。国手：才艺技能冠绝全国的人。地师：即堪舆家，俗称"风水先生"，专门相地看风水的。堪舆即"风水"。堪指高处，舆指低处。青乌之书：相传汉代有方士名叫"青乌子"，也称"青乌公"或"青乌先生"，精通堪舆之术，著有《相冢书》，被后世治堪舆者奉为祖师。因此称相地术为"青乌术"。

②卢医：战国时的医学家，家在卢国，原名秦越人，因为医术高明，被人们比作传说中轩辕黄帝时代的神医扁鹊。郑虔、崔白：郑虔是唐代画家，唐玄宗曾经称赞他的诗、书、画为"三绝"。崔白是北宋画家，擅长画花竹、禽鸟。

③郭璞得《青囊经》：郭璞是东晋文学家，博学多识，又喜欢阴阳卜筮之术。据说他的师父从青囊中拿出九卷书传给他。后世的堪舆术士著有《青囊经》，托名郭璞作序。孙思邈得龙宫方：孙思邈是唐代医学家，一生从事医学研究，著有《千金要方》、《千金翼方》。传说他曾救治的一条青蛇是龙王的儿子，龙王便召他进龙宫，赠送给他水府药方三十帖。还传说他曾为病龙点鳞，为老虎取出吞进的金钗。

④君平、詹尹：君平指严君平，名遵，西汉隐士。汉成帝时，在成都市卜筮，每天得一百钱就停业，闭门讲授《老子》。詹尹指郑詹尹，战国时人，为掌管卜筮的官员。唐举、子卿：唐举是战国时梁人，擅长相术。子卿是春秋时期赵国相士，姓姑布，字子卿，曾给孔子和赵襄子看过相。亚：同"桠"，物体的分支。

⑤星士：按照星相替人推算命运的术士。丹青：中国古代绘画常用朱红、青色，故称画为"丹青"，泛指绘画艺术。民间称画工为"丹青师傅"。

⑥风鉴：本指凭风貌品评人物，后指相人之术。工师：古代官名，专掌营建工程和管教百工等事务。后来用来称誉木匠。

⑦王良、造父：古代善于驾车的人。王良是春秋时晋国赵简子的车夫。造父是周穆王的车夫。淳于髡（kūn）：战国时齐国人，姓淳于，曾受髡刑（截去头发），因此以髡为名。以博学、滑稽和善辩著称。曾经以隐语讽谏齐威王。滑稽：能言善辩，言辞流利。

医生从事的职业需要学"歧轩之术",具有非常高明医术的医生称为"国手";风水先生需要学习青乌子的书,号称"堪舆"。战国时家住卢国的扁鹊,是古代著名的医生;唐代的郑虔和北宋的崔白,是古代著名的画家。东晋郭璞得到师傅郭公的《青囊经》,所以精通天文、卜筮、堪舆之术;唐朝孙思邈得到龙王赠送的水府药方,所以能够医治虎口和龙麟。擅长占卜的人,有严君平和郑詹尹之类的人;擅长看相的人,就是唐举和姑布子卿之类的人。推算命运的人称做"星士",绘制图画的人称做"丹青"。"大风鉴",是对相士的称赞;"大工师",是对木匠的赞美。像王良和造父这样的人,都是善于驾车驭马的这类人;像东方朔和淳于髡这样的人,都是博学善辩的这类人。

【解读】

众所周知,医生是一种技术性、经验性的工作,越老越吃香。自古以来,最高明的医术,莫过于扁鹊。扁鹊能够令生命垂危的病人转危为安、化险为夷,人们心目中的"高人"莫过如此。扁鹊的医术被人们认为是最精湛的,并且扁鹊在总结前人医疗经验的基础上创造出望、闻、问、切的诊断疾病的方法。望诊,看看他的脸色等;闻诊,听听病人最近做了什么事情后生病;问诊,问问有没有干可以导致生病的一些事情;切诊,看看他的脉搏。当时扁鹊称它们为望色、听声、写影和切脉。扁鹊的这种诊断方法,被后世医生所传承,现代医学上也广泛运用。后来,人们就把那些医术高超、医德高尚的医生尊称为"扁鹊"。总之,医学的发展、医术的进步,促进了人们的身体健康,对人类的贡献无疑是巨大的。

【原文】

称善卜卦者,曰今之鬼谷;称善记怪者,曰古之董狐①。称谏日之人曰太史,称书算之人曰掌文②。掷骰者,喝雉呼卢;善射者,穿杨贯虱③。樗蒲之戏,乃云双陆;橘中之乐,是说象棋④。陈平作傀儡,解汉高白登之围;孔明造木牛,辅刘备运粮之计⑤。公输子削木鸢,飞天至三日而不下;张僧繇画壁龙,点晴则雷电而飞腾⑥。然奇技似无益于人,而百艺则有济于用⑦。

【注释】

①鬼谷:相传是战国时楚人,隐居在鬼谷,因此号称"鬼谷子"或"鬼谷先生",擅长养性持身和纵横捭阖之术,著有《鬼谷子》一卷。记怪:搜集记录神怪之事。董狐:春秋时晋国史官,世袭太史职。因为记载赵盾弑君(见卷一"武职"),被孔子称为"良史"。

②诹（zōu）日：商量选择吉日。太史：古代官名。商末、西周、春秋时掌管起草文书，策命的诸侯卿大夫，记载史事，编写史书，兼管国家典籍、天文历法、祭祀等。魏晋以后，太史仅掌管推算历法。掌文：古代官名，掌管文书记载。

③骰（tóu）：俗称"色（shǎi）子"，用骨或木制成的赌具，正立方体，六面分别刻一点至六点之数，用手抛，看落下后最上面的点数。传说为三国魏曹植所创。喝雉呼卢：古时赌博，用木制骰子五枚，每枚两面，一面涂黑，画牛犊，一面涂白，画雉（野鸡），投掷时五子皆黑称为"卢"，最佳；四黑一白称为"雉"，次佳。人们赌博求胜，往往边掷边叫喊，所以称赌博为"喝雉呼卢"。穿杨贯虱：形容射技非常高明。穿杨，楚国有位名叫养由基的神射手，能在百步之外射穿选定的某一片杨柳树叶子。贯虱，射箭从虱子的心穿过。

④樗（chū）蒲：古代一种赌博游戏，以掷骰决胜负。双陆，又称"双六"，古代一种赌博游戏，局如棋盘，左右各有六路，子称作"马"，黑白各十五枚，通过掷骰行马，白马从右到左，黑马反之，先出完者胜。橘中之乐：传说古代有人家里的橘园结了两个特别大的橘子，剖开一看，每个橘子里有两个老头，相对着在下象棋。后来就称象棋为"橘中戏"。此处的"围棋"，应该是"象棋"。

⑤傀儡（lěi）：木头人。白登之围：公元前200年，刘邦在白登山被匈奴冒顿包围，断绝粮食七天。包围圈有一面是冒顿妻阏氏的兵马，陈平打听得知阏氏妒忌心很强，于是制作了一个木偶美人，通过机关在城墙上跳舞。阏氏远远望见了，以为是活人，担心攻下城后冒顿会纳美女，于是退军，因此解了白登之围。木牛：用木头制造的运粮机械，外形像牛和马。

⑥公输子削木鸢（yuān）：公输般又称鲁班，春秋时鲁国的著名工匠，传说他曾用木头制造了一只像鸟的飞行器（木鸢），在天上飞了三天都没有落下来。张僧繇画壁龙：南朝梁著名画家张僧繇在金陵安乐寺画了四条白龙，却不点眼睛，说："点了眼睛龙就飞走了。"别人都觉得很荒诞，固执地请他画上眼睛。结果不一会儿，一道雷电击中墙壁，两条龙乘云飞上天空，只有两条没有点上眼睛的龙还在。

⑦济：有益，有利。

【译文】

称赞善于卜卦的人，就说是当今的"鬼谷子"；称赞善于搜集并记录神怪之事的人，就说像古代的"董狐"。尊称选择黄道吉日的人叫"太史"，尊称书写推算的人叫"掌文"。形容人赌博投掷骰子，就说"喝雉呼卢"；相容人擅长射箭，就说"穿杨贯虱"。樗蒲这种古代游戏，是说"双陆"这种赌博；橘中的乐趣，是说下象棋。陈平制作木偶美人，让她在城墙上翩翩起舞，于是解除了匈奴对汉高祖刘邦七天七夜的白登之围；诸葛亮制造木牛流马，从而帮助刘备设计了运送粮食的巧妙计策。公输般用木头削了一只木鸢，能在天上飞三天三夜而掉不下来；张僧繇在墙壁上画龙，刚点上眼龙就闪电雷鸣腾空飞上了天。然而技艺过于奇巧，对人们似乎没有什么益处；但是各种各样的技艺在使用上还是有一定的价值的。

【解读】

妇孺皆知，鲁班是历史上著名的工匠，被喻为木匠的祖师。鲁班本名公输般，因为"般"与"班"同音，又是春秋战国时代鲁国人，所以人们称之为鲁班。鲁班出生于工匠世家，从小跟随家人从事木工建筑工程，积累了经验，同时他很注意对客观事物的观察、研究，他受自然现象的启发，致力于创造发明。一次攀山时，手指被一棵小草划破，他摘下小草仔细察看，发现草叶两边全是排列均匀的小齿，于是就模仿草叶制成伐木的锯。

鲁班的发明创造很多，许多古籍记载，木工使用很多的木工器械都是他发明的，像木工使用的曲尺，叫鲁班尺。又如墨斗、伞、锯子、刨子、钻子等，传说均是鲁班发明的。这些木工工具的发明，使当时工匠们从原始、繁重的劳动中解放出来，劳动效率成倍提高，土木工艺出现了崭新的面貌。鲁班也制造过兵器，后来在墨子的影响下，不再制造这类战争工具，专门从事生产和生活上的创造发明，来造福于劳动人民。世人为了表达对鲁班的热爱和敬仰，把古代劳动人民的集体创造和发明也都集中到他的身上。因此，有关他的发明和创造，实际上是我国古代劳动人民的发明创造。鲁班的名字实际上已经成为古代劳动人民勤劳智慧的象征。

讼　狱

【原文】

世人惟不平则鸣，圣人以无讼为贵①。上有恤刑之主，桁杨雨润；下无冤枉之民，肺石风清②。囹圄便是福堂，而画地亦可为狱③。与人构讼，曰鼠牙雀角之争；罪人诉冤，有抢地吁天之惨④。狴犴猛大而能守，故狱门画狴犴之形；棘木外刺而里直，故听讼在棘木之下⑤。乡亭之系有岸，朝廷之系有狱，谁敢作奸犯科；死者不可复生，刑者不可复赎，上当原情定罪⑥。囹圄是周狱，羑里是商牢⑦。桎梏之设，乃拘罪人之具；缧绁之中，岂无贤者之冤⑧。两争不放，谓之鹬蚌相持；无辜牵连，谓之池鱼受害⑨。

【注释】

①鸣：呼喊。

②恤刑：指用刑慎重。桁（háng）杨雨润：本意是桁杨像细雨润物。后比喻贤明的君主慎用刑而罪犯受感化，如雨水滋润万物。桁杨，古代加在囚犯颈上或脚上的刑具。肺石：古代放在朝廷门外的石头，因为颜色发红、形状像肺而得名，百姓可以敲击石头鸣冤，也可以站在石头上控诉地方官吏。

③囹圄（líng yǔ）：监狱。福堂：幸福的地方。画地亦可为狱：上古的时候民风淳朴，在地上画个圈就可以当成牢狱。

④鼠牙雀角：原意是因为强暴者的欺凌而引起争讼，后比喻打官司的事。鼠、雀，比喻强暴者。抢地吁（yù）天：以头碰地，口呼天。形容状况极为凄惨。

⑤狴犴（bì àn）：传说中的一种野兽，善于守门，生得勇猛肥大。

⑥乡亭：古代基层的行政单位，汉朝十里设一亭，十亭设一乡。系：栓、拘囚。这里指关押犯人的地方，即监牢。岸：古代称乡亭拘押罪犯的地方为岸，称朝廷官府拘押罪犯的地方为监狱。作奸犯科：为非作歹，触犯法令。原情定罪：根据犯人的动机和情节，慎重量刑定罪。

⑦羑（yǒu）里：古城名，商纣王曾经把周文王囚禁在此。

⑧桎梏：脚镣和手铐。缧绁（léi xiè）：捆绑犯人的绳索，借指监狱。

⑨鹬蚌相持：源于"鹬蚌相争、渔翁得利"。蚌张开壳晒太阳，鹬去啄它，嘴被蚌壳夹住，两方都不相让，渔翁来后把两个都捉住。比喻双方争执，两败俱伤，便宜第三者。鹬，一种水鸟，长嘴灰背，喜欢吃小鱼和贝类。池鱼受害：源于"城门失火，殃及池鱼"。传说春秋时，宋国城门失火，用护城河的水灭火，水干了，鱼也就死了。比喻无缘无故受连累。

【译文】

普通人如果遇到不公平的事情就会发出不满的呼声，圣人认为人世间没有官司打是最宝贵的。上面如果有谨慎施行刑罚的君主，罪犯就会像万物得到细雨滋润一样，

③释纷：消除纠纷。嫁祸：移祸于人。

④徒配：判徒刑流放做苦役。配，发配，流放。城旦：强制筑城四年的劳役，秦汉时的一种刑罚。谪戍：发送犯人守边疆，用兵役来抵罪。问军：问罪充军。

⑤三尺：古时候把法律条文刻在三尺长的竹简上，称为"三尺法"，简称"三尺"。三木：古时的刑具，枷、镣、钮，这三种刑具分别铐在犯人颈、手、足上。

⑥五刑：古代的五种刑罚，各朝不一致，最早的记载是墨、劓、剕、宫、大辟。墨，在脸上刺字。劓(yì)，割鼻子。剕(fèi)，把脚砍掉。宫，阉割男子生殖器。大辟，死刑。律例：刑罚的正条及案例。律，法律的原文。例，补充法律文不足而设的条例或案例。笞、杖、死罪、徒、流：隋朝至明清的五刑。笞，用竹板或荆条抽打犯人脊背或臀腿。杖，用鞭子或木棍打。死罪，绞刑或斩首。徒，拘禁罚做苦役。流，流放到边地。

⑦削木为吏：用木头削成的狱吏。相传上古民风淳朴，将木吏放在犯人家里，到开庭审理时，犯人自己抱着木吏到法庭听讼。纵囚：释放犯人。

⑧何易：即何易于，唐朝益昌县令，廉洁爱民，治理有方，百姓的诉讼很少，公堂非常闲，县里三年没有囚犯，监牢里都长野草了。当时的百姓歌颂说："花落讼庭闲，草生囹圄静。"卢奂：唐玄宗时任南海太守，清正廉明，当地百姓歌颂他："抱狱吏从冰上立，诉冤人在镜中行。"意思是处理公事的官吏像在冰上行走一样小心谨慎，诉说冤情的人像在镜中一样，事情都清清楚楚。折狱：断案。

⑨粱肉：精米肥肉，指精美的饭食。

【译文】

"请公入瓮"，是说唐代酷吏周兴自作自受；"下车泣罪"，是说大禹对百姓犯法深表怜悯。喜欢打官司叫做"健讼"，无罪受到牵累叫做"株连"。替别人调解诉讼，称之为"释纷"；被别人栽赃冤枉，称之为"嫁祸"。判徒刑流放做苦役叫做"城旦"，发配充军到边防驻守叫做"问军"。"三尺"是指朝廷的法律，"三木"是指加在罪犯脖子、手腕、脚踝上的三种刑具。古时候的五种刑罚包括：墨、劓、剕、宫、大辟；隋唐以后的刑罚改为：笞、杖、死罪、徒、流。远古时代人们削木为吏，犯人自己抱着木吏自觉到庭接受刑罚，如今这种淳朴的民风哪里还存在？唐太宗贞观六年将二百名死囚犯释放回家，到了规定时间这些囚犯都自动回到狱中，古时候人的诚信值得夸奖。"花落讼庭闲，草生囹圄静"，这是百姓歌颂唐朝益昌县令何易治民有方；"吏从冰上立，人在镜中行"，这是百姓赞美唐朝南海太守卢奂断案清正廉明。由此可见，治理乱世的药方是实施严刑重罚；振兴太平盛世的良方是把道德教化放在首位。

【解读】

夏禹是古代治水英雄，相传他采用开渠排水、疏通河道的方法治理了黄河水患而有功，受舜禅让继帝位。禹是夏朝的第一位天子，因此后人也称他为夏禹。他是我国传说时代与尧、舜齐名的贤圣帝王，他最卓著的功绩，就是历来被传颂的治理滔天洪水，又划定中国国土为九州。后人称他为大禹，也就是伟大的禹的意思。夏禹因治水而闻名，他治水的精神令人佩服，相传他在13年治水过程中，三走过家门都没有进去。在治水的过程中，大禹为了克服困难，不惜自己变成熊。相传，他为了打通辕山，化为熊，他担心妻子涂山女看到自己的熊样吓着，就告诉妻子：你要来送饭，听到鼓声再来。不料他不小心，踩掉了一块石头，砸中了鼓。涂山女便来给他送饭，看见他变成了一头熊，觉得很羞愧，跑到嵩山下，化作了一个石头人。这时，涂山女正要生孩子，他就追过去说：还我儿子。石头人的北面破裂，生出了启。

释道鬼神

【原文】

如来释迦，即是牟尼，原系成佛之祖；老聃李耳，即是道君，乃为道教之宗①。鹫岭、祇园，皆属佛国；交梨、火枣，尽是仙丹②。沙门称释，始于晋道安；中国有佛，始于汉明帝③。篯铿即是彭祖，八百高年；许逊原宰旌阳，一家超举④。波罗犹云波岸，紫府即是仙宫⑤。曰上方、曰梵刹，总是佛场；曰真宇、曰蕊珠，皆称仙境⑥。伊蒲馔可以斋僧，青精饭亦堪供佛⑦。香积厨僧家所备，仙麟脯仙子所餐⑧。

【注释】

①如来释迦：即佛教的创始人释迦牟尼，原名悉达多·乔达摩，本为古代印度北部迦毗罗卫国净饭王的儿子，释迦族人。"释迦牟尼"是佛教徒尊称他的圣号，意思是"释迦族"的圣人。如来，是释迦牟尼十种称号之一。老聃李耳：即老子，姓李，名耳，字聃，道家的创始人。春秋时思想家，著有《老子》。

②鹫（jiù）岭：即灵鹫山，在古印度，为佛祖说法的地方。祇（qí）园："祇树给孤独园"的简称。是释迦牟尼去舍卫国说法时与僧徒停居之处。佛国：佛的出生地，指天竺，即古印度。交梨、火枣：道教认为是神仙所吃的两种果品。仙丹：仙人服用的灵丹。

③沙门：梵语音译"沙门那"，指僧侣、僧徒。释：中国佛教徒对释迦牟尼的简称，后来泛指佛教。东晋僧人道安以"释"为姓，开了中国汉族僧尼称释的先河。

④篯铿：即彭祖，姓篯，名铿。传说中最长寿的人，活了八百岁。许逊：字敬之，东晋道士。曾跟吴猛学道，后举孝廉，曾是旌阳县令，后弃官东归，周游江湖。传说他一家四十二口人连同房子一起升上了天。

⑤波罗：即波罗密，梵语的音译，意思是到彼岸，也就是成佛之后的境地。彼岸：佛教以有生有死的世俗人生为"此岸"，以超脱生死的涅槃境界为"彼岸"。紫府：道家称仙人居住的地方。

⑥上方：指仙、佛所居的天界。梵刹：泛指佛寺。梵，清静。刹，佛寺。佛场：佛教礼拜、诵经、祭祀的场所。真宇：道家真人居住的庭院。蕊珠：道家传说天上有蕊珠宫，是神仙居住的地方。

⑦伊蒲馔（zhuàn）：在家修行的男性佛教徒吃的饭，是用伊兰、菖蒲做的。馔，食物。青精饭：用南烛叶煎汁浸米，煮饭，颜色为青色。道家所创，认为经常服用可以养颜益寿。

⑧香积厨：佛家称寺院里的厨房。仙麟脯：指仙家所吃的用麒麟制成的干肉。

【译文】

如来就是释迦牟尼，本来是佛教的始祖；老聃就是太上老君李耳，被尊为道教的祖先。"鹫岭"和"祇园"，都是释迦牟尼曾经讲佛经的地方，属于佛国；"交梨"和"火枣"，都是道家为神仙做的果品，都属于仙丹。和尚和僧侣都以"释"为姓，开始于东晋僧入道安；我国出现佛教，开始于东汉明帝。传说中的篯铿就是封于彭山的彭祖，活了八百多岁；东晋许逊本来是旌阳县令，相传得道以后一家42口拔宅飞天，鸡犬相随。梵语"波罗"就是汉语中的"到彼岸"，"紫府"就是道家所说的仙人居住的宫殿。说"上方"、说"梵刹"，都是指佛教活动的场所；说"真宇"、说"蕊珠"，都是称赞仙人居住的地方。在家修行的佛教徒的饮食，可以施舍给僧侣；用南烛叶煎汁浸米做成的饭，也能够供奉神佛。"香积厨"是佛教寺院里僧侣们必备的厨房，"仙麟脯"是神仙所吃的熟食。

【解读】

佛教历史悠久，与基督教、伊斯兰教并称为世界三大宗教。提及佛教，人们就会想起释迦牟尼，因为释迦牟尼是佛教的创始人，本是古印度迦毗罗卫国释迦族人（今尼泊尔境内）的太子，原名悉达多·乔达摩，成佛后被称为释迦牟尼，尊称为佛陀，意思是彻悟宇宙、人生真相者；"佛"，民间信仰信徒也常称呼佛祖。佛就是教人向善的，供佛方法很多，但是根据自古传承，供佛不需要任何供品，只要做善事、行善事，就是最大的供佛。佛教在中国的历史也很悠久，佛教传入汉族地区，历来均以东汉明帝永平年间（58–75），派使去西域取回《四十二章经》为佛法传入我国之始。佛教传入我国后，经历代高僧大德的弘扬提倡，许多帝王卿相、饱学鸿儒也都加入这个行列，终于使佛教深入社会各个阶层。它的信仰深入民间，"家家阿弥陀，户户观世音。"正是其忠实的写照，而佛教的哲理部分则与儒、道等相结合、相融会、相激荡，然后汇入了中华文化源远流长的大海里，形成了中华文化的主流之一，为中华文化放射出灿烂辉煌的光芒。

【原文】

佛图澄显神通，咒莲生钵；葛仙翁作戏术，吐饭成蜂①。达摩一苇渡江，栾巴噀酒灭火②。吴猛画江成路，麻姑掷米成珠③。飞锡挂锡，谓僧人之行止；导引胎息，谓道士之修持④。和尚拜礼曰和南，道士拜礼曰稽首⑤。曰圆寂、曰荼毗，皆言和尚之死；曰羽化、曰尸解，悉言道士之亡⑥。女道曰巫，男道曰觋，自古攸分；男僧曰僧，女僧曰尼，从来有别⑦。羽客黄冠，皆称道士；上人比丘，并美僧人⑧。檀越檀那，僧家称施主；烧丹炼汞，道士学神仙⑨。和尚自谦，谓之空桑子；道士诵经，谓之步虚声⑩。

【注释】

①佛图澄：天竺僧人，相传西晋末来到我国。相传用钵盛水，烧香念咒，使钵中生出莲花。葛仙翁：即葛玄，三国时吴国方士，字孝先，号仙翁。相传能够念动咒语将口中喷出的米饭变成蜜蜂，再张口，蜜蜂又飞入口中变成米饭。

②达摩一苇渡江：达摩即菩提达摩，佛教禅宗创始人。相传他曾用一根芦苇渡过了长江。栾巴噀（xùn）酒灭火：栾巴是东汉人。相传他通晓道术，汉桓帝赐酒给他，栾巴竟然不饮而向西南喷去，有人告他对皇帝不敬，栾巴说："成都失火，我刚才是在灭火。"皇帝派人查证，成都果然报告发生火灾。噀，含在口中而喷出。

③吴猛：晋代道士，相传曾用扇子在江上画出一条路，自己走过去，路就消失了。麻姑：古代神话中的仙女，传说她在汉桓帝时曾出现，把米撒在地上，都变成了珍珠。

④飞锡挂锡：佛家语。锡是僧人的锡杖，上面有环，是僧人随身带的物品，后世称僧人四处游方为"飞锡"。僧人远游时手持锡杖，投宿的时候必需挂锡，故又称"挂锡"。导引：古代一种强身除病的养生方法，后来也被道家和医家所用。胎息：练气功时一种功力较深的呼吸方法，我国古代养生方法之一，像胎儿在母亲的腹中一样，能够不用嘴和鼻子呼吸。

⑤和南：梵语音译，指僧人合掌问礼。稽首：道士举一手向人行礼。

⑥圆寂：佛家语，称僧尼之死为"圆寂"。荼毗：梵语音译，意思是焚烧，指佛教僧尼死后，将尸体火化。羽化：原指成仙，取变化飞升的意思。尸解：指人遗弃肉体成仙。

⑦觋（xí）：与"巫"同类，装神弄鬼替人祈祷为职业的人。

⑧羽客：道士能飞升成仙，所以用"羽客"、"羽人"来称呼道士。黄冠：道士所带的束发之冠。用金属或木头制成，多为黄色。上人：佛教中指智慧德行很高可为众僧之师的高僧，南朝以后多作为僧人的尊称。比丘：梵语音译，佛教指出家的男僧，即和尚。尼姑称比丘尼。

⑨檀越檀那：梵语音译，佛教对向寺院施舍财物、饮食的世俗信徒的尊称。烧丹炼汞：道教道术之一。原指将朱砂等药物放在炉火中烧炼，以制"长生不老"的丹药。丹，指丹砂。汞，水银。

⑩空桑子：即"无父母"的意思。相传有莘氏女采药，在空桑中得到一个婴儿，由庖人养大，取名伊尹。步虚声：仿效空中传来的神仙声音。传说曹植游山，忽然听到空中有诵经声，清远嘹亮，有人说是神仙的声音。虚声，天空的声音。

【译文】

天竺僧人佛图澄显神通，焚香诵咒使钵中生出莲花；三国道士葛仙翁变戏法，张口吐出的饭能变成蜜蜂。天竺僧人达摩踏着一根芦苇就能渡过长江，后汉人栾巴喷出口中的酒，就能灭掉千里之外的大火。晋代道士吴猛用羽扇在江中画了一下，江上便开了一条道路；神话中的女神仙麻姑，把米撒在地上，米粒立即变成珍珠。"飞锡"和"挂锡"，说的是僧人出游或歇息；"导引"和"胎息"，说的是僧人修身养性的方法。和尚双手合十的行礼方式叫做"和南"，道士举一手向人行礼的方式叫做"稽首"。说"圆寂"、说"荼毗"，都说的是和尚的死；说"羽化"、说"尸解"，都说的是道士的死。女道士叫做"巫"，男道士叫做"觋"，自古以来就这样区分的；男僧人叫做"僧"，女僧人叫做"尼"，从来就有这样的区别。"羽客"和"黄冠"，都是称赞道士；"上人"和"比丘"，都是赞美和尚。"檀越"和"檀那"，都是佛家对施主的称呼；"烧丹"和"炼汞"，都是道士学神仙的道术。和尚谦称自己，说自己无父无母，就像有莘氏女从空桑中得到的婴儿，所以称"空桑子"；道士念经，就仿效曹植游山时所听到的空中诵经声，所以称之为"步虚声"。

【解读】

道教是我国的本土宗教，在我国有1800多年的悠久历史，道教始于黄帝，乃尊黄帝为始祖；以阐扬道教精义的老子为道祖；以创立道教的张道陵为教祖，这就是所谓的道教三祖。道教三祖也特指张道陵，就是道教"第三"祖的意思。在文化传统上，道教承传了华夏古代的传统礼乐文明；在理论上，道教直接吸收并发展了春秋战国时期的老子、庄子的道家思想；在实践上，道教继承了先秦时期士、神仙的修炼经验和成果。道教文化源远流长，博大精深。主要内容有：道教宇宙观，道教人生观，道教哲学，道教神学，道功道术，斋醮仪范，医学养生，阴阳风水，命相预测，道场法事，道教武术，道教音乐等十二个方面。因此说，道教文化是我国传统文化的一座宝库。

【原文】

菩者普也，萨者济也，尊称神祇，故有菩萨之誉；水行龙力大，陆行象力大，负荷佛法，故有龙象之称[1]。儒家谓之世，释家谓之劫，道家谓之尘，俱谓俗缘之未脱；儒家曰精一，释家曰三昧，道家曰贞一，总言奥义之无穷[2]。达摩死后，手携只履西归；王乔朝君，舄化双凫下降[3]。辟谷绝粒，神仙能服气炼形；不灭不生，释氏惟明心见性[4]。梁高僧谈经入妙，可使顽石点头，天花坠地；张虚靖炼丹既成，能令龙虎并伏，鸡犬俱升[5]。

【注释】

[1]神祇：天地神灵的总称，在天为神，在地为祇。菩萨：原来是释迦牟尼修行尚未成佛时的称号，后来泛称所崇拜的神像为菩萨。负荷：继承。龙象：佛教用语，本来比喻诸罗汉中修行勇猛最大力者，后来泛指高僧。

[2]劫：佛教用语，原指极为久远的时节，后来指人间天灾人祸。俗缘：道教、佛教称世俗的人事牵累。精一：精心一意。三昧：梵语音译，佛教用语，排除一切杂念，使心神平静。贞一：专一，道

家指保持本性，自然无为。

③只履西归：达摩在少林寺圆寂后，被葬在熊耳山定林寺，相传他死后很久，北宋使者宋云出使西域回来，在葱岭看见达摩提着一只鞋子走过来，说是到西天去。王乔：汉朝县令。舃(xì)化双兔：鞋子变成了两只野鸭。舃，古代的一种厚底鞋。兔，野鸭。

④辟谷绝粒：我国古代的一种修养方法，即不吃谷物只吃特定的药物，进行调息修炼。不灭不生：佛家用语，指超脱生死的境界。

⑤顽石点头：相传南朝梁高僧道生法师在苏州讲佛法，在讲到《涅槃经》，提到万物都有佛性时，石头都点头。天花坠地：相传梁武帝时云光法师讲经，感动上天，天上落下各种颜色的鲜花。张虚靖：东汉张天师张道陵的七世孙，遍游名山，学长生不老之术。得道时龙降虎伏，升天时，鸡犬吃了剩下的药也跟着得道升天。龙虎并伏：道家用龙比喻心火肾水，抑制嗔怒情欲，使心火下降，肾水滋润。

【译文】

"菩"就是普遍的意思，"萨"就是救助的意思，用来尊称天地神灵，所以有"菩萨"的美誉；在水里行进时龙的力量最大，在地上行走时象的力量最大，精通佛法的高僧，所以有"龙象"的称号。儒家称之为"世俗"，佛家称之为"劫数"，道家称之为"凡尘"，都是说还没有摆脱世俗的人事牵累；儒家说"精心一意"，佛家说"善心正定"，道家说"守贞如一"，都是说深奥的道理无穷无尽。达摩死后很久，有人看见他手提一只鞋走向西方；汉朝王乔朝见君主，不用车马，站在由他的鞋变成的两只野鸭身上从天而降。"辟谷绝粒"是指神仙不用食用五谷，能够运用吐纳之法修炼身体；"不灭不生"，是指释迦牟尼能够内心悟道，超脱生死的境界。梁代高僧讲佛经到妙处，道生法师能够使顽石点头，云光法师能够使上天感动，天上的鲜花纷纷降落；张天师的七世孙张虚靖，炼丹成功修成神仙后，能够降龙伏虎，他家的鸡和狗都跟着升上了天。

【解读】

在远古时代，人们相信神灵控制万物，并希望得到神灵的保护，于是产生了种种神话、神仙。后来神逐渐发展成人们的一种宗教信仰。我们常常称赞好人，就说"菩萨心肠"，因为菩萨是人们的心中的神，是人们的精神信仰。菩

被感化而向善；下面没有蒙受冤屈的百姓，衙门里用来喊冤的肺石就会冷冷清清。虽然幽苦能使人弃恶从善，监狱便是幸福的天堂；但上古民风淳朴，在地上画个圈也能算是监狱。跟人结怨打官司，就说是"鼠牙雀角"的争斗；犯了罪的人申诉冤情，往往有"抢地吁天"的惨状。狴犴长得勇猛壮大，能看守门户，所以监狱的门上常常画着狴犴的形象；棘木表面长满了针刺但是里面却是笔直的，所以古代的司法官在棘木的下面审理案件。地方司法人员拘押犯人有"岸"，朝廷的司法人员拘押犯人有"狱"，谁还敢为非作歹，触犯法令；死去的人不能再活过来，服过酷刑被摧残的身体用金钱也不能重新赎回来，上面的司法官应当按照实际情况来量刑定罪。"囹圄"是周代的监狱，"羑里"是商代的牢房。脚镣手铐之类的陈设工具，是拘捕罪犯的刑具；在囚禁的犯人之中，哪能绝对没有被冤屈的好人。双方争执而互不相让，称之为"鹬蚌相持"；无缘无故受到连累，称之为"池鱼受害"。

【解读】

讼狱即诉讼，指向执法机关提出控告、申诉，要求评判曲直是非。是一个法律名词。法律与社会政治关系密切，徐特立曾在《加紧农村工作是战胜之最大保证》说："讼狱不平，对于政治是很有影响的。"公平的法律能够促进社会的进步、社会政治的清廉；开明的社会政治，能够促进法律的不断完善，使法律更公平，更能实现普天下百姓"在法律面前，人人平等"的理想。总之，法律能维护社会政治的稳定，开明的政治能够促进法律的完善。

【原文】

请公入瓮，周兴自作其孽；下车泣罪，夏禹深痛其民①。好讼曰健讼，累及曰株连②。为人解讼，谓之释纷；被人栽冤，谓之嫁祸③。徒配曰城旦，遣戍是问军④。三尺乃朝廷之法，三木是罪人之刑⑤。古之五刑，墨、劓、剕、宫、大辟；今之律例，笞、杖、死罪、徒、流⑥。上古时削木为吏，今日之淳风安在；唐太宗纵囚归狱，古人之诚信可嘉⑦。花落讼庭闲，草生囹圄静，歌何易治民之简；吏从冰上立，人在镜中行，颂卢奂折狱之清⑧。可见治乱之药石，刑罚为重；兴平之粱肉，德教为先⑨。

【注释】

①请公入瓮：也作"请君入瓮"，比喻用某人整治别人的办法来整治他自己。瓮，一种陶制的盛器。下车泣罪：夏禹外出时看见犯人，马上下车询问犯人的情况并悲伤地哭泣起来。旧时称君主对人民表示关切。后来比喻广施仁政，自责其失。

②健讼：喜欢打官司。株连：一人有罪而牵连多人，连累。

萨的地位仅次于佛，是协助佛传播佛法，救助众生的人物。菩萨在古印度佛教中为男子形象，流传到中国后，随着菩萨信仰的深入人心及其对世人而言所具有的深切的人情味，便逐渐转为温柔慈祥的女性形象。菩萨的境界，都是大慈大悲，大喜大舍，度众生出生死苦海，不再六道轮回，得大快乐。根据"人人具有佛性，人人皆可成佛"的理论，把凡是立下宏愿，上求佛道，下化众生的都称之为菩萨。后来这个名称更加扩大化、世俗化，人们把那些精通佛法，德高望重的寺院高僧和在家居士也称作菩萨。

【原文】

藏世界于一粟，佛法何其大；贮乾坤于一壶，道法何其玄①。妄诞之言，载鬼一车；高明之家，鬼瞰其室②。《无鬼论》，作于晋之阮瞻；《搜神记》，撰于晋之干宝③。颜之渊、卜子夏，死为地下修文郎；韩擒虎、寇莱公，死作阴司阎罗王④。至若土谷之神曰社稷，干旱之鬼曰旱魃⑤。魑魅魍魉，山川之祟；神荼郁垒，啖鬼之神⑥。仕途偃蹇，鬼神亦为之揶揄；心地光明，吉神自为之呵护⑦。

【注释】

①藏世界于一粟：释普济《五灯会元》："一粒粟中藏世界。"贮乾坤于一壶：东汉方士费长房，曾经看见一老翁卖药，挂着一个壶，晚上就在壶中休息，费长房就觉得很奇怪，于是拜见老翁。第二天与老翁一起入壶，见里面楼台壮丽，惊叹道"此别一乾坤也"。于是便随老翁入山学道。

②载鬼一车：装满了一车的鬼。出自《易经·睽》卦辞，形容十分荒诞离奇。高明：显贵者。瞰（kàn）：从高处往下看，俯视。

③无鬼论：晋人阮瞻持无鬼论。《搜神记》：东晋干宝撰写的志怪小说集。

④颜之渊、卜子夏：都是孔子的弟子。颜之渊，即颜回；卜子夏，即卜商。韩擒虎：字子通，隋朝大将，文武双全。寇莱公：即寇准，北宋政治家，被封莱国公，所以称寇莱公。阴司：阴间，阴曹地府。

⑤社稷：社，古代的土地神；稷，古代五谷之神。旱魃（bá）：古代传说中的旱神。

⑥魑魅魍魉（chī mèi wǎng liǎng）：原为传说中的山神鬼怪。指各种各样的坏人。祟：鬼怪祸害人。神荼郁垒："神荼"和"郁垒"是两位神仙的名字，相传能够制服恶鬼，于是后人都把他们当做门神，画像极丑且凶恶。啖：吃。

⑦仕途偃蹇：做官的路困顿不顺利。偃蹇，困顿。揶揄：嘲笑，戏弄。心地：佛教用语，佛教认为三界唯心，心像滋生万物的大地，能随缘生出一切，所以称为"心地"。

【译文】

能把整个世界藏在一粒米中，佛家的法力是何等的强大；能把整个乾坤收藏在一把壶中，道家的法术是多么的玄妙。荒诞离奇的言论，就好像说装了一车鬼魂；显达高贵的人家，鬼都要偷窥他的家室。《无鬼论》，开始于晋朝的阮瞻；《搜神记》，是晋代的干宝撰写的。孔子的弟子颜之渊、卜子夏，去世后在阴间做了修文郎；隋朝大将韩擒虎、北宋丞相寇莱公，去世后在阴间担任阎罗王。至于土地神、谷神就称做"社稷"，使人间遭受干旱的鬼叫做"旱魃"。"魑魅"和"魍魉"，都是山川野外危害人类的精怪；"神荼"和"郁垒"，都是吃鬼的门神。官路困顿不通，连鬼怪都会对他拍手戏弄；心地光明磊落，吉祥的神仙自然会对他呵护庇佑。

【解读】

《搜神记》作者是东晋人史学家干宝。《搜神记》是一部记录古代民间传说中神奇怪异故事的小说集，是集我国古代神话传说之大成的著作，搜集了古代的神异故事共四百一十多篇，开创了我国古代神话小说的先河。《搜神记》内容十分丰富，有神仙术士的变幻，有精灵物怪的神异，有妖祥卜梦的感应，有佛道信仰的因果报应，还有人神、人鬼的恋爱，等等。其中保留了相当一部分西汉传下来的历史神话传说和魏晋时期的民间故事，优美动人，深受人们喜爱。历史传说，如 "干将莫邪"讲述的复仇故事；"紫玉传说"，讲吴王小女的生死爱情。民间故事，如"东海孝妇"，讲孝妇周青蒙冤的故事；"仙女下嫁董永"的传说则歌颂了忠贞不渝的爱情；神话如"盘瓠神话"，是关于古时蛮族始祖起源的猜测；"蚕马神话"是有关蚕丝生产的神话。

鸟　兽

【原文】

　　麟为毛虫之长，虎乃兽中之王①。麟凤龟龙，谓之四灵；犬豕与鸡，谓之三物②。骤骊、骅骝，良马之号；太牢、大武，乃牛之称③。羊曰柔毛，又曰长髯主簿；豕名刚鬣，又曰乌喙将军④。鹅名舒雁，鸭号家凫⑤；鸡有五德，故称之曰德禽；雁性随阳，因名之曰阳鸟。家狸、乌圆，乃猫之誉；韩卢、楚犷，皆犬之名⑥。麒麟驺虞，皆好仁之兽；螟螣蟊贼，皆害苗之虫⑦。无肠公子，螃蟹之名；绿衣使者，鹦鹉之号⑧。狐假虎威，谓借势而为恶；养虎贻害，谓留祸之在身⑨。犹豫多疑，喻人之不决；狼狈相倚，比人之颠连⑩。

【注释】

　　①麟：即麒麟，传说中的仁兽，雄为麒，雌为麟。

　　②四灵：古人认为有灵性的四种神兽。豕：猪。三物：古人结盟、立誓的时候，用动物的血滴入酒中，饮酒盟誓，君王间用猪血，大臣间用狗血，百姓间用鸡血。

　　③骤骊（lù'ěr）、骅骝（huá liú）：均为周穆王的八匹骏马之一。

　　④长髯主簿：羊有胡子所以得到这个名称。髯，颊毛、胡须。鬣（liè）：某些兽类脖颈上的长毛。乌喙将军：猪贪食，所以称猪为乌喙将军。喙，鸟兽的嘴。

　　⑤舒雁：鹅的形状像雁，走得非常缓慢，所以称为舒雁。凫：野鸭。

　　⑥德禽：鸡。古时候传说鸡有五德所以称德禽。《汉室外传》记载，鸡头上带冠者是文也，步子迈得大者为武，敢斗者则勇，看见食物互相招呼为仁，守夜没有差失是信。阳鸟：雁的别名。狸：狸猫，形状像猫。韩卢、楚犷：古代良犬的名字。

　　⑦驺（zōu）虞：传说中的义兽。螟（míng）螣（tè）蟊（máo）贼：危害禾苗的四种小虫子。

　　⑧绿衣使者：相传唐玄宗时，长安富豪杨崇义养了一只鹦鹉。杨妻刘氏与邻居李弇私通。李弇杀死杨崇义并把尸体埋到井中，刘氏到官府报告丈夫失踪。县官到杨家搜查，架上的鹦鹉突然说："杀主人的是李弇。"于是严刑审问，得到了事情的真相。这件事一直传到唐玄宗那里，玄宗封鹦鹉为绿衣使者。

　　⑨养虎贻害：也作"养虎遗患"，留着老虎不除掉，就会成为后患。比喻纵容坏人坏事，留下后患。遗，留下。患，祸患。

　　⑩狼狈：相传狈是和狼同类的野兽，狈前腿极短行走时常将腿搭在两条狼的背上，没有狼就不能行走。而狼前腿长，后腿短，没有狈就无法站立。后来用狼狈比喻互相勾结干坏事。颠连：困顿不堪；困苦。

麒麟，中国古代传说中的"仁兽"，是有毛动物的首领；老虎，相传能够吃鬼怪，是百兽之王。麒麟、凤凰、乌龟和龙，都有灵性，称之为"四灵"；狗、猪和鸡，是古代人们盟誓时所用的三种动物，称之为"三物"。"骐骥"、"骅骝"，是古时候良马的称号；"太牢"、"大武"，是古时候祭祀所用牛的称号。羊毛柔软，所以羊叫做"柔毛"，又叫做"长髯主簿"；猪毛坚硬，所以猪叫做"刚鬣"，又叫做"乌喙将军"。鹅因为形似雁又徐行不迫，所以鹅的别名叫"舒雁"；鸭的形似野鸭又会游泳，所以鸭的别号叫"家凫"。鸡有五种美德，所以称呼它"德禽"；大雁天性喜欢阳光温暖，因此称呼它"阳鸟"。

"家狸"和"乌圆"，都是猫的美称；"韩卢"和"楚犷"，都是良狗的美名。"麒麟"和"驺虞"，都是喜欢仁义的神兽；"螟"、"螣"、"蟊"、"贼"，都是危害禾苗的害虫。"无肠公子"，是螃蟹的别名；"绿衣使者"，是鹦鹉的封号。"狐假虎威"，说的是凭借别人的威势而为非作歹；"养虎贻害"，说的是纵容敌人，而给自己留下祸根。"犹豫多疑"，比喻人处理事情迟疑不果断；"狼狈相倚"，比喻人行动艰难，没有依靠。

【解读】

麒麟是我国古代传说中的灵兽，性仁慈，喜好仁义。从其外部形状上看，集龙头、鹿角、狮眼、虎背、熊腰、蛇鳞于一身。但据说麒的开头大略像鹿。它被古人视为神兽、仁兽。后来用来比喻才能杰出的人。麟凤龟龙这四灵兽中麒麟地位最高，性仁慈，是神的坐骑。后由于封建皇帝对龙的褒扬，麒麟被排挤到民间。成为民间祥瑞的独特代表。麒麟文化是中国的传统民俗文化。麒麟主太平，带来丰年、福禄、长寿与美好。玄学称麒麟是岁星散开而生成，故主祥瑞，含仁怀义。麒麟是中国古人创造出的虚幻动物，这种造型是把那些备受人们珍爱的动物所具备的优点全部集中在麒麟这一幻想中的神兽的建构上。麒麟是以鹿类的特征为主，融合了牛、羊、马的特征。在众多的民间传说中，关于麒麟的故事虽然并不是很多，但其在民众生活中实实在在地无处不体现出它特有的珍贵和灵异。麒麟文化是传统民俗文化，如麒麟送子，就是旧时生育民俗。传说中，麒麟为仁兽，是吉祥的象征，能为人带来子嗣。相传孔子将生之夕，有麒麟吐玉书于其家，上写"水精之子孙，衰周而素王"，意谓他有帝王之德而未居其位。此虽伪说，实为"麒麟送子"之本。民间有"麒麟儿"、"麟儿"之美称。南北朝时，对聪颖可爱的男孩，人们常呼为"吾家麒麟"。民间普遍认为，求拜麒麟可以生育得子。总之，麒麟本性仁慈，令世世代代的人所喜爱和尊崇。

【原文】

胜负未分，不知鹿死谁手；基业易主，正如燕入他家①。雁到南方，先至为主，后至为宾；雄名陈宝，得雄为王，得雌为霸②。刻鹄类鹜，为学初成；画虎类犬，弄巧反拙③。美恶不称，谓之狗尾续貂；贪图不足，谓之蛇欲吞象④。祸去祸又至，曰前门拒虎，后门进狼；除凶不畏凶，曰不入虎穴，焉得虎子⑤。鄙众趋利，曰群蚁附膻；谦己爱儿，曰老牛舐犊⑥。无中生有，曰画蛇添足；进退两难，曰羝羊触藩⑦。杯中蛇影，自起猜疑；塞翁失马，难分祸福⑧。龙驹凤雏，晋闵鸿夸吴中陆士龙之异；伏龙凤雏，司马徽称孔明庞士元之奇⑨。

【注释】

①鹿死谁手：不知道谁取得最后胜利。鹿，指猎取对象，比喻政权，也比喻争夺追逐的对象。基业：指事业的基础；根基。燕入他家：刘禹锡《乌衣巷》："旧时王谢堂前燕，飞入寻常百姓家。"东晋王导、谢安等豪门贵族曾经住在乌衣巷，但是诗人写这首诗时，王、谢大族已经没落。而燕子却不管他的故宅换主人，仍就寻巢。

②雁到南方：相传中秋节以前飞到南方的大雁是主人，中秋节后到达南方的则是客人。雄名陈宝：神的名字。干宝《搜神记》记载，秦穆公时，陈仓人捉住一只怪兽，有二童子在路边，说："它的名字叫媪，常在地下吃死人的脑子。想要杀它，用柏树击打它的头部。"怪兽说："那两个童子叫陈宝，得到雄的可称王，得到雌的可以称霸诸侯。"那人于是丢下媪去追童子，两童子变成野鸡飞走了。那人告诉秦穆公，穆公下令猎捕，得到雌的，后来果然称霸。雉，野鸡。

③刻鹄（hú）类鹜（wù）：画天鹅不成，仍有些像鸭子。比喻模仿的虽然不逼真，但还相似。刻，刻画。鹄，天鹅。类，似、像。鹜，鸭子。画虎类犬：画老虎不成，却像狗。比喻模仿不到家，反而不伦不类。

④不称：不相称，不相符。狗尾续貂：晋代皇帝的侍从官员用狗尾巴作帽子的装饰，指封官太滥。亦比喻拿不好的东西补接在好的东西后面，前后两部分非常不相称。续，连接。貂，是一种皮毛珍贵的动物。蛇欲吞象：传说南海中有一种巴蛇，长八百丈，能够吞下大象。比喻贪欲极大。

⑤前门拒虎，后门进狼：比喻消除了一个祸患，又招来了另一个祸患。后汉和帝时，外戚窦氏专权，和帝和宦官共谋诛杀窦氏，但是又过分亲信太监，又导致宦官专权。不入虎穴，焉得虎子：不进老虎窝，怎能捉到小老虎。比喻不亲历险境就不能获得成功。焉，怎么。

⑥群蚁附膻（shān）：许多蚂蚁趋附羊肉。比喻许多臭味相投的人共同追求不好的事物。附，

依附。膻，羊肉的气味。老牛舐（shì）犊（dú）：老牛舔小牛。比喻父母疼爱子女。舐，用舌头舔东西。犊，小牛。

⑦画蛇添足：画蛇时给蛇添上脚。比喻做了多余的事，非但无益，反而不合适。也比喻虚构事实，无中生有。羝（dī）羊触藩：公羊用角抵撞篱笆，把角缠在篱笆上，进退不得。比喻进退两难。羝羊，公羊。触，抵撞。藩，篱笆。

⑧杯中蛇影：同"杯弓蛇影"。将映在酒杯里的弓影误认为蛇。比喻因疑神疑鬼而引起恐惧。塞翁失马：古代边塞上有位老人，他家的马跑到胡人那边去了，邻居们都来安慰他，他说："这说不定是件好事呀。"过了一个多月，他家的马带着一匹胡人的骏马回来了。后来比喻一时虽然受到损失，也许反而因此能得到好处。也指坏事在一定条件下可变为好事。塞，边界险要之处。翁，老头。

⑨龙驹凤雏：指幼龙和凤雏。陆云，字士龙，他小的时候，尚书闵鸿见到他非常惊奇，说："这个孩子如果不是龙驹，就一定是凤雏。"伏龙凤雏：指诸葛亮和庞统。善于识人的司马徽向刘备推荐这两个人，一个是号称"卧龙"的诸葛亮（字孔明），另一个是号称"凤雏"的庞统（字士元）。伏龙，即卧龙。

【译文】

胜负还没有分出来，说还不知道"鹿死谁手"；家业或江山更换了主人，说就好像"燕入他家"。大雁秋天飞往南方，传说中秋节前飞回南方的就是主人，中秋节后飞回南方的就是客人；传说中野鸡名叫陈宝，得到雄的就能统治天下，得到雌的就能称霸诸侯。"刻鹄类鹜"，是说学习初见成效；"画虎类犬"，是说本想要弄聪明，结果做了蠢事。美恶不相符，称之为"狗尾续貂"；贪得无厌，称之为"蛇欲吞象"。消除了一个祸患却招来另一个祸患，叫做"前门拒虎，后门进狼"；为了除掉凶恶就不能害怕凶恶，叫做"不入虎穴，焉得虎子"。鄙视小人追逐利益，就说"群蚁附膻"；谦称自己疼爱儿子，就说"老牛舐犊"。无中生有，就说"画蛇添足"；进退两难，就说"羝羊触藩"。"杯中蛇影"，形容人自己心中猜疑；"塞翁失马"，说明福祸互相转化，难以分辨。"龙驹凤雏"，是晋代闵鸿夸吴中陆士龙年幼时就不同凡响；"伏龙凤雏"，是东汉末年著名隐士司马徽称赞孔明和庞士元具有盖世奇才。

【解读】

"伏龙凤雏"是指汉末三国时期著名的谋略家，军事家诸葛亮和庞统。伏（卧）龙诸葛亮和凤雏是当时的两位高士，后被刘备发现并重用。"伏龙凤雏"出自《三国志·蜀志·诸葛亮传》裴松之注引《襄阳记》："刘备访世事于司马德操。德操曰：'儒生俗士，岂识时务？识时务者在乎俊杰。此间自有伏龙、凤雏。'备问为谁，曰：'诸葛孔明、庞士元也。'"其大意是，三国时期，刘备向司马徽请求指点时局，司马徽向他推荐说，这里有伏龙、凤雏，他们都是识时务的俊杰。刘备急切问他们的名字，司马徽告诉他伏龙就是南阳

的诸葛亮，凤雏就是庞统。刘备听完，就立即行动。于是三顾茅庐请来诸葛亮，后来又得到庞统的辅助。在"伏龙凤雏"这两位谋略家的辅佐下，刘备的军事实力蒸蒸日上，从无立锥之地迅速发展成为拥有广阔土地的蜀汉之主。

【原文】

吕后断戚夫人手足，号曰人彘；胡人腌契丹王尸骸，谓之帝羓①。人之狠恶，同于梼杌；人之凶暴，类于穷奇②。王猛见桓温，扪虱而谈当世之务；宁戚遇齐桓，扣角而取卿相之荣③。楚王轼怒蛙，以昆虫之敢死；丙吉问牛喘，恐阴阳之失时④。以十人而制千虎，比言事之难胜；走韩卢而搏蹇兔，喻言敌之易摧⑤。兄弟如鹡鸰之相亲，夫妇如鸾凤之配偶⑥。有势莫能为，曰虽鞭之长，不及马腹；制小不用大，曰割鸡之小，焉用牛刀⑦。鸟食母者曰枭，兽食父者曰獍⑧。苛政猛于虎，壮士气如虹⑨。

【注释】

①人彘（zhì）：即"猪人"。汉高祖刘邦宠爱戚夫人，想要立戚夫人生的赵王如意为太子。刘邦死后，吕后就砍断戚夫人的手脚，挖掉她的眼睛，熏聋她的耳朵，让她喝哑嗓子的药，住在厕所里。彘，指猪。帝羓（bā）：五代后晋时，契丹王耶律德光率兵南侵，半路病死，契丹人剖开他的肚子，在里面填上盐，制成干尸运回北方。汉人看见了，称为"帝羓"。把，干尸。

②梼杌（táo wù）：古代传说中的一种猛兽。穷奇：传说中的恶兽名。

③扪虱而谈：东晋大将军桓温第一次北伐时，有个穿着破旧衣裳的读书人到军营前来求见。桓温正想招揽人才，很高兴地接见了他。这个人名叫王猛，学问渊博。桓温想试试他的学识才能，就请他谈谈当时天下的形势。王猛把南北双方的政治军事形势分析得一清二楚，见解十分精辟。桓温不禁暗暗佩服。王猛一面谈，一面把手伸进衣襟里摸虱子，左右的兵士们见了，差一点笑出来。王猛却神色自如，谈得很起劲。扪虱，在身上捉虱子，形容放达任性、毫无拘束的样子。扣角：敲打牛角。卿相之荣：执政大臣的荣耀。相传春秋时卫人宁戚家贫，为人赶车到了齐国，在牛车下吃饭，正好遇见齐桓公，卫戚便敲打牛角而吟。齐桓公听见卫戚的歌吟，觉得他很有才能，便让管仲去接见他，拜为上卿。

④楚王轼怒蛙：楚王出门看见鼓气发怒的青蛙，便手扶车前的横木，低头向青蛙致敬，因为他认为青蛙具有一种不怕死的精神。轼，车前横木。古代男子站在车上的时候，向人致敬时便低头、手扶着轼。丙吉问牛喘：丙吉是西汉丞相，有一次外出，看见一群人在路边打架，死伤很多，问都不问就走过去了。又看见有人在追一头牛，牛吐着舌头喘粗气，便派人去问："追着这头牛跑了几里呀？"事后丙吉解释说："民众打架自然有相关官吏去管束，宰相不管这些小事情。现在刚到春天，应该不是很热，我担心牛是因为太热喘气，这就关系到节气失调，恐怕会有大的灾害。三公的职责就是调和阴阳，这是我责职范围内的事情，所以我应该过问。"

⑤走韩卢而搏蹇兔：驱赶良犬韩卢去追赶跛脚的兔子。蹇，跛，行走困难。

⑥鹡鸰（jí líng）：也作"脊令"，形容兄弟相亲。鸾凤：鸾鸟和凤凰。比喻夫妻。

⑦势：势力，力量。虽鞭之长，不及马腹：即"鞭长莫及"。春秋时期，宋国得罪了楚国，都城被楚国围住。宋国派大夫乐婴去向晋国求助，晋景公准备出兵救援，大臣伯宗劝谏道："鞭子再长，也打不到马的肚子上。现在楚国很强盛，我们又怎么斗得过它呢？"割鸡之小，焉用牛刀：杀鸡这样的小动物，何必要用杀牛的刀子呢？

⑧枭（xiāo）：猫头鹰一类的鸟。传说小枭长大后会吃掉母枭。獍（jìng）：传说中像虎豹的恶兽，会吃它的父亲。

⑨苛政猛于虎：谓繁重的赋税、苛刻的法令，比猛虎还要凶残。苛政，指繁重的赋税、苛刻的法令。壮士气如虹：壮士的豪气犹如天上的长虹，可以穿日而过。

【译文】

吕后切断戚夫人的双手和脚，把她叫做"人彘"；契丹王耶律德光病死于南征途中，契丹人便将挖去他的肠胃，用盐腌起来，载尸北归，汉人称之为"帝羓"。狠毒凶恶的人，就跟恶兽"梼杌"相同；凶狠残暴的人，就与恶兽"穷奇"相似。前秦人王猛去华山拜见东晋大将军桓温，旁若无人地一边把手伸到衣领里捉虱子，一边高声谈论当前天下大事；春秋时期，宁戚有一天在牛车下吃饭，恰巧遇到了齐桓公，他便敲打牛角唱起了歌，齐桓公认为他很有才华，就拜他为上卿，因此获得了荣耀。春秋时期，楚王准备攻打吴国，出门看见鼓气发怒的青蛙，就手扶车前横木俯首向发怒的青蛙致敬，用青蛙的敢死精神鼓舞士卒；西汉丞相丙吉出巡时，看见有人斗殴而死，不闻不问，因为地方官会来调查，遇到牛在喘息却仔细询问，原来是担心阴阳失调，这正是丞相应管的大事。用十个人去制服上千只猛虎，这是人们所说的很难取胜的比喻；驱赶着韩卢这样的良犬去捕捉跛足的兔子，这是人们所说的敌人极容易被摧毁的比喻。兄弟就像鹡鸰一样，患难中互相帮助，相亲相爱；夫妇就像鸾和凤，已经匹配就雌雄不乱。有力量有势力却用不上，就说虽然马鞭子很长，但是也够不着马肚子；处理小事情不用花费大力气，就说宰割像鸡这样的小动物，哪里用得着宰牛的刀。鸟类中连母亲都吃的鸟叫做"枭"，野兽中连父亲都吃的兽叫做"獍"。繁重的赋税、苛刻的法令比老虎还要凶残，壮士的英雄豪气就像天上贯穿太阳的彩虹。

【解读】

吕后，名叫吕雉，是汉高祖刘邦的皇后。刘邦的结发妻子，刘邦当了皇帝之后，封其为皇后。高祖死后，被尊为皇太后，是中国有史以来记载的第一位皇后和皇太后，又称为汉高后、吕后、吕太后。同时他也是封建王朝第一个临朝称制的女子，掌握汉朝政权长达十六年。吕后是个有谋略的女人。汉初，吕后助刘邦杀韩信，彭越等异姓王，消灭分裂势力，巩固统一的局面，初显其政治才能。吕后也是一位善于笼络人才、手腕狠毒的女人。刘邦在立太子一事上犹豫不决，导致身为长子刘盈母亲的吕后与赵王如意的母亲戚夫人结怨，吕

后笼络人才，请出"商山四皓（东园公唐秉、夏黄公崔广、绮里季吴实、用里先生周术）"为刘盈当说客，终于保住了刘盈的太子之位，同时她也恨透了戚夫人，视其为眼中钉。当刘邦驾崩，吕后立即采取惨无人道的手段迫害戚夫人，将戚夫人变成了"人彘"

【原文】

腰缠十万贯，骑鹤上扬州，谓仙人而兼富贵；盲人骑瞎马，夜半临深池，是险语之逼人闻[1]。黔驴之技，技止此耳；鼯鼠之技，技亦穷乎[2]。强兼并者曰鲸吞，为小贼者曰狗盗[3]。养恶人如养虎，当饱其肉，不饱则噬；养恶人如养鹰，饥之则附，饱之则飏[4]。隋珠弹雀，谓得少而失多；投鼠忌器，恐因甲而害乙[5]。事多曰猬集，利小曰蝇头[6]。心惑似狐疑，人喜如雀跃[7]。爱屋及乌，谓因此而惜波；轻鸡爱鹜，谓舍此而图他[8]。唆恶为非，曰教猱升木；受恩不报，曰得鱼忘筌[9]。倚势害人，真似城狐社鼠；空存无用，何殊陶犬瓦鸡[10]。

【注释】

①腰缠十万贯，骑鹤上扬州：古代有几个人一起谈志向，一个说想做扬州的刺史，一个人说想要腰缠万贯，一个人说想要骑鹤升天。最后一个人说要"腰缠十万贯，骑鹤上扬州"，意思是三者都想拥有。后来比喻欲集做官、发财、成仙于一身或形容贪婪的妄想。盲人骑瞎马，夜半临深池：晋朝的桓玄、殷仲堪、顾恺之等人一起比赛说"危语。"殷仲堪的一位参军插话说："盲人骑瞎马，夜半临深池。"殷仲堪听了说："这话逼人太甚。"因为殷仲堪正好一只眼睛盲了。

②黔驴之技：柳宗元《三戒·黔之驴》载，贵州这个地方本没有驴，有个人运了一头去，放在山下。老虎看见这个庞然大物，以为是什么神，躲在树林里偷偷地看。驴叫了一声，老虎吓得发慌。后来听惯了驴叫声，走近碰它，驴大怒，用蹄子踢老虎。老虎大喜，心里想，驴的技艺不过如此，于是扑过去就把它吃了。后比喻有限的一点本领。鼯(wú)鼠之技：传说鼯鼠有五种技能(能飞却不能上屋，能爬却爬不到树梢，能游却不能渡过山涧，能打洞却藏不住身子，能跑却也超不过人)，但是都不精通，反而落入困境。

③鲸吞：像鲸鱼一样地吞食，多用来比喻侵吞土地，也表示食量异常的大。狗盗：像狗一样钻进别人家里偷东西。

④"养恶人"几句：三国时，吕布依靠陈登，请求担任徐州牧，没有成功。吕布大怒，拔剑对陈

登说："我想要的东西没有一样得到，而你们父子却享受高官厚禄，我被你们出卖了。"陈登慢慢地给他打了一个比方："我跟曹操说：'吕布是一只猛虎，只有让他吃饱了才会为你所用，不吃饱就会咬人。'曹操却对我说：'你说的不对，我对待吕布就像是养雄鹰，只有让他饿着点，他才会为我服务，如果让他吃饱了，他就会飞走了。'"吕布听完后，扔下宝剑说："还是曹操了解我呀。"噬，咬，吞。飏(yáng)，飞扬。

⑤隋珠弹雀：用夜明珠去弹鸟雀。比喻得不偿失。隋珠，古代传说中的夜明珠，即隋侯的明月珠。投鼠忌器：想用东西打老鼠，又怕打坏了近旁的器物。比喻做事有顾忌，不敢放手干。投，用东西去掷。忌，怕，有所顾虑。

⑥猬集：比喻事情繁多，像刺猬身上的硬刺聚集在一起。蝇头：比喻细小的事情，多用来指小数目的财力。

⑦狐疑：传说狐狸性格非常多疑，形容犹疑不决。雀跃：像麻雀一样跳跃，形容特别高兴。

⑧爱屋及乌：因为爱一个人而连带爱他屋上的乌鸦。比喻爱一个人而连带地关心到与他有关的人或物。轻鸡爱鹜(wù)：轻视鸡而爱野鸭子。比喻贵远贱近。鹜，野鸭。

⑨唆：挑动别人去做坏事。教猱(náo)升木：教猴子爬树。比喻指使坏人干坏事。猱，猴子的一种。得鱼忘筌(quán)：捕到了鱼，忘掉了筌。比喻事情成功以后就忘了本来依靠的东西。筌，捕鱼用的竹器。

⑩城狐社鼠：城墙上的狐狸，社庙里的老鼠。比喻依仗权势作恶，一时难以驱除的小人。社，土地庙。陶犬瓦鸡：陶土做的狗，泥土塑的鸡。比喻徒具形式而无实用的东西。

【译文】

"腰缠十万贯，骑鹤上扬州"，说的是既想成为神仙又想得到富贵；"盲人骑瞎马，夜半临深池"，是令人听了毛骨悚然的险境。黔驴的本领，就是用蹄子踢而已；鼫鼠的本领虽然多，但是总是陷入困境。恃强凌弱强行兼并的行为叫做"鲸吞"，偷窃别人财物做小偷的人叫做"狗盗"。重用坏人就如同饲养猛虎，应该用肉喂饱它，喂不饱它就会吃人；重用坏人就如同喂养鹰，它饥饿的时候才会依附于你，它吃饱了就会展翅高飞而去。"隋珠弹雀"，是说得到的少失去的多；"投鼠忌器"，是说担心因为帮助甲而伤害了乙。事情繁多叫做"猬集"，利益极少叫做"蝇头"。人们心里疑惑，就说像"狐疑"，人非常喜悦就说像"雀跃"。"爱屋及乌"，说的是因为喜欢此物而呵护与之有关的彼物；"轻鸡爱鹜"，说的是舍弃近的而去追求远方的东西。唆使坏人为非作歹，叫做"教猱升木"；受到别人的恩惠却不去报答，叫做"得鱼忘筌"。依靠别人的权势去害人，真像栖息在城墙上的

狐狸和土地庙里的老鼠；存下来没有用的东西，跟不能守夜的陶犬和不能报鸣的瓦鸡有什么区别。

【解读】

"爱屋及乌"是一个中性词，是我们生活中经常运用的一个成语，本意是因为爱一处房子，也爱那房顶上的乌鸦。后来比喻爱一个人而连带地关爱与他有关系的人或物。说明一个人对另一个人（或事物）的关爱到了一种盲目热衷的程度。形容过分偏爱。生活中，"爱屋及乌"在亲情方面、友情方面、爱情方面都有体现。特别是在爱情方面，许多人会选择"爱屋及乌"的方式处理家人之间的关系。爱他（她），就接受其家人，因为是父母给了他（她）生命，并且把他（她）培养成了一个让你心动，让你欣赏的人，你有什么理由不感激他（她）的家人，并且当做自己的家人一样关爱呢。

【原文】

势弱难敌，谓之螳臂当辕；人生易死，乃曰蜉蝣在世①。小难制大，如越鸡难伏鹄卵；贱反轻贵，似鸒鸠反笑大鹏②。小人不知君子之心，曰燕雀焉知鸿鹄志；君子不受小人之侮，曰虎豹岂受犬羊欺③。跖犬吠尧，吠非其主；鸠居鹊巢，安享其成④。缘木求鱼，极言难得；按图索骥，甚言失真⑤。恶人借势，曰如虎负嵎；穷人无归，曰如鱼失水⑥。九尾狐，讥陈彭年素性谄而又奸；独眼龙，夸李克用一目眇而有勇⑦。指鹿为马，秦赵高之欺主；叱石成羊，黄初平之得仙⑧。卞庄勇能擒两虎，高骈一矢贯双雕⑨。司马懿畏蜀如虎，诸葛亮辅汉如龙⑩。

【注释】

①螳臂当辕：比喻自不量力，做自己力量做不到的事情，必然失败。螳臂，螳螂的前臂。辕，车前驾牲畜的两根直木或曲木，后来代称车。蜉蝣（fúyóu）在世：比喻人生极为短暂。蜉蝣，虫名，幼虫生活在水中，成虫褐绿色，有四翅，生存期极短。

②越鸡难伏鹄卵：越地的小鸡难以孵化天鹅蛋。越鸡，越地所产的鸡，较小。伏，孵。鹄卵，天鹅蛋。鸴（xué）鸠反笑大鹏：目光短浅的人是不能理解别人的远大志向。鸴鸠：也作"学鸠"，雀类小鸟，即斑鸠。大鹏，传说中的大鸟。

③燕雀焉知鸿鹄志：《史记·陈涉世家》记载陈涉年轻的时候，曾经与人一起耕田，休息的时候，怅恨很久，说："苟富贵，无相忘。"与他一起耕田的人笑道："若为佣耕，何富贵也？"陈涉长叹道："嗟乎，燕雀安知鸿鹄之志哉！"

④跖（zhí）犬吠尧：战国时期，齐国大臣田单不计较骂他的貂勃，备酒宴向貂勃请教错在哪里？貂勃回答说，跖犬吠尧并不是尧不圣明而是各为其主。田单把他推荐给齐王，齐王派他出使楚国，引起齐王九个宠臣的不满而攻击田单，貂勃慷慨陈词救了相国田单。跖，人名，相传是春秋时率领九千人横行天下的大盗，所以也称为盗跖。吠，狗叫。鸠居鹊巢：斑鸠非常笨拙，不善于筑巢，一般都住在喜鹊建好的巢中。比喻强占他人的居处或措置不当等。鸠，斑鸠。

⑤缘木求鱼：爬到树上去找鱼。缘木，爬树。按图索骥：按照图画去找好马。索，找。骥，良马。失真：失去本意或本来面貌。

⑥如虎负嵎（yú）：像老虎靠着山中险地，没有人敢靠近。比喻坏人倚仗权势而作恶。负，凭借。嵎，也作"隅"，山势弯曲险峻的地方。无归：没有归宿，没有依靠。

⑦九尾狐：传说中的奇兽，后来成为妖魅多诈的象征。陈彭年：北宋人，当时人说陈彭年奸诈谄媚，给他起了个外号叫"九尾狐"。李克用：唐末人，他随父亲李国昌冲锋陷阵，被称为"飞虎子"，因为一只眼睛失明，所以绰号"独眼龙"。眇：眼瞎。

⑧指鹿为马：秦二世时，丞相赵高想篡夺皇位，于是故意把鹿说成马献给二世，来试验人心是不是顺从自己。对于说鹿的人暗中加以惩治。后来比喻故意颠倒黑白，混淆是非。叱石成羊：传说魏晋时人黄初平十五岁的时候在山上放羊，被一道士引到金华山的石室，后来哥哥初起找到初平，但不见羊。哥哥很是疑惑，初平却笑着叫了一声："叱！叱！羊起！"白色的石头都变成了羊。后来形容法力神奇。叱，呼喊。

⑨卞庄：春秋时鲁国下邑大夫。因为勇力而著名。相传卞庄去杀虎，有人向他献计，二虎争食一牛，必一死一伤。卞庄按照这个计划，果然抓到了两只老虎。高骈：唐末人，年轻时看到两雕并飞，说："如果我会发达，肯定能射中一只。"射了一箭居然穿过两雕。后来高骈当上了秦州刺史和淮南节度使。

⑩司马懿畏蜀如虎：三国时，诸葛亮率军出祁山伐魏，魏军统帅司马懿依仗险要的地势，坚决不出战。诸葛亮派人送去一套妇人的衣裳，来激怒司马懿，可是司马懿依然不出战。贾诩等问道："公畏蜀如虎，不怕天下人笑话吗？"

【译文】

势力薄弱难以抵抗强大的敌人，称之为"螳臂当辙"；人生短暂极易死亡，就说"蜉蝣在世"。弱小的难以控制强大的，就像越鸡不能孵化天鹅蛋一样；低贱的反而轻视高贵的，就像只能在树上跳跃的斑鸠反而嘲笑扶摇直上九万里的大鹏一样。小人不明白君子的想法，就说燕雀这种小鸟怎么能知道鸿鹄的远大志向；君子不能忍受小人的侮辱，就说凶猛的老虎豹子怎么能忍受犬羊的欺负。盗跖的狗朝尧狂吠，并不是尧不贤德，而是尧不是它的主人；斑鸠强占了喜鹊刚筑好的窝，心安理得地享受别人的劳动成果。爬到树上寻找鱼，竭力说明目的很难实现；按照图上的画像寻找千里马，强调想法与实际相差过远。坏人仰仗权势，叫做“如虎负嵎”；贫穷的人没有归宿，叫做“如鱼失水”。“九尾狐”，是人们讥讽陈彭年本性谄媚而又奸诈；“独眼龙”，是人们称赞李克用只有一只眼睛仍然很勇敢。“指鹿为马”，是说秦朝的宦官赵高想篡位在欺诈秦二世；“叱石成羊”，是说黄初平得道成仙。春秋时期的卞庄勇敢有力，一举能擒拿两只猛虎，唐朝时期的高骈看见双雕齐飞，一箭能贯穿双雕。三国魏军统帅司马懿害怕蜀军统帅诸葛亮跟害怕猛虎一样，诸葛亮辅佐蜀汉就像飞龙在天。

【解读】

《史记·陈涉世家》陈胜太息曰：“嗟呼，燕雀安知鸿鹄之志哉？”陈胜年轻的时候，曾跟别人一起受雇耕作。有一次他放下农活走到田埂上休息，愤恨不平了好一阵，说：“假如富贵了，我们可谁也不要忘记谁！”伙伴们笑着接口道：“你是人家的雇工，哪里来的富贵啊？”陈胜长叹了一声，说：“唉，燕雀怎么懂得天鹅的凌云壮志呢！”后来用“燕雀安知鸿鹄之志”比喻平凡的人哪里知道英雄人物的志向。远大的理想，造就伟大的人物。鸿鹄志向在于蓝天，岂是那些在矮树低墙之间扑腾，每天只求温饱的麻雀们所能理解？有崇高理想的人永远不会孤独。有的时候，当你有崇高的理想，但别人不一定能理解你，甚至是你的至亲好友。他们认为你的理想一文不值，你的努力是徒劳。于是你会觉得众叛亲离。但是此刻，你的理想在你的心中燃烧着熊熊烈火，温暖着你，照耀着你。你也许是孤单的，但你绝不是孤独的。即使独自伴着孤灯，窗外虫鸣凄清，你也会觉得充实温暖，你能从黑暗中看到曙光的降临。

【原文】

鹪鹩巢林，不过一枝；鼹鼠饮河，不过满腹[①]。人弃甚易，曰孤雏腐鼠；文名共仰，曰起凤腾蛟[②]。为公乎，为私乎，惠帝问虾蟆；欲左左，欲右右，汤德及禽兽[③]。鱼游于釜中，虽生不久；燕巢于幕上，栖身不安[④]。妄自称奇，谓之辽东豕；其见甚小，譬如井底蛙[⑤]。父恶子贤，谓是犁牛之子；父谦子拙，谓是豚犬之儿[⑥]。出人群而独异，如鹤立鸡群；非配偶以相从，如雉求牡匹[⑦]。天上石麟，夸小儿之迈众；人中骐骥，比君子之超凡[⑧]。怡堂燕雀，不知后灾；瓮里醯鸡，安有广见[⑨]。马牛襟裾，骂人不识礼义；沐猴而冠，笑人见不恢宏[⑩]。羊质虎皮，讥其有文无实；守株待兔，言其守拙无能[⑪]。

①鹪鹩(jiāo liáo)：一种鸟，因为筑巢非常精巧，所以俗称巧妇鸟。鼹(yǎn)鼠：俗称田鼠，善于掘洞。不过满腹：《庄子》中说，尧觉得许由很贤能，准备把帝位禅让给他。许由说："您治理天下已经很好了，我现在来代替您，不是沽名钓誉吗？鹪鹩在森林里筑巢，不过占用一棵树枝；鼹鼠到黄河边饮水，不过喝满肚子。您还是打消念头回去吧，天下对于我来说没有什么用处啊！"

②孤雏腐鼠：孤独的鸟雏，腐烂的老鼠。比喻微贱而不值得一说的人或事物。雏，幼鸟。起凤腾蛟：宛如蛟龙腾跃、凤凰起舞。形容人很有文采。

③虾蟆：同"蛤蟆"，青蛙和蟾蜍的统称。晋惠帝司马衷曾在华林园听见蛤蟆的叫声，就问身边的人："这蛤蟆是为公家叫呢，还是为私人叫？"德及禽兽：商汤见到野外有人设网捕猎并祈祷说："天下四方的猎物都到我的网里来。"认为太过分了，于是让他张开网的三面，只留下一面。并且让他祈祷："想往左的，就往左；想往右的，就往右；不听从命令的就进入我的罗网。"诸侯们都说："汤的恩德太高了，连禽兽都受到他的恩惠。"形容仁德之君行政很是宽大。

④釜(fǔ)：锅。幕：帐幕。

⑤辽东豕：南朝·宋·范晔《后汉书·朱浮传》："往时辽东有豕，生子白头，异而献之，行至河东，见群豕皆白，怀惭而还。若以子之功论于朝廷，则为辽东豕也。"比喻知识浅薄，少见多怪。井底蛙：井底的青蛙只能看到井口那么大的一块天。井底蛙比喻目光短浅的人。

⑥犁牛之子：孔子将自己的学生仲弓比为"犁牛之子"，认为他有做官的才能。犁牛，杂色的耕牛，据说仲弓的父亲只是个普通的贫民。后来比喻父虽不善却无损于其子的贤明。豚犬之儿：三国时曹操看见孙权后叹息说："生子应该像孙权这样，刘表和他的儿子，都像猪狗一样。"刘表是当时荆州刺史，平庸无能。豚犬，猪和狗。

⑦鹤立鸡群：像鹤站在鸡群中一样。比喻一个人的仪表或才能在周围一群人里显得很突出。雉(zhì)求牡(mǔ)匹：野鸡和公兽匹配。飞禽的公母叫雌雄，走兽的公母叫牡牝。雉(野鸡)应该和飞禽中的异性配偶，却去寻求公兽，比喻不是一类的动物淫乱。

⑧天上石麟：是对儿童前程远大的赞语。南唐徐陵八岁就能写文章，著名僧人宝志摸着他的头说："这是天上的仁兽石麒麟呀！"人中骐骥：比喻特别出类拔萃的人才。南朝徐勉有奇才，同宗人称他为"人中骐骥"。骐骥，良马。

⑨怡堂燕雀：小鸟住在安适的堂屋里。比喻身处险境也不自知的人。怡，安适。瓮里醯(xī)鸡：酒瓮中生的一种小虫。比喻见闻狭隘的人。醯鸡，即蠓。

⑩马牛襟裾：马、牛穿着人衣。比喻人不懂得礼节。也比喻衣冠禽兽。襟、裾，泛指人的衣服。沐猴而冠：猴子穿衣戴帽，究竟不是真人。比喻虚有其表，形同傀儡。常用来讽刺投靠恶势力窃据权位的人。沐猴，猕猴。冠，戴帽子。

⑪羊质虎皮：羊虽然披上虎皮，还是见到草就喜欢，碰到豺狼就怕得发抖，它的本性没有变。比喻外表装作强大而实际上很胆小。质，本性。守株待兔：宋国有一位农夫碰巧捡到一只撞到树桩而死的兔子，从此以后他便放下农活守在树桩边，希望再得到撞死的兔子。原比喻希图不经过努力而得到成功的侥幸心理。现也比喻死守狭隘经验，不知变通。株，露出地面的树根。

【译文】

　　鹪鹩鸟在森林中筑造鸟巢，不过占据一根树枝；鼹鼠到黄河边饮水，也不过喝满一肚子。抛弃一个人极容易，就说像抛弃"孤雏腐鼠"一样；文章超群，人所共仰，就说"起凤腾蛟"。"是为公叫了，还是为私叫了？"晋惠帝司马衷听到虾蟆的叫声问臣下的话；"想朝左的就朝左，想朝右的就朝右"，商汤让捕鸟的猎人撤走四面网的三面时说的话，商汤的仁德惠及到了飞禽走兽。鱼儿在锅里游，虽然活着但是生命不会太长久；燕子在帷幕上筑巢，虽然可以暂时栖息但是会很不安全。妄自尊大，自命不凡的人，就称之为"辽东豕"；见识短浅，阅历不广的人，就比喻为"井底蛙"。父亲很坏儿子却贤德，说是"犁牛之子"；父亲谦逊地说儿子笨拙，说是"豚犬之儿"。才华和仪表与其他人不同，特别出众，就像是"鹤立鸡群"；不是配偶却互相跟随，就像"雉求牡匹"。"天上石麟"，这是南唐僧人宝志称赞徐陵年少时才德就超越了众人；"人中骐骥"，是指南朝徐勉有奇才，从小就好学不倦，同宗把他比作超凡的君子。"怡堂燕雀"，不知道灾祸什么时候发生；"瓮里醯鸡"，哪里有广阔的见识。"马牛襟裾"，责骂人不懂得礼义；"沐猴而冠"，嘲笑人目光短浅，没有大气量。

　　"羊质虎皮"，讥讽人有虚名却没有实际本领；"守株待兔"，是说人笨拙无能而又妄想不劳而获。

【解读】

　　"守株待兔"中兔子自己撞死在树墩子上，这是生活中的偶然现象。宋国那个农夫却把它误认为是经常发生的必然现象，最后落得个田园荒芜，一无所获。故事告诉人们不靠自己勤勤恳恳的劳动，而想靠碰好运过日子，是不会有好结果的。我们要时刻提醒自己不要做"守株待兔"式的蠢人。现代竞争激烈的职场生活中，"守株待兔"这样的人迟早会被淘汰。因为要想抓住机会，就需要自己主动去争取，机会不会从天而降，需要自己去寻找，那个守株待兔的人只是得到了一只兔子，要想得到成千上万只兔子，就需要自己积极行动。

【原文】

　　恶人如虎生翼，势必择人而食；志士如鹰在笼，自是凌霄有志①。鲋鱼困涸辙，难诗西江水，比人之甚窘；蛟龙得云雨，终非池中物，比人大有为②。执牛耳，谓人主盟；附骥尾，望人引带③。鸿雁哀鸣，比小民之失所；狡兔三窟，诮贪人之巧营④。风马牛势不相及，常山蛇首尾相应⑤。百足之虫，死而不僵，以其扶之者众；千岁之龟，死而留甲，因其卜之则灵⑥。大丈夫宁为鸡口，毋为牛后；士君子岂甘雌伏，定要雄飞⑦。毋局促如辕下驹，毋委靡如牛马走⑧。猩猩能言，不离走兽；鹦鹉能言，不离飞鸟⑨。人惟有礼，庶可免相鼠之刺；若徒能言，夫何异禽兽之心⑩。

【注释】

①如虎生翼：好像老虎生出翅膀。比喻因增加新助力，强者愈强，恶者愈恶。凌霄：迫近云霄。

②鲋鱼困涸辙：小鱼被困在干车沟里，用来比喻处境十分困难的人。蛟龙得云雨：三国时刘备拜见孙权，请求出任荆州都督。周瑜劝孙权说："刘备是一个枭雄，手下又有关羽、张飞这样的将领，肯定不会屈居人下。现在想担任荆州都督，恐怕就像蛟龙得到云雨一样飞上天空，终究不会是困在水池里的东西呀。"

③执牛耳：古代诸侯订立盟约，要割牛耳歃血，由主盟国的代表拿着盛牛耳朵的盘子。故称主盟国为执牛耳。后泛指在某一方面居最有权威的地位。附骥尾：附着在千里马的尾巴上。比喻仰仗别人而成名。常作谦词。

④鸿雁哀鸣：鸿雁悲哀地鸣叫，比喻流离失所的灾民生活凄惨。哀，悲哀。狡兔三窟：狡猾的兔子准备好几个藏身的窝。比喻隐蔽的地方或方法多。窟，洞穴。诮：嘲讽。

⑤风马牛势不相及：本指齐楚相去很远，即使马牛走失，也不会跑到对方境内。比喻事物彼此毫不相干。风，走失。及，到。常山蛇首尾相应：比喻一种首尾呼应，各部分密切配合的作战方法。常山蛇，传说常山有一种蛇叫"率然"，攻击它的头则尾部来救援，攻击它的尾部则头来救援。

⑥足之虫，死而不僵：用来比喻势力雄厚的集团或家族，虽然衰败了，但是影响依然存在。现在多用于贬义。百足，虫名，马蚿的别名，有十二环节，切断后仍能蠕动。千岁之龟，死而留甲：古人认为龟是有灵性的神兽，寿命也很长，因此龟死后人们留下龟甲来占卜吉凶。

⑦宁为鸡口，毋为牛后：鸡嘴虽小，可以自由啄食；牛屁股虽大，只能任人鞭打。比喻宁居小者之首，不为大者之后。岂甘雌伏，定要雄飞：汉代赵温担任京兆郡丞，叹息说："大丈夫应当雄飞，怎么能雌伏。"于是弃官而去，后来被拜为司徒。雌伏，屈居人下。雄飞，奋发图强。

⑧局促：拘谨，拘束，不自然。辕下驹：指车辕下不习惯驾车的幼马。亦比喻少见世面器局不大之人。牛马走：像牛马一样供人驱使。

⑨猩猩能言：猩猩的声音像婴儿，所以传说它可以说人话。猩猩，一种大型哺乳动物。鹦鹉：羽毛色彩绚丽的小鸟，经过训练能够模仿人说话。

⑩庶：也许，或许。相鼠：《诗经·鄘风·相鼠》："相鼠有体，人而无礼；人而无礼，胡不遄死？"意思是说，看看连老鼠都有皮、有齿、有体，人只有讲礼仪，才能避免不如老鼠的讽刺。旧指人须知廉耻，要讲礼义。相，视。

【译文】

坏人得到支持就像老虎长了翅膀，势必会选择人来吃；有远大志向的人就像关在笼子里的老鹰，肯定会有直上九霄的凌云壮志。"鲋鱼困涸辙，难待西江水"，比喻人处境十分困难；"蛟龙得云雨，终非池中物"，比喻有抱负的人终会有施展才华的那一天。"执牛耳"，是说为众人当盟主；"附骥尾"，是希望得到别人提携引荐。"鸿雁哀鸣"，比喻百姓流离失所；"狡兔三窟"，嘲讽贪财的人善于经营。"风马牛"指势力不会互相抵触，"常山蛇"形容头和尾能互相呼应。"百足之虫，死而不僵"，这是扶持它力量者众多的缘故；"千岁之龟，死而留甲"，因为用这甲壳占卜非常灵验。大丈夫宁愿做啄食的鸡嘴，也不能做受人鞭打的牛屁股；士人君子怎么能甘心像伏在鸟窝中的雌鸟一样屈居人下，一定要像雄鸟那样展翅高飞。不要局促不安地像刚刚驾车的小马驹那样，不要精神萎靡地像牛马受人驱使那样。猩猩能说话，但仍然是走兽；鹦鹉会说话，但仍然是飞禽。人只有讲礼仪，才能避免被讽刺为鼠辈；如果人不懂礼仪，仅仅会说话，那么他的心和禽兽的心还有什么不同呢？

【解读】

成语"狡兔三窟"传统的解释是，一只狡猾的兔子有多处洞穴藏身，比喻为人要多些掩蔽措施和应变办法，用以保护自己。"狡兔三窟"出自《战国策》的名篇《冯谖客孟尝君》冯谖说："狡兔有三窟，仅得免其死耳。今有一窟，未得高枕而卧也，请为君复凿二窟。"意思是狡兔三窟才免去死亡危险，你只有一处安身之所，不能高枕无忧啊！请让我再给您凿两个窟。冯谖给孟尝君找了三个可以避难的地方，让孟尝君高枕无忧地享受了数十年。巩固了孟尝君的齐相地位。"狡兔三窟"的现实意义，就是告诉人们做事情要给自己留后路，多给自己铺几条路。

花　木

【原文】

　　植物非一，故有万卉之名；谷种甚多，故有百谷之号①。如茨如梁，谓禾稼之蕃；惟夭惟乔，谓草木之茂②。莲乃花中君子，海棠花内神仙③。国色天香，乃牡丹之富贵；冰肌玉骨，乃梅萼之清奇。兰为王者之香，菊同隐逸之士④。竹称君子，松号大夫⑤。萱草可忘忧，屈轶能指佞⑥。箟筜，竹之别号；木樨，桂之别名⑦。明日黄花，过时之物；岁寒松柏，有节之称⑧。樗栎乃无用之散材，楩楠胜大用之良木⑨。

【注释】

　　①卉：草的总称。百谷：谷类的总称，百是约数。

　　②如茨如梁：像茅草屋顶那么厚，像屋梁那么高。形容长势茂盛。茨，用芦苇、茅草盖的屋顶。禾稼：谷类作物的总称。蕃：茂盛、繁多。惟夭惟乔：形容草木茂盛的样子。夭，茂盛的样子。乔，高大。

　　③花中君子：莲花品格高洁，所以说它是花中的君子。花内神仙：海棠花的颜色艳丽而不妖冶，没有香气，所以说它是花内神仙。

　　④国色天香：牡丹花的香色可贵，不同于一般花卉。冰肌玉骨：形容梅花不畏严寒。梅萼：梅花的蓓蕾。隐逸之士：菊花在百花凋零后的九月开放，所以周敦颐称它为"花之隐逸者"。

　　⑤君子：阳明子说，竹有君子的四种美德，即根牢、身直、心空、有节，所以竹被称为"君子"。大夫：相传秦始皇上泰山封禅的时候，下起了暴雨，于是在一棵松树下面避雨休息，后来封这棵树为"五大夫"。五大夫是爵位名，秦汉时二十等爵位的第九级。

　　⑥萱草：俗称黄花菜，古人认为种植此草可以使人忘记忧愁烦恼。屈轶能指佞（nìng）：屈轶又名"指佞草"，是传说中的一种仙草，见到佞人就弯下指着佞人的方向。佞，指奸伪诌媚之徒。

　　⑦箟筜（yún dāng）：生长在水边的竹子。木樨：也作"木犀"，即桂花。

　　⑧明日黄花：苏轼《九日次韵王巩》诗，有"相逢不用忙归去，明日黄花蝶也愁。"黄花，指菊花。古人多在重阳节赏菊，重阳过后菊花就逐渐萎谢。岁寒松柏：松树和柏树天气再寒冷也不会凋零。岁寒，一年的寒冬。

　　⑨樗栎（chū lì）：樗树和栎树都不是好木料。散材：不成材的树木。楩（pián）楠：黄楩木和楠木。

【译文】

　　植物并非只有一种，所以有"万卉"的名称；谷物的种类极多，所以有"百谷"的称号。"如茨如梁"，是说庄稼长势茂盛；"惟夭惟乔"，是说草木生长茂盛。莲花出淤泥而不染，有"花中君子"的美誉；海棠花色艳丽而不妖冶，有"花内神仙"的称号。"国色天香"，是形容牡丹的富贵气派；"冰肌玉骨"，是形容梅花的清秀俊奇。兰生幽谷，尊贵高雅，有"王者之香"的美誉，菊生九月，孤傲高洁，有"隐逸之士"的称号。杨明子

说竹子有君子之德，所以称竹子为"君子"；秦始皇登泰山，曾在大松树下避雨，封它为五大夫，所以松树的别号"五大夫"。萱草又名忘忧草，据说可以使人忘掉忧愁；屈轶又叫指佞草，相传能指向奸诈谄媚之徒。箟箸，是竹子的别号；木樨，是桂花的别名。"明日黄花"，比喻过时的事物；"岁寒松柏"，是对身处逆境仍然能保持气节者的赞美。樗树和栎树是没有用处的树木，楩树和楠树是能胜大任的优良树木。

【解读】

花木就是"花卉苗木"的简称，按生长习性和形态特征分类，一般可分为草本花卉、木本花卉、多肉花卉和水生花卉。茎干质地柔软的谓之草本花卉；茎干木质坚硬的谓之木本花卉；多肉花卉，具有肉质肥厚的茎叶，体内贮存丰富的水分，有的叶片退化成针刺状，形态奇特，因此在园艺栽培中自成一类；水生花卉，终年生长在水中或沼泽地带，大多数属于多年生植物。中国花木资源丰富，主要种类有银杏、月季、牡丹、茶花、丁香花、杜鹃花、玉兰、梅、紫薇、桂花等，常见的花木还有合欢、腊梅、珙桐、栀子花、木芙蓉、八仙花、迎春。此外，还有棣棠、白兰花、夹竹桃、榆叶梅、锦带花等。花木千姿百态，其色彩、风韵不仅给人以美感，在人们心目中还有它特定的象征意义。以松柏象征坚贞，以梅象征坚强不屈，以菊象征不畏风霜，以牡丹象征富贵，以兰花象征高尚，以荷花象征清白，以折桂象征荣耀，以杏象征幸福，以桃象征长寿，以水仙象征来年好运，以枫叶象征鸿运。

【原文】

玉版，笋之异号；蹲鸱，芋之别号①。瓜田李下，事避嫌疑；秋菊春桃，时来尚早②。南枝先，北枝后，庾岭之梅；朔而生，望而落，尧阶蓂荚③。茇苢背阴向阳，比僧人之有德；木槿朝开暮落，比荣华之不长④。芒刺在背，言恐惧不安；薰莸异气，犹贤否有别⑤。桃李不言，下自成蹊；道旁苦李，为人所弃⑥。老人娶少妇，曰枯杨生梯；国家进多贤，曰拔茅连茹⑦。蒲柳之姿，未秋先槁；姜桂之性，愈老愈辛⑧。王者之兵，势如破竹；七雄之国，地若瓜分⑨。

【注释】

①玉版：甘笋。蹲鸱（chī）：大芋头的形状像蹲伏的鸱鸟。

②瓜田李下：三国曹植《君子行》："瓜田不纳履，李下不正冠。"是说经过瓜田不要弯腰提鞋子，经过李子树下不要举手扶正帽子，以避免偷瓜、摘李子的嫌疑。秋菊春桃：秋天的菊花九月开，春天的桃花三月开。

③庾岭：即大庾岭，在今江西、广东交界处，古代种了很多梅树，所以，又称为"梅岭"。因为南暖北寒，所以庾岭的梅花往往南枝已经凋谢，北枝才刚刚开放。尧阶蓂（míng）荚：相传尧帝时有土阶三尺，下面长着一种仙草叫蓂荚。

④苾刍（bì chú）：雪山香草，据说它有五种美德，背阴向阳是其中的一种。木槿：一种落叶灌木，夏秋早上开花晚上闭。

⑤芒刺在背：像有芒和刺扎在背上一样。形容内心惶恐，坐立不安。芒，草尖。刺，荆棘。薰莸（yóu）异气：香草和臭草的气味不一样。薰，香草，比喻善类。莸，臭草，比喻恶物。

⑥桃李不言，下自成蹊（xī）：原意是桃树不招引人，但因它有花和果实，人们在它下面来来走去，走成了一条小路。比喻人只要真诚、忠实，就能感动别人。蹊，小路。

⑦枯杨生稊（tí）：枯萎的老杨树又长出了芽。旧喻老人娶少妻。稊：植物的嫩芽。拔茅连茹：比喻互相推荐，用一个人就连带引进许多人。茅，白茅，一种多年生的草。茹，植物根部相互牵连的样子。

⑧蒲柳之姿：指早衰，香蒲和柳树的叶子都是将到秋天就凋零。这是古时候称自己体质虚弱的客套话。蒲，一种草本植物。槁：枯干。姜桂：生姜与肉桂，其性愈老愈辣。比喻人到年老性格越刚强。

⑨势如破竹：形势就像劈竹子，头上几节破开以后，下面各节顺着刀势就分开了。比喻节节胜利，毫无阻碍。七雄：指战国时秦、楚、燕、齐、韩、赵、魏七国。瓜分：像切西瓜一样分割或分配。

【译文】

玉版，是干笋的异号；蹲鸱，是芋头的别号。"瓜田李下"，是说做事要避免嫌疑；"秋菊春桃"，是说时候尚早。南边的枝条上的花先盛开，北边的枝条上的花后盛开，是说庾岭上的梅花南暖北寒；夏历初一开始生荚，十五以后开始落荚，这就是生长在尧帝庭阶上的蓂荚。苾刍这种植物背阴向阳，比喻僧人一心向佛有德行；木槿这种花卉朝开暮落，比喻荣华富贵不会长久。"芒刺在背"，是说人心里害怕坐立不安；"薰莸异气"，犹如好人恶人自有区别。桃树和李子树虽然不会说话，人们喜欢它的花和果实，来往络绎不绝，树下自然走出一条小路；如果是苦李子，即使生长在大路旁边，也会被人们所抛弃。年纪大的老头子娶年轻的少妇，称做"枯杨生稊"；国家进

用的贤才众多，称做"拔茅连茹"。香蒲和柳树的姿态，因为落叶早，秋天还没有到来，就显出枯槁之状；生姜和肉桂的特性，是越老味道越辛辣。施行王道的军队克敌制胜，就像爆破竹子的势力一样毫无阻挡；战国时期七国争雄，天下的土地就像瓜一样被分割。

【解读】

菊花是中国十大名花之一，在中国已有三千多年的栽培历史，中国菊花名扬海内外，传入欧洲，约在明末清初开始。中国人极爱菊花，从宋朝起民间就有一年一度的菊花盛会。菊中的秋菊，是多年生菊科草本植物，是经长期人工选择培育出的名贵观赏花卉，也称艺菊，品种已达千余种。秋菊用扦插、分株、嫁接及组织培养等方法繁殖。

【原文】

符坚望阵，疑草木皆是晋兵；索靖知亡，叹铜驼会在荆棘①。王佑知子必贵，手植三槐；窦均五子齐荣，人称五桂②。鉏麑触槐，不忍贼民之主；越王尝蓼，必欲复吴之仇③。修母画荻以教子，谁不称贤；廉颇负荆以请罪，善能悔过④。弥子瑕常特宠，将余桃以啖君；秦商鞅欲行令，使徙木以立信⑤。王戎卖李钻核，不胜鄙吝；成王剪桐封弟，因无戏言⑥。齐景公以二桃杀三士，杨再思谓莲花似六郎⑦。倒啖蔗，渐入佳境；蒸裛梨，大失本真⑧。

【注释】

①草木皆是晋兵：东晋时，前秦符坚率兵南下攻晋，晋朝的谢安、谢玄等率兵在淝水大败符坚。交战前，符坚登上城头观察晋军，见部阵整齐，将士精锐，八公山上的草木也都像人形，以为是晋兵。铜驼会在荆棘：西晋末年，尚书索靖知道天下将会大乱，有一次指着洛阳宫门口的铜骆驼叹息道："下次恐怕在荆棘丛中见到你了。"

②三槐：相传周朝宫廷外种有三棵槐树，三公朝见天子时，面向三槐而立。所以后人以三槐比喻三公。北宋王祐在房子前栽下三棵槐树，说："我的后人中肯定会有当上三公的，这就是标志。"后来他的二儿子王旦在宋真宗时当上了宰相。五桂：五代后周窦禹钧，五个儿子相继考中进士。冯道赠诗一首："燕山窦十郎，教子以义方，灵椿一枝老，丹桂五枝芳。"当时人称为"窦氏五龙"、"燕山五桂"，俗称"五子登科"。

③鉏(chú)麑触槐：春秋时，晋灵公无道，赵盾屡次进谏，惹得晋灵公很不高兴，就派壮士鉏麑前去刺杀赵盾。鉏麑来到赵家，看见赵盾早早就穿好衣服准备上朝，态度非常恭敬，叹息道："赵盾是百姓的主啊！杀害百姓的主是不忠；不履行国君的使命是不守信用。这两者只要有一种，都不如死了。"于是便一头撞死在槐树上。贼：杀害。越王尝蓼(liǎo)：春秋时越王勾践卧薪尝胆，立志复

仇，困了就吃蓼驱除睡意。蓼，一种草，茎叶辛辣。

④画荻以教子：宋朝欧阳修四岁丧父，母亲郑氏亲自教儿子读书，家里贫穷买不起纸笔，就用荻秆在沙地上画字学习。荻，一种植物，长得像芦苇。负荆以请罪：见卷三"人事"。

⑤余桃以啖君：春秋时，弥子瑕非常受卫灵公的宠爱。有一天，弥子瑕和灵公在果园游玩，弥子瑕吃到一个桃子非常甜，就把剩下的一半给灵公吃。灵公说："你真是爱我呀，不顾自己的口福来给我吃。"等到弥子瑕老了，得不到灵公的宠爱了，灵公则说："当时还把吃剩的桃子给我吃！"徙木以立信：战国时秦相商鞅实行变法，恐怕民众不信，就先在国都南门立了一根十米长的木头，下令谁能扛到北门就赐十两金子。民众觉得很奇怪，没有人敢去扛。又下令能扛走者赐五十两金子，有一个人扛到北门，马上赐给五十两金子，以表示不会欺骗。于是颁布新法，在民众中顺利推行。

⑥卖李钻核：西晋的王戎家里有一棵好李子树，他唯恐别人将种子留着栽培，因此出卖李子前常用钻子钻穿李核。鄙吝：这里指过分爱惜钱财，吝啬。剪桐封弟：周成王与弟弟叔虞玩游戏，把一片桐叶剪成玉圭的形状给叔虞，说："我把这个封给你。"一个名叫佚的史官请挑选日子册封叔虞，成王说："我是和弟弟开玩笑的。"佚说："天子不能有开玩笑的话，说出来就要记录到史书上。"

⑦莲花似六郎：唐朝张昌宗，小名叫六郎，容貌俊美，受到武则天的宠爱。内史杨再思奸佞谄媚，奉承说："人们都说六郎面似莲花，我认为是莲花像六郎。"

⑧倒啖蔗：晋代的顾恺之每次吃甘蔗，都要从上端吃到下端，有人追问他原因，他说："渐入佳境。"意思是甘蔗下端比上端甜，从上到下，越吃越甜。蒸哀梨：南京有家姓哀的人，家里所产的梨子又大又甜，入口即化，如果蒸了吃，反倒失去原来的味道。

【译文】

淝水之战时，前秦皇帝苻坚登上城门观阵，看到晋军部阵整齐，就连八公山上的草木也被怀疑是晋兵；西晋尚书索靖有远见，知道西晋王朝即将灭亡，所以感叹洛阳宫门前的铜驼不久将会被丢弃在荆棘中。宋代王佑知道儿孙中一定会有显贵的，预先在庭院中种下三棵槐树；五代时期的窦禹钧的五个儿子先后都荣耀地登科做了大官，世人称之为"五桂"。春秋时期晋国力士鉏麑一头撞到槐树上自杀了，因为不忍心刺杀为民做主的好官，又不敢违抗灵公的命令；春秋时期越王勾践受尽吴国的羞辱，回国后吃着苦蓼，决心要向吴国报仇。宋代欧阳修的母亲用用芦秆在地上画字教他，世人谁不称赞她贤德；战国时期赵国名将廉颇背负荆条登门向蔺相如谢罪，他的优点在于能够自己悔过。春秋时卫灵公的幸臣弥子瑕倚仗国君的宠爱，曾经把自己咬过的桃子给卫灵公吃；秦国的商鞅想实行新的法令，就用高额赏金让人移动一根木头，用此来树立威信。西晋王戎，家有好李，为了不让别人得到种子，卖李子的时候就把李子核钻穿，真是卑鄙

吝啬到极点了；周成王年幼时，与弟弟叔虞游戏，成王将桐叶剪成玉版封赐弟弟，因天子无戏言，便把叔虞封为唐侯。齐景公采用晏子的计谋，让三位力士争抢两个桃子，结果三名力士都自杀了；唐代杨再思阿谀奉承说莲花就像六郎张昌宗。甘蔗从头吃到根越吃越甜，所以说"渐入佳境"；哀家的梨本来味道鲜美，蒸了再吃，就失去了本来的滋味了。

【解读】

"桂"在《说文》记载："江南木，百药之长。"桂，即木犀，亦称"桂花"，又名"月桂"，俗称"桂花树"。常绿灌木或小乔木，叶对生、椭圆形，花黄色或黄白色，极芳香，果黑色。花可作香料。风霜的高尚品格更为人们所称道。"桂"有特殊的象征意义，以折桂象征荣耀。在神话传说中，月亮上有一株桂花树。过去称应试及第为"蟾宫折桂"，比喻十分荣耀。福建地区的古越人还将月桂编织成"桂冠"，奉献给荣誉最高的人。我国桂花栽培历史悠久，文献中最早提到桂花是战国时期（前475－前221）的《金桂山海经·南山经》，谓"招摇之山多桂"。自汉代至魏晋南北朝时期，桂花已成为名贵花木与上等贡品。在汉初引种于帝王宫苑，获得成功。唐、宋以来，桂花栽培开始盛行。唐代文人植桂十分普遍，吟桂蔚然成风。宋之问的《灵隐寺》诗中有"桂子月中落，天香云外飘"的著名诗句，故后人亦称桂花为"天香"。

【原文】

煮豆燃萁，比兄残弟；砍竹遮笋，弃旧怜新①。元素致江陵之柑，吴刚伐月中之桂②。捐资济贫，当效尧夫之助麦；以物申敬，聊效野人之献芹③。冒雨剪韭，郭林宗款友情殷；踏雪寻梅，孟浩然自娱兴雅④。商太戊能修德，祥桑自死；寇莱公有深仁，枯竹复生⑤。王母蟠桃，三千年开花，三千年结子，故人借以祝寿诞；上古大椿，八千岁为春，八千岁为秋，故人托以比严君⑥。杏粮莠，正以植嘉禾；沃枝叶，不

如培根本⑦。世路之蓁芜当剔，人心之茅塞须开⑧。

【注释】

①煮豆燃萁：用豆萁作燃料煮豆子。比喻兄弟间自相残杀。燃，烧。萁，豆茎。砍竹遮笋：砍掉竹子去遮护竹笋。多指在爱情上或对事物喜爱不专一。

②江陵之柑：唐朝方士董元素懂得仙术，有天晚上，唐宣宗召见他说："现在江陵的柑橘熟了，你能给我弄点来吗？"董元素于是拿了一个盒子放在皇帝的座位前，一阵微风吹过后打开盒子，里面装满了柑橘。董元素说："这是江陵枝江县产的柑橘。"月中之桂：传说月亮中有棵桂花树，有一位名叫吴刚的人，因为学仙犯了错误，被罚去砍树，但是桂花树被砍的地方马上又长好了。

③尧夫：宋朝范仲淹的二儿子范纯仁，字尧夫。申敬：表示敬意。野人之献芹：相传古代有个人自觉老水芹美味，便在乡里的富豪面前称道。富豪听言尝了以后，既觉难吃又觉腹痛不已。大家都讥笑这个人，他自己也感到很惭愧。

④冒雨剪韭：汉代学者郭林宗自己种菜，友人范达夜间来了，他冒着暴雨割韭菜做饼招待朋友。踏雪寻梅：唐代诗人孟浩然曾经在大雪天骑着一头毛驴去寻找梅花。

⑤祥桑自死：商朝第十代帝王太戊即位后，有祥桑树生长，七天后就合抱不过来。传说祥桑树是对施政者的警告。太戊于是实行德政，三天后祥桑树就枯死了。祥，本指吉凶的征兆，这里指凶兆，有怪异的意思。枯竹复生：北宋宰相寇准，封莱国公，后被贬为雷州司户参军，在路上，他剪下一根笔杆插在神祠前说："寇准如果没有辜负国家的话，这根枯竹一定会再活过来。"不久枯竹果然活过来了。

⑥王母蟠桃：相传汉武帝过生日时，天上的王母送来七颗桃。汉武帝想留下桃核做种子，王母说："这桃树三千年开花，三千年结果，不是人间所能种植的。"上古大椿：《庄子·逍遥游》中说上古有一棵大椿树，以八千岁为春，八千岁为秋。严君：指父亲。

⑦稂莠（láng yǒu）：稂和莠都是形状像禾苗、妨害禾苗生长的杂草。

⑧世路：指人世的经历。蓁（zhēn）芜：指杂乱丛生的草木。比喻人生道路上的各种艰难险阻。蓁，丛生的草木。芜，杂乱的荒草。茅塞：被茅草堵塞，比喻思路闭塞。

【译文】

"煮豆燃萁"，比喻兄弟骨肉之间互相残杀；"砍竹遮笋"，比喻抛弃旧的爱惜新的。唐代方士董元素，运用法术，一夜间能把远在千里之外的江陵柑橘弄到长安的宫殿里，相传吴刚被天帝惩罚，在月宫中受罚砍桂树，却怎么砍也砍不断。捐出财物周济贫困，应当效仿宋代范尧夫把一船的麦子送给朋友安葬亲人；用物资表达敬意，就说姑且效仿山野之民献芹菜。冒着倾盆大雨到菜园子里剪韭菜，东汉学者郭林宗款待朋友的心情殷切；踏雪寻找梅花，唐代诗人孟浩然自得其乐兴趣高雅。商朝的太戊能够修明德政，作祸的祥桑自己枯死了；北宋宰相寇准仁德深厚，插下的枯竹又长出嫩芽来了。相传西王母的蟠桃树，每三千年开一次花，每三千年结一次桃子，所以人们借用桃子来祝贺寿诞；上古时的大椿树，八千年才算一次春季，八千年才算一次秋季，所以人们借用大椿树来比喻自己的父亲长寿。去掉妨害禾苗生长的杂草，正是为了种植茂盛的禾苗；给植物的枝叶浇水，不如浇灌植物的根部。人生路上类似"蓁芜"的各种艰难险阻，应该剔除；世人愚昧无知就像堵塞心灵的茅草，必须拔开。

【解读】

竹子，素来备受国人喜爱，被誉为"梅兰竹菊"四君子之一，"梅松竹"岁寒三友之一。古今文人墨客，嗜竹咏竹者众多。相传，大画家郑板桥无竹不居，留下大量竹画和咏竹诗。大诗人苏东坡则留下"宁可食无肉，不可居无竹"的名言。竹子，四季常青，挺拔秀丽，色彩缤纷，千姿百态。竹子吸水量大，在房前屋后种上一些竹子，不仅可美化环境，而且在夏季非常阴凉。古人说："宁可食无肉，不可居无竹。"这说明竹子同人们的生活关系非常密切。竹除观赏外，还是优良的建筑材料，竹笋是美食，可制成笋干或罐头等。

与圣贤对话　与经典同行

国学经典系列已出书目

《道德经全集》
★第一部用诗化语言阐述的中国哲学巨著
★深刻影响中国思想文化史的道家经典

国学经典1

主编：陈才俊　注译：陈阳 张晓华　定价：39.00元

《三十六计全集》
★历代军事家政治家商业家潜心研读之作
★中华智圣的谋略经典风靡全球的制胜宝鉴

国学经典2

主编：陈才俊　注译：陈才俊 孔玛琪　定价：45.00元

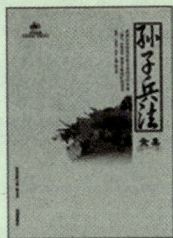

《孙子兵法全集》
★世界公认的现有最古老的兵学圣典

国学经典3

主编：陈才俊　注译：陈才俊 陈义杰　定价：39.00元

《中华蒙学精粹》
★囊括《三字经》等10种蒙学读物之精粹

国学经典4

主编：陈才俊　注译：陈才俊 毕慕科　定价：39.00元

《论语全集》
★一部最古老的做人做事的智慧宝库

国学经典5

主编：陈才俊　注译：张铭一　定价：39.80元

《菜根谭全集》
★融儒释道三家人生哲理于一体
★现代人快乐生活的心灵鸡汤

国学经典6

主编：陈才俊　注译：张铭一　定价：42.00元

与圣贤对话　与经典同行

国学经典系列已出书目

《鬼谷子全集》

★想成大事谋大略者必读的旷世奇书
★一部研究政治军事经济谋略的智慧书

国学经典7

主编：陈才俊　注译：庄东魏 杨广恩　定价：35.00元

《曾国藩家书精粹》

★影响数代国人身心的处世之道
★风靡华夏近两百年的教子圣典

国学经典8

主编：陈才俊　注译：唐浩民　定价：32.00元

《庄子全集》

★一部汪洋恣肆的奇书中国寓言文学的鼻祖
★一本最具思想性启发性诡辩性的道家圣典

国学经典9

主编：陈才俊　注译：范勇毅　定价：45.00元

《孟子全集》

★深刻影响中华民族精神与性格的儒家经典
★一部论理雄辩气势充沛的语录体哲学巨著

国学经典10

主编：陈才俊　注译：杨广恩　定价：45.00元

《中庸全集》

★一部讲求至仁至善经世致用的儒家经典
★阐述诚敬忠恕之道修养心性的平民哲学

国学经典11

主编：陈才俊　注译：李静　定价：39.00元

《大学全集》

★一部构建齐家治国平天下体系的重要典章
★一本阐述诚意正心修身的儒家道德的名篇

国学经典12

主编：陈才俊　注译：范勇毅　定价：32.00元